Uni-Taschenbücher 1859

Eine Arbeitsgemeinschaft der Verlage

Wilhelm Fink Verlag München
Gustav Fischer Verlag Jena und Stuttgart
Francke Verlag Tübingen und Basel
Paul Haupt Verlag Bern · Stuttgart · Wien
Hüthig Verlagsgemeinschaft
Decker & Müller GmbH Heidelberg
Leske Verlag + Budrich GmbH Opladen
J.C.B. Mohr (Paul Siebeck) Tübingen
Quelle & Meyer Heidelberg · Wiesbaden
Ernst Reinhardt Verlag München und Basel
F.K. Schattauer Verlag Stuttgart · New York
Ferdinand Schöningh Verlag Paderborn · München · Wien · Zürich
Eugen Ulmer Verlag Stuttgart
Vandenhoeck & Ruprecht in Göttingen und Zürich

Jan-Peters Janssen

Grundlagen der Sportpsychologie

Limpert Verlag, Wiesbaden

Prof. Dr. Jan-Peters Janssen
Institut für Sport und Sportwissenschaften
der Christian-Albrechts-Universität zu Kiel
Lehrstuhl für Sportpsychologie
Olshausenstr. 70–74
24098 Kiel

Die Deutsche Bibliothek – CIP-Einheitsaufnahme

Janssen, Jan-Peters:
Grundlagen der Sportpsychologie / Jan-Peters Janssen. –
Wiesbaden : Limpert, 1995
 (UTB für Wissenschaft : Uni-Taschenbücher ; 1859)
 ISBN 3-8252-1859-7 (UTB)
 ISBN 3-7853-1571-6 (Limpert)
NE: UTB für Wissenschaft / Uni-Taschenbücher

© 1995, by Limpert Verlag GmbH, Wiesbaden
 ISBN 3-7853-1571-6

Das Werk einschließlich seiner Teile ist urheberrechtlich geschützt. Jede Verwertung außerhalb der engen Grenzen des Urheberrechtsgesetzes ist ohne Zustimmung des Verlags unzulässig und strafbar. Dies gilt insbesondere für Vervielfältigungen auf fotomechanischem Wege (Fotokopie, Mikrokopie), Übersetzungen, Mikroverfilmungen und die Einspeicherung und Verarbeitung in elektronischen Systemen.
Einbandgestaltung: Alfred Krugmann, Stuttgart
Druck und Verarbeitung: Zechnersche Buchdruckerei, Speyer
Gedruckt auf Recyclingpapier aus 100% Altpapier
Printed in Germany/Imprimé en Allemagne

ISBN 3-8252-1859-7 (UTB-Bestellnummer)

VORWORT

Die *„Grundlagen der Sportpsychologie"* sind ein Kompaktlehrbuch, das auf engem Raum eine Vielfalt an Themen und eine große Fülle an Stoff bietet. Dennoch mußten Themen und Stoff begrenzt werden, weil Lehrbücher exemplarisches, nicht enzyklopädisches Wissen vermitteln. Dabei habe ich alt bewährte mit frischeren Erkenntnistrends verbunden. Als Peilmarken dienten mir bekannte Lehrbücher - vor allem der Psychologie - sowie die Annual Reviews of Psychology. Besonderen Wert habe ich auf Modelle der Kognitions-, Lern- und Verhaltensforschung gelegt. Denn zu den vordringlichen Aufgaben der Anwendungswissenschaft der Sportpsychologie zählen die Beschreibung, die Diagnostik und die Veränderung eines ineffizienten oder belasteten Verhaltens. Wo es mir vertretbar schien, habe ich meine Fachgrenzen verlassen, um auf sportbezogenes Verhaltenswissen der *Ethologie*, der *Pädagogik*, der *Philosophie* und der *Soziologie* zu verweisen. Diese vorsichtige Horizonterweiterung könnte dazu beitragen, der verborgenen Botschaft dieses Lehrbuches auf die Spur zu kommen. Sie rankt sich um vier Ideen der europäischen Aufklärung: *Gott, Freiheit, Solidarität* und *Erziehung*!

Der Aufbau des Kompaktlehrbuchs folgt einem konventionellen Schema. Der erste Abschnitt behandelt den gesamten Gegenstand sowie die Methoden der Sportpsychologie. Die folgenden befassen sich mit spezielleren Fragen und Funktionen wie beispielsweise das motorische Gedächtnis, die Streßbewältigung oder die körperlichen Aktivitäten und ihre Auswirkungen im höheren Lebensalter.

Von der Konzeption her richtet sich das Lehrbuch an Studierende aller Lehrämter mit dem Fach Sport, an Magisterstudierende der *Sportwissenschaft* sowie an die Nebenfachstudierenden der *Psychologie, Pädagogik* und *Soziologie*. Darüber hinaus erhalten Doktoranden oder Diplomanden der Sportwissenschaft, der Psychologie, der Pädagogik und der Soziologie eine Fülle von Forschungsanregungen. Aber auch der *Sportpraktiker* als Lehrer, Trainer oder Übungsleiter wird Anregungen und Tips für seine verantwortungsvolle Tätigkeit bemerken.

Kein Lehrbuch steht für sich alleine, auch kein Autor eines solchen. Profitiert habe ich von meinen Vorbildern R. BERGIUS (Gilching), G. KAMINSKI (Tübingen) und E. MITTENECKER (Graz). Desweiteren konnte ich die Produktivität zweier Arbeitskreise nutzen. Zum Bochumer zählten H. LANGENKAMP, W. SCHLICHT, P. SCHWENKMEZGER und H. STRANG. Zum Kieler Kreis gehörten viele Jahre M. HOFFMEYER, Th. MAHLKE, W. SCHLICHT und H. STRANG sowie in jüngerer Zeit C. KATZENBERGER, M. WEGNER und A. WILHELM. Ihrem Einfallsreichtum und Forschungsfleiß verdankt diese Broschüre zahllose Anregungen, Ideen und harte Forschungsbefunde. Auch den etwa zweihundert Examenskandidaten/innen zolle ich Respekt und Dank. Ihre Diplom-, Magister- oder Wissenschaftlichen Hausarbeiten sind ein notwendiger Prüfstein unserer Hypothesen und Modelle geworden.

Berichte, Texte, Druckvorlagen müssen nicht nur erdacht, sondern auch geschrieben, nach ästhetischen Vorgaben formatiert und mit Abbildungen versehen werden. Ohne die Hilfe von Profis scheitert ein Lehrbuchautor gewöhnlich an dieser Hürde. Daß diese Hürde gemeistert wurde, dafür danke ich besonders Frau Kirsten GERHARDT, meiner gewissenhaften Lehrstuhlsekretärin; denn sie war für die druckfertigen Zwischen- und Endfassungen der Texte verantwortlich. Herr cand. phys. Markus SIMON stellte alle Abbildungen und Tabellen, den Index sowie die Endformatierung her - auch ihm muß ich ganz herzlich für manche Überstunde danken. Schließlich hat Frau Dagmar LEHNERT in brenzligen Zeiten bei der Skriptherstellung bereitwillig ausgeholfen, wofür ich herzlich danksage. *Libri sunt liberi*. Daher bedürfen sie einer besonderen Zuwendung. Mögen also unsere gemeinsamen Bemühungen der Lehre und Forschung der interdisziplinären Sportwissenschaft und der Psychologie nützen!

Kiel, Oktober 1994 J.-P. JANSSEN

INHALT

1. SPORTPSYCHOLOGIE: ZIELE, GEGENSTAND UND METHODEN 11

1.1 Anfänge in Deutschland 11
1.2 Sportpsychologie als Erfahrungswissenschaft 12
1.3 Fünf psychologische Perspektiven 13
1.4 Klassifikation der Techniken der Datengewinnung 16
    1.4.1 Subjektiv-phänomenologische Techniken 18
    1.4.2 Objektiv-instrumentelle Techniken 20
1.5 Leistungsprognosen mit sportpsychologischen Daten 22

2. INFORMATIONSVERARBEITUNG UND WAHRNEHMUNG IM SPORT 25

2.1 Begriffe 25
2.2 Zweiprozeßtheorien der Informationsverarbeitung 26
    2.2.1 Interaktion zwischen Peripherie und Zentrum 26
    2.2.2 Kontrollierte und automatisierte Prozesse 29
    2.2.3 Dualitätstheorie der Informationsverarbeitung 30
2.3 Aufbau- und Organisationsprozesse der Kognition 36
2.4 Selektion und Interpretation 39
    2.4.1 Willkürliche Aufmerksamkeit 40
    2.4.2 Kritik am Konzept der Aufmerksamkeit und Konzentration 41
    2.4.3 Aufmerksames Verhalten als Suche nach diskriminanten Stimuli 43
    2.4.4 Unwillkürliche Aufmerksamkeit 44
2.5 Zeiterleben im Sport 45

3. MOTORISCHES LERNEN, GEDÄCHTNIS UND WISSEN IM SPORT 50

3.1 Motorisches Lernen 50
    3.1.1 Lernen als sensumotorische Verhaltensänderung 50
    3.1.2 Operantes Konditionieren 52

	3.1.3 Grundsätze zur Optimierung des Techniktrainings im Sport	53
3.2	Motorisches Gedächtnis	56
	3.2.1 Theorie des dualen Gedächtnisses	57
	3.2.2 Psychologische und sportwissenschaftliche Forschung zum motorischen Gedächtnis	63
	3.2.3 Neukonzeption der Forschung zum motorischen Gedächtnis	69
3.3	Mentales Training	75
	3.3.1 Begriffe und Formen des MT	75
	3.3.2 Wirksamkeit und Nutzen des MT	78
	3.3.3 Hypothesen und Erklärungsversuche	82
	3.3.4 Empfehlungen für die Sportpraxis	89
3.4	Intelligenz und Wissen im Sport	90
	3.4.1 Intelligenztheorien	90
	3.4.2 Funktionsniveaus der Informationsverarbeitung	92

4. MOTIVATION UND HANDLUNG IM SPORT 99

4.1	Begriffe und Theorien	99
4.2	Ethologische Instinkttheorie	100
4.3	Menschliche Grundmotive	102
	4.3.1 Motive der Selbsterhaltung und des Überlebens	103
	4.3.2 Soziale Grundmotive	105
	4.3.3 Neugier und Reizsuche	106
	4.3.4 Verhaltenstheoretisches Modell der Sportmotivation	107
4.4	Kognitive Motivationstheorien	110
	4.4.1 Interessen	112
	4.4.2 Leistungsmotivation	115
	4.4.3 Machtmotivation	119
	4.4.4 Volitionales Handlungsmodell	123
4.5	Unterschied zwischen instinktivem und motiviertem Verhalten	132

5. EMOTION UND VERHALTEN IM SPORT 135

5.1	Begriffe und Theorien	135
5.2	Vierkomponententheorie des Gefühls	139
5.3	Befindlichkeit und Stimmung im Sport	141
	5.3.1 Sport und Wohlbefinden	142
	5.3.2 Leistungssport, Stimmung und Befindlichkeit	144

	5.3.3 Beanspruchung und Angst im Leistungssport	148
5.4	Zirkel von Handlung und Emotion	151
	5.4.1 Erregung, Kompetenz und Leistung	151
	5.4.2 Streß, Persönlichkeit und Krankheit	152
	5.4.3 Gesundheitsdienliches Verhalten	155
5.5	Sportunfälle und Sportverletzungen	158
	5.5.1 Psychologische Unfallforschung	159
	5.5.2 Sportpsychologische Unfall- und Verletzungsforschung	161

6. PSYCHOMOTORISCHE ENTWICKLUNG   167

- 6.1 Bedingungen und Prinzipien der Entwicklung   167
- 6.2 Kritische und sensible Phasen   169
  - 6.2.1 Reizentzug   170
  - 6.2.2 Motorische Frühförderung   172
- 6.3 Reifezeit und Sport   173
- 6.4 Bestleistungen im Sport   179
  - 6.4.1 Lebensalter   180
  - 6.4.2 Frühspezialisierung   182
  - 6.4.3 Lebensgestaltung   184

7. PERSÖNLICHKEIT UND SPORT   187

- 7.1 Begriffe und Modelle   187
- 7.2 Biophysisches, konstitutionelles Persönlichkeitsmodell   189
- 7.3 Psychometrisches Persönlichkeitsmodell   195
  - 7.3.1 Fünf Grundeigenschaften   197
  - 7.3.2 Stile der Handlungskontrolle   200
  - 7.3.3 Psychometrische Bilanz   204
- 7.4 Verhaltenstheoretisches Persönlichkeitsmodell   205
- 7.5 Sport im mittleren und höheren Erwachsenenalter   206
  - 7.5.1 Stereotyp des alten Menschen   207
  - 7.5.2 Studien zur Langlebigkeit   210
  - 7.5.3 Gesundheit und Sport im Alter: neuere Befunde   214
- 7.6 Behinderung und Sport   224

8. INTERAKTION UND LEISTUNG VON SPORTGRUPPEN   231

- 8.1 Beitrag der Humanethologie   231
  - 8.1.1 Persönliche Mutter-Kind-Beziehung   233
  - 8.1.2 Anschluß und Geselligkeit   235
  - 8.1.3 Rangordnung, Loyalität und Abgrenzung   237

8.2	Gruppe und Masse	240
	8.2.1 Kräftemobilisierung	243
	8.2.2 Fehlerkompensation	246
	8.2.3 Verminderung von Ungewißheit	247
8.3	Leistungen von Sportteams	250
	8.3.1 Taxonomie typischer Aufgaben	250
	8.3.2 Formen der Interaktion	253
	8.3.3 Gruppenreserven interaktiver Sportarten	255
	8.3.4 Interaktion in großen Spielen	255
	8.3.5 Effizienz der Interaktion bei großen Spielen	257
8.4	Status und Kohäsion	259
8.5	Führung von Sportgruppen	264
	8.5.1 Führungseigenschaften	266
	8.5.2 Kontingenzmodell der Führung	268
	8.5.3 Führungsgrundsätze	271
8.6	Interaktion als Austausch	272

9. SOZIALISATION, SOZIALES LERNEN UND SPORT — 274

9.1	Begriffsklärungen	274
9.2	Lernen durch Nachahmung von Vorbildern	277
9.3	Sozialisationseffekte im Sport	280
9.4	Aggression und Wettkampf	286
	9.4.1 Begriffsklärungen	287
	9.4.2 Klassifikation aggressiver Verhaltensweisen im Sport	288
9.5	Erklärungsmodelle der Aggression	294
9.6	Bewertung der Modelle	298
9.7	Moral und Handlungsmaximen im Sport	302
	9.7.1 Korrumpierung des Fairneßprinzips	302
	9.7.2 Maßnahmen zur Aggressivitätskontrolle im Spitzensport	305

Literatur — 308
Abkürzungsverzeichnis — 324
Sachregister — 325
Autorenregister — 329

1. SPORTPSYCHOLOGIE: ZIELE, GEGENSTAND UND METHODEN

1.1 Anfänge in Deutschland

Die Sportpsychologie ist ein Geschöpf des zwanzigsten Jahrhunderts. Sie ist 1920 in der Deutschen Hochschule für Leibesübungen (DHfL) in Berlin/Charlottenburg aus der Taufe gehoben worden. Die DHfL ist eine Privathochschule des Deutschen Reichsausschusses für Leibesübungen gewesen, die bis 1933 existiert hat. Der Psychotechniker Dr. R.W. SCHULTE (1897-1933) richtete dort ein psychologisches Labor ein und führte von 1920 bis 1925 auch pädagogische und psychologische Lehrveranstaltungen durch. Sein Lehr- und Forschungsprogramm weist SCHULTE (1926) als Diagnostiker und als Leistungspsychologen aus. Dieses Programm kann man in den Tätigkeitsberichten der DHfL und in der Monographie „Leistungssteigerung im Turnen, Spiel und Sport - Grundlinien einer Psychobiologie der Leibesübungen" nachlesen. In dieser Schrift formuliert Schulte zwei Ziele: Erstens muß die Höchstleistung im Sport erklärt werden; zweitens ist die mittlere Optimaldosis von berufsförderlichen Leibesübungen verschiedener industrieller Berufe herauszufinden. Nach dem Vorbild der DHfL-Berlin sind in den zwanziger und dreißiger Jahren in einigen Industrienationen wie z.B. Japan, Ungarn, Rußland und USA Sporthochschulen gegründet worden. Seit dieser Zeit zählte die Sportpsychologie offiziell zum Verbund der sich erst allmählich entfaltenden Sportwissenschaft. Heute findet man in Deutschland die Sportpsychologie als Lehr- und Ausbildungsfach in allen Sportinstituten der Universitäten fest etabliert. Nach ihrem modernen Selbstverständnis ist die Sportpsychologie sowohl ein Teilgebiet der Sportwissenschaft als auch ein Teilgebiet der Psychologie. Wo immer man ihren Schwerpunkt lokalisiert, in jedem Falle ist sie eine Anwendungswissenschaft, die auch Grundlagenforschung betreibt.

1.2 Sportpsychologie als Erfahrungswissenschaft

Welchen Gegenstand hat die zeitgenössische Psychologie, die "Seelenwissenschaft"? Diese Frage ist nicht rhetorisch gemeint. Denn die Definition des Gegenstandes der Psychologie und auch die Methoden der Psychologie bestimmen die Datenqualität und die Datenmenge, welche das empirische Fundament der Psychologie und damit auch der Sportpsychologie sind. Vielfach wird Psychologie heute als Wissenschaft vom Verhalten und Erleben verstanden. Daher definiert WENDT (1989, S. 15): *"Psychologie ist die Wissenschaft, die sich mit dem Verhalten (und Erleben) von Organismen sowie den Ursachen und Wirkungen dieses Verhaltens (und Erlebens) beschäftigt."* Unter **"Verhalten"** versteht man jede irgendwie beobachtbare Aktion oder Reaktion und unter **"Erleben"** alle bewußtseinsfähigen Zustände und Vorgänge. Das Untersuchungsmedium des **"Organismus"** wird aber in der Psychologie nicht nur auf Menschen eingeschränkt. Psychologisch untersucht werden fast alle Primaten, die Haustiere und vielfach auch Nagetiere. In der Sportpsychologie hat man es indes immer mit Menschen als Datenquellen zu tun. Entweder sind sie irgendwie sportlich aktiv wie der Leistungssportler, der Breitensportler, der Rehasportler, der Trainer oder der Übungsleiter. Oder aber sie sind bewußt und gefühlsmäßig indirekt vom Sport entweder als Zuschauer, als Leser von Sportnachrichten, als Eltern von Sportlern oder als Unternehmer von beispielsweise Sportreisen, etc. betroffen. Tiere im Sport oder bei sportlichen Showveranstaltungen wie Pferde (Dressurreiten), Hunde (Hunderennen) oder Stiere (spanischer Stierkampf) werden bisher von der Sportpsychologie nicht als Gegenstand ihrer wissenschaftlichen Untersuchungen ausgewählt. Sie können aber durchaus Gegenstand psychologischer Untersuchungen sein, allerdings nur im Rahmen einer tierpsychologischen Fragestellung. Sportpsychologie kann nunmehr in Anlehnung an WENDT als angewandte Psychologie definiert werden:

Sportpsychologie ist die angewandte Wissenschaft, die sich mit dem Verhalten und Erleben (sowie deren Ursachen und Folgen) von Menschen beschäftigt, welche dem Sport aktiv oder passiv verbunden sind. Sport ist hier der Sammelbegriff für Agonistik

(Wettkampfwesen), Gymnastik (Leibesübungen), Ludistik (Spielwesen mit ausgeprägter Motorikkomponente) und Balnearistik (öffentliches Bäderwesen). Agonistik und Gymnastik sind im antiken Griechenland gepflegt und zur Blüte gelangt; Balnearistik und Ludistik im antiken, kaiserlichen Rom. Typische Formen dieser antiken Sportkultur haben sich bis in unsere Zeit erhalten. Was als **Verhalten** oder **Erleben** wissenschaftlich aufgezeichnet und schließlich verwertet wird, hängt einerseits von theoretischen Vorannahmen und Perspektiven sowie andererseits von methodischen Konventionen ab.

1.3 Fünf psychologische Perspektiven

In der Psychologie und natürlich auch in der Sportpsychologie bestimmen fünf theoretische Perspektiven den Ausschnitt, den man beobachtet, und die Art und Weise (Methode), wie beobachtet und registriert wird. Dieses sind die Verhaltenstheorien (Behaviorismus), die Kognitionspsychologie, die Psychoanalyse, die Phänomenologie und die Biopsychologie. Die **Biopsychologie** behauptet, daß alles Verhalten und Erleben ihre Ursache in Prozessen und Tätigkeiten des Gehirns mit seinen etwa 10 Milliarden Nervenzellen und ihren bisher unzählbaren Verknüpfungen habe. Alle psychischen Ereignisse entsprechen somit gewissen Hirnaktivitäten und/oder Aktivitäten des Nervensystems, die man mit unterschiedlichen Meßvorrichtungen der Biologie, der Medizin und der Psychologie erfassen kann. Diese Perspektive, die wissenschaftstheoretisch als Reduktionismus bezeichnet wird, wird auch von Sportpsychologen geteilt, die sich experimentell beispielsweise mit Fragen des motorischen Gedächtnisses befassen (vgl. JANSSEN, 1993).

Die psychologische **Phänomenologie** widerspricht dem reduktionistischen Vorgehen der Biopsychologie. "Psychische Ereignisse" seien ausschließlich persönliche Erfahrungen. Insofern sind Selbstbeobachtung (Introspektion) und Selbstanalyse geeignete Zugriffsweisen, um aufschlußreiches Material für die phänomenologische Theoriebildung zu gewinnen. So hat in Deutschland vor allem THOMAE (1968) Autobiographien und

Selbstzeugnisse von Zeitgenossen untersucht, um eine Theorie der individuellen Persönlichkeitsentwicklung zu begründen. In der deutschen Sportpsychologie ist es besonders die Handlungspsychologie von NITSCH (1986), die weitgehend auf den Annahmen der Phänomenologie ruht.

Die **Psychoanalyse** behauptet, daß große Teile unseres Verhaltens durch unbewußte Prozesse bestimmt werden. Solche unbewußten Vorgänge sind verborgene innere Überzeugungen und Wertvorstellungen, uneingestandene Ängste und Befürchtungen sowie unbewußte Wünsche insbesondere sexueller und aggressiver Natur. Denn unser Verhalten soll durch die gleichen Triebe resp. Instinkte, vor allen Dingen der Aggression und Sexualität, bestimmt werden wie das der übrigen Primaten. Allerdings wollen wir dies gewöhnlich nicht wahrhaben, weshalb wir diese Gründe verdrängen, rationalisieren oder irgendwie mit einem schönen Schein verbrämen. Um derartige Verschleierungen aufzuklären, muß man sich intensiv mit den betreffenden Menschen in Einzelfallstudien befassen. Verteidigungsmechanismen wie z. B. die Verdrängung können nur durch Gespräche und Fremdanalysen aufgehoben werden. Die *Ethologie*, die sich wie z. B. K. LORENZ (1963) auch mit sportlichen Fragen befaßte, hat die psychoanalytischen Grundannahmen übernommen. In der deutschen Sportwissenschaft gibt es aber z. Zt. keinen typischen Stellvertreter der psychoanalytischen Position. Am nächsten stand ihr wohl der Sportpädagoge und Sportpsychologe K. FEIGE (1976). Auch hat der Mediziner und Theologe D. RÖSSLER (1979) eloquent für eine Anwendung psychoanalytischer Methoden und Techniken im Leistungssport geworben.

Die **Kognitionspsychologie** nimmt an, daß Menschen denken, planen, Ziele verfolgen, entscheiden, handeln, sich erinnern, bewerten und vergleichen, etc. Dabei nutzen sie die Sprache und kommunizieren rational und emotional direkt oder indirekt mit anderen Personen. Kognitionspsychologisch relevante Daten ergeben sich einerseits aus der Selbst- und Fremdbeobachtung. Andererseits werden aber vor allem objektive, experimentell kontrollierte Daten ermittelt und interpretiert. Als typische Repräsentanten der deutschen Kognitionspsychologie haben vor allen Dingen der Motivationspsychologe HECKHAUSEN (1989) und der Öko- und Umweltpsychologe KAMINSKI (1990) die Sportwissenschaft befruchtet. Die Mehrzahl der heute wissenschaftlich aktiven Sportpsychologen dürfte sich ebenfalls mit der kognitionspsychologischen Position identifizieren. Hier seien nur der Motivationsforscher GABLER (1986) sowie die Streß- und Emotionsforscher SCHLICHT (1988) und SCHWENKMEZGER (1985) besonders erwähnt.

Die **Verhaltenstheorien**, die sich mehr oder minder auf SKINNER beziehen, beobachten Verhaltensweisen wie das Essen, Schlafen, Lachen, Reden, Autofahren, Sporttreiben, etc. in Abhängigkeit von sowohl diskriminativen (kontrollierende) Reizen als auch von positiven oder negativen Konsequenzen. Die ganz strenge Verhaltenstheorie verzichtet auf die Introspektion. Sie bezieht auch keine mentalen Prozesse in ihre Interpretation mit ein. Allerdings wird diese strenge Verhaltenstheorie heute nur noch vereinzelt vertreten. Eine liberalisierte, kognitivistische Variante der Verhaltenstheorie empfiehlt besonders BANDURA (1977) als Rahmentheorie für psychologisches Handeln in Kliniken, Schulen oder auch im Sport. In der deutschen Sportpsychologie wird diese Position heute am ehesten wohl vom Autor dieses Beitrags und von BÄUMLER (1991) vertreten.

Faßt man die Empfehlungen der Datenerhebung der fünf theoretischen Perspektiven zusammen, so findet man ein ganzes Arsenal methodischer Vorschläge. Empfohlen werden die Selbst- und die Fremdbeobachtung, die experimentelle Variation von Reizbedingungen, die Registrierung biologischer und medizinischer Daten, aber auch die Einzelfallanalyse und die Registrierung sprachlicher Äußerungen. Die psychologischen Tests, vor 45 Jahren noch das Markenzeichen der angewandten Psychologie und vor 20 Jahren aus der Sportpsychologie nicht wegzudenken (vgl. GABLER, 1972), werden heute weniger häufig verwendet, weil die Intervention (Beratung, Behandlung) zu einer vordringlichen Aufgabe geworden ist. Allerdings wird oft übersehen, daß eine treatmentbegleitende Diagnostik mit Hilfe von Tests eine wichtige evaluative Maßnahme zur Abschätzung von Treatmenteffekten darstellt.

1.4 Klassifikation der Techniken der Datengewinnung

Versucht man, die Methoden oder Techniken der Datengewinnung nach systematischen Gesichtspunkten zu ordnen, so hat man es zunächst einmal mit subjektiven, zum andern mit objektiven Zugriffsweisen der Datenerhebung zu tun. So werden objektive Daten mit Meßinstrumenten verschiedener Provenienz unter Standardmeßvorschriften ermittelt. Subjektive Daten ergeben sich anhand von Fremd- und Selbstbeobachtungen. Man kann auch sagen, daß subjektive Daten phänomenologisch durch Abschätzung von Häufigkeiten, Intensitäten oder zeitlicher Dauer sowie durch Beurteilung besonderer Qualitäten beispielsweise nach dem Grad der Anstrengung, der Belastung, der Erheiterung oder der Ängstigung, etc. gewonnen werden. Somit unterscheiden wir grundsätzlich die **subjektiv-phänomenologische** von der **objektiv-instrumentellen** Technik der Datengewinnung (vgl. JANSSEN, 1994 sowie Abb. 1.1; S.17).

Zweitens unterscheiden wir mit KAMINSKI (1972) bei allen Daten, ob sie die Erlebniswelt des Individuums reflektieren oder ob das Individuum von anderen Personen, sozusagen von außen gesehen und beurteilt wird. Sind die Daten unter maßgeblicher Beteiligung der Selbstbeobachtung und Selbstreflektion entstanden, dann handelt es sich um die **Innensicht** des Subjektes. Sind sie aber durch Fremd- und Verhaltensbeobachtung zustandegekommen, dann liegen natürlich vielfältige Facetten der **Außensicht** vor. Die Unterscheidung von Innen- und Außensicht trennt ebenfalls im Bereich der objektiv-instrumentellen Methoden der Datengewinnung. Wenn Probanden auf einem Ruderergometer aufgefordert werden, eine Sollwertwattleistung anzusteuern, konstant zu halten, sich diese einzuprägen und nach einer Unterbrechung von 2 bis 3 Minuten ohne visuelle Kontrollmöglichkeit - also aus dem Gedächtnis - zu reproduzieren, dann gelingt dies nur durch Selbstbeobachtung resp. durch die Ausschöpfung von Erlebnis- und Empfindungspotentialen (vgl. JANSSEN, STOLL & VOLKENS, 1987). Eine objektiv-instrumentelle Methode der Aussensicht liegt hingegen bei einer Blutdruckmessung desselben Probanden durch einen Arzt vor.

Eine dritte Möglichkeit, Daten zu unterscheiden, bietet der Fokus der Beobachtung und Messung. Der Lernpsychologe TOLMAN (1932) hat hierfür das Begriffspaar **molar** vs. **molecular** eingeführt. Molar sind nach TOLMAN größere Verhaltenseinheiten wie z.B. das Laufen zu einem Ziel oder ein Sprung in das Wasser. Demgegenüber werden Teile oder Elemente solcher Verhaltensweisen wie z.B. Muskelkontraktionen als molecular bezeichnet. Molar sind also größere, molecular jedoch kleinere Beobachtungseinheiten von Verhaltensweisen. Somit kann man durch Messungen molares Verhalten in verschiedene moleculare Einheiten untergliedern.

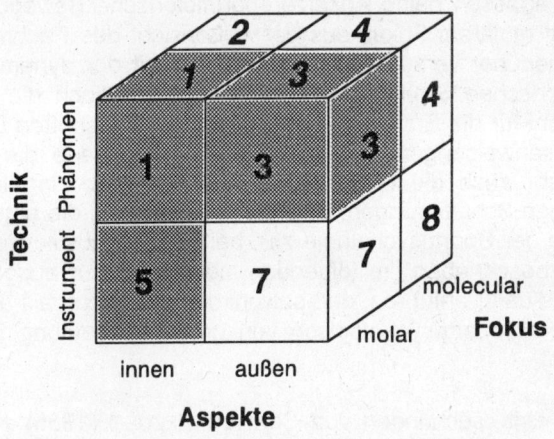

Abb. 1.1: Datenkörper der Psychologie und Sportpsychologie: 1) Phänomen vs. Instrument, 2) Innensicht vs. Außensicht, 3) molares vs. moleculares Verhalten

Bildet man nunmehr aus den drei dichotomen Dimensionen: a) der Technik (*phänomenologisch* vs. *instrumentell*), b) des Aspektes der Erfahrungsgewinnung (*Innensicht* vs. *Außensicht*)

und c) des Beobachtungsfokus (*molar* vs. *molecular*) ein orthogonales Klassifikationsschema, so gewinnen wir als nachfolgende Übersicht einen dreidimensionalen Datenkörper (vgl. Abb. 1.1). Die Datenwürfel (1), (3) und (5) bilden in der Sportpsychologie - aber auch in der Psychologie - den eigentlichen Fundus, der von Theorien erklärt wird und auf den sich Theorien stützen.

1.4.1 Subjektiv-phänomenologische Techniken

Die phänomenologischen Techniken spielen in der *Bewegungslehre* beispielsweise bei MEINEL & SCHNABEL (1987) oder bei GÖHNER (1979) eine tragende Rolle. Gemäß dem vorliegenden System erfassen beide Ansätze sportmotorische Bewegungsabläufe mit molarem Fokus aus der Außensicht des Fachmannes. Demgegenüber versucht WIEMANN (1977) mit der dynamisch-eigenmotorischen Struktur- und Aktionsanalyse auch die molare Innensicht für die Erstellung von Bewegungsvorschriften und Bewegungsanweisungen nutzbar zu machen. Gerade die Innensicht, d.h. auch die Methode der Selbstbeobachtung in ihren vielfältigen Schattierungen, wird immer wieder als die eigentliche Domäne der Sportpsychologie z.B. bei der Diagnostik der Sportmotorik beschrieben. Im folgenden möchte ich nur ausgewählte Beispiele dafür anführen, daß sowohl die Innensicht, als auch die Außensicht sportpsychologisch von großer Bedeutung ist (vgl. Tab. 1.1).

Auf die Untersuchungen von SCHWENKMEZGER (1985) zur Wirkung der Zustands- und der Eigenschaftsangst (genannt im folgenden A-State, A-Trait) mit Hilfe von Fragebogen sei hier aus zwei Gründen verwiesen. Einmal stellt SCHWENKMEZGER (1985) Befunde aus Laboruntersuchungen solchen aus realen Lebenssituationen des Sports wie Staatsexamensprüfungen und Wettkämpfen gegenüber. Zum andern werden globale Leistungsbeurteilungen (Noten in Staatsexamen) mit der molaren Innensicht verschiedener Angstkomponenten (Besorgtheit, Aufgeregtheit, A-State, A-Trait) konfrontiert. Vor allem die Besorgtheitskomponenten der bereichsspezifischen Angst hängen negativ mit sportlichen resp. technomotorischen Leistungen zusammen.

Die molare psychologische Analyse operiert mit universellen Eigenschaften oder auch mit globalen Fertigkeiten wie "Fußballspielenkönnen", welche ganze Verhaltensketten umfassen. Davon unterscheidet sich die moleculare Arbeitsweise. Sie ermittelt Reaktionen (Daten) in spezifischen Situationen auf spezifische Reize. Man kann das Begriffspaar molar vs. molecular auch durch komplex vs. elementar und evtl. durch Makroverhalten vs. Mikroverhalten ersetzen. Mit phänomenologischen Techniken und moleculearem Fokus haben JANSSEN, SCHLICHT & WILHELM (1989) und SCHLICHT (1988) 400m-Hürdenläufer des A-, B- und C-Kaders der Leichtathletik untersucht. Die Zielfrage hieß: Wie beeinflussen Stimmungen und Stimmungsschwankungen das Trainingsverhalten und die Wettkampfleistung? Um diese Fragen zu beantworten, wurden vier ausgewählte Athleten über einen Zeitraum von ca. 1 1/2 Jahren zwei bis dreimal pro Woche zur Selbstbeobachtung angeregt. Die Selbstbeobachtungen wurden im Training und im Wettkampf nach augenblicklichen Befindlichkeiten wie Aktivität, Stimmung, körperliches Befinden, A-State (Aufgeregtheit, Besorgtheit), Kognitionen (Kompetenz, Mißerfolg, Selbstaufmerksamkeit, ...), besondere Ereignisse (Art, Bewertung), Trainingsprotokoll und Leistungsergebnis über ein vorgedrucktes Protokollblatt schriftlich erhoben. Somit wurden Daten im Längsschnitt bei vier Einzelfällen ermittelt. Bei allen Personen zeigen sich Zusammenhänge zwischen der Leistung in Wettkämpfen einerseits und dem Grad der Aktiviertheit, der Angst (A-State), dem Ärger sowie Kognitionen der Selbstaufmerksamkeit andererseits. Allerdings offenbaren sich jeweils verschiedene Emotionsmuster bei den einzelnen Athleten.

Zur phänomenologischen Methode zählt auch die *Spielbeobachtung*. Sie ist molar, wenn auf der Mannschaftsebene z.B. beim Fußballspiel Tore, Ecken, gelbe Karten, Angriffsformationen, Foulhäufigkeiten, etc. registriert werden. Molecular ist die Spielbeobachtung, wenn pro Spiel Aktionen von allen Spielern beispielsweise im Hallenhandball nach Torwürfen, erzielten Toren, Assistenzen, technischen Fehlern, Zeitstrafen (erzielt/erhalten), etc. mit Hilfe eines Zeichensystems durch Beobachter registriert

Tab. 1.1.: Techniken der Datengewinnung

Aspekte der Erfahrungsgewinnung

	Innensicht		Außensicht	
	Fokus		Fokus	
Technik	molar	molecular	molar	molecular
subjektiv-phänomeno-logisch	**1 Selbstbeobachtung** Erlebnisse, Episoden, Gefühle, Selbstbeurteilungen, Persönlichkeitsfragebögen	**2 Selbstbeobachtung** Frische, Störungen, Zufriedenheit, Ärger, Anstrengung, Besorgtheit, etc. in spezifischer Situation z.B. kurz vor, kurz nach Wettkampf.	**3 Verhaltens-beobachtung** Kritische Vorfälle, Ereignisse, Fouls, unsportliches Verhalten, Ovationen der Zuschauer, etc. (Fremdbeurteilungen)	**4 Verhaltens-beobachtung** Zeichensysteme der Beobachtung (Spielbeobachtung)
objektiv-instrumen-tell	**5 Leistungstests** Nicht-verfälschbare P-Tests Intelligenztests, Wissenstests, Gedächtnisprüfungen, Doppelaufgaben Sport-TAT, MAT	**6 Psychophysische Skalierung** Gewichte, Anstrengungen	**7 Sportmotorische Tests** Situationstests, Miniatursituationen, Ruderergometer, Sprungmatte	**8 Leistungsphysio-logische Messungen** Laktatkonzentration, Herzfrequenz, Blutdruck, Atemminutenvolumen,...

werden. Zusammenhänge zwischen Miniatursituationen, Labortests, Selbstbeobachtungsdaten und molaren Spielbeobachtungsdaten im Hallenhandball haben JANSSEN & WEGNER (1991) und WEGNER (1994) nachgewiesen. D.h., es gibt Beziehungen zwischen objektiv-instrumentellen Sporttests und subjektiv-phänomenologischen Spielbeobachtungsdaten (der Außensicht).

1.4.2 Objektiv-instrumentelle Techniken

Alle apparativen Verfahren, einige Papierbleistifttests (Intelligenz) und sog. Farb-Formdeuteverfahren zählen zu den objektiven Methoden, sofern standardisierte Anwendungs- und Auswertevorschriften vorliegen. Dieses ist der Fall z.B. beim Pursuitrotor (Tracking), beim STROOP-Interferenztest, beim Thematischen Apperzeptionstest (Leistungsmotivation), bei den vielfältigen sportmotorischen Fitneßtests und auch bei den sportmedizinischen Belastungstests (Fahrradergometer, Laufband, Ruderergometer). Welche instrumentellen Verfahren molar oder molecular sind, dies ist schwerer zu unterscheiden. Molar ist der Registrierfokus dann, wenn die Daten nur nach längerer Aktivität und von mehreren biopsychischen Funktionen beigesteuert werden. Dies trifft auch für die Messung des Blutlaktatspiegels in einem Ausdauertest zu, in dessen Verlauf alle drei Minuten die Belastung bis zur Erschöpfung erhöht wird. Dennoch zählen die physiologischen Messungen zu den molecularen Zugriffsweisen. Auch psychophysische Skalierungsuntersuchungen zur Bestimmung ebenmerklicher Empfindungsunterschiede dauern unter Umständen Stunden, liefern aber wegen der Spezifität der geprüften Funktionen nur moleculare Daten.

Objektive Verfahren werden u.a. in der motorischen Gedächtnis- und Lernforschung eingesetzt (vgl. JANSSEN, 1993). Dabei kann der Fokus molar oder molecular sein. Wenn beispielsweise auf einem Ruder- oder Fahrradergometer vorher geübte Sollwerte der Belastung nach kürzeren oder längeren Pausen reproduziert werden müssen, liegen eher molare Daten vor. Denn die Probanden sind insgesamt in die Reproduktionstätigkeiten eingespannt. Anders ist dies bei einfachen Handpositionierungen auf einem Tisch oder wenn leichtere Gewichte zwischen 100 bis 500 gr. unterschieden werden sollen: Hier ist der Beobachtungsfokus eher molecular. In jedem Falle aber ist die Innensicht der Probanden für die Herstellung der Daten von Bedeutung. Ohne das **Probandenurteil** über Gleichheit oder Verschiedenheit der geforderten Leistung wäre die Messung bedeutungslos.

Wenden wir uns zuletzt der Außensicht objektiver Meßverfahren zu. Zunächst einmal gibt es zahlreiche Arrangements, bei denen die Innensicht von Sportlern/innen für die Interpretation der Daten (resp. ihre Validität) geringwertiger als die Außensicht des Beobachters und Experimentators ist. Man denke an das Ruderergometer zur Messung von Ausdauerleistungen, an ein Stabilometer (Gleichgewichtsschaukel) zur Messung der Gleichgewichtskontrolle, an sportmotorische Fitneßtests oder an Miniatursituationen des Angriffs und der Verteidigung in Ballsportarten. Die Meßergebnisse derartiger Verfahren werden ohne die Deutung oder Interpretation der Sportler ermittelt. Voraussetzung für gültige Messungen ist allerdings eine instruktionsgemäße Mitarbeit, nämlich eine konzentrierte Aufgabenbewältigung durch die

Versuchsperson. Der einzige systematische Fehler durch den die Interpretation von Daten belastet werden könnte, wäre eine **Dissimulation** durch den Probanden. Dies bedeutet, daß sich der Proband keine Mühe gibt und daher sein Leistungspotential nicht voll ausschöpft. Im Sport ist eine derartige Versuchseinstellung eher unwahrscheinlich. Wahrscheinlicher wäre eine Dissimulation in Rehakliniken, in denen ein Arzt die Unfallfolgen und damit Rentenansprüche beglaubigen müßte.

Miniatursituationen können in jeder Sportart zu Zwecken von Leistungsprüfungen jeder Art arrangiert werden. Ich greife ein Beispiel von WEGNER (1994) auf, der die Störanfälligkeit von Handballspielern gegenüber Zuschauerlärm prüfen wollte. Handballspielerinnen wurden in zwei 7m-Situationen überprüft. Einmal hatten sie auf Pfiff in eine kurz vorher angedeutete Torecke zu werfen; eine Torfrau stand auf der Linie und versuchte, den Ball zu parieren. Diese Situation wurde zehnmal wiederholt und die Trefferausbeute gezählt. Danach bekamen die Handballerinnen über einen befestigten Kopfhörer Zuschauerlärm von 80 Dezibel eingespielt. Ansonsten war das Vorgehen wie in der Ausgangssituation. Die Differenz der Torwürfe sagt etwas über die Störanfälligkeit aus. Drei Typen von Spielerinnen scheint es zu geben: a) Störanfällige, b) Unbeeindruckbare und c) Reaktante, die unter Lärmbedingungen besser werfen als in der Normalsituation. Selbstverständlich können die Spielerinnen auch befragt werden, wie sie unter Lärmeinwirkung reagieren. Man findet nur eine geringe Übereinstimmung zwischen der Selbstbeobachtung und der standardisierten Fremdbeobachtungssituation. Dies ist ein Beispiel für eine molare Betrachtungsweise. Wenn man leistungsphysiologische Meßwerte wie z.B. die Herzfrequenz und den Laktatspiegel hinzuzieht, hat man es ergänzend mit einer molecularen Sichtweise zu tun, was WEGNER (1994) ebenfalls geleistet hat.

1.5 Leistungsprognosen mit sportpsychologischen Daten

Möchte man Trainingsleistungen, Wettkampfleistungen oder Spitzenleistungen im Sport wissenschaftlich fundiert vorhersagen, dann benötigt man geeignete (diagnostische) Informationen.

Je ähnlicher im Inhalt, in der Struktur und in der Funktion diese Daten den zu prognostizierenden Leistungsdaten sind, desto genauer fällt die Prognose aus (vgl. JANSSEN 1978; 1979).

Der Datenkörper von Wettkampf- und Spitzenleistungen zeichnet sich gegenüber den Daten eines ritualisierten und routinierten Alltagsverhaltens durch drei Eigentümlichkeiten aus:

(1) Spitzenleistungen sind **singuläre,** keine *universellen* Merkmale einer Population.
(2) Sie sind sehr **spezifische** Verhaltensmerkmale, die an besondere Reizkonstellationen gebunden und daher weit von *generellen* Merkmalen entfernt sind.
(3) Schließlich sind sie zeitvariabel oder **instabil** und lassen sich nicht mit *hoher Stabilität* aufrechterhalten. Vielmehr ist eine langwierige Trainingsperiodisierung erforderlich, um sie zu bestimmten Perioden erzielen zu können.

Diesen Besonderheiten kann man dadurch Rechnung tragen, daß man auf sog. psychologische Omnibustests, die in Schulen, Universitäten, Fabriken oder Kliniken entwickelt wurden, verzichtet. Statt dessen sollte man gezielt Daten in der Trainings- und Wettkampfsituation der ausgewählten Sportarten mit kürzeren, adaptierten subjektiv-phänomenologischen und objektiv-instrumentellen Techniken ermitteln (vgl. JANSSEN, 1985; SCHLICHT, 1988). Ganz wichtig sind sportartspezifische Daten des nondeklarativen und deklarativen sensomotorischen Verarbeitungsmodus, der emotionalen Befindlichkeit, des motivational- dynamischen Verhaltens und schließlich des sportartspezifischen öffentlichen und privaten Selbstkonzeptes. Der nondeklarative sensomotorische Verarbeitungsmodus verwaltet propriozeptive, statovestibuläre Empfindungs- und Unterscheidungsmuster, die mit apparativen Verfahren der Psychophysik erkundet werden können. Sportartspezifische deklarative Daten können mit Hilfe von Doppelaufgaben (Prüfung der Aufmerksamkeit und Konzentration) sowie über Kurzzeitspeicheraufgaben (mit und ohne Unterbrechung) ermittelt werden. Die emotionale Befindlichkeit sollte über sportartspezifische Belastungssymptome, über Zustandsbeschreibungen negativer Emotionen (Angst, Ärger, Feindseligkeit) und über die Beschreibung von Stimmungslagen erfaßt werden.

An Motivationsvariablen kann man die Volition sowie die Handlungskontrollstile, aber auch Ereigniserwartungen, Einstellungen und Wertbezüge zum Training, Wettkampf, Gegner und dem eigenen Selbst erfassen, und zwar über Fragenlisten. Hingegen sollte man nur über das Gespräch und das Interview Daten des öffentlichen, vor allem des nicht-öffentlichen, privaten Selbstes ermitteln (vgl. VERNON, 1964). Nach wie vor sind Einzelfallanalysen im Spitzensport ein Königsweg der Erkenntnisgewinnung (SCHLICHT & JANSSEN, 1990).

2. INFORMATIONSVERARBEITUNG UND WAHRNEHMUNG IM SPORT

2.1 Begriffe

Informationsverarbeitung umfaßt die bewußten und nicht bewußten Vorgänge und Strukturen der Nachrichtenverarbeitung in lebenden Systemen. Die bewußten und bewußtseinsfähigen Vorgänge heißen Kognition. Kognition ist daher zum Sammelbegriff für die Prozesse der Reiz- und Informationsverarbeitung geworden, welche den Empfindungen, Wahrnehmungen, Vorstellungen, Einbildungen, Tagträumen oder Halluzinationen sowie dem Behalten, Erinnern, Problemlösen, Denken und Sprechen zugrunde liegen. Kognitive Prozesse umfassen Vorgänge, durch welche der sensorische Input kodiert, reduziert, weiter verarbeitet, gespeichert, wieder hervorgeholt und schließlich benutzt wird. Die Kognitionspsychologie ist daher eine erweiterte Bewußtseinspsychologie, welche Modelle der Informationsverarbeitung benutzt.

Aber nicht alle Vorgänge der Informationsverarbeitung sind kognitiv. In unserer individuellen Informationsverarbeitung gibt es zwei qualitativ verschiedene Vorgänge, die im Sport immer wieder besprochen werden: einmal die *automatische* und zum anderen die bewußt *kontrollierte* Informationsverarbeitung. Obgleich die Automatisierung von Bewegungsfolgen und von Bewegungsprogrammen das erklärte Ziel jeder Leistungsoptimierung im Sport ist, sind die bewußten Prozesse der Reizkontrolle genauso wichtig. Zur Unterscheidung dieser typischen Vorgänge könnte man einmal von den bewußt kontrollierten und zum anderen von den konzentrationsfreien Prozessen der Informationsverarbeitung sprechen. Diese konzentrationsfreien Vorgänge spielen sich ohne größere Anstrengung ab, während die aufmerksamkeitspflichtigen unter ständiger energieabsorbierender Bewußtseinskontrolle stehen. Bewußte Verarbeitungsprozesse sind beispielsweise die "Absicht", die "Aufgabeneinstellung", die "selektive Aufmerksamkeit", die "Antizipation" oder verschiedene andere analytische Haltungen der Informationsverarbeitung. In den folgenden Abschnitten sollen grundlegende Merkmale der Informationsverarbeitung wie beispielsweise die Organisation und Selektion von Reizen, kognitive Strategien und Fähigkeiten sowie Lern- und Gedächtnisvorgänge behandelt werden.

2.2 Zweiprozeßtheorien der Informationsverarbeitung

Es gibt verschiedene Theorien der Informationsverarbeitung, die bei aller Verschiedenheit eines gemeinsam haben: Sie unterscheiden zwei Prozesse, die trotz zeitweiliger Konkurrenz die Wahrnehmungsprodukte gemeinsam konstituieren. Hier sollen nur die drei behandelt werden, die in der Arena der Sportpsychologie auf den Plan getreten sind. Es ist das Peripherie-Zentrums-Modell (PZ-Modell), das Aufmerksamkeitsmodell (A-Modell) und das Duale-Gedächtnismodell (D-Modell).

2.2.1 Interaktion zwischen Peripherie und Zentrum

Ein einfaches PZ-Modell der Informationsverarbeitung unterscheidet mehrere zentrale und zwei periphere Instanzen (vgl. Abb. 2.1). Die peripheren Sinnesorgane empfangen Nachrichten, Daten oder Reize aus der Umwelt und übersetzen diese in Daten, die verarbeitet werden können. Die Wahrnehmung liefern der zentralen Entscheidungsinstanz ein "Bild" resp. eine angemessene Repräsentation der Situation, in der man sich befindet. Sie klassifizieren, identifizieren und geben auch eine Totalsicht. Die Zentralinstanz muß anhand dieser zusammengefaßten und aufbereiteten Daten entscheiden, was in Hinsicht auf bestimmte Ziele zu tun ist. Wenn ein Plan feststeht, wird dieser an die Effektorinstanz weitergeleitet, welche die Reaktion oder Handlungsweisen organisiert. Die Effektorinstanz veranlaßt das periphere muskuläre System zu Aktionen, die sowohl direkt innerlich als auch über Effekte äußerlich zurückgemeldet werden. Das Informationsverarbeitungssystem von MARTENIUK (1976) ist nur eine ganz grobe Skizze über die Vorgänge der Wahrnehmung, der Entscheidung und der Handlung. Wie kompliziert und verwoben die Verarbeitungsprozesse alleine im motorischen System

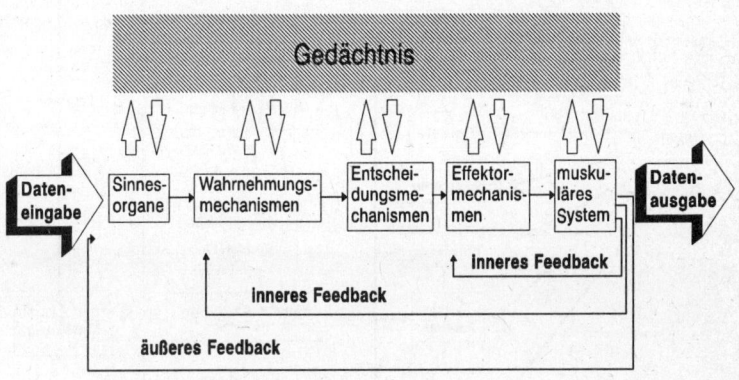

Abb. 2.1: Informationsverarbeitung nach MARTENIUK (1976, S.5)

sind, zeigen uns *Physiologen* wie SCHMIDT & THEWS (1990) (vgl. Abb. 2.2). Da die Sportpsychologie im wesentlichen Bewußtseins- und Verhaltensdaten unter verschiedenen situativen Aspekten analysiert, ist eine globale Skizze der Verarbeitungsprozesse kein Irrweg, solange man dieses Schema nicht als Abbild der Realität identifiziert. Es ist bestenfalls eine Metapher, welche die Forschung anzuregen hätte.

Aufbau- und Auswahlprozesse. Gemäß der Infometapher von MARTENIUK unterscheidet man zwei globale Prozesse der Informationsverarbeitung, welche das Ergebnis jeder Wahrnehmung oder eines jeden Wahrnehmungsaktes festlegen: Einmal die Aufbauprozesse, die von der Peripherie ausgehen oder peripher gesteuert sind, und zum anderen die Auswahlprozesse, die vom

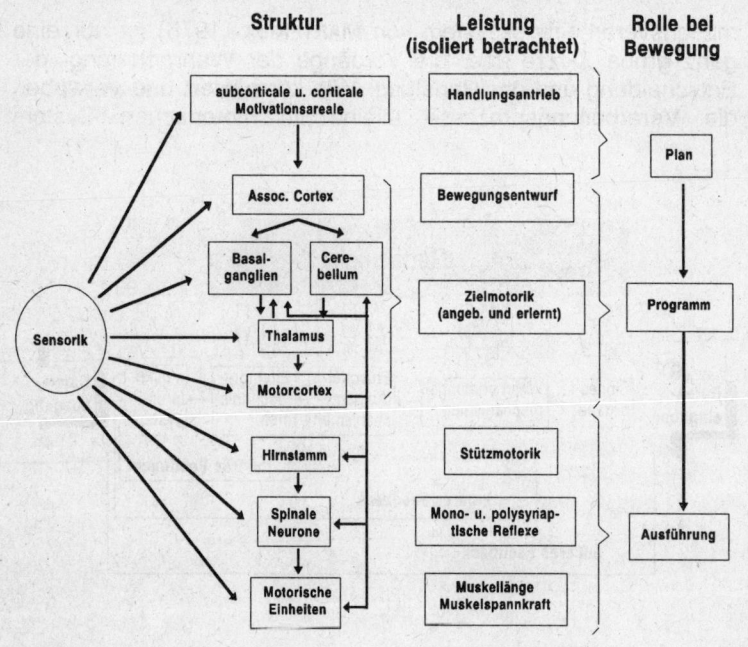

Abb. 2.2: Motorisches System nach SCHMIDT & THEWS (1990)

Zentrum des Systems gesteuert werden. Amerikaner sprechen im ersten Fall von "bottom-up" (aufwärtsgerichteten) und im zweiten Fall von "top-down" (abwärtsgerichteten) Prozessen. Am Aufbau und an der Organisation der Repräsentation einer erlebten Situation sind die Systeminstanzen der Sinnesorgane, der Wahrnehmung und auch des Gedächtnisses beteiligt; an der Selektion sind die Systeminstanzen des Gedächtnisses, der Entscheidung und der Wahrnehmung beteiligt. Der Aufbau- oder Organisationsmechanismus der Wahrnehmung liefert sozusagen das Rohmaterial und nur teilweise die Fertigteile, während der Selektionsmechanismus den Plan oder das Konzept hat, nach dem die Materialien zusammengesetzt sind - um ein Bild aus der Handwerkersprache zu benutzen. Die Aufbau- und Organisationsprozesse verbinden Sinnes- und Gedächtnisleistungen, während die Selektionsprozesse Entscheidungs-, Wahrnehmungs- und Gedächtnisleistungen verknüpfen. In jedem Wahrnehmungsakt kann man also die Zusammenarbeit von vier verschiedenen Instanzen erkennen: a) die Sinnesprozesse, welche die individuelle Fähigkeit zu entdecken, zu vergleichen und wiederzuerkennen umfaßt; b) die höher geordneten Wahrnehmungsprozesse, welche die vorgelegte Information reduzieren und auswählen; c) die Entscheidungsmechanismen, welche festsetzen und künftige Ereignisse vorhersagen und d) die allgemeinen und speziellen Gedächtnisprozesse.

Von automatisierten Handlungen spricht man, wenn Aufbauprozesse der Informationsverarbeitung mit effektorischen und muskulären Plänen direkt verbunden sind, ohne daß bewußte, analytische Entscheidungsvorgänge in den Ablauf eingreifen würden. Automatisierte Handlungen müssen allerdings erlernt werden. Alle Gewohnheiten und sportmotorischen Fertigkeiten wie z.B. das Skifahren werden Schritt für Schritt mühsam erlernt und schließlich automatisiert. Durch die direkte Verbindung von Organisationsprozessen der Reizaufnahme und von muskulären Prozessen der Ausführung von Handlungen wird das Bewußtsein entlastet. Die kognitiven Selektionsprozesse können für andere oder wichtigere Aufgaben eingesetzt werden (vgl. KINCHLA, 1992).

2.2.2 *Kontrollierte und automatisierte Prozesse*

Die phänomenologische Erfahrung beim Erlernen komplizierter motorischer Abläufe lehrt: Ungelernte Aufgaben werden unter bewußter Kontrolle der Bewegungabläufe in schlecht koordinierter Art und Weise, relativ langsam und fehlerhaft ausgeführt. Demgegenüber zeigen häufig geübte Fertigkeiten große Ähnlichkeit mit Reflexen. Sie funktionieren ohne bewußte Kontrolle, ohne Anstrengung, beinahe unwillkürlich (vgl. SCHNEIDER & SHIFFRIN, 1977). In einem Sammelreferat zum Einfluß des extensiven Übens auf die Motorik faßt DAUGS (1994) die Veränderung der geübten im Vergleich zu den ungeübten Bewegungen in drei Punkten zusammen:

1) **Äußere Erscheinungsform und Verlauf:** Durch extensives Üben werden Bewegungen ganzheitlicher, fließender, rhythmischer, harmonischer, sparsamer.

2) **Subjektives Erleben:** Die Bewegungen gehen wie von selbst, ohne eigenes Zutun, wie von Geisterhand gesteuert und werden begleitet von Gefühlen der Lust an der Bewegung oder von einem „flow-feeling"; die kinästhetische Empfindsamkeit scheint gesteigert zu sein, die Aufmerksamkeit ist auf ein begrenztes Feld gerichtet.

3) **Alltagspsychologische Deutung:** Aufmerksamkeitsanforderungen werden reduziert, Bewußtseinspflichtigkeit nimmt ab, Aufmerksamkeit verlagert sich von Detailkontrolle zur Globalkontrolle, Aufmerksamkeit initiiert Komplexbewegungen, Abschirmung von Störungen wird besser, Bewegungsstabilität nimmt zu, Bewegung scheint programmgesteuert - nicht feedbackgesteuert zu sein.

Analog zu diesen naiv-psychologischen Beschreibungen werden zwei verschiedene (möglicherweise disjunkte) Prozesse der Informationsverarbeitung angenommen: die kontrollierten und die automatischen Prozesse. Die kontrollierten Prozesse sollen durch selektive Aufmerksamkeit gesteuert werden; sie sind bewußt und sollen „Bewußtseinskapazität" verbrauchen. Außerdem werden sie als konzeptgesteuert (top-down-Prozesse) bezeichnet. Die automatischen Prozesse sind weitgehend unbewußt; sie sollen kapazitätsfrei und datengesteuert (bottom-up-Prozesse) sein. Allerdings zeigt sich, daß eine dichotome Sichtweise und aufmerksamkeitstheoretische Interpretation der automatischen vs. kontrollierten Prozesse den Befunden der Doppelaufgabenforschung nicht gerecht wird (vgl. DAUGS & BLISCHKE, 1993).

2.2.3 Dualitätstheorie der Informationsverarbeitung

Während das A-Modell von der Unterscheidung nach kontrolliert vs. automatisch ausgeht, bezieht sich die Dualitätstheorie der Informationsverarbeitung, kurz D-Modell genannt, auf die Begriffe *explizit* vs. *implizit*. Diese Unterscheidung stammt aus der Gedächtnisforschung (vgl. SQUIRE, KNOWLTON & MUSEN, 1993). Explizite Gedächtnisvorgänge sind bewußt kontrolliert; implizite liegen bei Reproduktionen vor, ohne daß man sich explizit an vorangegangenes Lernen erinnern könnte. Diese Klassifikation, die auch als *deklarativ* vs. *nondeklarativ* beschrieben wird, wird (hypothetisch) als Wirkung zweier verschiedener Modi oder Funktionsweisen des Gedächtnisses, ja der gesamten Informationsverarbeitung behandelt. In der Tab. 2.1 befindet sich eine Kurzcharakterisierung der Verarbeitungssysteme, die immer parallel arbeiten.

Die *Dualitätstheorie* geht von folgenden fünf Annahmen aus: (a) Wir verarbeiten, speichern und rufen Informationen nach einem deklarativen und nondeklarativen Modus ab. (b) Auch bei psychophysischen Skalierungsaufgaben wirkt sich die duale Informationsverarbeitung aus; Intensitätserlebnisse tragen den Stempel der nondeklarativen, Extensitätserlebnisse den Stempel der deklarativen Verarbeitung. (c) In beiden Funktionssystemen wirken unterschiedliche Operationen der Strukurierung der Information. Im nondeklarativen System wirken α) Empfindungsunterschiede nach dem WEBERschen Gesetz und β) Adaptationsniveaubildungen nach der HELSON-Regel. Im deklarativen System wirken α) Assoziationsprinzipien in der Sprache und β) Gestalttendenzen in der optischen und akustischen Wahrnehmung. (d) Das nondeklarative System funktioniert unabhängig von, das deklarative System nur unter der Mitwirkung von den medialen Hirnstrukturen des Hippocampus. (e) Das deklarative Verarbeitungssystem verfügt über einen Spezialspeicher: das **Kurzzeitgedächtnis**; das nondeklarative System funktioniert ohne diese Spezialeinrichtung (vgl. JANSSEN, 1993). Endprodukte der nondeklarativen Verarbeitung sind Gewohnheiten und motorische Fertigkeiten u.a. der Sportmotorik; Ergebnisse der deklarativen Verarbeitung sind Faktenwissen sowie persönliche, episodische Erinnerungen.

Beim motorischen Lernen im Sport sind immer beide Modi der Informationsverarbeitung beteiligt. Daher darf man von einer doppelten informationellen Steuerung der Motorik sprechen. Zwei Punkte sind für das Lernen wichtig: einmal die Präsentation der Sollwerte, zum andern die Rückmeldung über den Leistungs-

Tab. 2.1: Duale Informationsverarbeitung

Merkmale	System I prozedural, implizit	System II deklarativ, explizit
Evolutionäre Ziele	somatosensorische, propriozeptive Kontrolle, körperbezogene Orientierung	bewußte, schnelle, sichere Orientierung in Raum und Zeit, in sozialen Gruppierungen
Art der Information	**Intensitäten:** kontinuierliche Mannigfaltigkeiten, die als angenehm vs. unangenehm, als schmerzhaft vs. schmerzfrei erlebt werden wie Gerüche, Lautstärken (Geräusche), Kraft-, Ausdauer-, Schnelligkeitsanstrengungen	**Extensitäten:** diskrete Mannigfaltigkeiten, mit denen manipuliert werden kann wie Distanzen, Gewichte, Zeitintervalle, Tonhöhen, ...
Kodierung, Informationsaufbau	holistische (nicht-verbale), parallele Verarbeitung vorherrschend: Grundlage sind ebenmerkliche Empfindungsunterschiede, Bildung eines Anpassungsniveaus (Helson)	analytische (verbale), serielle Verarbeitung vorherrschend: Grundlage sind Gestaltprinzipien, Assoziationsprinzipien
Struktur des Gedächtnisses	Spezialgedächtnis (Langzeit) ohne Zusatzspeicher: dadurch in kurzer Zeit nur langsamer Informationsaustausch möglich	Spezialgedächtnis (Langzeit), Arbeitsspeicher (Kurzzeit): dadurch in kurzer Zeit großer Informationswechsel möglich
Verbindung zur Sprache, zum Bewußtsein	normalerweise nicht gegeben; kann möglicherweise durch Übung wie z.B. durch das mentale Training hergestellt werden	ist immer vorhanden und hilfreich für Informationsverarbeitung
Art und Weise des Lernens, des Neuerwerbs	keine besonderen Lerneffekte der Beschleunigung oder Verzögerung; inkrementelles, schrittweises Lernen	Alles-oder-nichts-Effekte; Primacy-Recency-Effekte; Lernen auf Anhieb möglich; daher Lernen in grösseren oder kleineren Sprüngen, Mengen
Bedingungen des Vergessens	Bei Tätigkeitsunterbrechung: Präzisionsverlust; Tätigkeitswechsel oder Interpolationen bedingen keine Interferenzen oder Vergessenseffekte	Bei neuer Information und beim Aufmerksamkeitswechsel: Interferenz, Verdrängung
Gedächtniseffekte: dauerhaftes Ergebnis	spezielles Können, Gewohnheiten: konditionierte Reflexe, Fertigkeiten der Sprachmotorik, nonverbale Verhaltensmotorik (Mimik, Gestik, Haltung), Sport-, Arbeitsmotorik	episodisches, faktisches, abstraktes Wissen, das generalisiert werden kann

stand. Bei der Präsentation der Sollwerte über Bildreihen, Anweisungen, Video, etc. wird das **System II** (deklarativ) aktiviert. Der Lernende hat nun zwei Lernprobleme zu lösen: a) die Übertragung der Sollwerte des **Systems II** in den Kode des **Systems I** (Propriozeption); b) die nahtlose Verbindung des Kodes des **Systems II** mit dem des **Systems I**. Diese nahtlose Verbindung beider Kodierungssysteme gelingt nur schrittweise durch operante Verstärkung. Dabei wird die Rückmeldung über den Leistungsstand wichtig. Eine dreifaktorielle Klassifizierung motorischer Aufgaben (Tab. 2.2) soll verdeutlichen, daß die Gleichsetzung von "motorischer Fertigkeit" und nondeklarativer Informationsverarbeitung nicht ganz gerechtfertigt ist.

Sportmotorische Bewegungsfolgen der Leichtathletik, des Kunstturnens, des Schwimmens, der großen Spiele wie beispielsweise des Hallenhandballs, des Fahrradfahrens, etc. sind immer durch beide Systeme der Informationsverarbeitung kontrolliert. Allerdings sind die Anteile der Kontrolle zum einen überhaupt unterschiedlich, zum andern auch noch im Ablauf der motorischen Folgen wechselhaft. Beim Start und bei der Wende im Rückenkraulen, um ein Beispiel zu geben, sind die Kontrollanteile des deklarativen Verarbeitungsmodus größer als unterwegs auf der Strecke. Insgesamt überwiegt aber bei einem geübten und trainierten Rückenkrauler die Kontrolle durch das **System I**. Man sagt, die Bewegungsstereotypen seien automatisiert. Automatisierung bedeutet also: hohe Kontrolle durch den nondeklarativen, prozeduralen Modus der Informationsverarbeitung.

Anders verhält es sich im Sportspiel, beispielsweise des Hallenhandballs oder Basketballs. Denn die Kontrollanteile des deklarativen Systems spielen im wechselvollen Situationsverlauf zwischen Angriff und Abwehr eine tragende Rolle. So überwiegt beim Basketballfreiwurf, der auch blind eingeübt wird, die Kontrolle des prozeduralen Systems. Auch in den anderen Sportspielen gibt es Episoden, in denen das prozedurale System kurzfristig dominant wird, beispielsweise bei einem gefoulten Spieler. Hingegen unterliegen taktisches Verhalten, Antizipation gegnerischer Maßnahmen, aber auch die Antizipation des Spielzuges der eigenen Mannschaft oder eine verteilte Aufmerksamkeit, etc. der Kontrolle des deklarativen Modus der Informationsverarbeitung.

Tab. 2.2: Sensomotorische Kontrolle bei motorischen Aufgaben

		muskuläre Aktivierung	kinästhetische Kontrolle von Kraft-Zeit-Parametern	kognitive Kontrolle von Raum-Zeit-Parametern
Bewegungsablauf	azyklisch-diskret	niedrig (Feinmotorik)	1) *Finger-, Handdynamometer*: statische Arbeit, isometrische Muskelkontraktion einer Extremität	2) *Positionieren von Strecken, Winkeln*: feinmotorische Zielbewegung ohne Krafteinsatz
		hoch (Ganzkörpermotorik)	3) *Weitsprung aus dem Stand*: translatorische, ballistische Ganzkörperbewegung	4) *Zielwürfe mit Bällen, Pfeilen aus dem Stand*: ballistische Wurfbewegungen, kontrolliert durch Körperhaltung
	zyklisch-kontinuierlich	niedrig (Feinmotorik)	5) *Einarmiges rhythmisches Ziehen am Expander*: auxotonische Muskelkontraktion des Arms und der Schulter	6) *Trackingaufgabe*: rotatorische Zielbewegung mit einem Arm, Tennisschläge, Volleyballannahmen, Pritschen
		hoch (Ganzkörpermotorik)	7) *Fahrradergometer, Ruderergometer*: dynamische Arbeit, auxotonische Muskelkontraktionen des ganzen Körpers	8) *Lokomotion*: Einrad-, Röhnrad-, Fahrradfahren

Die Theorie der dualen Informationsverarbeitung ist experimentell bereits geprüft worden. Hier sei nur ein exemplarischer Beleg erwähnt. Zunächst die theoretische Ausgangslage. Die Dualitätstheorie erwartet unterschiedliche Auswirkungen von Ärger (negative Emotionen) auf deklarative (extensive) und prozedurale (intensive) Aufgaben. Folgende Arbeitshypothesen sind daher von FRAMENAU (1991) geprüft worden: (a) Unmittelbar nach Mißerfolgserlebnissen wird eine deklarative Aufgabe fehlerhafter (langsamer) bewältigt als nach Erfolgserlebnissen. (b) Vergleichbare nondeklarative (intensive) Aufgaben werden durch negative Emotionen nicht beeinträchtigt. Der Grund dieser Annahmen ist einfach. Selbstwertbelastende Kognitionen (Ärger) binden Kapazität des Kurzzeitspeichers, welcher für die Bewältigung deklarativer Aufgaben benötigt wird, nicht aber für die Bewältigung nondeklarativer Aufgaben. Infolgedessen induzierte FRAMENAU (1991) in einer studentischen Versuchsgruppe (N_1 = 16) Ärger durch sog. Problemaufgaben, welche keine Lösung hatten. In einer Kontrollgruppe (N_2 = 16) wurde eine normale Stimmung durch lösbare Aufgaben sichergestellt. Beide Gruppen bearbeiteten nach der Emotionsinduktion eine extensive und eine intensive Aufgabe, wobei je eine Gruppenhälfte mit der extensiven, die andere mit der intensiven begann.

Die extensive Aufgabe war eine Dreischrittreaktionsaufgabe: Auf einem Bildschirm wurden neun Signale geboten; vier mußten in vorgegebener wechselnder Reihenfolge so schnell wie möglich auf einem Keyboard nachvollzogen werden. Die Reaktionszeit wurde gemessen. Die intensive Aufgabe war eine zyklomotorische Betätigung eines Handkurbelgerätes: Bei einem Widerstand von 25 N waren 60 U/Min. anzusteuern (Rückmeldung über Bildschirm); Nach 30 Sek. Verzögerungszeit mußte die Sollwertumdrehung/Min. ohne Bildschirm reproduziert werden. Die Abweichung vom Sollwert bei der Reproduktion wurde gemessen (vgl. JANSSEN, 1993). Für die Dreischrittreaktionsaufgabe benötigten die mißerfolgsbehandelten Pbn 1500 ms, die neutralbehandelten 1280 ms. Der Unterschied von 220 ms ist nach dem varianzanalytischen Versuchsplan hochsignifikant ($p < 0.006$) gewesen. Die diskrete Verarbeitungsweise der Dreischrittreaktionen ist somit durch Ärgeremotionen belastet resp. gestört worden. Nicht aber die zyklomotorische Aufgabe. Die Mißerfolgsgruppe machte einen Reproduktionsfehler von 6,6 U/Min, die Neutralgruppe von 6,7 U/Min, was jedoch statistisch keinen Unterschied bedeutet. Diese Befundlage ist von der Dualitätstheorie erwartet worden.

2.3 Aufbau- und Organisationsprozesse der Kognition

Man unterscheidet drei Formen der Orientierung im Verlauf der Evolution: a) stochastische Bewegungen, b) selektiv-deterministische Tendenzen (Taxien, Tropismen), c) flexibel-adaptive Orientierung (Kognition). Über letztere verfügen die höheren Säugetiere. Unsere Sinnesorganisation erfaßt biologisch nur einen Ausschnitt aller uns treffenden und umgebenden Reize. Einmal nehmen wir nur bestimmte Reize wahr (Licht, nicht aber Erdmagnetismus); zum andern wird nicht alles bewußt, was wir an Reizen aufnehmen. Das Sinnessystem funktioniert nach fünf Prinzipien:

(1) Sinnesmodalität: begrenzte Anzahl von Rezeptorsystemen (visuelles, akustisches, vestibuläres, propriozeptives, etc.)
(2) Absolute Reizschwelle: Bewußt werden nur Reize, die eine Mindeststärke erreicht haben ("Tonschwingungen", ...)
(3) Relative Reizschwelle: Nicht alle Reize, welche die absolute Schwelle überschreiten, können wir voneinander unterscheiden. Es gilt die Regel: Je feiner die Reize, desto besser die Unterscheidung; je intensiver, desto gröber die Unterscheidung. Die relative Unterschiedsschwelle bleibt konstant (s. WEBER-Prinzip).
(4) Dominanz eines Anpassungsniveaus: Wir passen uns an die vorherrschende durchschnittliche Reizintensität an - sofern gewisse Grenzen eingehalten werden (Hitze, Kälte, ...). Abweichungen vom Anpassungsniveau werden positiv oder negativ bewertet (HELSON-Prinzip).
(5) Gestaltprinzipien: Reize werden nicht nur nach Quantität, Extensität und Intensität, sondern nach Qualität organisiert. Man unterscheidet die Prinzipien der Figurgrundorganisation (Selektion), der Organisation nach Nähe oder Ähnlichkeit, der Organisation nach Kontinuität oder Schließung des Verlaufes.

Der WEBER-Bruch ist das Verhältnis zwischen der Differenz zweier Reize ($\Delta S = |S_1 - S_2|$) und einem Standardreiz (S_1 oder S_2). Dieses Verhältnis ist in den Reizlagen unserer Alltagserfahrung konstant: $\Delta S/S$ (vgl. Tab. 2.3). Dieses Verhältnis wird nach dem deutschen Physiologen E.H. WEBER (1795-1878) als WEBERsches Gesetz bezeichnet. Wenn Reizintensitäten extrem gesteigert werden, wie dies im Leistungssport der Fall ist, dann gilt das WEBERsche Gesetz auch für den Reizbereich, an den man sich durch intensives Training anpaßt. Denn es stabilisiert sich in kurzer Zeit ein Anpassungsniveau der Reize, von dem aus intuitiv geurteilt, geschätzt und gehandelt wird. Das Anpassungsniveau (A) ist das Resultat aus vorliegenden Gedächtniseffekten (G) oder Erfahrungen, aus einem dominanten Standardreiz (D) und aus dem Durchschnitt vieler verteilter Einzelreize (E) in einer Situation. Man kann das Anpassungsniveau als

Tab. 2.3: WEBERsche Konstanten verschiedener Sinnesgebiete: Die Feinheit der Unterscheidungsleistungen

Sinnesgebiet	Reiz	WEBER-Bruch = K	K %
Ohr	Tonhöhe (Frequenz)	1/333=0,003	0,3
Auge	Proportionen von Rechtecken	1/100=0,01	1
Auge	Helligkeit (Lux)	1/60=0,017	1,7
Muskel	gehobene Gewichte (50gr. - 1600 gr.)	1/50=0,02	2
Ohr	Lautstärke (Amplitude)	1/10=0,1	10
Haut	Druck auf Haut (50 gr.- 1600 gr.)	1/7=0,14	14
Zunge	Intensität	1/5=0,25	25

gewogenes geometrisches Mittel dieser Reizeinflüsse auffassen, so daß die allgemeine Beziehung gilt: A = f (G, D, E); wobei f die Funktion für das gewogene geometrische Mittel ist. Diese allgemeine Bestimmungsgleichung des Anpassungsniveaus hat der amerikanische Psychologe H. HELSON (1964) erkundet und beschrieben. Die Einpendelung unseres Durchschnittserlebens an die dominante Reizeinwirkung sowie die Gültigkeit des WEBERschen Gesetzes erklären zwei Phänomene, die wir im Leistungssport beobachten. Einmal handelt es sich um die große Sicherheit vieler Athleten, im Training beispielsweise ihre Lauf-, Sprung-, Wurf- oder Schwimmleistungen in voller Absicht mit 70%, 80%, 90% oder auch mit 95% der eigenen Bestleistung zu reproduzieren. Viele Athleten können außerdem in Wettkämpfen vor der Bekanntgabe von Meßergebnissen sehr genau (5% - 1% Abweichung) ihre erzielten Leistungen einschätzen.

Gestaltprinzipien. Gestaltprinzipien sind Organisationsregeln oder informationsgestaltende Strukturierungstendenzen, nach denen die eingehende Information spontan zu größeren Einheiten zusammengefaßt wird (METZGER, 1953). Das *Figurgrundprinzip* meint die spontane Unterscheidung jeder Information nach bedeutsamen und wichtigen sowie unwichtigen und nebensächlichen Reizen. Normalerweise bilden die bewegenden oder bewegten Objekte die Figur. Bewegungen überhaupt entdecken wir innerhalb von 50 Millisekunden mit den peripheren Sehfeldern unseres Auges. Im Ermüdungszustand oder unter sehr ungünstigen Beleuchtungsverhältnissen können Figurgrundverhältnisse kurzfristig umkippen: Nebensächliche, unwichtige Reize gewinnen plötzlich für Sekundenbruchteile die Oberhand und werden vom Hintergrund zur Figur. Beispiele für gekippte Figurgrundverhältnisse bieten verschossene Strafstöße im Fußball oder im Handball (Elfmeter, Siebenmeter) oder vergebene Strafecken im Feldhockey. Für den Elfmeterschützen sind der Ball und der vom Torwart nicht erreichbare freie Torraum die dynamische Figur, während der Torwart, der Torrahmen und das direkte Torumfeld so bedeutsam werden, daß er zur Figur kippt. Der Ausführende schießt dann auf den Torwart, an die Latte oder auch unmittelbar neben das Tor und vergibt eine sichere Chance.

Die Organisationsprinzipien der *Nähe*, der *Ähnlichkeit*, der *Schließung* und der *Kontinuität des Verlaufs* müssen hier nicht ausführlich erläutert werden. Ihre Wirksamkeit ist in den Mannschaftsspielen so offenkundig, daß ein paar Hinweise genügen. Trikots mit Signalfarben erleichtern die schnelle Unterscheidung zwischen eigener und fremder Mannschaft. Die meisten Pässe werden über kurze Distanzen gespielt (Nähe, Schließung, Kontinuität). Die wahrnehmungsmäßig bedingte Tendenz der engen Gruppierung um den gespielten Ball muß durch intensives Training aufgelockert und verändert werden. Jugendmannschaften müssen das Spiel ohne Ball in den freien Raum mühsam erlernen. Selbst Profimannschaften haben unter hohem Erwartungsdruck bei einem starken Gegner Schwierigkeiten beim Spiel ohne Ball. Diese Beobachtung gilt für die Sportarten Fußball, Handball, Basketball, Feldhockey und Wasserball. Unter Ermüdungs- und Belastungseinwirkungen verstärkt sich die Tendenz der engeren Gruppierung um den Ball in jeder Mannschaft; auch im Profisport ist diese Erscheinung beobachtbar. Dieses Phänomen wird sowohl durch technisch-konditionelle Schwächen und Ballsicherungstendenzen als auch durch eine Vereinfachung der räumlich-dynamischen Informationsverarbeitung bedingt. Das Orientierungsfeld ist bei Ermüdung und unter psychischer Belastung die eigene, engere Umgebung und der Ball. Die Ballfixierung wirkt sich auch auf die Schiedsrichter aus. Sie bemerken daher selten die Fouls, die sich in weiterer Entfernung vom Ball ereignen. (vgl. Klassifikation aggressiver Verhaltensweisen im Sport, Kap. 9).

2.4 Selektion und Interpretation

Unsere Sinnesorganisation liefert uns trotz der erwähnten Einschränkungen Daten in Hülle und Fülle. Wie orientieren wir uns in diesem scheinbaren Chaos an Information? Wie wählen wir das für uns augenblicklich Wichtige aus? Diese Frage ist auch für den Sport interessant. In den Ballsportarten sowie in Sportarten mit einem schnellen Ortswechsel (Skiabfahrtslauf, Fahrradrennen, Wasserski, Segelfliegen, etc.) fallen in kurzer Zeit viele Informationen an, die schnell und sinnvoll zu interpretieren und auch durch eigene Aktionen und Handlungsweisen zu beantworten sind. Bei inadäquater Selektion und Interpretation werden wir durch den Gegenspieler düpiert (verladen), gefoult oder ausgespielt; bei inadäquater Gelände- oder Geräteinterpretation machen wir Fahr- oder Flugfehler, die sogar bis zum *Unfall* führen können (vgl. Abschnitt 5.5). Interpretieren wir aber die anfallende Information richtig, dann können wir situationsangemessen handeln. Für viele Sportpsychologen ist das Konzept der **Aufmerk-**

samkeit (mit dem Teilkonzept der Konzentration) der Schlüssel zum Verständnis der angemessenen Interpretation der Reizvielfalt.

2.4.1 Willkürliche Aufmerksamkeit

Die willkürliche Aufmerksamkeit (selective attention) wird von Konzag (1991) über phänomenologische Analysen in drei Fähigkeiten gegliedert: a) Konzentration, b) Distribution und c) Umschaltfähigkeit.

Konzentration: Aufmerksamkeitsumfang ist eng, Intensität ist hoch, Flexibilität der Informationsverarbeitung ist gering, da assoziative Vorstellungen ausgeblendet werden, Abschirmung von störenden Reizen hoch. Folglich ist *Konzentration: enge Selektion eines Gegenstandsbereiches bei hoher Energiemobilisierung und Widerstand gegen Ablenkung.*

Distribution: großer Umfang der Aufmerksamkeit, geringe Intensität, hohe Flexibilität der Verlagerung des Zentrums der Aufmerksamkeit (Fixierungspunkt), keine starke Abschirmung von störenden Reizen möglich. Die Strategie der *Distribution* bedeutet somit *eine flexible, oszillierende Verteilung der Aufmerksamkeit, die durch unerwartete Reize kurzfristig gefesselt wird.*

Umschaltfähigkeit: *große Übung im Wechsel zwischen Konzentration und Distribution*; Verbindung beider Strategien sollte oft erprobt werden; es handelt sich um eine komplexere Aufmerksamkeitsstrategie, für die es bisher keine Operationalisierung gibt.

Wenn man die Aspekte der *Dauer, Intensität, Richtung*, des *Umfangs*, der *Spontaneität* aufmerksamer Tätigkeiten weiterhin kombinieren würde, dann ergeben sich wenigstens noch zwei weitere hypothetische Fähigkeiten, die im Sport von Bedeutung sein könnten: die Vigilanz und eine spezielle Form der Selbstaufmerksamkeit. Unter *Vigilanz* (vgl. EGETH & BAVAN, 1973) versteht man die Fähigkeit, über längere Zeit eine monotone Aufgabe zu bewältigen. Dabei wäre auf kritische Reize zu achten, die nur selten (oder überhaupt nicht) auftreten. Dieses könnte bei Regattaüberwachungen der Fall sein. Eine spezielle Form der *Selbstaufmerksamkeit* scheint bei extremen Ausdauerläufen (Marathon, 100km-Läufe) gefordert zu sein. Denn man muß auf spezielle körperliche Ermüdungssignale achten, um rechtzeitig zu trinken oder das Tempo zu drosseln, sofern man ein Rennen durchstehen möchte. Möglicherweise wäre diese Spezialform der Aufmerksamkeit eine Sonderform der Vigilanz.

Ob es die selektiven Fähigkeiten der Konzentration, der Distribution, des Umschaltens und der Vigilanz bei sportlichen sowie außersportlichen Tätigkeiten überhaupt gibt, war und ist umstritten. Schon HÄCKER (1983) analysierte umfassend die Beziehungen zwischen Aufmerksamkeit, Aktivierung und Leistung. Sein Resümee der Forschungsbefunde ist eher skeptisch bzgl. einfacher Fähigkeiten im Sinne einer Konzentration oder Distribution ausgefallen. Der Sportpsychologie empfahl HÄCKER (1983, S. 58) daher, „kombinierte Effekte von Motivation, Emotion und Aktivierung sowie deren Interaktion zu untersuchen."

2.4.2 Kritik am Konzept der Aufmerksamkeit und Konzentration

In jüngerer Zeit wurde von KAMINSKI (1990) das Konzentrationskonzept und von BÄUMLER (1991) das Konzept der Aufmerksamkeit in Frage gestellt. KAMINSKI (1990) kritisiert die bedenkenlose Übertragung des Alltagsbegriffs der Konzentration in die Sportpsychologie. So würde es keine theoretisch begründeten Zusammenhänge zwischen neun verschiedenen Bedeutungsumfängen der „Konzentration" und irgendeiner handlungstheoretischen, kontrolltheoretischen oder tätigkeitstheoretischen Rahmenkonzeption geben. KAMINSKI (1994) empfiehlt daher, die traditionellen, phänomenologisch entstandenen Konzepte der Aufmerksamkeit und Konzentration aufzugeben. Statt dessen sollte man konzentriertes Verhalten unter den Rahmenbedingungen der aktuellen Situation sozusagen „transaktionalistisch" interpretieren. Aufmerksame Verhaltensweisen könnten dann als Varianten kognitiver Mikrooperatoren wie das Sich-Orientieren, Sich-Einstellen oder das Evaluieren gedeutet werden. Die generalisierende Wesensbestimmung der Konzentration werde dadurch entbehrlich.

Auch BÄUMLER (1991) setzt sich mit der Vieldeutigkeit des Aufmerksamkeitsbegriffs auseinander. So sollen der Aufmerksamkeit sechs verschiedene Funktionen resp. Eigentümlichkeiten zukommen: a) Strukturierung des Erlebens (Klarheit, Deutlichkeit, Abhebung), b) Einengung des Wahrgenommenen oder Vorgestellten (Begrenztheit, Konzentration, Zentralisierung), c) selektive Funktion (Selektivität, Interessenlenkung, Hinwendung des Ich, Hemmung störender Reize), d) Gerichtetheit oder Bereitschaft (Bewußtseinshaltung, Aufnahmebereitschaft, gerichtete Wachheit, zielgerichtete Wahrnehmung), e) Anpassungs- oder Steuerungsfunktion (Sensibilisierung, Bahnung, Bereitstellung von kognitiver Kapazität, psychische Anspannung, Sammlung von Energie, Zuwendungsreflexe) und f) Tätigsein von psychischen Funktionen (Wahrnehmungstätigkeit, Anwendung von Vermögen, Tätigkeitsgefühl des Bewußtseins). Dieser Heterogenität der Begriffe entspricht leider eine Heterogenität von Forschungsaktivitäten und Befunden. Da diese Attribute auch den Funktionen der Wahrnehmung, des Denkens und des Gedächtnisses zugesprochen werden, empfiehlt BÄUMLER, das Konzept der Aufmerksamkeit vorläufig aus der Theoriebildung und Forschung zu suspendieren.

Für BÄUMLER ist „Aufmerksamkeit" das Ergebnis oder auch das Epiphänomen der aktiven psychischen Grundfunktionen (vgl. a. ROHRACHER, 1950). Es sollte zu denken geben, daß der Behaviorismus und die Gestaltpsychologie ohne ein Konzept der Aufmerksamkeit ausgekommen sind (vgl. EGETH & BEVAN, 1973). Auch das gegenwärtig führende Lehrbuch der Psychologie von ATKINSON et al. (1993) verwendet den Begriff der „selective attention" nur als Beschreibungsbegriff, nicht aber als erklärendes Konstrukt. BÄUMLER (1991, S. 16) empfiehlt folgerichtig, Aufmerksamkeit nicht als eigenständige Funktion oder Struktur, sondern alleine aufmerksames Verhalten zu analysieren: *„Aufmerksames Verhalten ist die wahrnehmungsmäßige Aufnahme von Information zum Zwecke der effizienten und ökonomischen Ausführung* *einer Aufgabe."* Es ist nicht nötig, die Beobachtungskategorie „aufmerksames Verhalten beim Elfmeterschießen" nachträglich als Entität zu verdinglichen, d.h. hieraus eine „Elfmeterschuß- oder Elfmeterabwehrkonzentration" zu machen. Folgt man BÄUMLERS und KAMINSKIS Empfehlungen, dann sollte man Aufmerksamkeit und Konzentration nur noch als Metaphern der sportpsychologischen Kommunikation verwenden; denn als Konzepte der Verhaltenskontrolle sind sie entbehrlich. Strategien der Verhaltenskontrolle beachten vielmehr die Kontingenzen von a) diskriminanten Stimuli (Hinweisreize, trigger, cues), b) operanten Verhaltensweisen und c) verstärkenden Konsequenzen (Verstärkerpläne) (vgl. SKINNER, 1953 und Abschnitt 3.1.2).

2.4.3 Aufmerksames Verhalten als Suche nach diskriminanten Stimuli

Die Hauptzeit zusammen vorkommender psychischer Merkmale

Die Kontingenz zwischen diskriminanten Stimuli, technisch ausgefeiltem Bewegungsverhalten und Verstärkung ist die entscheidende Klammer für die Anpassung von Bewegungsprozessen an Leistungsnormen. Gemäß MAIER & SELIGMAN (1976) wirken die kognitiven Prozesse der Wahrnehmung und Bewertung dieser Kontingenz als lern- und anpassungsbegünstigend. Infolgedessen sollten wir versuchen, den Wahrnehmungs- und Bewertungsprozeß bei der Optimierung der Bewegungsabläufe zu strukturieren.

Da der Trainings- und Optimierungsprozeß im allgemeinen nicht psychologisch strukturiert ist, hat sich die psychologische Strukturierungshilfe auf die Verbesserung der aufgabenrelevanten sowie auf die Verminderung aufgabenirrelevanter Kognitionen zu richten. Wie dies am besten zu bewerkstelligen ist, muß sowohl sportartspezifisch, als auch aufgabenbezogen entschieden werden. Eine allgemeine Konzentrations- oder Aufmerksamkeitsschulung mit Papierbleistiftverfahren nützt wenig. Zu kontrollieren ist das Wahrnehmungs- und Bewertungsverhalten in der Leistungssituation selbst.

In Spielsportarten zählt beispielsweise die Schulung antizipativer Abwehr- oder Angriffsmuster zu den integrativen Strategien des Aufmerksamkeits- oder Wahrnehmungstrainings. Insbesondere eignet sich das Unterzahlspiel in den Kombinationen von 2:3; 3:4

oder 4:5 im Basketball, Fußball, Handball, sicher auch im Eishockey für das Training antizipativer Leistungen in der Abwehr. Dies gilt auch für den umgekehrten Fall einer antizipativen Angriffsschulung in Unterzahl. Die Individual- und Zweikampfsportarten wie beispielsweise Judo haben wiederum andere Anforderungskostellationen, in welchen besonders aufmerksames Verhalten abverlangt wird. Somit sind effiziente Aufgabenausführungen zu trainieren, nicht aber Konzentration oder Aufmerksamkeit.

Der springende Punkt jeder Maßnahme der Verhaltenskontrolle ist das *Lernen*. Die Verhaltenstheorie beruht auf den beiden Paradigmen des operanten Lernens und des Nachahmungslernens, dessen Kern das stellvertretende Lernen durch Beobachtung ist. Die Ansatzpunkte zur Kontrolle des Verhaltens sind die Palette der verstärkenden Konsequenzen und die Erarbeitung von Hinweisreizen (diskriminanten Stimuli). Dies bedeutet dreierlei:

(1) Unerwünschtes, ineffektives Athletenverhalten muß in leistungsfordernden Ernstsituationen geändert werden.
(2) Über Zwischenstationen ist die Verhaltensänderung in einer Ernstsituation anzusteuern. Hierzu eignet sich die **Shapingstrategie.**
(3) Bei einer approximativen Verhaltensformung müssen sowohl die Hinweisreize, als auch die verstärkenden Konsequenzen den Bedingungen der Ernstsituation angenähert werden.

Je ähnlicher die Zwischenstationen gestaltet werden, desto günstiger sind die Übertragungsmöglichkeiten für die Ernstsituation. Dies hat WEGNER (1994) für das Hallenhandballspiel geleistet: Aufmerksames Verhalten in anforderungsspezifischen Miniatursituationen begünstigt die Realisierung leistungsgerechten Verhaltens im Wettkampf.

2.4.4 Unwillkürliche Aufmerksamkeit

Jede Information erzeugt eine Perzeption und Emotion. Jede Information erzeugt aber auch einen Erregungszustand, der als *positiv - negativ, angenehm - unangenehm,* etc. eingestuft wird.

Emotionen sind nicht nur eine Bewertungsfolge der Wahrnehmung; sie sind auch Auslöser unserer kognitiven Orientierung. Denn Affekte sind auch Korrelate unserer Bedürfnisse; diese erleben wir als Wünsche, Befürchtungen, Neigungen, Stimmungen. Im Erziehungsprozeß werden Elementarbedürfnisse und ihre Korrelate durch sprachliche Prädikate strukturiert. Diese Sprachstrukturen wirken sich in Vorstellungen und Phantasien aus. Die emotionalen Sprachstrukturen wirken sich in der Informationsverarbeitung aus. Sie vermindern die Kapazität der Aufgabenbewältigung im Arbeitsspeicher. Statt von unwillkürlicher Aufmerksamkeit oder von störenden Affekten spricht man heute auch von **aufgabenirrelevanten** Kognitionen: Prozesse der Analyse, der Synthese und der Mengenbewältigung stehen uns nicht vollständig zur Verfügung bei der Bewältigung unserer sportlichen Aufgaben.

Traumatische Gefühle und aufgabenirrelevante Kognitionen stören vor allen Dingen in den Ballsportarten Handball, Basketball, Volleyball (schnelle Ballwechsel und Situationswechsel) eine effiziente Informationsverarbeitung und Aktionsentscheidung.

2.5 Zeiterleben im Sport

Schnelligkeit oder Geschwindigkeit von Bewegungen, Gestaltung rhythmischer Bewegungsabläufe, Antizipation und Timing von Aktionen oder Gegenaktionen sind im Sport normale Ereignisse. Obgleich es bei derartigen Geschehnissen um Fragen des Zeitgefühls und des Zeiterlebens resp. um die Konzepte der erlebten Sukzession und der erlebten Dauer von Bewegungsabläufen geht, hat sich doch die Sportpsychologie (aber auch die *Trainings-* und *Bewegungswissenschaft*) mit Fragen der Aufnahme und Verarbeitung **zeitlicher Informationen** nur en passent beschäftigt. Dies erhellt schon aus der alltagssprachlichen, phänomenologischen Begrifflichkeit. Denn man spricht pauschal vom Zeitgefühl, vom Gefühl für Bewegungsrhythmen, von der Antizipationsfähigkeit und vom gekonnten Timing. Eine genauere Beschreibung von Umständen der Messung, eine Operationalisierung dieser Begriffe sucht man in der Sportpsychologie vergeblich. Anders die Allgemeine Psychologie, die sich um eine begriffliche Präzisierung der Alltagssprache sowie um die methodologische Standardisierung breiterer Konzepte bemüht. So unterscheiden beispielsweise BERGIUS (1982) und der Franzose FRAISSE (1984) die drei Konzepte der *erlebten zeitlichen Folge* (Sukzession), der *erlebten Dauer* und der *Zeitperspektive*. Von beiden wird das Problem der Verhaltenskonditionierung durch äußere Zeitgeber als äußerst komplex eingestuft. Da die Konzepte der Sukzession und Dauer von grundlegender Bedeutung für das Verständnis des Timings und des Rhythmus sind, seien sie hier kurz erläutert.

Als sukzessiv erleben wir zwei oder mehrere Ereignisse (Reize), wenn wir sie erstens überhaupt unterscheiden und zweitens in der Abfolge „*vorher-nachher* oder *zuerst, danach, zuletzt*", etc. erkennen können. Durch die zeitliche Folge wird das Zeitkontinuum in Vergangenheit, Gegenwart und Zukunft (Zeitperspektive) untergliedert. Als „Dauer" bezeichnet man das Intervall zwischen zwei Ereignissen, das entweder gefüllt oder leer, interessant oder langweilig, etc. ist. Eine Dauer per se ohne emotionale Stellungnahme gibt es nur in der Physik, nicht im Erleben. Sukzession und Dauer werden daher auch als erlebte Dauer und erlebte zeitliche Folge bezeichnet. Aus entwicklungspsychologischen Beobachtungen ist bekannt, daß diese psychischen Konzepte erst im Alter zwischen 7 bis 8 Jahren unterschieden, stabilisiert und auch angemessen verwendet werden.

Was weiß man bisher über die Genauigkeit der Unterscheidung erlebter Abfolgen? Gibt es Schwellen? Wie werden diese modifiziert? Im kinästhetischen Sinnesgebiet kann man Sukzessionen gerade noch erleben, wenn Reize nicht schneller als 20 bis 30 ms (Millisekunden) aufeinanderfolgen. Läßt man Probanden einen einfachen auditiv präsentierten Rhythmus mit den Händen oder den Füßen synchron klopfend begleiten, dann wird der vorgegebene Rhythmus mit den Händen etwa um 30 ms, mit den Füssen jedoch um etwa 50 bis 60 ms antizipiert (FRAISSE, 1984). Dies bedeutet, die metrische Antizipation von 30 ms beim geklatschten Rhythmus wird als eindeutig gleichzeitig erlebt. Diese absolute Unterscheidungsschwelle ist vom Sinnesgebiet, von der Aktivierung, von der Temperaturregulation, etc. abhängig. Soll man gleichzeitig mit Händen und Füßen einen Rhythmus klopfen, dann antizipieren unsere Fußrhythmen die Handrhythmen um 20 ms. Allerdings sind dies Mittelwerte mit einer beträchtlichen

Streuung in den langsameren Bereich hinein. Vergleicht man verschiedene „Dauern", um Unterschiede zwischen ihnen bemerken zu können (relative Zeitschwelle), so beträgt das Unsicherheitsmarginal zwischen 30 bis 130 ms mit einem Median von 60 ms. Die Präsenzzeit beträgt nach FRAISSE (1984) im Durchschnitt 2-3 Sek. und soll die obere Grenze von 5 Sek. selten überschreiten. FRAISSE teilt auch das Zeitkontinuum in drei Erlebnisabschnitte: (a) weniger als 100 ms, wird als Augenblick oder Punkt ohne Ausdehung erlebt; (b) 100 ms bis 5 Sek., Wahrnehmung der unmittelbaren Gegenwart mit zeitlicher Erstreckung oder Dauer; verschiedene Dauern können ohne spezielle Gedächtnisleistung unterschieden werden; (c) über 5 Sek., Zeitschätzungen und Erlebnisse erfordern immer spezielle Gedächtnisleistungen. Die Hypothese einer inneren *physiologischen Uhr* oder eines physiologischen Zeitgebers lehnt FRAISSE im Unterschied zu BERGIUS (1969, 1982) ab.

Einige, wenige Forschungsbefunde zum Zeiterleben und zur Zeitschätzung im Sport findet man in dem Sammelwerk „Psychologie in Training und Wettkampf", das RODIONOW 1979 in Moskau, 1982 in Berlin herausgegeben hat. Untersucht wurden Leichtathleten, Eiskunstläufer, Freistilringer und Gewichtheber hinsichtlich der Reproduktion von Zeitintervallen (z.B. 7, 10, 20 Sek.), der maximalen Bewegungsfrequenzen (Tapping in 10 Sek.), der Reproduktion einer vorgegebenen Kraft sowie der einfachen und der Wahlreaktionszeit. U.a. betrug der durchschnittliche Reproduktionsfehler der Zeitintervalle bei den Leichtathleten 0,84 Sek., bei den Eiskunstläufern aber 1,5 Sek. Die Freistilringer erzielten nur 66, die Leichtathleten immerhin 81 Klopfbewegungen in 10 Sek. RODIONOW (1982) resümiert: Bei Vertretern der leichtathletischen Schnellkraftsportarten finde man das höchste Bewegungstempo, die kürzeste Reaktionszeit, die genaueste Reproduktion kurzer Zeitintervalle und die ausgeprägteste Tendenz der Antizipation von Reaktionen auf Reize. Diese Befunde werden mit der Hypothese eines antrainierten „Zeitgefühls" interpretiert. Außerdem wird empfohlen, das sportartspezifische Zeitgefühl unter realen Trainingsbedingungen zu entwickeln, d.h. sportartrelevante Zeitintervalle zu schätzen und mit der metrischen Zeit zu vergleichen. Ähnliche Vorschläge werden auch für Spielsportarten und Zweikampfsportarten gemacht: antizipierende Reaktion auf die Bewegung eines Objektes in Zeitintervallen von 0,3 bis 0,5 Sek; Zeitintervallschätzungen; Wahlreaktionen zwischen 2 bis 4 Alternativen; Wahrscheinlichkeitsprognosen bei Reaktionen auf Signale mit unterschiedlicher Auftretenshäufigkeit.

Tab. 2.4: Duale Zeitorientierung

Duale Zeitorientierung

	System I nondeklarativ, prozedural	System II deklarativ, kognitiv
kürzere Einheiten	vegetative Vorgänge: Refraktärzeit, Herzschlag, Verdauung, Atmung animalische Vorgänge: Psychische Präsenzzeit (2-8 Sek.) Unterscheidung sukzessiver Reize: a) Augenblick 1/5-1/17 Sek. b) 18 Bilder pro Sek. werden als flüssige Bewegung erlebt Innere Uhr: zirkadianer Rhythmus	Zeitmessungen mit Uhren oder Zählvorrichtungen Zeitschätzungen im Sekunden-, Minuten-, Stundenbereich Tagesaufgliederung
längere Einheiten	Monatsregel, Pubertät, Klimakterium	Wochengliederung Monatsgliederung Jahreszeiten (Tag- und Nachtgleiche, Sonnen-, Wintersonnenwenden) Kalender mit kulturellen Ereignissen Dokumentation und Geschichtsschreibung (Aufklärung der Vergangenheit)

Fügt man die Befunde der Grundlagenforschung (FRAISSE, 1984) und die Ergebnisse der angewandten Forschung (RODIONOW, 1982) zusammen, so gewinnt man vorläufig die **Hypothese der dualen Zeitorientierung** (vgl. Tab. 2.4).
Diese Hypothese behauptet: Unser Zeiterleben wird einerseits von den beiden Faktorenbündeln der impliziten und deklarativen Informationsverarbeitung gestaltet und geformt. Andererseits sorgen die vielfältigen operanten Verstärker dafür, daß wir Zeitgefühl, ein Feeling für das Timing oder Rhythmusgefühl erwer-

ben. Auf diese Zusammenhänge hat bereits BERGIUS (1969) hingewiesen.

Betrachtet man die impliziten und deklarativen Merkmale genauer, so läßt sich folgendes festhalten: Das erste Bündel besteht aus vielen impliziten biologischen Merkmalen u.a. der erlebten Sukzession von Reizen, der relativen Schwellen für Dauern sowie der psychischen Präsenzzeit. Möglicherweise spielen in diese (biologischen) Komplexmerkmale sogar vegetative Vorgänge und so etwas wie eine *„innere Uhr"* hinein. Das zweite Bündel umfaßt die äußeren natürlichen und kulturellen Zeitgeber, insbesondere die zahlreichen Zeitmessungen. Durch kontingente Verstärkungen scheint es uns möglich zu werden, selbst die impliziten biologischen Merkmale etwa bis zu einer Ereignissukzession von 100 ms, möglicherweise bis zu 50 ms zu strukturieren. Erfahrungen aus den Ballsportarten - beispielsweise dem Hallenhandball - belegen, daß Würfe in der Nahwurfzone mit einer Flugzeit bis zu 100 ms vom Torwart pariert werden können, obgleich die Torwartreaktionszeiten zwischen 200 bis 300 ms liegen. Dies gelingt über antizipierte, automatisierte Standardabwehrbewegungen, nicht durch gezielte Willkürbewegungen. Im übrigen ist es dringend nötig, Zeitmessungen mit Zeitschätzungen unter den Feldbedingungen des Sports in den Ballsportarten zu vergleichen, um einmal den Anschluß an die Grundlagenforschung herzustellen und um zum andern praktischen Nutzen aus diesen Befunden zu ziehen.

3. MOTORISCHES LERNEN, GEDÄCHTNIS UND WISSEN IM SPORT

3.1 Motorisches Lernen

Lernen ist eine Verhaltensänderung, die durch Übung bewirkt wird (nicht etwa durch Reifung oder Entwicklung), die andauert, die aber auch durch geeignete Übung verändert oder sogar rückgängig gemacht werden kann. Die Voraussetzung des Lernens bilden Erregungen und Bahnungen von Schaltkreisen des Zentralnervensystems. Werden zwei Schaltkreise von Neuronen mit irgendeiner Verbindung an die Umwelt (Input, Output) gleichzeitig erregt, so besteht die Tendenz einer gebahnten Verbindung zwischen ihnen. Bei Aktivierung des einen wird künftig auch der andere Schaltkreis erregt. Durch Übung können unterschiedliche Verbindungen zwischen den Neuronen besonders gefestigt werden: beispielsweise die Verbindung von Rezeptor und Rezeptor (Reiz-Reiz), Rezeptor und Effektor (Reiz-Reaktion) oder Effektor und Effektor (Reaktion-Reaktion).

Lernen ist eine adaptive Modifikation des Verhaltens, das auf veränderten Strukturen der Sinnesorgane und des Nervensystems beruht. In der Veränderung der Struktur liegt der Gewinn der Informationsspeicherung. Lernen verbessert die arterhaltende Wirkung des Verhaltens. Das Lernen wird daher auch als ein Primärinstinkt bezeichnet, der eine feindliche Umwelt in eine lebenswerte Nische verändert. Die "Sekundärinstinkte" wie Trinken, Essen, Fortpflanzen, etc. würden durch das Lernen erst das Überleben der Art ermöglichen. Diese Auffassung ist sicherlich übertrieben, aber bemerkenswert.

3.1.1 Lernen als sensumotorische Verhaltensänderung

Übung verändert kognitive, sensorische und motorische Funktionen und Strukturen. Man unterscheidet das Neulernen und das

Umlernen. Sind deklarative Anteile betroffen, kann schneller gelernt werden; handelt es sich um die Verbindung von deklarativen und nondeklarativen (propriozeptiven) Anteilen, dann wird inkrementell gelernt. Der Fortschritt ist eine Schnecke! Im übrigen gibt es vier Grundprinzipien des motorischen Lernens (BERGIUS, 1971):

(1) Für die Phasen des Lernens gibt es optimale Aktivierungszustände.
(2) Verhaltensänderungen ergeben sich, wenn das neue Verhalten erkennbare Folgen (positiv, negativ) gehabt hat (Feedback).
(3) Lernprozesse können strukturiert werden durch Modelle, durch methodische Reihen (Transfer), durch Ausnutzung der Kapazität der Informationsverarbeitung.
(4) Nur aktives Üben unter variierten Bedingungen (Pausengestaltung, MT) verfestigt die motorischen Schemata.

Die entscheidende und förderliche Bedingung für eine allmähliche Veränderung komplexen motorischen Verhaltens (wie z. B. Kunstsprünge mit Vorwärts-, Rückwärts- oder Längsachsenrotation u. dgl. m.) sind die Konsequenzen, welche das zielorientierte Verhalten bewirken (vgl. SKINNER, 1953). *Die Technologie der Verhaltenskontrolle versucht daher, die Kontingenz des Verhaltens und der positiven/negativen Folgen zu kontrollieren.* Dabei wird auch die unmittelbare Umgebung oder der Reiz kontrolliert, welcher einer Verhaltensweise, die zu verstärken wäre, vorausgeht. Solche Reize heißen antezedente oder auch diskriminante Reize, sofern das erwünschte Verhalten folgt. Die Kontrolle diskriminanter Reize spielt beim mentalen Training eine wichtige Rolle (vgl. Abschnitt 3.3.3).

Zur Bedeutung und Wirksamkeit des operanten Konditionierens - so heißt diese von SKINNER analysierte Lerntechnik - bemerkte K. LORENZ (1973): Lernen durch Erfolg sei gewissermaßen eine kognitive evolutionäre Leistung, die auf drei vorher erworbenen Artleistungen aufbaue: auf dem angeborenen, auslösenden Mechanismus (Instinktbewegung), auf dem Appetenzverhalten (Aufsuchen von Schlüsselreizen) und auf einer zielbildenden

Endsituation. Diese drei Bedingungen hätten die Rückkopplung bewirkt, die den "Erfolg" auf vorausgegangenes Verhalten rückwirken läßt. Die Fähigkeit des operanten Konditionierens zählt nach LORENZ (1973) zu den Fulgurationen der Evolution, sog. "blitzartige" Neuentwicklungen, die im genetischen Kode von Arten verbleiben.

3.1.2 Operantes Konditionieren

Methode: Verhalten kann als eine Funktion von Variablen analysiert werden, die experimentell kontrollierbar sind. Solche Analysen heißen: funktionale Verhaltensanalysen. Prototypisch für diese Methode ist die Untersuchung von Tieren in Käfigen, sog. SKINNER-Boxen (SKINNER-Käfigen).

Operantes Verhalten: Man kann zwischen überwiegend reaktivem und operantem Verhalten unterscheiden. *Operant* wird eine Verhaltensklasse genannt, die *aktiv auf* die *Umwelt einwirkt*, um Konsequenzen zu erzeugen. PAWLOW untersuchte reaktives Verhalten durch die Paarung eines Verstärkers mit einem Stimulus. Beim operanten Verhalten wird der *Verstärker von* einer *Reaktion abhängig gemacht*.

Operantes Konditionieren: Eine Ratte befindet sich in einem Käfig mit einem Hebel (Knopf). Dieser Hebel wird beim explorativen Verhalten betätigt: Dieses ist die *Basislinienhäufigkeit* der Hebelbetätigung. Danach wird das Hebeldrücken mit Futtergabe verbunden (Hebeldrücken gefolgt von Futterkugel). *Die Futtergabe verstärkt* das Hebeldrücken, dessen Wahrscheinlichkeit nunmehr stark ansteigt. Die *Responsestärke* einer konditionierten Reaktion kann bei *Extinktionsdurchgängen* gemessen werden: Absolute Zahl der Responses ohne Verstärkung. Wichtig ist die *zeitliche Folge* zwischen *Reaktion* und *Verstärkung*: Unmittelbare Verstärkung ist wirkungsvoller als verzögerte Verstärkung.

Erklärungsansätze: SKINNER (1948): Ein Operant wird konditioniert, wann immer eine Verstärkung dem Verhalten unmittelbar folgt. MAIER & SELIGMAN (1976): Ein Operant wird nur dann konditioniert, wenn der Organismus die *Verstärkung als Konsequenz*

des *eigenen Verhaltens interpretiert* (kontrolltheoretische Interpretation).
Besondere Phänomene: Primäre (Nahrung, Wasser, Sex,...) und *sekundäre Verstärker* (Geld,...): Jeder Reiz kann ein Verstärker werden, sofern er konsistent mit einem primären Verstärker verbunden wird.
Partielle Verstärkung: erweist sich als widerständiger bei Verlöschungsversuchen als kontinuierliche Verstärkung.
PREMACKS **Prinzip:** Für jeden Organismus gibt es eine *Verstärkungshierarchie* (auch Spezies). Jede Aktivität in einer Hierarchie kann verstärkt werden durch die in der Hierarchie höher gelegene und sie verstärkt alles unter ihrem Niveau liegende.

Bestrafung als Verstärker hat drei Nachteile:

(1) Verhaltenseffekte sind nicht genau voraussagbar.
(2) Folgeprodukte können Furcht oder starke Abneigungen sein.
(3) Bestrafung kann starke Aggressionen erzeugen.

Shaping: "Verhaltensformung" wird Schritt für Schritt durch Verstärkung und Extinktion erreicht (Dressur). Beispielsweise wurden Tauben als Beobachter der Wasserrettungshubschrauber auf die Farbe Orange dressiert. Die Orangefarbe repräsentiert die Überlebenswesten oder Überlebensrettungsinseln. Diese erkennen Tauben sehr gut. Sie haben ein breites Blickfeld und ermüden nicht so schnell wie menschliche Beobachter.
Ethologen: betrachten natürliches Verhalten, legen Wert auf Genetik, Evolution, Instinktabläufe, Prägung.

Behavioristen: beobachten Laborverhalten, untersuchen assoziatives Lernen, nehmen allgemeine Lerngesetze an und beachten nicht die Prägung

3.1.3 Grundsätze zur Optimierung des Techniktrainings im Sport

Beim motorischen Lernen, also beim Skillerwerb und beim Techniktraining, sind beide Modi der dualen Informationsverarbeitung beteiligt. Dabei müssen drei Probleme bewältigt werden. Einmal müssen die Sollwerte, die über einen Trainer, durch Bewegungsvorschriften, durch idealtypische Phasenbilder, durch Videodemonstrationen und durch Kommentare präsentiert werden, in das deklarative System des Athleten assimiliert werden. Zweitens müssen die athletenspezifischen Sollwertvorstellungen in den Kode seines prozeduralen Systems (Propriozeption) übertragen werden. Drittens muß der Kode des deklarativen Systems ökonomisch und effizient mit dem Kode des prozeduralen Systems verbunden werden. Unwichtige Informationen des deklarativen Systems müssen ausgeschieden werden, so daß nur noch Schlüsselinformationen bleiben. Dieser Lernprozeß, welcher die unwichtige deklarative Information des Trainers und des Athleten wegfiltert und nur die wichtige mit dem prozeduralen System verbindet, verläuft nach Prinzipien des operanten Lernens durch Verstärkung der richtigen und Verlöschung der überflüssigen mikromotorischen Sequenzen. Die geeignete Kontrollstrategie, die zu praktizieren wäre, ist das **Shaping**. Man versteht darunter die Formung und Verkettung des Verhaltens durch gestaffelte Zielansteuerung. Der Trainer nähert das Leistungsverhalten approximativ an die Sollwertbewegung durch differentielles Verstärken an. Danach werden alle Hilfen schrittweise ausgeblendet (fading). Dadurch übernehmen natürliche Reize und Verstärker die Kontrolle des Leistungsverhaltens. Das Shaping wird beispielsweise im *Meßplatztraining* von Kunstspringern in Leipzig durchgeführt. Lernfortschritte ergeben sich letztlich nur durch verstärkende, auch kognitiv registrierte Konsequenzen des Verhaltens. Nur ein gestaffeltes, variationsreiches Training erlaubt dem Athleten die allmähliche, kognitiv begleitete Erfahrungsbildung im prozeduralen, propriozeptiven System (vgl. FRESTER & FRICKE, 1994).

Damit diese motorischen Lernprozesse optimal gestaltet werden können, möchte ich einige didaktische Grundsätze empfehlen. Man kann sie unter den beiden Zielen der optimalen Aktivierung und Motivierung und der optimalen Strukturierung zusammenfassen.

Optimale Aktivierung und Motivierung. Wenn im Sport hohe und höchste Leistungen angestrebt werden, müssen sich Trainer und Athleten mit diesem Ziel vollständig identifizieren. Eine optimistische Grundeinstellung sowie eine allgemeine Leistungsmotivation mit starker HE-Komponente sind eine günstige Ausgangsbasis für gute Leistungen. Außerdem ist die Überzeugung zu festigen, daß die derzeitigen Leistungsgrenzen zu übertreffen

sind. Der Trainer erreicht dies durch die **Zielsetzungsmethode.**
Diese besteht aus vier Maßnahmen:
  (1) *Planung*: Vorgabe und Absprache genauer Ziele und Zwischenziele der Leistungsentwicklung.
  (2) *Verpflichtung*: Diese Ziele müssen freiwillig vom Athleten akzeptiert werden. Es sollte eine Art Vertrag zwischen Trainer und Athlet abgesprochen werden.
  (3) *Kontrolle und Selbstkontrolle*: Die Zwischenziele müssen von Zeit zu Zeit überprüft werden. Die Zieldiskrepanzen und Möglichkeiten ihrer Verringerung sind zu erörtern.
  (4) *Erfolgsmotivierung und Energiemobilisierung*: Selbst winzige Fortschritte sind zur Verstärkung des Konzeptes eigener Fähigkeiten zu nutzen.

Die Zielsetzungsmethode baut die motivationale Langzeitperspektive auf. Die kurzfristige Perspektive dient der optimalen Aktivierung während der Trainingseinheit. Empfehlenswert ist eine stufenweise Steigerung der Aktivierung bis an die Leistungsgrenzen. Denn die Technik muß auch unter starker körperlicher Belastung wiederholt eingeübt und allmählich verbessert werden. Nichts absolut Neues, sondern bereits Gekonntes muß unter höchster Aktivierung wiederholt geübt werden, damit die Technik unter der psychischen und körperlichen Belastung von Wettkämpfen beherrscht wird. Dies entspricht dem didaktischen Prinzip des Überlernens unter hoher Belastung. Nur das Überlernen unter hoher und höchster Belastung garantiert Leistungssicherheit und Leistungsstabilität im Wettkampf.

Optimale Strukturierung. Nur höchst selten wird man im Leistungstraining etwas völlig Neues lernen. Meistens geht es um die Verfeinerung und Erweiterung koordinativer Steuerungen. Stehen aber dennoch völlig neue Bewegungskombinationen auf dem Programm, dann wird man sich *vom Prinzip der approximativen Sollwertansteuerung* leiten lassen. Die neue Bewegungskombination wird nicht sofort in ihrer Idealform eingeübt. Es werden vielmehr Zwischenschritte, Zwischenstufen oder Zwischenphasen eingeplant und angesteuert, ohne jedoch die Zwischenformen der Bewegungsabläufe zu überlernen. Sie müssen plastisch und instabil bleiben. Das Prinzip der approximativen Sollwertansteuerung entspricht voll und ganz dem Shapingprinzip und dem sportdidaktischen Prinzip des Fortschreitens vom „Einfachen zum Schweren". Sollen die Zwischenschritte nicht zu groß werden, dann muß man Bewegungsabläufe nach Funktionsphasen zerlegen, um Zwischenoperationen einplanen zu können. Zur optimalen Strukturierung gehört mithin die Bewegungsdiagnostik mittels *Funktionsphasenanalyse*, um Hilfsoperationen ausgliedern zu können(vgl. FRESTER & FRICKE, 1994).

Wird eine völlig neue Technik angesteuert, sollte außerdem das Prinzip des massierten Übens befolgt werden. Durch das gehäufte, massierte oder intensive Üben wird eine neue Makrostruktur in kürzerer Zeit erworben als beim verteilten Üben. Ein weiterer Effekt des massierten Übens sind die relativ instabilen Lernstrukturen. Diese aber sind bei der approximativen Sollwertansteuerung zunächst erwünscht. Wenn die neue Technik einigermaßen beherrscht wird, sollte man vom Massierungsprinzip ablassen, denn es liegt noch ein langer Lernweg der Technikausfeilung vor dem Athleten.

Bei der Verfeinerung und Erweiterung der koordinativen Steuerung - bei der Ausfeilung der Mikrostruktur also - sollte man die Sollwertansteuerung in sehr kleinen Schritten vornehmen. Aktionen und Hilfsoperationen sowie Hilfsfunktionsphasen werden teilweise gesondert geübt und danach wieder in den Gesamtablauf der Technik eingefügt. Es handelt sich hierbei weder um eine Realisierung der Ganzheits- noch um die Anwendung der Teillernmethode. Vielmehr geht es um ein akzentuierendes und verbindendes Üben von Aktionen und Hilfsaktionen einer sportmotorischen Technik.

3.2 Motorisches Gedächtnis

Lernen und Gedächtnis gehören als Begriffe zusammen. Denn Lernen bedeutet eine dauernde Verhaltensänderung aufgrund einer Erfahrung. Lernen meint die Veränderung, Gedächtnis die Resistenz, das Andauern der Veränderung. *Psychologisch ist das Gedächtnis ein flexibles System mehrerer Funktionen, die dazu beitragen, daß wir uns erinnern können, Vorstellungen haben, Fertigkeiten und Fähigkeiten erwerben. Die bekanntesten Funktionen des Gedächtnisses sind: Kodieren, Einspeichern und Abrufen.* Die organischen Grundlagen des Gedächtnisses sind einmal das gesamte Gehirn, vorwiegend der Neocortex und zum andern morphologische Veränderungen von Zellansammlungen in den speziellen Hirnarealen (Synapsenherstellung). Wir unterscheiden Zwei- und Mehrkomponentenmodelle des Gedächtnisses. Ein bekanntes Mehrkomponentenmodell haben ATKINSON & SHIFFRIN (1971) entwickelt. Es besteht aus einem Ultrakurzzeitspeicher, einem Kurzzeitspeicher und einem Langzeitspeicher (vgl. Abb. 3.1). Es wird hier in etwas erweiterter Form aus dem Lehrbuch von SCHMIDT & THEWS (1990, S. 166) vorgestellt.

Da dieses Modell im wesentlichen den Verarbeitungsvorgang der zu speichernden verbalen und visuellen Information nachzeichnete, fragte man, ob alle Formen der Information wie z.B. Geräusche, Gerüche, Druck- oder auch Bewegungsempfindungen nach den gleichen Grundsätzen verarbeitet und gespeichert werden. Nach den vorliegenden Erkenntnissen scheint dies aber nicht der Fall zu sein.

3.2.1 Theorie des dualen Gedächtnisses

Seit Mitte der achtziger Jahre werden zwei Gedächtnissysteme diskutiert, die unterschiedliche Funktionsweisen zu haben scheinen. ATKINSON et al. (1993) sprechen vom "memory of facts" und "memory of habits"; SHERRY & SCHACTER (1987) vom **System I** und **System II** und SQUIRE (1987) vom deklarativen und prozeduralen System. Bekannt sind aber auch die Unterscheidungen nach expliziten und impliziten Gedächtnissystemen (vgl. RICHARDSON-KLAVEHN & BJORK, 1988). Während zu den expliziten Gedächtnisaufgaben das bewußte, spontane oder willentlich gesteuerte Erinnern (recall) sowie das Wiedererkennen (recognition) gehören, umfassen die impliziten Gedächtnisaufgaben eine Vielzahl von Gedächtnisprüfungen, in denen mit allerlei Vorkehrungen beispielsweise über Hinweisreize Ergänzungen durchgeführt oder Gelerntes ohne spezielle Erinnerung reproduziert werden soll. Durch einen Vergleich von derart präparierten Aufgabenlösungen ergeben sich Hinweise auf indirekte implizite resp. unbeabsichtigte, durch die Situation oder Gelegenheit bedingte Gedächtnis- und Behaltenseffekte. Das klinische Phänomen der Amnesie nach Hirntraumen, Hirnverletzungen oder

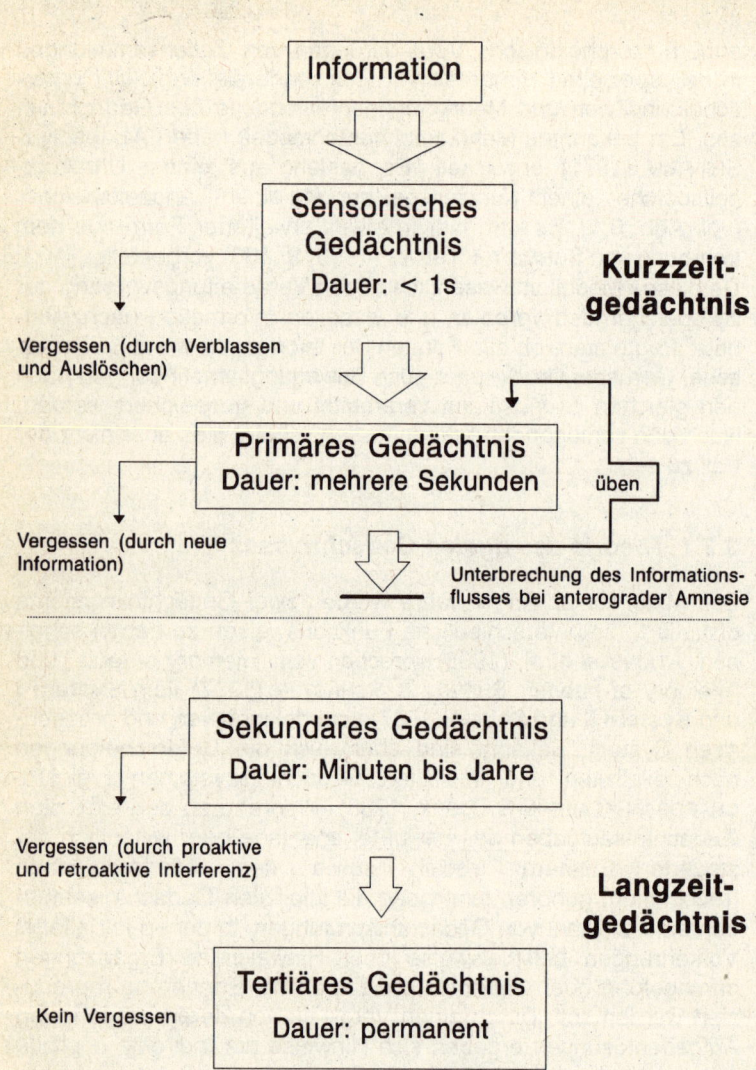

Abb. 3.1: Gedächtnissystem nach SCHMIDT & THEWS (1990)

auch Hirnoperationen scheint zu einem "Leitfossil" für die Gedächtnisforschung zu werden. Denn gerade bei Amnesiepatienten scheint überwiegend das willentlich gesteuerte Erinnern und Wiedererkennen gestört und deutlich vermindert zu sein, während das implizite Behalten gut resp. noch einigermaßen brauchbar funktioniert (vgl. SQUIRE, 1987).

Deklarative und nondeklarative Gedächtnissysteme. Der Philosoph RYLE (1949) unterschied zwei Wissensarten: *knowing that* und *knowing how*. Diese Trennung von Wissensbeständen wurde von WINOGRAD (1975) bei der Diskussion um artifizielle Intelligenzleistungen durch das Begriffspaar deklarativ und prozedural veranschaulicht. Deklaratives Wissen umfasse danach Tatsachen, Orte, Details und Zeitpunkte, während prozedurales Wissen Methoden, Verfahrensweisen oder auch Strategien der Wissensgewinnung bezeichnen. WICKELGREN (1979) und später SQUIRE (1987) haben diese Metaphern der Unterscheidung von Wissensbeständen in die Gedächtnisforschung übertragen: Kognitives Lernen und Speichern sei ausschließlich eine Eigenschaft des deklarativen Systems, wohingegen Stimulus-Response-Verbindungen oder das inkrementelle Lernen prototypisch für das Prozeduralsystem der Informationsverarbeitung sei. Belege für eine Trennung derartiger Systeme ergaben sich aus der Erforschung hirnverletzter Probanden.

Der bekannteste Fall ist der Patient H.M. gewesen (vgl. MILNER, 1962). Um eine schwere Epilepsie zu bessern, wurde der 27jährige Patient H.M. 1953 im medialen Teil des Lobus temporalis so operiert, daß der Hippocampus, die Mandelkerne und angrenzende corticale Bereiche teilweise entfernt wurden. Zwar war nach diesem Eingriff die Epilepsie gebannt; aber der operierte Patient litt hinfort unter schweren Gedächtnisstörungen, die unter dem Begriff der retrograden Amnesie bekannt sind. Diese Gedächtnisstörungen schließen vor allem das Erinnern und das Wiedererkennen von neu gelernten Sachverhalten und Ereignissen aus. Beispielsweise erlernte der Patient H.M. den Umgang mit dem Pursuitrotor (45 U/min), einem Trackinggerät. Aber er

Tab. 3.1: Duales Gedächtnis mit verschiedenen Subsystemen

	Integriertes, koordiniertes duales Gedächtnis	
Teilsysteme	**System I:** nondeklarativ	**System II:** deklarativ, kognitiv
Spezialfunktionen	**a) Nichtassoziative Erfahrungsbildung:** Habituation, Sensitivierung	**a) Sprachverständnis:** Bedeutungen, Sinngehalte, Fakten, allgemeines Wissen
	b) Lerndispositionen: Klassisches Konditionieren operantes Lernen (Skinner)	**b) Erlebnisse:** persönliche Ereignisse, Erfahrungen, Episoden mit konkreter Raum-Zeit-Struktur
	c) Aktivierungstendenzen: perzeptive Bereitschaft semantisches Priming	
	d) Gewohnheiten: motorische Fertigkeiten	
Zusatzspeicher	unbekannt	**Kurzzeitgedächtnis**
neuroanatomische Grundlagen	unabhängig von Hippocampusstrukturen	intakte, mediale Hirnstrukturen des Hippocampus

konnte sich beim besten Willen nicht mehr an einzelne Lernsitzungen, in denen er dieses Gerät bediente, erinnern. Auch mußten ihm bei jeder Visite die Ärzte neu vorgestellt werden, weil er keine Erinnerung an vorausgegangene Visiten hatte. In einem neuen Übersichtsartikel über den Forschungsstand faßte SQUIRE (1992) alle Befunde, die für zwei relativ verschieden funktionierende Gedächtnis- und Informationsverarbeitungssysteme sprechen, unter dem Titel "Memory and hippocampus" zusammen. In einem Schema (vgl. Tab. 3.1 und Abb. 3.2) werden Funktionen und Leistungen dieser Gedächtnissysteme übersichtlich dargestellt.

Ein paar Erläuterungen sollen den Sinn der Abb. 3.2 vertiefen. Das deklarative Gedächtnis besteht aus wenigstens zwei Teilsystemen: Erstens dem semantischen und zweitens dem episodischen Teilsystem. Nur diese beiden Systeme verfügen über die Spezialausrüstung eines Kurzzeit- und Arbeitsspeichers mit begrenzter Kapazität. Diese Hypothese ist ganz neu. Sie gehörte in den neunziger Jahren noch nicht zum allgemeinen Lehrbuchwissen (vgl. ATKINSON, ATKINSON, SMITH & BEM, 1990; SCHMIDT & THEWS, 1990). In der elften Auflage haben ATKINSON et al. (1993) das neue Gedächtnismodell berücksichtigt.

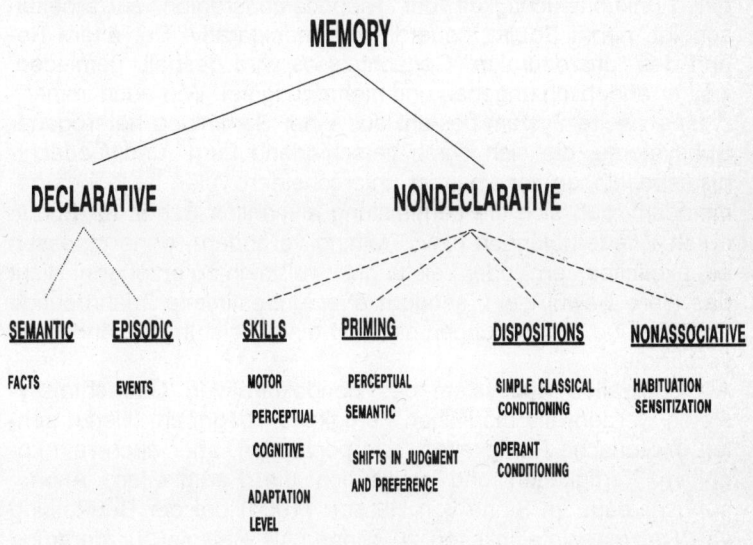

Abb. 3.2: Gedächtnissystem von SQUIRE (1992)

Damit das Lernen und Gedächtnis funktioniert, müssen die medialen Hirnstrukturen des Hippocampus und die damit verbundenen Zellkomplexe unbeschädigt sein. In experimentellen Tierstudien konnte festgestellt werden, daß der Einfluß der Hippocampusregion auf das Lernen und Behalten zeitlich begrenzt werden muß, und zwar auf etwa 2 bis 4 Wochen (vgl. SQUIRE, 1992; S. 22). Danach übernehmen andere Hirnstrukturen die Verwaltung der deklarativ gelernten Information: Der Zugriff zu beiden deklarativen Teilsystemen erfolgt über den Arbeitsspeicher in kleineren oder größeren Einheiten, allerdings kapazitätslimitiert. Gelernt wird in modalitätsübergreifenden Einheiten, teilweise schneller, teilweise langsamer. Vereinzelt beobachtet man ein "one-trial-learning". Immer aber ist unser bewußtes Erleben beim Lernen beteiligt.

Das zweite große Gedächtnissystem, welches unabhängig von der Funktionstüchtigkeit der Hippocampusregion zu arbeiten scheint, nennt SQUIRE neuerdings nondeklarativ. Der ältere Begriff des "prozeduralen" Gedächtnisses wird deshalb gemieden, weil er angeblich ungenau und mehrdeutig sei. Wie auch immer - dieses zweite System besteht aus einer Sammlung heterogener Subsysteme, die sich durch verschiedene Lern- und Gedächtnisdispositionen voneinander unterscheiden. Allen ist jedoch gemeinsam, daß sich die Lernleistung allmählich Schritt für Schritt durch Wiederholungen bzw. Training verändern, ohne indessen ein explizites Lern- oder Leistungsbewußtsein zu erzeugen. Nicht das klare Bewußtsein, sondern eher unbestimmte, mehrdeutige Gefühle und Empfindungen sind mit einer Leistungsveränderung verbunden.

Als spezielles Subsystem des nondeklarativen Gedächtnissystems werden alle möglichen Fertigkeiten begriffen. Hierzu zählen: motorische Fertigkeiten, rein perzeptive, aber auch rein kognitive Fertigkeiten und schließlich die Fertigkeiten, Anpassungsniveaus im Sinne von HELSON (1964) bei der Beurteilung von Reizmannigfaltigkeiten zu bilden. Als Beispiel für derartige Fertigkeiten nennt SQUIRE: die Bedienung eines Pursuitrotors, das Spiegelzeichnen, serielle Reaktionen sowie schnelles Lernen sinnloser Trigramme. Allerdings räumt SQUIRE ein, daß Fertigkeiten und Habits sehr komplex sein können. Solche komplexen Fertigkeiten werden daher sowohl von nondeklarativen als auch von deklarativen Gedächtnisstrukturen verwaltet. Deshalb ist es meistens schwierig, die Anteile deklarativer und nondeklarativer Gedächtnisleistungen in derartigen Fertigkeiten sauber voneinander zu trennen.

Ohne auf die anderen Subsysteme des nondeklarativen Gedächtnisses einzugehen, sei hier festgestellt: Das Konzept eines Einheitsgedächtnisses hat sich heute überlebt. Unsere Theorie von deklarativen und nondeklarativen Systemen unterscheidet vielerlei Subsysteme, die mittels spezieller Leistungen identifiziert werden können. Es ist daher gerechtfertigt, vom Gedächtnis als einem multiplen System oder aber in schöner lateinischer Wendung als von einer "*unitas multiplex*" zu sprechen.

3.2.2 Psychologische und sportwissenschaftliche Forschung zum motorischen Gedächtnis

Die vorherrschende Forschung zum motorischen Gedächtnis gesunder und normaler Probanden ist zwei Paradigmen verpflichtet: einmal dem Positionierungsparadigma von ADAMS (1987), zum andern dem Handlungsphrasenparadigma (vgl. ENGELKAMP, 1990).

Handlungsphrasenparadigma. Das Handlungsphrasenparadigma steht ganz in der Tradition des verbalen Lernens. Es werden Listen von Handlungsphrasen wie "Auto polieren, Tisch abwischen, Faust ballen, Schwamm ausdrücken, Pistole vergraben,..." usw. unter Standard- oder Aktivitätsinstruktionen gelernt. Aktivitätsinstruktionen heißen auch manchmal Tu-Bedingungen. In einem Wiedererkennungsdurchgang sollen die gleichen Handlungsphrasen unter gleichen oder aber auch veränderten Bedingungen wiedererkannt bzw. erinnert werden. Die Aktivitätsinstruktion verlangt entweder eine direkte, konkrete Ausführung der gelesenen Phrasen oder wenigstens eine gespielte Ausführung der Tätigkeit. Verglichen werden die Wiedererkennungsleistungen unter den vier kombinierten Bedingungen: a) Lernen durch Hören und Wiedererkennen durch Hören (Standard), b) Lernen durch Hören und Wiedererkennen durch Tun, c) Lernen durch Tun und Wiedererkennen durch Hören; d) Lernen durch Tun und Wiedererkennen durch Tun (Aktivität). Die Wiedererkennungsleistungen unter den Aktivitätsinstruktionen sind deutlich die besten. Sollten derartig gelernte Listen nach Verzögerungen von zwei Minuten, 24 Stunden oder aber sieben Tagen spontan erinnert werden (free recall), dann waren die Leistungsunterschiede zwischen Standard- und Aktivitätsinstruktionen noch größer (vgl. Abb. 3.3).

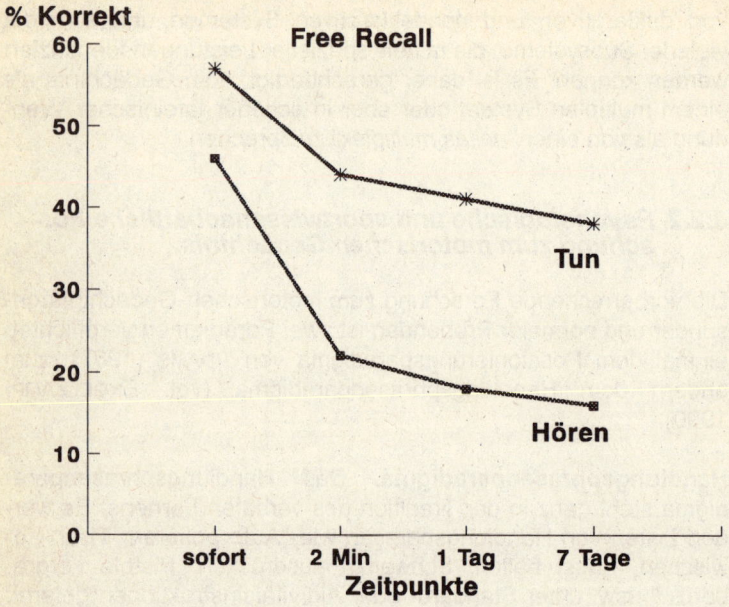

Abb. 3.3 : Prozentuale Behaltensleistung von Handlungsphrasen nach Hören und Tun (ENGELKAMP, 1990)

Nach sieben Tagen sind beispielsweise Handlungsphrasen, die gehört oder gelesen wurden nur noch zu 20% präsent. Sie bleiben jedoch zu 40% frisch, sofern sie aktiv ausgeführt wurden. Diese Unterschiede werden als Belege für eine eigenständige motorische Repräsentation sowohl der Enkodierung als auch der Handlungsprogramme gedeutet (vgl. ENGELKAMP, 1990). Man kann versuchen, das Handlungsphrasenparadima nach Verarbeitungs- und Prozeßgesichtspunkten zu klassifizieren. Nach SQUIRE (1992) müßte man von einer deklarativen Aufgabe sprechen, welche mit kleineren prozeduralen Anteilen versehen wurde. Aber die deklarativen Anteile der Repräsentation und Aufgabengestaltung überwiegen wohl eindeutig. Man könnte natürlich auch von einer expliziten Aufgabe mit gewissen impliziten Anteilen sprechen.

Positionierungsparadigma. Wesentlich größere nondeklarative Aufgabenanteile finden sich bei Untersuchungen mit dem Positionierungsparadigma. Das Positionierungsparadimga umfaßt folgende Aufgaben: eine Versuchsperson sitzt an einem Tisch. Auf dem Tisch befindet sich eine Art Schiene, die etwa 70 bis 100 cm lang und gerade oder gekrümmt ist. Die Versuchsperson kann diese Schiene nicht sehen, da sie eine dunkle Brille oder Sichtblende trägt. Der Versuchsleiter führt die Hand der Versuchsperson zu einem Griff an einem Startpunkt auf einer Schiene und gibt die Anweisung, diesen Griff auf der Schiene nach links (bzw. rechts) bis zu einem festen Puffer zu schieben (bewegen). Nach dieser Distanzbewegung soll die gleiche Distanz in einem danach folgenden, etwas verzögerten Durchgang reproduziert werden, und zwar ohne Hilfe eines Puffers oder Fixpunktes. Die Versuchsperson muß sich also an die vorgegebene Distanz rein kinästhetisch erinnern. Die Abweichung von der Solldistanz (Startposition bis Pufferstelle) wird als Fehler gewertet. Dabei wird der algebraische, der absolute und/oder der variable Fehler als unabhängige Variable registriert.

Die Befunde, die mit dem Positionierungsparadigma erzielt werden, sind nicht immer eindeutig und teilweise sogar widersprüchlich. Einerseits vergrößert sich der Reproduktionsfehler, wenn man die Reproduktionszeiten um 5, 10 oder auch 15 Sek. auf allmählich 120 Sek. vergrößert. Andererseits bleibt der Reproduktionsfehler aber auch konstant. Teilweise vergrößert sich der Reproduktionsfehler, wenn man in den Behaltensintervallen von 30 bis 60 Sek. Dauer Tätigkeiten wie "Handlungen" oder "Schreiben" ausführen läßt. Liegt ein störender Einfluß durch die interpolierte Tätigkeit vor, spricht man von Interferenz oder genauer von retroaktiver Hemmung (vgl. ADAMS, 1987).

Aber es gibt auch Untersuchungen, in denen derartige Tätigkeiten gar keinen Einfluß auf die Reproduktionsgenauigkeit haben. Mehrmalige Wiederholungen solcher Aufgaben mit Hilfe von Rückmeldungen über richtig bzw. falsch vermindern die Reproduktionsfehler. Zieht man Bilanz über die unterschiedlichen Befunde, dann läßt sich folgendes feststellen: Teilweise erzeugt man mit dem Positionierungsparadigma die gleichen Befunde, wie man sie beim Lernen und Reproduzieren sog. sinnloser Silbenlisten beobachtet. Teilweise gibt es aber auch abweichende Befunde. Wegen dieser Abweichungen hat man die Hypothese einer Spezialkodierung bei kinästhetisch-motorischen Aufgaben resp. Fertigkeiten aufgestellt.

Besonders aber wies POSNER (1973) auf vier Befunde hin, welche die Hypothese eines eigenständigen Kodierungssystems des Motorischen neben dem Visuellen und Sprachlichen nahelegt: Erstens gibt es bei Positionierungsaufgaben nach kürzeren oder längeren Verzögerungszeiten etwa gleichbleibende Präzisionseinbußen bei Reproduktionsversuchen der Sollwerte. Zweitens scheinen nur ganz bestimmte Zwischentätigkeiten - nämlich rein motorische - die Reproduktion von Sollwerten zu stören. Drittens stellen sich bei der Reproduktion motorischer Aufgaben keine sprachlichen oder visuellen Bewußtseinsinhalte ein. Viertens können hirnverletzte Patienten oft motorische Aufgaben erlernen, haben aber Schwierigkeiten oder gar keinen Erfolg mit visuellen oder verbalen Aufgaben.

Betrachtet man die Positionierungsaufgaben bewegungsanalytisch, dann darf man folgendes feststellen: Die Positionierungsaufgaben sind eigentlich keine typischen kinästhetisch-propriozeptiven Aufgaben. Denn die Sollwerte sind diskrete, azyklische Bewegungsabfolgen mit einer festgelegten Raumzeitstruktur. Gerade die Kontrolle der Raumzeitstruktur erfordert deklarative Prozesse der Informationsverarbeitung. Deswegen spielen visuelle und räumliche Vorstellungen bei Positionierungsaufgaben auch eine beachtliche Rolle. Werden diese Vorstellungen beispielsweise durch Zusatzaufgaben wie "Rückwärtszählen" oder "Textlesungen" in den Behaltensintervallen gestört oder ausgeschaltet, dann vergrößern sich schlagartig Reproduktionsfehler. Somit setzen Positionierungsaufgaben überwiegend deklarative und nur zum geringen Teil nondeklarative Verarbeitungsprozesse voraus.

Kraftzeitaufgaben. Neben dem Hauptstrom der motorischen Gedächtnisforschung findet man kleinere Zuflüsse, welche die Forschung angeregt haben. So hat beispielsweise LINCOLN (1956) mit einem Handkurbelgerät eine Rotation von 100 U/Min. nach einer Verzögerung von 10 Minuten und von einer Stunde nach kognitiven Zwischentätigkeiten reproduzieren lassen. Der Präzisionsverlust betrug in beiden Fällen nur 20%. Die Reproduktionsleistungen dieser zyklomotorischen Kraftzeitaufgaben sind offensichtlich resistent gegenüber schnellen Vergessenseffekten, wie man sie beim verbalen Lernen gewöhnt ist. Eine diskrete, azyklische Aufgabe mit Druck- oder Preßknöpfen haben PEPPER & HERMAN (1970) dargeboten. Beispielsweise mußte ein Druckknopf mit einer Armkraft, die in fünf Stufen von 0,85 bis zu 4,25 kg regulierbar war, gepreßt oder gezogen werden. Das Preß- oder Zugergebnis wurde über einen Bildschirm veranschaulicht, damit die exakten Kraftsollwerte auch gelernt werden konnten. Die Gedächtnisaufgabe bestand darin, die Kraftsollwerte nach Pausenintervallen von 4, 8, 12, 30 und 60 Sekunden nur noch kinästhetisch-propriozeptiv (also ohne optische oder akustische Hilfen) zu reproduzieren. Dennoch waren die Präzisionseinbußen nach 60 Sek. nicht größer als nach vier oder nach acht Sekunden. Im Unterschied zu Positionierungsaufgaben sind Kraftdosierungsaufgaben überwiegend propriozeptiv gesteuert: Die optischen Hilfen sind zweitrangig. Somit ist die Kraftdosierungsaufgabe eine nondeklarative Gedächtnisaufgabe par excellence.

Als *Zwischenbilanz* der motorischen Gedächtnisforschung der Psychologie möchte ich drei Punkte festhalten:

1) Die Ergebnisse der Gedächtnisforschung mit dem Positionierungsparadigma sind mehrdeutig. Nur ein kleiner Teil entspricht dem Befundbild der verbalen Gedächtnisforschung.
2) Die Handlungsphrasenforschung macht Unterschiede zwischen rein verbaler und motorisch-verbaler Informationsverarbeitung deutlich.
3) Je größer die Anteile der propriozeptiven Informationsverarbeitung bei motorischen Aufgaben sind - beispielsweise bei Kraftdosierungsgeräten, desto größer werden die Unterschiede zur sprachlichen und visuellen Gedächtnisverarbeitung.

Sportwissenschaftliche Forschung. Obgleich sich Sportwissenschaftler mit dem motorischen Lernen eingehend befaßt haben, findet man nur wenige Experimente zum motorischen Gedächtnis. In Deutschland gibt es nur zwei Berichte, die seit Mitte der achtziger Jahre einer breiteren, auch Psychologen umfassenden Fachöffentlichkeit bekannt geworden sind.
KUHN (1984) hat ganz in der Tradition der psychologischen Positionierungsforschung gearbeitet. Er hat mit Sportstudierenden der DSH-Köln 5 Experimente mit Armwinkelstellungsaufgaben durch-

geführt., Die unabhängigen Variablen waren: a) Armwinkelstellung (15°, 30°, 45°, 90°, 105°, 120°), b) Aufgabenkomplexität (einhändig; beidhändig und gleiche Bewegungslänge; beidhändig und ungleiche Bewegungslänge), c) Handdominanz (rechts vs. links); d) Intervallbedingung (motorische vs. kognitive Handlung), e) Verzögerungszeit (10 Sek. vs. 30 Sek.). Die abhängigen Variablen waren der algebraische Fehler, der üblicherweise als konstanter Fehler eingestuft wird, und die Variationsweite der Istwerte. Da es schwierig ist, die vielfältigen Befunde hier zusammenzufassen, sollen nur die Haupttendenzen erwähnt werden, welche sich auf den Einfluß der Reproduktionsverzögerung beziehen lassen.

So wurde bei kleineren Armwinkeln gar kein Unterschied hinsichtlich der Verzögerungszeiten von 10 oder 30 Sekunden beobachtet. Erst bei größeren Armwinkelstellungen vermindert sich die Reproduktionsgenauigkeit nach 30 Sek. Verzögerung deutlich. Auch vergrößerten motorische Interpolationsaufgaben den Reproduktionsfehler. KUHN bestätigt somit die facettenreichen, jedoch inkonsistenten Befunde mit dem Positionierungsparadigma. Allerdings legen Alltagsbeobachtungen nach KUHN die Annahmen unterschiedlicher Verarbeitungsweisen für diskrete, azyklische und zyklische, rhythmische Bewegungen nahe. Letztere würden beinahe gar nicht, erstere allerdings schnell wieder vergessen. Aufgrund ihrer kognitiven Anteile gehorchen vermutlich die azyklischen Bewegungen den gleichen gedächtnismäßigen Gesetzmäßigkeiten wie die verbale Information, die abgespeichert werden soll (KUHN, 1984; S. 144).

Im Unterschied zu KUHN haben wir in Kiel (JANSSEN, STOLL & VOLKENS, 1987) erstmalig mit *einer zyklomotorischen Ganzkörperaufgabe* gearbeitet. Wir ließen uns von der allgemeinen sportmotorischen Erfahrung leiten: Zyklomotorische Leistungen sind die Grundlage jeder sportlichen Leistung in den Sportarten. Als Gedächtnisaufgaben wurden daher in zwei Experimenten Belastungen auf dem Fahrrad- und Ruderergometer gewählt. Unabhängige Variablen waren: a) das Verzögerungsintervall (0, 10, 20, 30, 40, 60 Sek.); b) die Belastungsintensität 0,5; 1,0; 1,5; 2,0; 3,0 Watt/kg-Körpergewicht) und c) zum einen das Geschlecht, zum anderen die Trettechnik (vorwärts vs. rückwärts). Die Aufgabe auf dem Fahrradergometer (ähnlich dem Ruderergometer) bestand darin, innerhalb weniger Sekunden unter einer vorgegebenen Belastung von beispielsweise 2,0 W/kg das Gerät auf 60 Umdrehungen/Min. zu beschleunigen. Diese zyklomotorische Belastung war für 10 Sek. konstant zu halten und als Kriteriumsbewegung im Gedächtnis zu speichern. Nach einer Aktivitätsunterbrechung von bis zu 60 Sek. sollte die gleiche Umdrehungszahl/Min. ohne visuelle und auditive Hilfe rein kinästhetisch reproduziert werden. Die abhängigen Variablen waren der konstante (CE) und der absolute (AE) Fehler. Den Befunden liegen die Daten von 120 Sportstudierenden zugrunde.

In beiden Experimenten gibt es weder einen Belastungs- noch einen Reproduktionsverzögerungseffekt. Das bedeutet: ob mit einer Belastung von 0,5 oder von 3,0 W/kg gearbeitet wird, ist für die Reproduktionsgenauigkeit der Sportstudierenden unerheblich. Ebenfalls unerheblich ist, ob nach 10 Sekunden oder nach 60 Sekunden reproduziert wird. Die Reproduktionspräzision wird durch diese Verzögerung nicht beeinträchtigt. Auf dem Ruderergometer unterscheiden sich die Sportstudentinnen nicht von den Sportstudenten in der Reproduktionsgenauigkeit. Auf dem Fahrradergometer fallen die Reproduktionswerte beim Rückwärtstreten ungenauer aus als beim Vorwärtstreten. Einen geschlechtsspezifischen Reproduktionseffekt gibt es hier aber ebenfalls nicht. Somit belegen diese Experimente mit dem Ergometer, daß zyklomotorische Kraftdosierungsaufgaben anderen Verarbeitungsregeln unterliegen als azyklische Raumorientierungsaufgaben, zu denen auch das Positionieren zu zählen wäre. Diese Befunde haben uns bewogen, unsere Gedächtnisforschung neu zu konzipieren.

3.2.3 Neukonzeption der Forschung zum motorischen Gedächtnis

Die Grundlage unserer Gedächtnisforschung kann durch vier Leitideen beschrieben werden:

1) **Rahmenkonzeption einer deklarativen vs. prozeduralen Informationsverarbeitung:** Die gedächtnistheoretische Grundlage bildet die Theorie von SQUIRE (1987, 1992). Die Unterscheidung nach multiplen Gedächtnisarten ist außerdem heuristisch anregend und erlaubt die Entwicklung weiterer For-

schungsparadigmen neben den bereits bekannten Positionierungs- und Handlungsphrasenparadigmen.

2) **Sportmotorische Aufgabenvielfalt:** Das Positionieren ist nur ein ganz schmaler Ausschnitt aus dem Aufgabenspektrum des Sports. MEINEL & SCHNABEL (1987) sowie GÖHNER (1979) haben brauchbare und vielseitige Taxonomien zur Klassifikation von Bewegungen und von sportmotorischen Aufgaben entworfen. Die Forschung, die vereinfachen muß, sollte wenigstens nach zyklischen vs. azyklischen sowie nach energetisch hohen vs. energetisch niedrigen Anforderungen unterscheiden, um angemessene Aufgabenparadigmen zu entwerfen.

3) **Verlaufs- und Prozeßforschung:** Um sportmotorische Fertigkeiten beispielsweise des Stabhochspringens oder des Geräteturnens mit einem hohen Leistungsniveau zu erlernen, sind lange und intensive Lernwege erforderlich. Daher sollten Lern- und Gedächtnisverlaufsstudien über Wochen und Monate bei Einzelfällen durchgeführt werden. Eigentlich müßte man sogar Langzeitlängsschnittstudien im Einzelfall durchführen (vgl. SCHLICHT, 1988).

4) **Verbindung mit der psychologischen Motivations- und Emotionsforschung:** Viele unserer sportmotorischen Erfahrungen sind mit starken Gefühlen verbunden. Entweder erleben wir einen hohen Spannungszustand, eine starke Angst, eine große Erleichterung und Freude oder aber Schmerz und Ärger, wie schließlich auch Überdruß. Hinzu kommt, daß wir uns manchmal motivieren müssen, gegen einen starken inneren Widerstand anzugehen, wenn wir beispielsweise daran arbeiten, einen alten koordinativen Fehler auszumerzen. Hier spielt offensichtlich der Wille eine Rolle - heute sprechen wir von Volition (vgl. HECKHAUSEN, 1989). Auch stellen sich beim Versagen Gefühle der Enttäuschung ein. Wie wirken sich beispielsweise Gefühle der Enttäuschung oder der Frustration auf das Behalten und Reproduzieren motorischer zyklischer oder azyklischer Leistungen aus? Lernen wir trotz allem oder sind wir in unserer Gedächtniskapazität blockiert?

An dieser Stelle möchte ich nur noch auf die Prozeßforschung eingehen, da jeder mit sich selbst Einzelfallforschung betreiben könnte.

Verlaufs- und Prozeßforschung. Seit vielen Jahren weiß man, daß sich motorische Fertigkeiten hinsichtlich Genauigkeit, Konstanz und Verlaufsform der Bewegung mit der Anzahl der Übungs- resp. Trainingseinheiten verändern. Auch Fehler verändern sich. Ein berühmtes Beispiel hat CROSSMAN (1959) publiziert. Er hat Zigarrendreher etwa 7 Jahre lang beobachtet. Zigarrendreher benötigen am Beginn ihrer Laufbahn etwa 12 Minuten pro Zigarre. Eine Maschine benötigt nur 6 1/2 Minuten. Nach einem Jahr benötigen die Zigarrendreher noch 10 Minuten pro Zigarre. Sie haben dann etwa eine Million Zigarren gedreht. Nach 7 Jahren und der Herstellung von 10 Millionen Zigarren wird jede Zigarre von dem Zigarrendreher in etwa 7 Minuten hergestellt. Die Leistung der Maschine würde nach 8 bis 9 Jahren durch den geübten Zigarrendreher erreicht werden. Beide würden dann gleich schnell und präzise arbeiten.

Dieses Beispiel soll zeigen, daß jede Lebensfunktion und somit auch jede koordinative Fertigkeit zum einen übbar ist, zum anderen über lange Jahre des Gebrauchs sich verbessern und ökonomisieren läßt - sofern die biologische Basis in einem normalen Zustand bleibt.
Unsere Verlaufsstudien mit Einzelfällen verfolgten zwei Zwecke, die sich in Fragen kleiden lassen. Erstens: Wie ist der Lernverlauf und die Güte des Gedächtnisses, wenn jeden Tag im Verlaufe einer Übungseinheit von 45 Minuten ein ausgewählter Sollwert 16 mal angesteuert und reproduziert wird, ohne daß die Reproduktion explizit korrigiert wird? Zweitens: Wie wirken sich Tätigkeitsunterbrechungen mit oder ohne Zwischentätigkeiten auf die Reproduktionsgüte aus?

Unsere Versuchspersonen sind Sportstudierende im Alter zwischen 24 und 28 Jahren. In einem Zeitraum von zwei Monaten wiederholen sie an 25 Tagen nach einem vorgegebenen Versuchsplan folgende Standardaufgaben: Auf einem Fahrradergometer muß innerhalb von 5 Sekunden ein Sollwert von 60 U/Min. bei einer Belastung von 1,5 Watt/kg-Körpergewicht angesteuert werden. Dieser zyklomotorische Sollwert ist 5 Sek. konstant zu halten. Nach einer Unterbrechung von 0, 30 usw. bis zu 120 Sekunden mit oder ohne Zwischentätigkeit muß der Sollwert so schnell wie möglich wieder angesteuert werden. Diese Reproduktion findet immer ohne visuelle und ohne akustische Kontrolle, also auf rein propriozeptivem Wege statt. Gemessen wird mit einem Mehrkanalschreiber die absolute Abweichung vom Sollwert. Hier der Versuchsplan und einige Ergebnisse (vgl. Tab. 3.2 und Abb. 3.4)

Unsere Einzelfallexperimente belegen die große implizite Lernfähigkeit unserer Versuchspersonen. Obwohl nicht explizit auf die fehlerhafte Reproduktionsleistung Bezug genommen wird, sind unsere Versuchspersonen in der Lage zu lernen. Denn die Abweichungen vom Sollwert vermindern sich im Laufe der Übungsmöglichkeiten unter jeder Versuchsbedingung und auch bei jeder Versuchsperson. Dabei lernen die Probanden nicht im Sinne eines einfachen externen Feedback. Sie erhalten nämlich keinen externen Feedback. Vielmehr lernen sie über innere, propriozep-

Tab. 3.2: Schema des Versuchsplanes der Einzelfallanalysen. Die Ziffern 1 bis 16 repräsentieren die 16 Versuchsbedingungen, die täglich ausgelost und in Zufallsreihen realisiert wurden.

Interpolations-bedingungen	Reproduktionsintervalle in Sekunden			
	Null	30	90	120
keine	1	2	3	4
motorische Aufgabe	5	6	7	8
kognitive Aufgabe	9	10	11	12
andere Bedingung	13	14	15	16

tive-kinästhetische Rückkopplungskreise im Sinne eines Vergleichs der Efferenzkopie des Sollwertes und der aktuell produzierten Afferenz beim Reproduzieren. Die Pbn lernen somit über das Reafferenzprinzip, welches von HOLST & MITTELSTAEDT (1950) beschrieben haben. Auch MEINEL & SCHNABEL (1987) machen wiederholt auf die große Bedeutung dieses Mechanismus des inneren Soll-Istwertvergleichs für das motorische Lernen aufmerksam. Aufgrund unserer Experimente können wir aber etwas genauer sagen, was gelernt wird: Immer präziser gelernt und gespeichert wird die Kopie des Sollwertes, das ist die Efferenzkopie. Vermutlich werden mehr Synapsenverbindungen zu benachbarten Zellarealen der motorischen und sensorischen Rinde hergestellt. Dadurch mag es möglich sein, die eingehende Information beim Reproduzieren schneller und genauer zu erfassen und sofort Korrekturmaßnahmen einzuleiten, alles vermutlich ohne Beteiligung der Hippokampusregion. Denn diese Reafferenzvorgänge spielen sich ohne Bewußtsein ab. Sie werden allerdings von der Zielsetzung geleitet, die Reproduktion so genau wie möglich dem Sollwert anzugleichen. - Damit wäre unsere erste Frage beantwortet.

Die zweite Frage heißt: Wie wirken sich Zwischentätigkeiten oder Verzögerungen der Afferenzen auf die Güte der Reafferenzen aus? Betrachten wir zunächst die Wirkung von Zwischentätigkeiten in den Pausen. Im Vergleich zu den leeren Intervallen (keine Zwischentätigkeit) erweisen sich einige Zwischentätigkeiten anfänglich als hinderlich, andere hingegen als begünstigend für den Reafferenzvorgang. Allerdings unterscheiden sich die Pbn in der Art und Weise der Begünstigung resp. Behinderung. Möglicherweise hängt dies mit gewissen sensomtorischen Begabungen oder antrainierten Vorlieben zusammen. Im Laufe der Lernerfahrung und der Elaborierung der Efferenzkopie werden alle Zwischentätigkeiten immer unwichtiger bzgl. ihres Einflusses auf die Bildung der Efferenzkopie.

Auch die rein zeitliche Verzögerung wirkt sich zunächst störend für die Bildung der Efferenzkopie aus. Nach 25 Tagen der Erfahrungsbildung, d.h. nach 400 Sollwertansteuerungen, ist eine Verzögerung beinahe unerheblich geworden. Zwischentätigkeiten

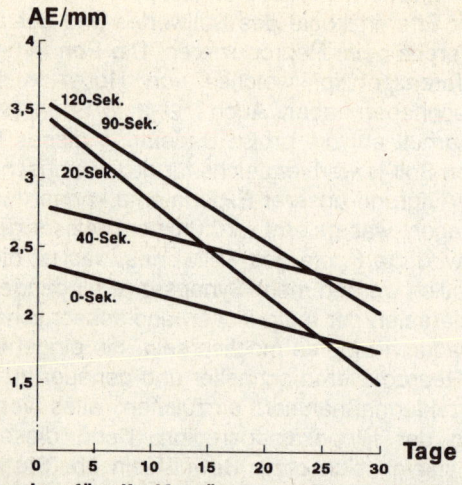

Trendgeraden für die Verzögerungsintervalle für Vp. H.

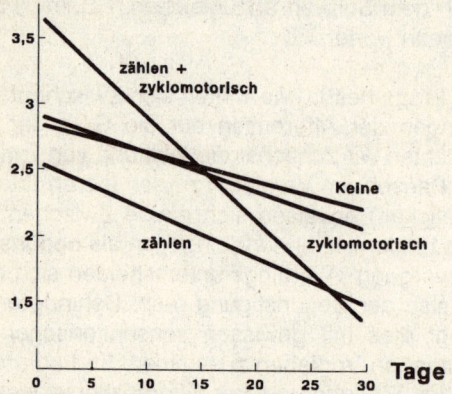

Trendgeraden für die Interpolationsbedingungen Vp. H.

Abb. 3.4: Ergebnisse der Vp H (28 Jahre): AE/mm bedeutet: absolute Abweichung vom Sollwert in Millimetern nach einer Unterbrechung (Pause oder Interpolation).

sowie Verzögerungen der Reafferenzbildung können ein Lernen lediglich erschweren, nicht aber verhindern. Bleiben die Rahmenbedingungen konstant, dann wird Schritt für Schritt gelernt. Die gelernte Efferenzkopie wird auch relativ dauerhaft abgespeichert, jedenfalls im Zeitraum von zwei Monaten.

3.3 Mentales Training

3.3.1 Begriffe und Formen des MT

Der Begriff des mentalen Trainings im Sport umfaßt eine besondere Klasse der kognitiven Strategien der Optimierung von Bewegungen (Fertigkeiten, sportlichen Techniken, komplexen Bewegungssequenzen im Turnen, Skiabfahrtslauf,...). Man spricht auch vom: Training auf höherer Regulationsebene, Training durch interne Realisation, inneren Probehandeln, covert rehearsal, imagery practice, implizit practice, conceptualizing practice, visualization und vom ideomotorischen Training. Gemeint ist jedoch immer nur die gedankliche Wiederholung einer sportmotorischen Aufgabe, damit diese später optimal, fehlerfrei, reibungslos oder etwas besser als vorher praktisch ausgeführt werden kann.
Unterschieden wird das MT vom observativen und verbal-kommunikativen Training (vgl. VOLPERT, 1969). Beide Formen werden in der Trainingssituation mit einem Trainer und mit mehreren Athleten häufig realisiert. Beispielsweise beobachtet man sich in der Kunstturnriege gegenseitig; bespricht Fehler und erörtert Korrekturmöglichkeiten. Das MT wird hingegen individuell praktiziert; man hat kein Modell, das man beobachten könnte, und auch keinen erfahrenen Partner, der berät oder korrigiert.
Definition: *MT ist eine individuelle, kognitive Strategie der Bewegungsoptimierung, indem Ausführungsvorschriften oder ausführungsbedeutsame Hinweisreize (trigger, cues) gedanklich wiederholt werden. Dabei kann man im Training Bewegungsskizzen (Konturogramme), niedergeschriebene oder auf Audiocassette gesprochene Ausführungsvorschriften verwenden.*
Formen des MT. RICHARDSON (1967) unterscheidet beim MT die Typen *der verbalizers, observers und visualizers*. KUNZE (1971) machte daraus die drei Formen des: a) subvokalen MT

(verbalizers), b) verdeckten Wahrnehmungstrainings (observers) und c) ideomotorischen Trainings (visualizers). Beim subvokalen MT sagt man sich den angezielten Bewegungsablauf gemäß der Ausführungsvorschrift selbst auf. Man rezitiert also die Ausführungsvorschrift. Beim verdeckten Wahrnehmungstraining stellt man sich den Bewegungsablauf optisch vor. Dabei beobachtet man sozusagen innerlich ein Modell etwa wie in einem Tagtraum. Beim ideomotorischen Training versucht man, die Zielbewegungen in der Vorstellung räumlich und rhythmisch gegliedert nachzuvollziehen. Das subvokale MT ist die Standardform, mit der jeder Sportler beginnen sollte. Das ideomotorische Training kann man erst nach sehr vielen Rezitationen der Ausführungsvorschriften und nur bei vollkommener Beherrschung des Bewegungsablaufes praktizieren. Es ist das MT der Meisterklasse. Zwischen der Standardform und der Stufe der Meisterklasse gibt es allerdings viele Übergangsformen, zu denen auch das „Tagträumen" des Bewegungsvollzuges gehört. Auf der höchsten Stufe werden die Ausführungsvorschriften auf dynamisch wichtige Funktionen (Schlüsselsequenzen) verkürzt und mit optischen Hinweisreizen verbunden.

Ein Beispiel für die **Standardform des MT** sei hier vorgestellt. Im Rahmen eines vom *Bundesinstitut für Sportwissenschaft* (Köln) geförderten Projektes zum Psychologischen Training in der Leichtathletik wurden mehrere Athletinnen der Jugend A und B in die Handhabung des MT eingeführt. Zunächst wurde die progressive Muskelrelaxation (PMR) mit formelhafter Vorsatzbildung 10 Wochen lang eingeübt (einmal pro Woche unter Anleitung, die anderen Wochentage zweimal daheim). Dann wurde in der Spezialdisziplin (400m-Hürdenlauf oder Speerwurf) die erste Ausführungsvorschrift für das MT zusammen mit der Trainerin und der Athletin erstellt (Videokonfrontation, sportlerzentriertes Interview bzgl. Bewegungsempfindungen). Die Ausführungsvorschriften wurden als **Drehbücher** bezeichnet. Das erste Drehbuch für eine 15jährige Speerwerferin umfaßte 124 Worte. Dieses Drehbuch wurde acht Wochen lang pro Trainingseinheit einmal nach dem Aufwärmen vor dem Speerwurftraining und zum andern in einer Trainingspause (unter Anleitung) eingeübt, damit der Vorgang des MT während des Trainings zur Routine werden konnte. Nach dieser Eingewöhnungsphase wurde ein verbessertes zweites

Drehbuch erstellt. Es umfaßte nunmehr 349 Worte (vgl. Drehbuch).

Drehbuch für das Mentale Training für eine 15jährige Speerwerferin (Speerwurf; 2. Trainingsphase; Drehbuch nach Absprache mit der Trainerin, keine Korrekturen):
"Gleich setze ich zum Speerwurf an. Ich gucke dorthin, wohin ich werfen möchte. Ich stehe mit dem rechten Fuß an der Anlaufmarke. Ich achte auf den Wind und merke, wie ich den Speer nachher anstellen muß.
Der Speer liegt leicht in der Hand, ich spüre ihn im ganzen Arm. Mit meiner Hand habe ich ihn fest umschlossen und brauche ihn nicht zu bewegen. Ich halte ihn mit der Wicklung schräg rechts genau über meinem Kopf.
Ich wippe, erst habe ich den linken Fuß hinten, dann vor dem rechten und zurück. Mein Körper ist angespannt und wartet darauf, jetzt loslaufen zu können.

Es ist eine Erleichterung, es geht richtig los. Ich nehme den linken Fuß nach vorne und mache erst sechs lockere Schritte. Ich habe im Kopf, wo ich die sichere finnische Abnahme machen muß, sie beginnt auf links, die Hand führt den waagerechten Speer im Bogen von oben etwas unterhalb der Schulter lang und dann nach hinten. Auf rechts ist die Abnahme zu Ende.

Ich mache den normalen Fünferrhythmus, trete schnell und ziehe die Schritte lang. Mein Arm ist und bleibt gestreckt. Meine Beine überholen zuerst und eilen jetzt vorne weg, ich komme in Rückenlage. Meine Beine werden schwer, der Körperschwerpunkt senkt sich ab. Beim Impulsschritt fange ich an, mich dagegen rauszustrecken. Das Knie dreht rein, ich verwringe den Körper und das Becken arbeitet nach vorne. Der Arm bleibt noch schön hinten, ganz hinten und dann ist da die Bogenspannung drauf. Da ist viel Spannung drin.

Der Arm will da noch mit: Die Hand ist ein bißchen eingedreht in der Armverlängerung, ich stelle den Speer mit dem Handgelenk so an, wie er sein muß. Der Armzug kommt wie ein Gummiband, das zurückschnippt, der Arm kommt ganz leicht, ganz steif und zieht furchtbar schnell, total schnell.

Ich strecke den Arm so weit ,wie er kommt, raus, bis er ganz gestreckt ist, dann fliegt der Speer. Ich habe beide Arme oben und fange mein ganzes Gewicht auf dem rechten Bein ab. Die Spannung ist jetzt raus und das ganze Gewicht kann sich jetzt auf dem rechten Bein so richtig auslassen."

Das zweite Drehbuch enthält wesentlich mehr kinästhetische Beschreibungen (z. B. Bogenspannung) und sehr detaillierte Passagen über die Grundorientierung (Wind), den Anlaufrhythmus, den Impulsschritt und den Abwurf. Nach drei Monaten integrierten Trainings (MT nach der Aufwärmung vor dem ersten Wurfdurchgang, MT in Pause vor weiteren Wurfdurchgängen) verbesserte die junge Athletin ihre persönliche Bestleistung von 39,00 m auf 45,60 m im Wettkampf (vgl. JANSSEN & HOFFMEYER, 1994). Die Trainerin meinte, daß sich der technische Bewegungsablauf für eine B-Jugendliche auf einem hohen Niveau eingespielt hätte. Das Drehbuch der Bewegungsausführung (Ausführungsvorschrift) muß allerdings dem Könnensstand der Athleten/innen immer wieder angepaßt werden. Selbstverständliche und fehlerlos gewordene Abläufe werden nicht mehr thematisiert. Vielmehr müssen die Knotenpunkte der Fertigkeit, das sind kritische Sequenzen oder Aktionen, exakt angesprochen werden (vgl. GEHLEN, 1986).

3.3.2 Wirksamkeit und Nutzen des MT

Obgleich das MT von einigen Leistungssportlern (z.B. Leichtathletik, Kunstspringen, Turnen, Skispringen, Eiskunstlauf, etc.) praktiziert wird, sollte man nach den Gründen und den Effekten fragen. Wie wirksam ist MT im Vergleich zum observativen oder praktischen Training? Lohnt sich die Mühe des Erlernens dieser Optimierungsstrategie? Sollte man die für das MT benötigte Zeit nicht vorteilhafter in das praktische Training investieren?

In zwei Metaanalysen haben FELTZ & LANDERS (1983) und FELTZ, LANDERS & BECKER (1988) 146 Effekte des MT nach verschiedenen Gesichtspunkten geordnet und die ermittelten Effektstärken miteinander verglichen. Danach fördert MT den Erwerb einer beliebigen Fertigkeit mit der Effektstärke **d** = 0.48, sofern man die MT-Gruppen mit Kontrollgruppen vergleicht, die keine Gelegenheit zur Übung hatten.

Das Effektstärkemaß **d** entspricht den z-Werten einer Standardnormalverteilung. **d** steht für Differenz zwischen Mittelwerten. Eine normierte Mittelwertsdifferenz von **d** = 0.50 sagt somit aus, daß die leistungsstärkere Hälfte der MT-Pbn 69 % der Kontroll-Pbn (ohne Übung) übertreffen. Der Amerikaner COHEN (1977) hat das Effektstärkemaß **d** sowohl theoretisch als auch praktisch begründet. Nach dreißigjähriger Erfahrung mit der sog. statistischen Poweranalyse empfiehlt er folgendes Bewertungsschema für das Effektstärkemaß **d**: a) schwacher Effekt ab **d** = 0.20; b) mittlerer Effekt ab **d** = 0.50 und c) starker Effekt ab **d** = 0.80. Die **d**-Maße zwischen 0.0 bis 0.19 signalisieren nur Zufallseffekte.

Betrachtet man die motorischen Aufgaben hinsichtlich ihrer kognitiven oder energetischen Anforderungen, so erhält man mit der Metaanalyse folgende Befunde: Bei kognitiv-motorischen Aufgaben wie z.B. Tanzschritte nachmachen, Labyrinthwege schnell erkennen und nachfahren ist der Effekt des MT mit **d** = 1.44 besonders stark. Dagegen sind die MT-Effekte bei prozedural-motorischen Aufgaben wie dem Stabilometerbalancieren mit **d** = 0.43 und bei Kraftübungen (Gewichtstemmen) mit **d** = 0.20 eindeutig schwach - immer im Vergleich zu nicht übenden Kontrollgruppen. Vergleicht man allerdings die Effekte des MT nicht mehr mit einer passiven, sondern mit einer observativ übenden Gruppe (Beobachtung realer, nicht aber idealer Modelle), dann fällt die Bilanz nicht mehr so eindeutig positiv für das MT aus.

Leider sind derartige Vergleiche bisher noch nicht über Metaanalysen erfaßt und gewichtet worden. Daher muß ich mich auf den Verweis von Einzelanalysen beschränken. Beispielsweise berichtete JANSSEN (1981) über ein dreifaktorielles varianzanalytisch kontrolliertes Experiment mit 60 erstsemestrigen Sportstudierenden. Der erste unabhängige Faktor besteht aus den vier Trainingsformen des observativen Trainings (OT), des MT, des praktischen Trainings (PT) und einer Verbindung von MT und PT. Der zweite Faktor besteht aus den vier folgenden motorischen Aufgaben: a) Anzahl der Seilhüpfer mit gekreuzten Armen in 30 Sek; b) einen Tennissoftball aus 4 m in 80 x 80 cm Zielfeld an der Wand in 1,20 m Höhe mit Schläger durch ständiges Schlagen plazieren (Treffer in 30 Sek.); c) 10 Gymnastikbälle in 30 Sek. aus 4 m in umgekehrten Kasten (60 x 60 cm) in 1,50 m Höhe werfen (Anzahl der Bälle im Kasten); d) Slalomparcours mit Medizinball (3 kg) mit Hilfe zweier Stäbe über und um Hindernisse (Zeit in Sek.).Der dritte unabhängige Faktor ist die Reihenfolge der Aufgaben (lateinisches Quadrat) gewesen, die für vier Gruppen (je N = 15) balanciert verschieden war. Jede Aufgabe wurde von jeder Versuchsperson 10mal geübt. Die Differenz zwischen

Eingangstest (Basislinie) und Abschlußtest (12ter Durchgang) war der eigentliche Meßwert (abhängige Variable). Die Effektstärken (**d**) für MT, MT & PT und PT wurden im Vergleich zum OT nach dem Verfahren von COHEN (1977) bestimmt. Hier nur das Beispiel für die MT-Gruppe: **d** = Mittelwert der MT-Gruppe weniger Mittelwert der OT-Gruppe geteilt durch die gemittelte Standardabweichung beider Gruppen. Die Befunde der Effektstärken sind in der Tabelle 3.3 aufgelistet.

Im Vergleich zum observativen Training ergibt sich nur beim Slalomparcours für das MT ein starker Gewinn. Einmal schneidet das MT sogar deutlich schlechter als das OT ab. Die offenkundigen Leistungsgewinne für die Kombination aus PT & MT dürften im wesentlichen auf das Konto der praktischen Ausführung und Einübung, nicht auf die MT-Anteile zu buchen sein. Bei Bewertungen über die Bewältigungsgüte der Trainingstechniken (letzte Zeile der Tab. 3.3) muß man sehr zurückhaltend sein. Denn die **d**-Maße repräsentieren nur die Leistungsgewinne in Bezug auf das OT. Dieses scheint beim Distanzwurf von Gymnastikbällen nicht stark benachteiligt gewesen zu sein.

Obgleich verschiedentlich behauptet wurde, MT könne praktisches Training teilweise ersetzen, konnten FELTZ, LANDERS & BECKER (1988) diese Hypothese widerlegen: Körperliches Training wirkt im Durchschnitt mit einer Stärke von **d** = 0.79, während eine Kombination aus MT & PT mit **d** = 0.62 zu Buche schlägt - verglichen mit passiven Kontrollgruppen. In einer modifizierten Metaanalyse hat SCHLICHT (1992) die FELTZ-Daten reanalysiert. Er konnte die Befunde erhärten und sogar einen zusätzlichen Effekt nachweisen: Sportler, die in ihrer Sportart bereits viele Erfahrungen gesammelt haben, profitieren vom MT in einer durchschnittlichen Größenordnung von **d** = 0.46, „blutige" Anfänger nur in der Größenordnung von **d** = 0.25 - verglichen mit passiven Kontrollgruppen. Unsere Effektstärken passen somit sehr gut in das Bild der Sammelberichte zum MT.
Die überwiegende Mehrzahl der publizierten MT-Untersuchungen ist mit Studierenden oder mit Oberschülern durchgeführt worden. Leistungssportler befanden sich nicht unter den Probanden. Un-

Tab. 3.3: Effektstärken (**d**-Werte) der drei Trainingsgruppen im Vergleich zum observativen Training bei vier koordinativen Aufgaben

Trainings-gruppe	Seil-hüpfen	Tennis-ziel-schläge	Balltreffer im Zielkasten	Slalom-parcours	$\bar{d}$
MT 10x	-0.20	0.03	0.07	0.86	0.19
MT & PT je 5x	0.95	0.87	0.43	1.00	0.81
Praktisches Training 10x	1.60	1.07	0.43	1.05	1.04
$\bar{d}$	0.78	0.65	0.31	0.97	0.68

ter den Bedingungen des Neuerwerbs einer motorischen Fertigkeit können daher die MT-Effekte aus zwei Gründen nicht übermäßig stark ausfallen. Erstens wird die MT-Technik von diesen Pbn überhaupt nicht beherrscht. Die Pbn werden weder sechs bis acht Wochen in Entspannungstechniken eingeführt, noch wird das MT zwei bis drei Monate regelmäßig eingeübt. Zweitens sind die Bewegungsvorschriften des MT nicht mit Begriffen der Innensicht der Pbn, sondern in der Sprache der Außensicht der Versuchsleiter gestaltet worden. Legt man somit die praktischen Erfahrungen über die Wirksamkeit des MT zugrunde, so muß man von einem nachlässigen, halbherzigen Gebrauch abraten. Der Extraaufwand lohnt sich weder für Schüler noch für Studierende - vor allem nicht im Vergleich zur wesentlich ökonomischeren Technik des observativen Trainings. Erst wenn das MT im Leistungssport gezielt auf die Anforderungen der Aufgabe und Bedürfnisse der Athleten abgestimmt wird, kann man einen nachhaltigen Nutzen erwarten. Doch wird man niemals schnelle Erfolge mit einem individuell adaptierten MT erzielen.

3.3.3 Hypothesen und Erklärungsversuche

Wer nach theoretischen Erklärungsansätzen zum MT sucht, muß die Studie des Australiers RICHARDSON (1967) gelesen haben. In diesem Sammelbericht werden drei theoretische Perspektiven erörtert, die auch heute noch die Erklärungsversuche für das MT befruchten: a) die motivationale Hypothese, b) die Hypothese des symbolischen Lernens und c) verschiedene Erklärungen über psycho-neuromuskuläre Prozesse. JANSSEN (1981) hat neben der motivationalen Hypothese vom kognitiven (symbolischen Lernen), vom ideomotorischen und vom psychophysiologischen Ansatz gesprochen. In jüngerer Zeit hat SCHLICHT (1992) zwischen a) dem emotional-motivationalen Ansatz, b) der ideomotorischen Hypothese, c) der Programmhypothese und d) der kognitiven Hypothese unterschieden. Da der ideomotorischen Hypothese die Ehre der historischen Priorität zusteht, beginne ich mit der Kurzcharakterisierung der Erklärungsansätze bei ihr.

Ideomotorische Hypothese. Der englische Physiologe CARPENTER hat ROHRACHER (1961, S. 166) zufolge bereits 1874 folgende Hypothese aufgestellt: *„Jede wahrgenommene oder **vorgestellte** Bewegung ruft den unwiderruflichen Impuls hervor, diese Bewegung auszuführen."* Seither spricht man vom CARPENTER-Effekt der Bewegungsvorstellung. PRINZ (1984) vermutet, daß der deutsche Philosoph LOTZE dieses Phänomen schon im Jahre 1852 beschrieben habe, während PUNI (1958) die Erstlingsrechte des ideomotorischen Phänomens dem Franzosen CHEVREUILLE zuspricht, der 1854 diesbezügliche Beobachtungen publiziert haben soll. Offenbar handelt es sich um ein verbreitetes Phänomen, das aber in der Psychologie erst vierzig Jahre später durch JAMES (1890) berühmt wurde. Die Ursache für dieses Phänomen sei nach JAMES ein ideomotorischer Mechanismus. PUNI (1958) meint, daß dieser Mechanismus ein gelernter, bedingter Reflex des zweiten Signalsystems sei. Eine Bestätigung für die Annahme eines „Mechanismus" oder „bedingten Reflexes des zweiten Signalsystems" im Sinne PAWLOWS steht jedoch bis heute aus. Dafür hat diese Hypothese die Forschung der Neuro- und Psychophysiologie angeregt. Die moderne Deutungsart des ideomotorischen Phänomens ist daher die:

Neurophysiologische oder neuromuskuläre Hypothese. Bei Untersuchungen der Denktätigkeit treten in verschiedenen Muskeln der Arme, Beine, Hände und Füße elektrische Potentiale auf, wenn man an die Bewegung dieser Gliedmaßen denkt. ROHRACHER (1961) verweist auf den Physiologen PREYER, der schon 1886 mit einfachen Mitteln den Nachweis der Muskeltätigkeit bei Bewegungsvorstellungen führen konnte. Der Sportwissenschaftler WIEMANN (1975) hat mit einem EMG-Gerät elektrische Potentialänderungen bei einer Beugeübung (Holzhacken) an Beinen und Armen abgeleitet. Die EMGs wurden unter den drei Bedingungen der praktischen Ausführung, der Beobachtung eines Modells und des MT miteinander verglichen. In den aufgezeichneten Erregungsmustern ergaben sich zwischen allen drei Bedingungen erstaunliche Ähnlichkeiten.

Diese Beobachtungen legen die Annahme korrespondierender Erregungsmuster des motorischen Steuerzentrums und der muskulären Peripherie nahe (vgl. PUNI, 1958). Man müßte weiter vermuten, daß jeder Bewegungsablauf (Fertigkeit) durch ein spezifisches Steuerprogramm und das korrespondierende muskuläre Erregungspotential charakterisiert würde. Durch das MT könnten die zentralen und peripheren Erregungsmuster reaktiviert, aufgefrischt und möglicherweise sogar korrigiert werden (vgl. PUNI, 1958). Der innere Mechanismus der neurophysiologischen Hypothese ist allerdings noch strittig. Der Neurowissenschaftler PICKENHAIN (1990) spricht von zahlreichen Zwischenniveaus der efferenten Signalübermittlung, auf denen eine innere Rückkopplung erfolgt - auch beim MT. Wichtig beim MT seien die Konzentration und die Lebhaftigkeit der Vorstellung. Allerdings kann bisher nicht erklärt werden, warum nach mehr als drei bis sechs inneren Wiederholungen alle Effekte in den Ableitungen schwächer werden. Auch HEUER (1985) spricht von zentralen Prozessen resp. Programmen, die durch innere Rückmeldung korrigiert und durch Wiederholung eingeübt würden. MT sei Bewegung mit blockierten Endgliedern. Obgleich die neurophysiologische Hypothese eine moderne Form der ideomotorischen Hypothese ist, können die neurophysiologischen Einzelprozesse bis heute weder exakt gemessen noch überhaupt beschrieben werden.

Kognitive Hypothese. Aus der *Bewegungslehre* (MEINEL & SCHNABEL, 1987) ist bekannt, daß sportmotorische Bewegungsabläufe nach räumlich-zeitlichen sowie nach dynamisch-zeitlichen (Rhythmus, etc.) Merkmalen beschrieben und analysiert werden. Die räumlich-zeitliche Merkmalsstruktur ist unmittelbar einsichtig. Sie wird daher zur Charakterisierung der sog. Bewegungsgrundstruktur, nämlich der Gliederung in eine Vorbereitungs-, Haupt- und Endphase an den Anfang jeder Bewegungsanalyse im Sport gestellt. Dieses ist die Außensicht des Beobachters. Die Innensicht des sich selbst beobachtenden Sportlers wird analog dieser Außensicht in zwei psychische Aspekte untergliedert. Infolgedessen spricht man von einer räumlich-bildhaften vs. kinästhetisch-motorischen „Repräsentation". Die kognitive Hypothese beschränkt die Wirkung des MT auf die symbolische und räumlich-bildhafte Repräsentation der Raumzeitstruktur der Bewegungen. FELTZ & LANDERS (1983) belegen mit den Befunden ihrer Metaanalyse sehr gut die kognitive Hypothese (s.o.).

Darüber hinaus gibt es jedoch noch weitere Hinweise, welche die kognitive Hypothese stützen. So wurden in mehreren Forschungsarbeiten zum Einfluß von Intelligenz- und Gedächtnisvariablen auf das Erlernen neuer, ungewohnter koordinativer Bewegungsabläufe substanzielle Korrelationen zwischen den motorischen und den kognitiven Aufgaben nachgewiesen (vgl. JANSSEN, 1980). Beispielsweise mußten 292 männliche Schüler (12-18 Jahre) nach einer einzigen Demonstration durch ihren Sportlehrer koordinative Aufgaben (Slalomparcours, Dribbeln von zwei Bällen, ...) so schnell und richtig wie möglich nachvollziehen. Die Intelligenztestleistungen (LPS-HORN), die auch gemessen wurden, erklären im Durchschnitt 15-20% der motorischen Leistungsvarianz. Schüler mit guten räumlichen Orientierungsleistungen, mit guten rechnerischen Fertigkeiten und guter Wahrnehmungsgeschwindigkeit sind auch in den koordinativen Leistungen nach einer Beobachtung besser als Schüler, bei denen diese Testwerte schwach ausgeprägt sind. In einer weiteren Untersuchung mit 134 Schülern wurde der FOSBURY-Flopstil gelernt. Nach Partialisierung des Alters und der Eingangssprungleistung korrelierte die Abschlußsprungleistung nach sechs Wochen Unterricht mit einem Wert von $r_{12-34} = 0.35$ mit Gedächtnistestleistungen.

Trotz der gesicherten Hinweise durch zahlreiche Forschungsbefunde sind uns die ursächlichen Abläufe und Verknüpfungen zwischen der kognitiven Repräsentation - was immer dies bedeuten mag, dem mentalen Üben und der motorischen Ausführung auch weiterhin verborgen. Außerdem bleibt unklar, warum in der Metaanalyse von FELTZ & LANDERS (1983) auch Kraftaufgaben vom MT profitiert haben.

Emotional-motivationale Bedingungsfaktoren. In dem Sammelreferat zum MT äußert RICHARDSON (1967) die Vermutung, daß alleine motivationale Faktoren wie das Interesse an der Aufgabe oder die Ichbeteiligung für den Leistungsunterschied zwischen passiver Kontrollgruppe und aktiver MT-Gruppe verantwortlich sein könnten. Allerdings gäbe es für diese Deutung keinen experimentellen Beleg. Man muß ergänzen: Es gibt diesen Beleg bis heute nicht, weil versäumt wurde, mit unterschiedlich motivierten MT- und Kontrollgruppen zu arbeiten. Bereits HARRISON (1962) vermutete, daß das MT stets zweierlei Effekte erzeuge, einen ideomotorischen und einen suggestiv-motivationalen. Denn das Verfahren des MT rege zusätzlich die Pbn an, Bewegungen aufmerksam, konzentriert und daher möglichst exakt auszuführen. Im übrigen kann man bei einigen Methoden der Verhaltensänderung zu Beginn einer Therapie ebenfalls diesen Sekundäreffekt beobachten. Ärzte sprechen hier von Placebo- oder von Suggestivwirkungen einer therapeutischen Maßnahme. Auch SCHLICHT (1992) argumentiert in diese Richtung, wenn er von Aufmerksamkeitseffekten des MT spricht.

Selektion diskriminanter Hinweisreize durch MT. Ähnlich wie SCHLICHT (1992) möchte ich den Gedanken der Aufmerksamkeitseffekte aufgreifen, ihn mit der Theorie der dualen Informationsverarbeitung sowie mit der Verhaltenstheorie verbinden. Folgendes ist bekannt:

(1) MT wirkt optimal, wenn es mit dem praktischen Training verbunden oder wenn es in das praktische Training in der Abfolge MT-PT, MT-PT, etc. eingebunden wird.

(2) Massiertes MT führt zu minderen Effekten als verteiltes MT. Auch sollte das MT nie länger als 5 Minuten dauern (kürzer ist besser) und auf keinen Fall mehr als 50 % des Gesamttrainings umfassen.

(3) MT wirkt nicht nur bei kognitiven oder perzeptiv-motorischen, sondern auch bei energetischen, propriozeptiven

Aufgaben, allerdings nur schwach (PUNI, 1958; FELTZ & LANDERS, 1983).

Die Theorie der dualen Informationsverarbeitung behauptet, daß motorisches Lernen sowohl über das deklarative als auch nondeklarative System stattfindet. Das zentrale Problem des motorischen Lernens ist die nahtlose, reibungslose Verbindung der Kodes des **Systems II** (deklarativ) mit den Kodes des **Systems I** (Propriozeption). Diese Verbindung gelingt nur schrittweise über das operante Lernen. Durch das MT wird die Orientierung in der Lernsituation vorbereitet. MT organisiert also aufmerksames Verhalten so, daß die „richtigen" situativen Hinweisreize (dikriminante Stimuli) zur rechten Zeit in das Blickfeld geraten, um das geeignete motorische Verhalten zu kontrollieren. Allerdings erleichtert auch die Beobachtung von Modellen (observatives Training) die angemessene Orientierung auf die diskriminativen Stimuli des sportmotorischen Verhaltens. Bei den sog. kognitiven Aufgaben (Fingerlabyrinth nachfahren) ist das Hauptproblem das Erlernen der Raumzeitstruktur. Die Verknüpfung mit der kinästhetischen Struktur ist weniger zeitaufwendig, weil sich alle motorischen Grundkomponenten bereits im Verhaltensrepertoire befinden. Anders bei energetischen Kraft-, Ausdauer- oder Schnellkraftaufgaben. Nicht die deklarative, sondern die propriozeptive Struktur muß aufgebaut und erlernt werden. Weder die Beobachtung noch das MT können dabei hilfreich sein. Hier hilft im wesentlichen nur das Üben und die direkte Verwertung von Erfahrungen. Sowohl das MT als auch das Beobachten sind somit konzentrationsförderlich, ohne direkt in die innere Struktur der Bewegungschemata, der Bewegungsprogramme oder der zentralen Prozesse einzugreifen. Die zentralen Prozesse werden alleine durch die Ausführung der Bewegung und die *kontingenten „Verstärkungen"* (positiv, negativ) geformt. Fazit: Die MT-Sollwertvorstellungen des **Systems II** mobilisieren und selektieren die Wahrnehmung (lenken die Aufmerksamkeit) für die praktische motorische Ausführung. Die sportmotorische Technik oder Fertigkeit verbessert man jedoch nur dann, wenn man folgende Verhaltenssequenz einhält: a) diskriminanter Hinweisreiz in der Aufgabensituation (durch Konzentration), b) bewältigendes Verhalten (nicht unbedingt fehlerfrei), c) differentielle (positive und negative) Verstärkung, d) kognitive Bewertung und Ursachensuche, e) Wiederholungen dieser Sequenz.

Prüfung der Selektionshypothese. Die Hypothese der Selektion von Hinweisreizen mit Hilfe des MT oder anderer kognitiver Strategien hat eine erste Bewährungsprobe bestanden. Folgende Ausgangslage besteht: Zwei motorische Aufgaben mit unterschiedlichen kognitiven Anforderungen sollen mit Unterstützung des MT, des psychomuskulären Trainings (PMR) oder des PT so schnell und gut wie möglich erlernt werden. Sind die Zusatzstrategien gleichwertig?

Genau diese Fragen hat RAHE (1994) in zwei Planexperimenten mit je 30 Sportstudierenden (also N =60) untersucht. Die kognitive, deklarative Aufgabe ist der Basketballpositionswurf aus einer verkürzten Distanz (2,50 m), die prozedurale der beidbeinige Hockstrecksprung bis zum Kriterium der Hälfte der maximalen Sprunghöhe (50 % submaximal) gewesen. Je zehn Pbn warfen oder sprangen a) mit Hilfe des MT jeweils vor einer Ausführung (kontingentes MT), b) mit Hilfe der progressiven Muskelrelaxation vor einer Ausführung (kontingentes PMR) und c) unter massierter praktischer Übung (PT). Beim PT mußte vor den zwanzig Ausführungen der Bewegungsablauf zwanzigmal mental en bloc rezitiert werden, damit die Gesamtlernzeit unter allen drei Bedingungen konstant blieb. Das Experiment bestand aus drei Abschnitten: einem Vortest, einem Haupttest (20 Durchgänge zur Leistungsoptimierung) und einem Nachtest (10 Durchgänge ohne Leistungsrückmeldung). Zwei Hypothesen wurden geprüft:

(1) Beim Erlernen des Basketballpositionswurfs sind Unterstützungen durch kontingentes MT und kontingentes PMR erfolgreicher als massiertes PT.

(2) Beim Erlernen des beidbeinigen Hockstrecksprungs (50% submaximal) sind das PT und die Unterstützung durch kontingentes PMR erfolgreicher als kontingentes MT.

Die erste Hypothese (Positionswurf) ist über alle Zeitbedingungen hinweg bestätigt worden. Der Haupteffekt der Lernbedingungen ist hochsignifikant ($F_{2/24}$ = 6,2; p = 0.007). Beide kontingenten Lernhilfen erweisen sich im Vergleich zum massierten PT als wirksamer. Die zweite Hypothese (Hockstrecksprung) wurde nicht für alle 30 Durchgänge, sondern nur für die 20 Durchgänge des Haupttests bestätigt. Über alle Zeitstufen hinweg ist der Haupteffekt der Lernbedingungen nicht signifikant ($F_{2/24}$ = 2,52; p = 0.101). Betrachtet man nur die Erlernungsphase, so wird aber

Tab. 3.4: Effektstärken der kontingenten Lernstrategien des PMR und MT im Vergleich zum PT in **d**-Maßen nach COHEN (1977)

Kontingente Lernhilfen	20 Positionswürfe (2.50m)	20 Hockstrecksprünge (50 % submaximal)	$\bar{d}$
PMR	d = 1.70	d = 1.30	1.50
MT	d = 0.55	d = -0.50	0.03
$\bar{d}$	1.13	0.40	0.76

auch die zweite Hypothese bestätigt. Zum anschaulichen Vergleich der Wirksamkeit der verschiedenen Lernhilfen stelle ich die Effektstärkemaße **d** in einer Übersicht zusammen (vgl. Tab. 3.4).

Die Befunde der Aneignung motorischer Fertigkeiten mit kontingenten Lernhilfen sprechen gegen die zentrale Programmierungshypothese von HEUER (1985). Denn die unspezifische muskuläre Entspannung vor einer praktischen Ausführung hat stärkere Leistungsgewinne ermöglicht als das MT. Dieses scheint sogar bei prozeduralen Aufgaben eher hinderlich zu sein, jedenfalls in der Aneignungsphase mit Feedback. Kontingentes PMR mobilisiert offensichtlich unsere Bereitschaft, propriozeptive Informationen genauer als gewöhnlich zu beobachten. Auf diese Weise können allmählich wichtige Hinweisreize erkannt und für den Lernfortschritt verwertet werden (vgl. FRESTER, 1993). In der Reproduktionsphase unter Deprivationsbedingungen ist kontingentes MT in der Untersuchung von RAHE (1994) genau so wirksam wie PT (d = 0.02) gewesen, während das kontingente PMR deutlich ineffektiver als das PT ausfiel (d = -0.75). Nichtsdestoweniger sagt die Dualitätstheorie der Informationsverarbeitung in Verbindung mit der Verhaltenstheorie die Effekte für kontingente kognitive Lernhilfen genauer vorher als alle übrigen Erklärungsansätze. Dabei wird nicht bestritten, daß es auch unspezifische, motivationale Effekte geben mag. Allerdings trifft dies für alle Zusatztechniken zu, sofern man von deren Nutzen überzeugt ist.

3.3.4 Empfehlungen für die Sportpraxis

1) **Informationsgrundlage:** Mit der Qualität der Information steht und fällt die Wirksamkeit der kognitiven Optimierungshilfe. **Anfänger**, die möglichst schnell eine Fertigkeit erlernen möchten, sollten gezielt Modelle beobachten (observatives Training) und praktisch üben. **Fortgeschrittene** sollten versuchen, allgemeine Bewegungsanweisungen (Ausführungsvorschriften) in ihre eigene Sprache zu übersetzen (Innensicht). Mit kurzen „Drehbüchern der eigenen Bewegungsausführung" sollte das praktische Training zeitweilig (3-6 mal) ergänzt werden. **Leistungssportler** benötigen für den Trainingsprozeß ausführliche Drehbücher, die 2-3 mal im Techniktraining anzuwenden wären. Diese Drehbücher sind von Zeit zu Zeit mit dem Trainer zu überprüfen. Für den Wettkampf benötigen Leistungssportler jedoch Kurzformen mit suggestiven Ermutigungsformeln zur positiven Selbstverstärkung. Ergänzend ist ein Verfahren der progressiven Muskelentspannung einzuüben. Dieses dient bei Bedarf der Vorbereitung erweiterter neuer Bewegungserfahrungen.

2) **Anpassung an den Aufgabentyp:** Die kognitiven Optimierungshilfen sind an den Aufgabentypus anzupassen. Nicht jede Lernhilfe eignet sich gleich gut. Energetische Kraft- und Schnellkraftaufgaben erfordern dynamisch-psychomuskuläre Hilfsstrategien (PMR), während ballistische und lokomotorische Aufgaben bildhaft-kognitive Sturkturierungshilfen benötigen (MT). Da sportmotorische Aufgaben vielfach eine Kombination aus energetischen und lokomotorischen und/oder ballistischen Komponenten bilden, wurde in *Leipzig* eine Mischstrategie als Optimierungshilfe entwickelt, die man als Ideomotorisches Training (IT) bezeichnet hat. Wegen des hohen Vorbereitungs- und Lernaufwandes bis zur praktischen Anwendung kann man das IT nur im Leistungssport praktizieren (vgl. FRESTER & FRICKE, 1994).

3) **Anwendungsform:** Alle (kognitiven) Optimierungshilfen sind kontingent mit dem praktischen Techniktraining zu verwenden. Da sie das praktische Training nicht ersetzen, vielmehr unterstützen, erübrigt sich ihr Gebrauch außerhalb der Übungsstätten - es sei denn, man möchte eine gewisse Routine im Gebrauch einer speziellen Optimierungshilfe erwerben. Weiterhin wird empfohlen, die kognitiven Strategien nicht sehr zeitaufwendig zu gestalten: maximal zwei bis drei Minuten pro Durchgang sowie drei bis vier Durchgänge (höchstens) pro technischer Trainingseinheit.

4) **Anwendertyp:** Bekanntlich profitieren fortgeschrittene Sportler mehr von den kognitiven Optimierungsstrategien als Anfänger in einer Sportart. Infolgedessen wird empfohlen, diese Strategien frühestens ins Training der Jugend A einzuführen. Der geübte Anwender sollte die kognitive Optimierungsstrategie auch eher wie eine **Copingstrategie**, weniger wie eine Lernhilfe einsetzen. Copingstrategien der Streßbewältigung werden flexibel von Fall zu Fall angewendet, nämlich nur dann, wenn es brenzlig wird. So sollten auch die kognitiven Optimierungsstrategien vordringlich in schwierigen Situationen angewendet werden.

3.4 Intelligenz und Wissen im Sport

3.4.1 Intelligenztheorien

Was versteht man in der Psychologie unter Intelligenz, was unter Wissen? Der Begründer der experimentellen Psychologie, Wilhelm WUNDT (1832-1920), hat die Intelligenz als den Inbegriff aller geistigen Fähigkeiten bezeichnet. Wir verstehen heute darunter die Fähigkeit, das Denken auf neue Forderungen einzustellen und abstrakte Beziehungen zu erkennen. *Intelligenz ist die Fähigkeit der Abstraktion, der Induktion und der Deduktion*. Abstraktion ist die Fähigkeit der Verallgemeinerung in einer Sprache oder in einem anderen Symbolsystem z.B. der Mathematik oder der Chemie. Unter Induktion versteht man das Erkennen von allgemeinen Regelmäßigkeiten in besonderen Umständen und unter Deduktion die Anwendung der allgemeinen Regelmäßigkeiten auf besondere Umstände. Die modernen Intelligenztheorien unterscheiden verschiedene Intelligenzfaktoren, welche am Zustandekommen einer intelligenten Handlung beteiligt sind. Am bekanntesten ist wohl immer noch die Intelligenzfaktorentheorie des Amerikaners L.L. THURSTONE (1938). Er unterscheidet folgende sieben Intelligenzfaktoren: 1) allgemeiner Denkfaktor der Induktion und Deduktion, 2) sprachliches Verständnis, 3) verbale Flüssigkeit, 4) räumliche Orientierung, 5) Wahrnehmungsschnelligkeit, 6) Fähigkeit zu schnellen und einfachen Rechenoperationen und 7) Kapazität des Kurzzeitgedächtnisses.

Eine andere Intelligenztheorie unterscheidet zwischen dem Faktor des reinen, abstrakten und flüssigen Denkvermögens einerseits und mehreren erlernten Fähigkeiten andererseits, zu denen die Sprachgewandtheit, die Rechenfähigkeit, das Orientierungsvermögen, usw. gehören. Diese erlernten Fähigkeiten sind überwiegend kulturspezifisch, während das Vermögen des reinen, abstrakten und flüssigen Denkens die biologische Mitgift ist, aus der sich die kulturspezifischen Fähigkeiten durch Lernen entfalten (CATTELL, 1971). Es gibt natürlich noch zahlreiche Intelligenztheorien, die sich in der Anzahl der Intelligenzfaktoren und in der Bedeutung ihrer Über- oder Unterordnung unterscheiden. Eine Veranschaulichung eines hierarchischen Modells der Intelligenz bietet die Abb. 3.5. Nach einer Analyse eines bekannten Intelligenztests schreiben CARPENTER, JUST & SHELL (1990): *Ein Intelligenztest mißt allgemeine und spezielle Fertigkeiten, und zwar die allgemeine Fertigkeit der Problemzerlegung (Analyse) sowie die speziellen Fertigkeiten a) der Bearbeitung hierarchisch gestufter Ziele und b) der Bildung verschiedener Abstraktionsniveaus.*

Wissen und Können als deklarative und nondeklarative Strukturen. Wissen ist das Ergebnis von Lern- und Erkenntnisprozessen über die Gegebenheiten unserer Welt, über deren Eigenschaften und Beziehungen zu anderen Gegebenheiten. Die Intelligenzfaktoren sind abstrakte Dispositionen, die sich aus dem konkreten Wissen erst ergeben.

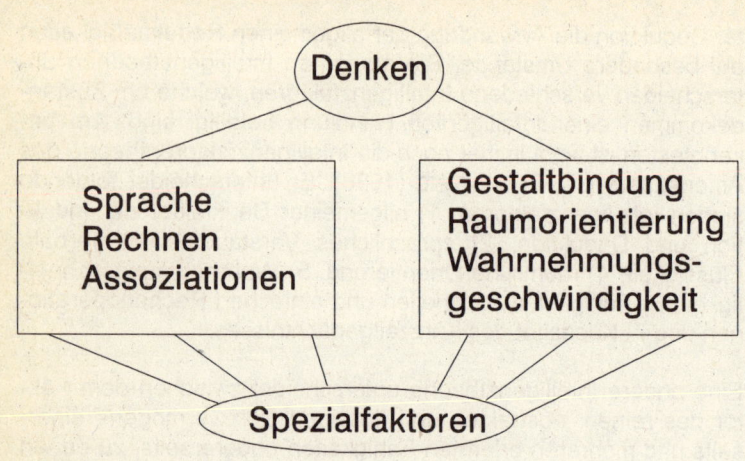

Abb. 3.5: Hierarchisches Modell der Intelligenzstruktur

Das subjektive Wissen ist die Basis der Intelligenz. Es ist eine Art Lexikon, in dem die Information sprachlich oder bildlich organisiert wird. Wir unterscheiden deklaratives Wissen und prozedurales Können. Das deklarative Wissen umfaßt Wissen über Fakten und Sachverhalte, über einfache und komplexe Zusammenhänge. Auf dieses Wissen kann man bewußt schnell oder langsamer zurückgreifen. Das prozedurale Können meint Verhaltensweisen sowie konkrete und abstrakte Operationen, mit denen man über deklaratives Wissen verfügt. Diese Operationen entziehen sich häufig der Verbalisierung und dem Bewußtsein, wie dies beispielsweise bei der Ausführung von motorischen Fähigkeiten der Fall ist. Über prozedurale Strukturen verfügt man unbewußt und automatisch, der Zugriff ist an Aufwärmen und Probieren gebunden. Die Intelligenzfaktoren sind prozedurale Strukturen.

3.4.2 Funktionsniveaus der Informationsverarbeitung

Jede Sportart hat ihre Ziele und Regeln, ihre koordinativen, konditionellen und taktischen Voraussetzungen und ihre sozialen

Rahmenbedingungen der Realisierung. Jede Sportart setzt deshalb ein besonderes Wissen (Kenntnisse) und ein spezielles Können (Fertigkeiten) voraus, das man sich erst erwerben muß, um diese Sportart erfolgreich zu betreiben. Der Weg der Aneignung dieser Kenntnisse und Fertigkeiten folgt einem Prinzip, das für jede Sportart gleich ist. Es ist das **Prinzip der graduellen Spezialisierung und Automatisierung**. In der Praxis der Sportarten unterscheidet man zur Beschreibung der allmählichen Spezialisierung und Automatisierung drei Lernstadien. Erstens die Phase der Orientierung oder *Grobkoordination*, zweitens die Phase der Ausdifferenzierung und *Feinkoordination* und schließlich drittens die Phase der Spezialisierung und *Automatisierung*. Diese Phasenteilung entspricht der Sichtweise des Lehrenden. Wählt man hingegen die Sichtweise der Informationsverarbeitung, dann fragt man nach den Funktionen und Vorgängen, die sich in diesem System während der verschiedenen Lernstadien abspielen. Hierbei beobachtet man nun folgendes.

In der ersten Phase des Neuerwerbs von sportartspezifischen Fertigkeiten und Kenntnissen werden allgemeine kognitive Funktionen und Arbeitsstrukturen mobilisiert. Hierzu zählen die allgemeinen Intelligenzfaktoren sowie allgemeines Fakten- und Verfahrenswissen. In der zweiten Phase der Ausdifferenzierung und Verfeinerung der Fertigkeiten und Kenntnisse verlieren die allgemeinen und kognitiven Funktionen und Arbeitsstrukturen an Einfluß und Bedeutung. Statt dessen werden spezielle kognitive Prozeduren und Kontrollmechanismen sowie die besonderen verfeinerten Kenntnisse (deklaratives Wissen) über Regeln, Material, Umstände und Funktionsweisen der Sportart organisiert (vgl. Abb. 3.6).

Hat man lange genug gelernt, geübt und trainiert, dann erreicht man schließlich das Stadium der hohen Spezialisierung und Automatisierung. Man ist in der Sportart sicher, ohne perfekt zu sein. In diesem Könnensstadium sind die meisten motorischen Ausführungen automatisiert. Sie laufen daher ohne intensive Bewußtseinskontrolle ab. Die Haltungen der Konzentration, Distribution oder Kontemplation dienen der Mobilisierung aller hochspezifischen kognitiven Operationen, um die sportmotorische Aufgabe optimal zu erfüllen. Allgemeine Intelligenzfaktoren oder allgemeines Bildungswissen bestimmen die technomotorische Leistungsgüte nicht mehr direkt (ACKERMAN, 1988). An einigen sportpraktischen Beispielen soll die Funktion allgemeiner Intelligenzfaktoren und sportspezifischer Wissenstrukturen erläutert werden.

Funktionsweisen der Intelligenzfaktoren. Bei vielen sportmotorischen Aufgaben, welche bereits gekonnte Fertigkeiten in neuartiger Weise verbinden, wirken sich allgemeine Intelligenzfaktoren als leistungsbegünstigend aus. Die begünstigenden Intelligenzfaktoren sind: a) Bearbeitungsgeschwindigkeit verschiedener Zeichen (perceptual-speed); b) Operationen des Kurzzeitgedächtnisses (Kapazität); c) Einfallsreichtum und Verfügbarkeit vielfältiger Informationen (closure, fluency) und d) Operationen des anschauungsgebundenen Denkens (räumliche Orientierung,

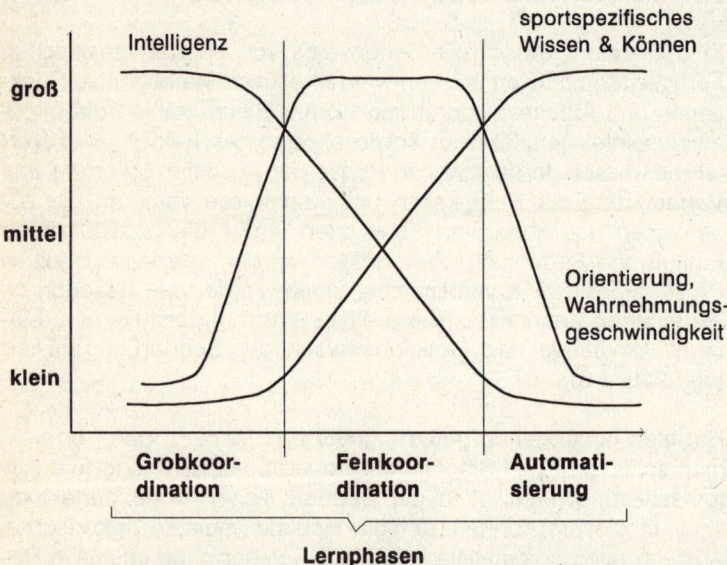

Abb. 3.6: Einfluß der Intelligenz, der Orientierungs- und Wahrnehmungsfaktoren sowie des Wissens und des Könnens auf das Erlernen motorischer Fertigkeiten gestaffelt nach Lernphasen

räumliche Vorstellung). Sie begünstigen die Leistungen in Aufgaben zur Prüfung der Gewandtheit und der Koordination wie beispielsweise beim Wiener Koordinationsparcours oder beim Kasten-Bumerang-Lauf. Bei reinen Ausdauer-, Kraft-, oder Schnellkraftleistungen am Fahrradergometer oder an einem Kraftgerät gibt es keinen Bonus durch die Intelligenzfaktoren. Der Einfluß der Intelligenzfaktoren auf sportmotorische Leistungen nimmt aber auch mit der Menge der Verbindungen koordinativer Elemente der Balance, Flexibilität, Gewandtheit, Schnelligkeit und Präzision in einer Raumzeitstruktur zu. Schüler, die eine gute und schnell funktionierende Wahrnehmung (Sensorik und Aufmerksamkeit), eine gute räumliche Orientierung sowie ein gutes Kurzzeitgedächtnissystem haben, lernen koordinative Aufgaben schneller, sofern sie konditionsmäßig nicht überfordert werden.

Reine konditionelle Aufgaben sind für diese Schüler also keine intellektuellen Herausforderungen, wie sie dies etwa für geistig Behinderte wären. Für geistig behinderte Schüler mit einem Intelligenzniveau zwischen IQ < 70 bis 85 sind bereits einfache koordinative Raumzeitaufgaben wie der Standweitsprung, der Weitsprung mit Anlauf und der gezielte Ballweitwurf solche intellektuellen Herausforderungen, daß die Intelligentesten unter ihnen gewöhnlich auch die sportlich leistungsstärksten Schüler sind. Auch bei normal intelligenten Schülern findet man folgendes Funktionsprinzip: Je anspruchsvoller eine Aufgabe hinsichtlich der raumzeitlichen Bewältigung koordinativer Elemente ist, desto stärker begünstigen Intelligenzfaktoren das Erlernen dieser Aufgabe. Vermittelt man intellektuell anspruchsvolle Sportarten, so werden auch sehr intelligente Schüler herausgefordert. Zu den intellektuell anspruchsvollen Aufgaben rechnet man das Segeln und Surfen, das Segelfliegen und Drachengleiten, das Orientierungslaufen, das Ralleyfahren, das Golfspielen und das Billardspielen. Führt man beispielsweise Schüler (14 - 18 Jahre) in die Sportart des Orientierungslaufes ein, so setzen sich gewöhnlich in den ersten Wettrennen nicht die konditionell stärksten Läufer durch, sondern man sieht die intelligentesten Schüler unter den Siegern. Die intellektuellen Anforderungen beim Orientierungslaufen bestehen im Kartenlesen, im Kartenkontakt (ständiger Vergleich zwischen Karte und Gelände), in der Distanzschätzung, in der Richtungsbestimmung (mit/ohne Kompaß), in der Routenwahl (Entscheidung über den besten Weg) und in der Organisation eines Kurzzeitorientierungsgedächtnisses (kognitive Karte des Wettkampfgeländes, vgl. Tab. 3.5). Schüler mit guten Fähigkeiten der Raumvorstellung, der Wahrnehmungsgeschwindigkeit, des logischen und abstrakten Denkens sowie der Kurzzeitspeicherkapazität bewältigen diese Anforderungen am schnellsten. Deshalb laufen sie die im Walde versteckten Posten, die nur auf einer Karte eingezeichnet sind, am schnellsten an.

Funktionsweise der speziellen Wissensstruktur. Wird das Orientierungslaufen als Sportart systematisch betrieben, dann verlieren diese allgemeinen Intelligenzfaktoren jedoch an Bedeutung. Durch die Teilnahme an mehreren Wettkämpfen bilden sich spezielle Wissensstrukturen aus, die für die Orientierungsleistung sehr wichtig sind. Das Kartenlesen mit der genauen Kenntnis der Symbole und Signaturen, mit der Interpretation des Maßstabsverhältnisses zwischen Karte und Umgebung werden beherrscht. Des weiteren werden die Strategien der Distanzkontrolle und der Richtungskontrolle während des Laufens soweit verinnerlicht, daß man vom Distanz- und Richtungsgefühl spricht. Dadurch wird Bewußtseinskapazität für den Vergleich zwischen Gelände und Kartenpositionen frei. Schließlich erwirbt man einen Schatz von Erfahrungen über optimale Routenwahlen. Denn in jedem Lauf sind etwa 10 bis 15 Routenentscheidungen zu fällen. Auch werden die Korrekturstrategien beim Verlust des Kartenkontaktes immer besser beherrscht, so daß bei Orientierungsfehlern nicht allzu viel Zeit vergeudet wird.

Die wichtigste Wissensstruktur, die man als erfahrener Orientierungsläufer organisiert, ist jedoch die **kognitive Karte** von dem Geländeausschnitt, in dem man sich orientieren muß. Kognitive Karten sind Wissensstrukturen über räumliche Beziehungen, Wegenetze, Hindernisse (Bäche, Gräben, Sümpfe, Felsen,...), markante Punkte, eigene Position und verschiedene Zielpositionen, die es zu erreichen gilt. Diese Wissensstrukturen sind die unmittelbar in Erinnerung zurückrufbare topographische Repräsentation der Landschaft, in der man läuft. Orientierungslaufanfänger haben nur grobe kognitive Karten, die keine genaue Orientierung ermöglichen. Spitzenläufer organisieren hingegen schon nach zwei- bis dreiminütigem Kartenstudium so präzise kognitive Landkarten, daß sie teilweise ohne Kartengebrauch einen fremden Parcours von ein bis zwei Kilometern im Waldgelände laufen können, ohne sich zu verirren. Fachleute sprechen in diesem Falle von einem "guten Orientierungsgedächtnis".

Von unserer Umgebung, in der wir wohnen und arbeiten, haben wir normalerweise genaue kognitive Karten. Die Genauigkeit dieser Wissensstruktur nimmt jedoch mit der Distanz von unserer Wohngegend stetig, teilweise jedoch sprunghaft ab. Im unbekannten Gelände sind wir ohne eine Karte und ohne einen Kompaß hilflos.

Die Organisation kurzfristiger kognitiver Karten ist für das Orientierungslaufen ökonomisch und effektiv. Man spart Zeit beim Orientieren, da man sich vollständig auf das Laufen im teilweise unwegsamen und unübersichtlichen Gelände konzentrieren kann.

Tab. 3.5: Duale Raumorientierung

	System I implizit, nondeklarativ	**System II** explizit, deklarativ
konkret, an Situation und persönlichen Erfolg gebunden	Distanzgefühl Richtungsgefühl	**Gestaltprinzipien** der rel. Größe, Verdeckung räumliche Vorstellung, Wind-, Wetterrichtung **"cognitive maps"**
allgemeine Operationen und Strategien	Intelligenzfaktoren der räumlichen Vorstellung und räumlichen Orientierung	**Gebrauch** von Karte, Kompaß, Sonnenstand, Uhrzeit, Jahreszeit, Himmelsrichtungen

Nicht nur im Orientierungslaufen werden durch Training und Erfahrung besondere Wissensstrukturen organisiert. Hier sind sie nur besonders eindrucksvoll, weil sie sich gut demonstrieren lassen. In der Leichtathletik sind sie ebenfalls vorhanden, zentrieren sich aber um andere Inhalte. Die leistungsbestimmenden Wissensstrukturen der Leichtathleten sind die Trainingspläne mit ihren Mikro-, Meso- und Makrozyklen der Trainingsinhalte, die z.B.

auf ganz bestimmte Wettkämpfe und Wettkampfziele ausgerichtet sind.

In den Ballsportarten sind die speziellen Wissensstrukturen die taktischen Kenntnisse über Angriffs- und Verteidigungsformationen wie beispielsweise die erste bis vierte Phase des Angriffs oder der Abwehr, das Angriffssystem mit zwei Rückraumspielern, usw. beim Hallenhandball. Solche Wissensstrukturen ermöglichen erst die Antizipation im Spielverhalten und damit die situationsangemessene Aktion. STARKES (1987) hat erfahrene und unerfahrene Hockeyspieler mit vielerlei Tests untersucht: Sehschärfe, Reaktionszeit, Wahlreaktionszeit, Antizipation an einem Laborgerät. Hier zeigten sich keinerlei Unterschiede. Jedoch waren die Erfahrenen (15 Jahre Spielpraxis) in komplexen Wissensleistungen besser: vollständige Erinnerungen an Spielverläufe und genauere Voraussagen bei beobachteten Spielen, wann der Ball geschossen oder abgegeben wurde (Beobachtung mittels Videofilmen, die gestoppt werden konnten). Die Verfügbarkeit der sportartspezifischen Wissensstrukturen bestimmen somit neben dem technisch-konditionellen Niveau heute das Können und damit die Leistung im Sport. Deshalb ist das Training im Leistungssport nicht nur körperliche Arbeit. Vielmehr werden die Athleten theoretisch geschult. Sie müssen sich sogar teilweise mit sportwissenschaftlichen Befunden vertraut machen und auseinandersetzen. So beobachtet man in manchen Sportarten (Leichtathletik, Orientierungslauf, Segeln, Basketball, Volleyball,...), daß allgemeine Intelligenz und allgemeines Bildungswissen indirekt zu Voraussetzungen werden, welche die athletische Leistung fördern. Denn die intelligenteren Athleten können sich besser mit den theoretischen Anforderungen auseinandersetzen. Außerdem können sie theoretische Forderungen praktisch eher umsetzen. Daher gewinnen sie durch den Trainingsprozeß eine größere Leistungseffizienz als ihre durchschnittlich intelligenten Konkurrenten.

4. MOTIVATION UND HANDLUNG IM SPORT

4.1 Begriffe und Theorien

Seit je zählen die Triebe, Strebungen, Neigungen, Gefühle oder Leidenschaften, aber auch Pflicht und Wille zu den dynamischen Gründen des Verhaltens. Heute faßt man auch diese Begriffe unter die Sammelbegriffe der Motivation und Emotion zusammen. Triebe energetisieren. Sie veranlassen uns, daß wir etwas unternehmen, um den Trieb zu befriedigen oder zu entlasten. Die Befriedigung oder Ersatzhandlung verstärkt die Art und Weise des Befriedigungsverhaltens. Die Triebbefriedigung wird gelernt, nicht aber der Trieb oder die Energetisierung der Triebquelle. Das allgemeine Ziel des Triebes ist vorgegeben. Die Verhaltenssequenz, welche zum Ziel führt, ist variabel und wird kulturspezifisch gelernt. Man unterscheidet primäre und sekundäre Triebe: Primäre Triebe sind angeboren, sekundäre sind erworben (Sucht), wirken jedoch teilweise wie primäre. Uneinigkeit besteht über die Grundausstattung und über die neurologische Steuerung der Triebe beim Menschen.

Motivation: Gesamtheit der Motive, die der Verwirklichung von Lebenswerten, Sinnwerten dienen.
Motiv: Beweggrund für ein Verhalten - unterschieden vom Motivziel.

Drei Motivationstheorien bieten der Sportpsychologie wichtige Anregungen und Hilfen für ihre Probleme:

1) **Ethologie:** Taxien, Instinkte und Lerndispositionen bestimmen das Verhalten. Es gibt die Lerndispositionen: Nachahmung, Sprache (TINBERGEN, LORENZ, EIBL-EIBESFELDT);
2) **Verhaltenstheorie:** Primäre und sekundäre Antriebe (drives) sowie zwei Lernvermögen bestimmen das Verhalten (SKINNER);

3) **Kognitivismus**: Handlungen werden initiiert durch Motivationstendenz und Absicht. Sie werden gesteuert durch Handlungskontrollprozesse. Erwartungen, Anreiz und Wille sind wichtige Konstrukte (HECKHAUSEN).

4.2 Ethologische Instinkttheorie

Definition: *Instinkt ist ein (hierarchisch organisierter) zentralnervöser Mechanismus. Er spricht auf auslösende Reize (äußere, innere) an und beantwortet sie mit koordinierten lebens- und arterhaltenden Bewegungen (Metapher: Schlüssel und Schloß).*
Instinktverhalten ist zielstrebig. Es umfaßt: a) die selektive Wahrnehmung (Schlüsselreiz), b) die Fähigkeit zu koordinierter Bewegung (Erb- und Erwerbkoordination) und c) zentralnervöse Steuerzentren. Zur besseren Unterscheidung teilt man Instinktverhalten nach Zwecken der Lebens- und Arterhaltung ein wie z.B. Nahrungsaufnahme, Wach-Schlafregulation, Verhalten der Körperpflege, Fortpflanzungsverhalten, usw. Bei jedem dieser Funktionskreise beobachtet man spontanes, nicht durch einen äußeren Reiz ausgelöstes Appetenzverhalten; Instinkthandlungen erster, zweiter, dritter, etc. Ordnung; Übersprungshandlungen in Konfliktlagen (displacement activity) und Abschaltvorgänge nach dem Endverhalten oder Flucht bei starken äußeren Störungen (Freßfeind).
Bereits 1953 hat TINBERGEN(1979) ein noch heute gültiges Modell zur Funktionsweise eines Instinktfunktionskreises entworfen (vgl. Abb. 4.1). Dieses hierarchische Modell umfaßt die drei Komponenten der Schlüsselreize, der koordinierten Bewegungen und der zentralnervösen Steuerzentren. Letztere nennt TINBERGEN zentral erregende Mechanismen (ZEM) in Analogie zum angeborenen Auslösemechanismus (AAM). Solange AAMs ungereizt bleiben, werden die Impulse eines Zentrums gehemmt (blockiert). Sofern Schlüsselreize wirken, verschwindet die Blockade, und die Impulse fließen zu den Zentren nächst niederer Ordnung. Sind auch diese wegen fehlender AAMs gehemmt, vereinigen sich die Impulse in den nervösen Strukturen, die das Appetenzverhalten dieser Stufe steuern.

Instinktebenen	modellhafte Außen- und Innenfaktoren

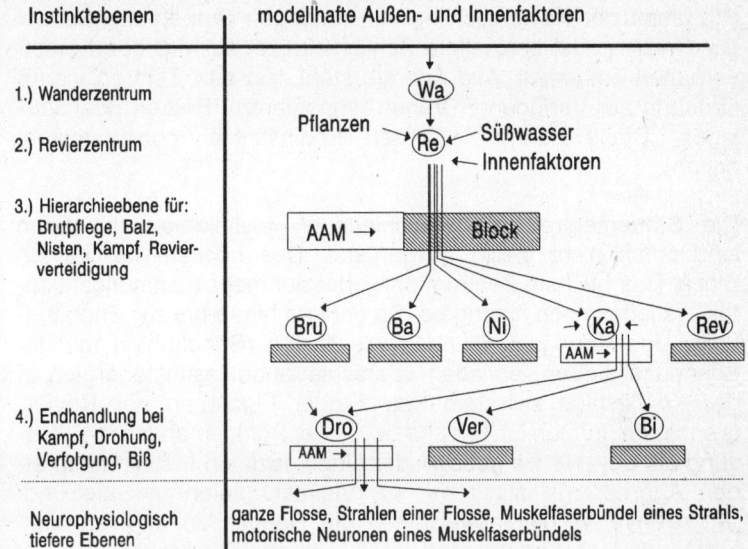

1.) Wanderzentrum

2.) Revierzentrum

3.) Hierarchieebene für: Brutpflege, Balz, Nisten, Kampf, Revierverteidigung

4.) Endhandlung bei Kampf, Drohung, Verfolgung, Biß

Neurophysiologisch tiefere Ebenen

Abb. 4.1: Modell der Instinkthierarchie am Beispiel der Fortpflanzung des Stichlingsmännchen nach TINBERGEN (1979)

In der Abb. 4.1 wird zunächst das höchste Zentrum des Fortpflanzungsinstinktes eines Stichlingmännchens durch das Hormon Testosteron gereizt. Die Hormonausschüttung wird vermutlich durch die jahreszeitliche Erwärmung des Wassers angeregt. Dieses Zentrum steuert das Appetenzverhalten des Wanderns aus dem tiefen Süßwasser in flacheres Süßwasser. Das Wandern hält solange an, bis die Schlüsselreize (Pflanzenwuchs, wärmeres Süßwasser) den ersten AAM reizen, welcher das zweite Zentrum hemmt. Dieses lädt sich auf. Da die Zentren dritter Ordnung alle gehemmt sind (solange geeignete Schlüsselreize fehlen), fließt die Energie des Revierzentrums alleine dem Appetenzverhalten der Reviersuche zu. Der Stichling schwimmt umher, bis er Material zum Nestbau oder einen Rivalen zum Kampf oder ein Weibchen zum Anbalzen findet. Löst z.B. ein Rivale das Kampfverhalten durch Revierverletzung aus, so schwimmt der Revierstichling ihm entgegen (Appetenz). Sendet der Rivale neue, speziellere Schlüsselreize, so wird das Kampfverhalten enthemmt. Alle Energie steht nun den Zentren vierter Ordnung zur Verfügung: Drohen (Imponieren), Beißen oder Verjagen. Diese nennt TINBERGEN Endinstinkte (consummatory action).

Die Steuerzentren der verschiedenen Instinkthierarchiestufen sind somit nicht gleich ausgerüstet. Das höchste hat keinen Block. Das nächste Zentrum antwortet auf mehr Stimmungsfaktoren als jedes noch niedrigere. So geht es hinab bis zur Endhandlung. Übersprungshandlungen wie Nisten (Sandkuhlen mit der Schnauze stoßen) entladen überschießende Instinktenergien in der Konfliktlage zwischen Kampf oder Flucht an der Reviergrenze. Im übrigen ist TINBERGEN in zwei Punkten anderer Auffassung als LORENZ: Es gebe weder einen sozialen Instinkt noch einen Aggressionsinstinkt per se. Vielmehr seien „soziale" und „aggressive" Verhaltensweisen in die Hauptinstinkte (Nahrung, Fortpflanzung) eingebunden. Auch jüngere Sammelreferate zur menschlichen Aggressivität und Gewalt argumentieren vom Standpunkt TINBERGENS (1968) aus gegen das Triebmodell von LORENZ (vgl. LORE & SCHULTZ, 1993). Wegen der starken sozialen Determiniertheit und Plastizität der menschlichen Aggressivität wird das Thema „Aggression und Sport" im 9. Kapitel behandelt.

4.3 Menschliche Grundmotive

Motive richten und energetisieren unser Verhalten, damit biologische, aber auch nicht-biologische Ziele erreicht werden. Die biologischen Ziele, die wir mit der Tierwelt teilen, heißen Überleben (Lebenserhaltung), Arterhaltung (Sicherung der Sozietät) und Exploration (Neugier). Die nicht-biologischen, humanen Ziele sind Leistung, Macht und Gerechtigkeit; aber auch - mit KANT gesprochen - Gott, Freiheit und Unsterblichkeit oder aber das Gute, das Schöne und das Erhabene. Die biologischen Motive, die eine starke genetische Basis haben und daher als weitgehend angeboren eingeschätzt werden, heißen einfach Grundmotive (vgl. ATKINSON, ATKINSON, SMITH & BEM, 1993).

4.3.1 Motive der Selbsterhaltung und des Überlebens

Zu den wichtigsten Überlebenszielen zählen die Schlafregulation (Wachschlafrhythmus), die Temperaturregulation, die Regulation des Stoffwechsels (über Hunger und Durst) und die Körperpflege (zur Vermeidung von Krankheiten oder zur Beschleunigung eines Genesungsprozesses). Von Psychologen besonders untersucht wurden bisher das Schlafverhalten sowie das Eß- und Trinkverhalten. Die Temperaturregulation haben eingehend Physiologen, die Körperpflege ausschließlich Tier- und Humanethologen beschrieben und in ihrer Funktionsweise aufgeklärt. Erstaunlicherweise ist das **motorische Aktivitätsbedürfnis** im Sinne eines menschlichen Grundbedürfnisses der Selbsterhaltung weder psychologisch, noch physiologisch systematisch behandelt worden.

Die Überlebensmotive Hunger und Durst funktionieren anscheinend nach dem Homöostaseprinzip. Homöostasevorgänge haben das Ziel, ein inneres Milieu konstant zu halten. Dabei umfassen Homöostasekreisläufe: eine Regulationsvariable (Istwert); Sensoren, welche die Istwerte messen; einen Sollwert (Idealwert) für die Regulationsvariable; einen Komparator, welcher Ist- und Sollwerte vergleicht; sowie Korrektur- oder Anpassungsmaßnahmen bei Sollwertabweichungen. Die Temperaturregulation ist wohl das Paradepferd für das Homöostaseprinzip.

Bei genauer Betrachtung wird das Hungermotiv nur teilweise durch dieses Prinzip bestimmt. Denn man findet in unserer Gesellschaft sowohl Untergewichtige (1%) als auch Übergewichtige (20% der Population). Übergewichtige (Adipöse) überschreiten zu 30% oder mehr ihr normales Körpergewicht. Da **Übergewicht** zu den gesundheitlichen Risikofaktoren zählt (Begünstigung der koronaren Herzkrankheiten und der Zuckerkrankheit), werden immer wieder verschiedene Diätprogramme zur Gewichtsreduktion empfohlen. Diese Maßnahmen sind jedoch unterschiedlich erfolgreich. Über Appetitzüglerdrogen vermindert man zwar kurzfristig das Gewicht um etwa 30%, langfristig (1 Jahr) jedoch nur um 10%. Verhaltensmodifikationsprogramme haben demgegenüber eine kurzfristige Erfolgsrate von 25% und wirken langfristig

(1 Jahr) mit ca. 20% Gewichtsreduktion. Besonders erfolgreich sind Programme der Lebensstiländerung dann, wenn das Ausmaß der körperlichen Aktivitäten (Sporttreiben) langfristig gesteigert werden kann.

Untergewichtige (Anorexia nervosa) mit einer fünfzehnprozentigen oder stärkeren Gewichtsunterschreitung sind zu 90 % pubertierende Mädchen unter 18 Jahren. Die Verhaltensstörung der Anorexia nervosa findet sich auch bei Sportlerinnen. Betroffen sind Langstreckenläuferinnen, Gymnastinnen und Turnerinnen. Die Anorexia (mit Formen der Bulimie) muß psychotherapeutisch behandelt werden, da das eigentliche Problem ein erworbener tiefgreifender Geschlechtsrollenkonflikt ist, der leider bis zur völligen Selbstaufgabe (Suizid) führen kann (KÜHL, 1993).

Auch das Trinkverhalten folgt nicht nur dem Homöostaseprinzip. Das Trinken von Tee, Kaffee und Cocasäften löscht einerseits den Durst; stimuliert aber andererseits unser „Bewußtsein", wie wir sagen. Alkohol hingegen beruhigt, entspannt und enthemmt. Daher ist das Trinken von Alkohol in unserer Gesellschaft sehr verbreitet. So sollen angeblich von der Generation der Achtzehn- bis Dreißigjährigen 50 % bis 70 % regelmäßig Alkohol konsumieren. Jeder regelmäßige Genuß von Sedativa (Alkohol, Barbiturate, ...), von Narcotica (Kodein, Heroin, Morphin), von Stimulantia (Amphetamin, Kokain, Nikotin, Teein) oder auch von Halluzinogenen führt sowohl zur körperlichen als auch zur psychischen Abhängigkeit von diesen Drogen.

Die Sucht ist durch folgende Merkmale gekennzeichnet: Allmähliche **Toleranzentwicklung** gegenüber den Suchtstoffen (gleicher Effekt kann nur bei Steigerung der Drogenmenge erzielt werden), **Entzugserscheinungen** bei Unterbrechung der regelmäßigen Zufuhr (geht bis zum Selbstmord, um die Qualen des Entzugs zu beenden), **psychische Abhängigkeit** (ohne Stoff entstehen Angst und völlige Arbeitsunfähigkeit).

Warum beobachten wir beim Essen und Trinken sowie beim Gebrauch von Drogen (aber auch beim sexuellen Verhalten) die Unterminierung oder Abkehr vom Homöostaseprinzip mit der Folge der selbstzerstörerischen Sucht? Die Gegenwartspsychologie vermutet hier die Wirkung eines **Prinzips der optimalen Stimulierung** (principle of arousal level). Danach handeln wir, um optimale Antriebs-, Bewegungs- und Gefühlszustände anzustreben. Sind wir zu stark stimuliert beispielsweise durch den

Studien- oder Prüfungsstreß, vermindern wir wenigstens zeitweise dieses überhöhte Stimulierungsniveau u.a. durch „Abschalten", Meditation, körperliche Entspannung, aber auch durch den Gebrauch von Pharmaka wie Sedativa. Bei zu geringer Stimulierung (Isolierung) bemühen wir uns um eine zeitweilige Anhebung des Aktivierungsniveaus. Physiologische Deprivation im Stoffwechselkreislauf hebt das Stimulierungsniveau über den Optimalpegel so an, daß wir Hunger oder Durst erleben. Wir essen und trinken, um das Niveau wieder auf den Normalpegel zu senken. Das Prinzip der optimalen Stimulierung scheint deshalb eher als das Homöostaseprinzip oder auch das Prinzip der Triebspannungsverminderung (drive reduction) ein allgemeineres Erklärungsprinzip der menschlichen Grundmotive zu sein. Der artspezifische Selektionsvorteil dieses Prinzips müßte allerdings noch belegt werden.

4.3.2 Soziale Grundmotive

Zu den sozialen Grundmotiven zählen die Sexualität und der Brutpflegetrieb, der auch Bemutterungsmotiv oder Mutterinstinkt genannt wird. Darüber hinaus werden das Streben nach Kommunikation und nach sozialem Anschluß (proximity seeking) als ein Grundbedürfnis eingestuft. Die Ethologie vermutet hier sogar einen eigenständigen Bindungstrieb (EIBL-EIBESFELDT, 1987).
Die sozialen Grundmotive unterscheiden sich von den Motiven der Selbsterhaltung in zweierlei Hinsicht. Einmal sind sie notwendigerweise sozial, da sie zur Bedürfnisbefriedigung immer ein anderes Lebewesen als Liebespartner, Kind oder Kontaktpartner erfordern. Zum anderen steht bei einer durch innere und äußere Faktoren hervorgerufenen Bedürfnisspannung nicht das Überleben in Frage, falls das Bedürfnis durch widrige Umstände nicht befriedigt werden kann. Deshalb gilt für die sozialen Grundmotive auch nicht das Homöostaseprinzip. Stärker noch als die Überlebensmotive werden die sozialen Grundmotive durch frühe persönliche Erfahrungen, vermittelt durch die Eltern und andere Bezugspersonen sowie durch allgemeine kulturelle Normen und Erwartungen der weitläufigen sozialen Umgebung, beeinflußt und geformt. Über die Wirksamkeit der sozialen Grundmotive im

Sport wird ausführlicher im 8. Kapitel (Interaktion und Leistung) gesprochen. Hier sei nur noch folgendes angemerkt.
Systematische Untersuchungen über den Einfluß der Sexualität auf sportliche Leistungen oder auf die Sportartenwahl liegen bisher nicht vor. Bekannt sind anekdotische Berichte über homosexuelle oder lesbische Beziehungen in Männer- und Frauenteams verschiedener Sportarten. Ergänzt werden derartige Berichte um Schilderungen über heterosexuelle Beziehungen zwischen Trainern und Sportlerinnen z.B. der Leichtathletik (vgl. BUTT, 1976). Vermutete leistungssteigernde Folgen dieser Beziehungen sind bisher nicht wissenschaftlich gesichert. Im Gegenteil, für ein leistungsorientiertes Teamgefüge scheinen diese Beziehungen eher eine soziale Konfliktquelle zu sein. Sofern die Mannschaften diese Beziehungen billigen, wären auch positive Folgen bezüglich der Leistung denkbar.
Zur Problematik der sportlichen Leistungssteigerung mit Hilfe verbotener anaboler Stereoide bei jungen Leistungssportlerinnen sowie der Veränderung ihres Phänotyps (z.B. Schwimmerinnen der DDR) soll hier nichts beigetragen werden. Von psychologischer Seite sind die psychosozialen Folgen einer langjährigen Dopingpraxis nicht systematisch ausgewertet worden.

4.3.3 Neugier und Reizsuche

Die dritte Klasse der biologisch bestimmten menschlichen Motive, die wir mit allen Säugetieren, besonders mit den Primaten teilen, wird als Neugier- oder Reizsuchemotiv beschrieben (curiosity motive). Selbst wenn die Überlebensmotive und die sozialen Grundmotive im Gleichgewicht oder auf einen optimalen Pegel eingestellt sind, beobachtet man im Wachzustand „spontanes Appetenzverhalten". Wir erkunden unsere Umgebung, beschäftigen uns mit schwierigen Dingen, legen Puzzles, spielen Patiencen, basteln oder unternehmen etwas Interessantes, das uns emotional anspricht (LOEWENSTEIN, 1994).Exploratives Manipulieren mit neuen, unbekannten Gegenständen fällt besonders bei Kindern und jungen Primaten (beispielsweise Schimpansen) auf. Dieses Verhalten ermöglicht neue Sinnesreize und erweitert die Erfahrungen über unsere Welt. Ein Grundbedürfnis nach Sinnesreizen überhaupt hat man aus Experimenten erschlossen, in denen sensorische Reize vermindert resp. ganz verhindert wurden (Reizminderung, Sinnesdeprivation). Ruhten Studenten nur 24 Stunden in schallisolierten, dunklen Räumen alleine und ohne Betätigungsmöglichkeiten, so offenbarten sie am Versuchsende deutliche Minderleistungen in der räumlichen Orientierung, in der Reaktionszeit und bei Problemlöseaufgaben. Außerdem durchlitten einige Probanden solche Angstphasen, daß der Versuch abgebrochen werden mußte. Offensichtlich benötigt man selbst für normale, keineswegs ungewöhnliche kognitive und sprachliche Leistungen eine normale Sinnesstimulation (SUEDFELD, 1975).

Allerdings gibt es deutliche, interindividuelle Unterschiede in der Reizneugier und in der Reizsuche. Anscheinend ist das Niveau der Reizsuche bei den meisten Personen in verschiedenen Situationen relativ konstant (vgl. CARROL, ZUCKERMAN & VOGEL, 1982). So engagieren sich Pbn mit einem hohen Bedürfnisniveau der Reizsuche (gemessen auf der Sensation Seeking Scale) z.B. im Drachenfliegen, im Tauchsport oder bei Motorradrennen, in anderen riskanten Situationen wie Drogenerfahrungen und mit wechselnden Geschlechtspartnern und dgl. Auch für das Neugier- und Reizsuchemotiv gilt das Prinzip des optimalen Aktivierungsniveaus, welches für einige Personen ständig sehr hoch, für andere hingegen sehr niedrig eingepegelt ist. Bis zu einem gewissen Grade erklärt somit das Neugier- und Reizsuchemotiv sowohl das Engagement in Risikosportarten (z.B. Extremklettern), als auch die Bevorzugung relativ sicherer sportlicher Aktivitäten wie beispielsweise das Langlaufen, Wandern oder Fahrradfahren auf Radwegen.

4.3.4 Verhaltenstheoretisches Modell der Sportmotivation

Die amerikanische Schule des Behaviorismus unterscheidet angeborene und durch Lernen erworbene Motive. Die angeborenen werden als „basic drives" (s.o.) oder auch als primäre Motive bezeichnet; die durch Lernprozesse erworbenen jedoch als sekundäre oder kognitive Motive. Zu diesen zählen die Leistungsmotivation, das Machtstreben, das Bedürfnis nach Anerkennung und nach Selbstachtung sowie die zahlreichen Interessen. Die kanadische Sportpsychologin Susan BUTT (1976) hat das verhaltenstheoretische Grundmuster der Einteilung nach primären und sekundären Antrieben und Verstärkern zur Grundlage ihres Modells gemacht. Es repräsentiert die wichtigsten psychischen Antriebsquellen im amerikanischen Profisport der siebziger Jahre (vgl. Abb. 4.2).

BUTT (1976) nimmt in ihrem Modell vier Motivationsniveaus an, welche in Wechselwirkung treten können. Das ersten Niveau begründen die biologischen (primären) Motive, welche für sportliches Handeln allerdings auf die Motive der Selbsterhaltung eingegrenzt werden. Das zweite Antriebsniveau bilden drei Motivationsquellen: Aggressivität, neurotischer Konflikt und Kompetenzstreben. BUTT übernimmt einerseits die Hypothese von LORENZ (1963) über den Aggressionsinstinkt per se. Andererseits beruft sie sich auf die Verdrängungs- und Konflikthypothese von FREUD. Danach bilden die verdrängten kindlichen sexuellen Wünsche des Ödipuskomplexes ein Energiereservoir für kompensatorische Leistungen - offenbar auch im Sport. Eine dritte Energiequelle sportlichen Handelns sieht BUTT im „drive of effectance". Darunter wird das Motiv verstanden, möglichst kompetent und ökonomisch Aufgaben und Probleme zu bewältigen. Das Kompetenzstreben entspricht vage dem Leistungsstreben (s. Abschnitt 4.4.2). Während der primäre Antrieb jeden Sportler resp. jede Sportlerin beflügelt, kanalisieren die Motivationsquellen des zweiten Niveaus das sportliche Verhalten: Entweder das Aggressionsstreben oder das kompensatorische Streben oder das Kompetenzstreben bestimmen die sportlichen Verhaltensweisen. Das dritte Motivationsniveau repräsentiert zwei soziale Motivquellen, die sich gegenseitig ausschließen: Konkurrenz (competition) und Kooperation. Die Quellen der Aggression und des neurotischen Konflikts begünstigen Konkurrenzverhalten, schließen aber Kooperation nicht vollständig aus. Das Kompetenzstreben ist demgegenüber sehr eng mit dem kooperativen Verhalten, weniger eng mit dem Konkurrenzverhalten verbunden. Das vierte Niveau bilden die sekundären Verstärker, die nach externen (Geld, Status, Preise) und internen (Selbstachtung, Wohlbefinden, Identitätserleben) Belohnungen (resp. locus of reward) getrennt werden. Während externe Belohnungen ein besonderes Gewicht für den konkurrenzorientierten Athleten besitzen, werden

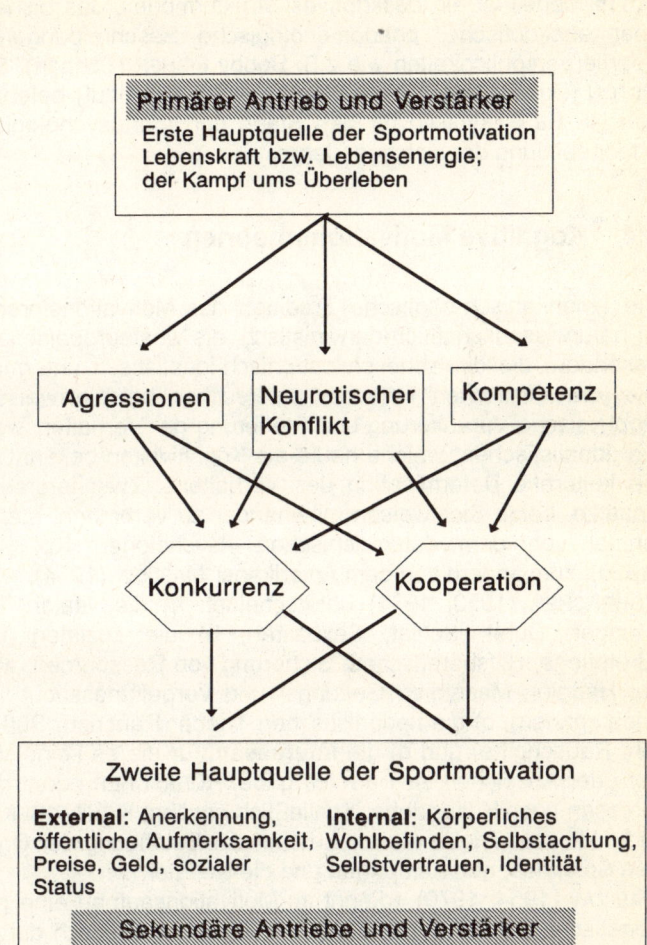

Abb. 4.2: Verhaltenstheoretisches Motivationsmodell nach BUTT (1976)

die internen Belohnungen für den kooperativen Athleten wichtig. BUTTs Modell ist ein deskriptives Strukturmodell, das bisher nur über anekdotische, phänomenologische Beschreibungen von Sportlerpersönlichkeiten wie z.B. Bobby FISHER (Schach), Sonny LISTON (Boxen) oder Toller CRANSTON (Eiskunstlauf) belebt worden ist. Es ist typisch für den Stand der sportpsychologischen Theoriebildung der siebziger Jahre.

4.4 Kognitive Motivationstheorien

Die amerikanisch-englische Tradition der Motivationsforschung ist naturwissenschaftlich-darwinistisch, die westeuropäische, insbesondere die deutsche philosophisch-idealistisch untermauert. Die „darwinistischen" Forscher untersuchen beispielsweise die biophysische Verankerung und Steuerung der Verhaltensweisen; die „idealistischen", welche heute als Kognitivisten bekannt sind, die kulturelle Determination des Verhaltens. Zwei interessante Ansätze, beide Sichtweisen miteinander zu verbinden, stammen einmal von dem österreichischen Psychologen ROHRACHER (1950), zum andern von dem Amerikaner MASLOW (1954).
ROHRACHER (1950, 1971) unterscheidet: a) die vitalen Triebe (Hunger, Durst, Schlaf, Sexualität), b) die sozialen Triebe (Brutpflege, Hilfsbereitschaft, Sicherung von Ressourcen, welche zur Habgier, Machtgier, Geltungs- und Vergeltungssucht verflachen können), c) die hedonistischen Triebe (Rauchen, Süßigkeiten, Rauschgifte) und d) die **Interessen**, für die es keine Vorbilder oder Anzeichen im Tierreich gäbe. ROHRACHER nennt die Interessen auch Kulturtriebe. Schließlich erwähnt ROHRACHER noch e) funktionale Triebe wie die Lust an der Betätigung der Organe, den Spieltrieb, den Kampftrieb und die Neugier.
MASLOW (1954, 1970) erkennt im Motivationsaufbau eine phylogenetische Ziel- und Werteordnung, die ontogenetisch durchlebt werden muß (vgl. Abb. 4.3) Alle Bedürfnisse entfalten sich im Lebenslauf nacheinander. Sie werden selbstverständlich nie vollständig befriedigt. Der Befriedigungsgrad des durchschnittlichen Erwachsenen beträgt bei den physiologischen Bedürfnissen ca. 85%, beim Sicherheitsstreben ca. 70%, bei den Liebesbedürfnissen etwa 50%, hinsichtlich der Selbstachtung 40% und bei den Bedürfnissen der Selbstverwirklichung nur etwa 10%. MASLOW

vermerkt drei Eigentümlichkeiten dieser motivationalen Stufenpyramide. Erstens werden die Bedürfnisse immer schwächer, je höher sie angesiedelt sind. Dadurch könnten die höheren Bedürfnisse durch anders geartete kulturelle Gewohnheiten leicht unterdrückt werden. Zweitens werden wichtige Selbstverwirklichungsbedürfnisse bis ins hohe Alter nicht vollständig abgesättigt. Sie sind aber das eigentlich Menschliche und werden auch als Metabedürfnisse bezeichnet wie die Suche nach dem Schönen, dem Wahren, dem Guten, etc. Drittens werden die höheren Bedürfnisstufen funktional autonom (d.h. unabhängig), sofern sie einmal vorübergehend befriedigt worden sind. Trotz zeitweiliger großer Defizite im Befriedigungspotential der ersten vier Stufen können sich einige Menschen voll und ganz der Kunst, der Religion, der Forschung, dem Sport, etc. hingeben.

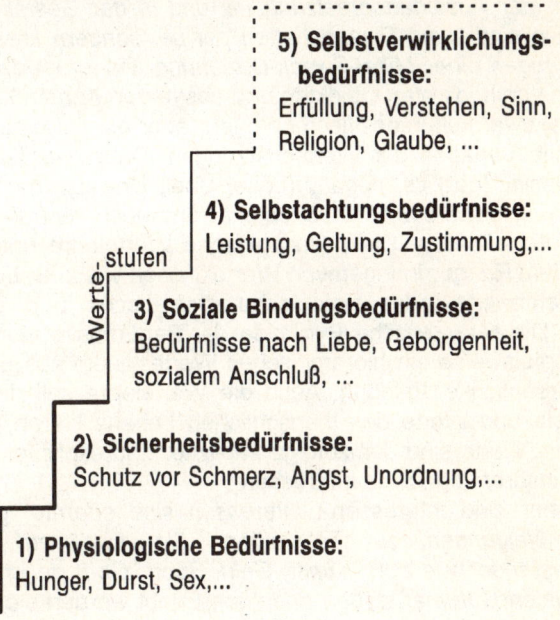

Abb. 4.3: MASLOWS (1954) Bedürfnissystem der Persönlichkeit als hierarchisches Modell

Beide Motivationssysteme, das von ROHRACHER und jenes von MASLOW, sind phänomenologische Versuche, die Vielfalt der Befunde und Theorien zu integrieren. Sie sind daher keine formalisierten Theorien, die man experimentell überprüfen könnte. Vielmehr sollen sie unsere Problemsuche und Problembewältigung anregen.

4.4.1 Interessen

Die Grundmotive der Selbsterhaltung, der Arterhaltung sowie der Reizsuche und Neugier sind bei Mensch und Tier vorhanden. Das eigentlich Menschliche, das im Tierreich nicht nachgewiesen werden kann, ist das bewußte Streben nach Werten. Was sind Werte? *Werte sind das Ergebnis der kreativen menschlichen Aktivität in der Auseinandersetzung mit und in der Gestaltung der Welt. Sie sind keine Eigenschaften per se, sondern kreative Attribuierungen einer Mittel-Zweck-Beziehung.* Daher ist das Wertvollsein von konkreten Objekten und abstrakten Konstrukten (das Schöne) zwar kulturspezifisch normiert; aber es gibt eine interindividuelle Variation der Wertschätzungen. Dabei werden Werte nach *positiv* (gut) vs. *negativ* (böse, Übel, Unwert), nach *relativ* vs. *absolut*, nach *subjektiv* vs. *objektiv* und nach *zentral* vs. *peripher* unterschieden. Die philosophische Wertelehre unterscheidet zudem Rangordnungen von Werteklassen wie z. B. Lustwerte vs. Dienstwerte oder biologische, ästhetische und ethische Werte. Die MASLOWsche Pyramide der Bedürfnisse und Motive ist beispielsweise ein hierarchisches Wertesystem aus der Sicht der Persönlichkeitsbildung. Auch die Wertelehre soll die Frage der Ziele und Werte des menschlichen Lebens klären und begründen. Werte sind demzufolge impliziter und expliziter Gegenstand unserer kognitiven Interessen.

Was aber sind Interessen? *Interessen sind erlernte, generalisierte Neigungen zu Tätigkeiten. Sie sind auf soziale „Gegenstände" (wie z. B. Kunst, Geld, Sport, Gott) gerichtet und an sozialen Gütemaßstäben orientiert.* Erlebt werden sie wie angeborene Triebe durch Unruhe und gespannte Gerichtetheit. Teilweise werden Grundmotive in ein Interesse einbezogen, das jedoch eine eigene dynamische Qualität gewinnt. Daher muß man von einer **funktionellen Autonomie der Interessen** sprechen. Im Genpool der Menschheit gibt es vermutlich keinen festgelegten Umfang (Menge) an Interessen. Wir müssen vielmehr von einer potentiellen Grenzenlosigkeit der Interessen ausgehen. Auch ist die biologische Bedeutung der Interessen unbekannt. Vermutlich stehen sie im Dienste einer flexiblen Anpassung an akute Herausforderungen unserer Umwelt.

Viele individuelle Interessen sind im Lebenslauf nicht dauerhaft. Sie werden gesättigt, erlöschen oder werden durch andere überlagert und ersetzt. Es gibt aber auch dauerhafte, das ganze Leben begleitende Interessen. Bei ihnen wird ein ideales Handlungsziel eigentlich nie erreicht, weil die Ansprüche steigen und sich die Werte und Ziele verfeinern. Daher bleibt die Spannung für die interessenspezifische Tätigkeit erhalten. Dies gilt für die Ziele der Kunst und der Wissenschaft, aber auch im begrenzten Umfang für die Artistik und den Sport. Dauerhafte Interessen speisen sich aus wiederkehrenden Quellen einer Spannung und Unzufriedenheit (vgl. ALLPORT, 1959).

Wegen der unübersehbaren Vielfalt der Werte, die in unserer Kultur thematisiert und realisiert werden, hat es nicht an Ordnungsversuchen hinsichtlich der Interessen gefehlt. Ein sehr bekannter ist das Klassifikationssystem von SPRANGER (1914), das sechs Grund- und drei Komplextypen von Kulturinteressen und Wertrichtungen unterscheidet. So spricht SPRANGER von a) theoretischen, b) ökonomischen, c) ästhetischen, d) sozialen, e) politischen und f) religiösen Interessen sowie von den Komplextypen der g) technischen, h) juristischen und i) pädagogischen Neigungen. Von Interessen an Spiel und Sport, an Leibesübungen, Gymnastik und körperlicher Aktivität ist bei SPRANGER jedoch nicht die Rede.

Mittels einer phänomenologischen Kategorialanalyse hat der Sportpädagoge GRUPE (1967, 1982) sowohl die grundlegenden Wertdimensionen des Spiels, des Sports und der Leibesübungen als auch die entsprechenden pädagogischen Ziele und Motive erschlossen. Sie befinden sich in einer Synopse in der Tab. 4.1. Wie man leicht erkennen kann, entspricht die Rangordnung der grundlegenden Sportwerte in groben Zügen auch der Bedürfnis- und Wertepyramide von MASLOW (1954). Ein weitgehend ähnliches System von Interessen und Einstellungen zum Sport hat der kanadische Sozialwissenschaftler KENYON (1968) durch Befra-

Tab. 4.1: Interessen nach GRUPE(1967) und KENYON(1968)

Wertdimension	Bildungsmotive	Einstellungen
1) körperliche, seelische Gesundheit	Leistungsfähigkeit Bewegungsfreude Hygiene	**Gesundheit** und **Fitneß**
2) Soziale Integration und **Kommunikation**	personale und soziale Sinnerfahrung über Kooperation, Wettstreit, Selbstbeherrschung und Gruppendisziplin; Erleben der Integration vs. Isolierung, Erleben der Bindung und des Wir-Gefühls	**Kommunikation** und **sozialer Anschluß**
3) **Primärerfahrungen**	Lernen und Üben; Überwindung von Ermüdung, Schmerz und Angst; Erlebnis von Spannungen und Risiko; Erfahrung der Leistung und des Könnens; Verarbeitung der Enttäuschung und der Niederlage	**Askese** und **Leistung Spannung** und **Risiko Erholung** und **Entspannung (Katharsis) Frustrationstoleranz** und **Willensstärke**
4) **Ästhetik** der natürlichen und gestalteten **Bewegung**	Analyse und Bewertungen von Körperhaltungen und Bewegungen	**Ästhetik** sportlicher Bewegungsformen
5) **Selbstbestimmung** und **Zweckfreiheit**	Spiel als nicht notwendiges, jedoch unterhaltendes, mitreißendes Tun	**Neugier** und **Probieren**

gungen von Studierenden ermittelt. Die Befunde der empirischen Erhebung von KENYON befinden sich in der rechten Spalte der Tab. 4.1. Allerdings nennt KENYON die sechs faktorenanalytisch ermittelten Dimensionen: a) Gesundheit, Fitneß, b) sozialer Anschluß, c) Leistung, Askese, d) Spannung, Risiko, e) Katharsis, Erholung und f) Ästhetik, ohne sie in eine Wertehierarchie einzuordnen, wie dies GRUPE leistet.

Acht Interessen- und Einstellungsdimensionen des Sports ermittelten JANSSEN, WEGNER & BOLTE (1993) ebenfalls über Befragungen. Die 230 Befragten waren 18 bis 60 Jahre alt. Sie besuchten entweder einen Sportverein, einen Fitneß-Club oder den freiwilligen Hochschulsport. Die acht Interessendimensionen heißen: a) Soziale Erfahrungen; b) Spannung, Risiko; c) Leistung, Askese; d) Gesundheit, Körperbewußtsein und Attraktion; e) Katharsis, Entspannung; f) Körpererfahrungen, leibliches Erleben; g) Sport als ästhetische Gestaltung und h) Neue motorische Erfahrungen durch Ausprobieren und Üben. Auch diese Kategorien können dem Grundwertekanon des Sports zugeordnet werden.

Sucht man nach Beziehungen zwischen dem Kanon der fünf Grundwerte des Sports von GRUPE und der Werteklassifikation von SPRANGER, dann findet man Verbindungen zu den Kategorien der ästhetischen und der sozialen Interessen. Da bei SPRANGER die Kategorie der Leibeswerte fehlt, ist aber eine vollständige Korrelation nicht nachzuweisen.

4.4.2 Leistungsmotivation

In unserer Kultur stehen Leistungs-, Wirtschafts- und Machtinteressen in hohem Ansehen. Die dynamische Entwicklung der Technologie und der Bevölkerung in den zurückliegenden beiden Jahrhunderten hat vermutlich zu der weitläufigen Wertschätzung dieser Interessen beigetragen. So hat sich besonders das Leistungsinteresse zu dem differenzierten Funktionskreis entfaltet, den wir heute als Leistungsmotivation bezeichnen (vgl. HECKHAUSEN, 1989).

Was genau ist leistungsmotiviertes Handeln? Man handelt „leistungsmotiviert", wenn man eine schwierige Aufgabe (konkret, abstrakt, sozial, sportlich, etc.) unabhängig von einer „primären" (oder äußeren) Bekräftigung als Selbstzweck nach bestem Gewissen in Bezug auf einen Gütemaßstab bearbeitet. Ob man die Aufgabe tatsächlich bewältigt, ist zunächst ungewiß. Auch im Sport bleibt bei gleichstarken Gegnern der Ausgang eines Wettspiels lange ungewiß. Das Erreichen des Ziels oder das Gelingen der Handlung bekräftigt oder bestärkt jedoch das Selbstgefühl (den Selbstwert) und löst Freude sowie Zufriedenheit aus. Mißlingt hingegen die Aufgabenlösung, resultiert Unzufriedenheit, Ärger und der Wunsch, die Scharte im Selbstwertgefühl durch eine kompensatorische Tätigkeit auszuwetzen.

Ein derartiges Handeln findet man offenbar nur beim Menschen, nicht beim Menschenaffen (Pongiden). Denn weder bei Tieren noch bei Menschen ist es bisher gelungen, ein neurologisches Substrat oder ein spezielles Hormon o. dgl. m. für die Steuerung des Leistungshandelns nachzuweisen. Leistungshandeln ist demnach nicht instinktgeregelt. HECKHAUSEN (1989) nennt fünf Bedingungen, welche für leistungsthematisches Handeln charakteristisch sind:

(1) Das Handlungsergebnis ist objektivierbar; es gibt ein Produkt wie z.B. einen Sprung, Wurf, Turnübungen mit verschiedenen Elementen.
(2) Es gibt verbindliche Gütemaßstäbe zur Bewertung des Handlungsergebnisses (Präzisionsgrade, Mengengrade, Anzahl von Fehlern, Verhältnis von Treffern zu Fehlern, etc.).
(3) Das Handlungsergebnis ist beim Handlungsbeginn ungewiß; man kann Erfolg oder Mißerfolg haben, siegen oder verlieren.
(4) Man bezieht sich auf den allgemein verbindlichen (oder auf einen subjektiv abgewandelten) Tüchtigkeitsmaßstab, indem man ein Anspruchsniveau als Zielsetzung (Sollwert) der zu erreichenden eigenen Leistung definiert.
(5) Das erzielte Handlungsergebnis (Istwert) wird auf die eigene Fähigkeit und/oder auf die Anstrengung der Bewältigungsbemühungen zurückgeführt (attribuiert).

Außerdem konnte HECKHAUSEN nachweisen, daß die Leistungsmotivation in zwei Komponenten aufgeteilt werden kann, in Hoffnung auf Erfolg (HE) und Furcht vor Mißerfolg (FM). Und zwar gelingt dies mit dem TAT (Thematic Apperception Test). Dieser besteht aus einer Serie mehrdeutiger Bilder mit einer oder mehreren Personen. Als Proband wird man aufgefordert, eine Geschichte zu jedem Bild zu erfinden. Dabei soll man fünf Fragen beantworten: „Was stellt das Bild dar? Wer sind die Personen? Wie ist es zu dieser Situation gekommen? Was denken und fühlen die Personen? Wie geht es weiter?" Wenn man unterstellt, daß sich der Erzähler mit den Personen seiner Geschichten sowie deren Motiven identifiziert, kann man die Geschichten inhaltsanalytisch auswerten, um Hinweise für die Komponenten der Leistungsmotivation zu gewinnen. Kriterien für HE sind: Erfolgsthema, positive Gefühle, Lob für gute Leistung, Bedürfnis nach Leistung und Erfolgserwartung. Kriterien für FM heißen: Mißerfolgsthema, negative Gefühle, Kritik und Tadel, starke Ungewißheit über Erfolg oder Mißerfolg, Bedürfnis nach Mißerfolgsmeidung. Die individuelle Leistungsmotivation kann schließlich als Gleichung dargestellt werden:

$$LM = \sum HE + \sum FM$$

Bsp.: $LM_{Müller}$ = 11 HE + 7 FM = 18 LM.

Erfolgsmotivierte Personen (Anzahl der HE größer als Anzahl der FM) neigen dazu, sich realisierbare Ziele und Aufgaben mittlerer Schwierigkeit zu wählen. Mißerfolgsmotivierte (Anzahl der HE kleiner als Anzahl der FM) setzen sich im Vergleich zu ihren Fähigkeiten entweder zu hohe oder zu niedrige Ziele. Über die Aufgabenschwierigkeit kann man deshalb das Ausmaß des Motiviertseins beeinflussen: Mittelschwere Aufgaben regen hohe LM-Tendenzen an; leichte Aufgaben und sehr schwierige rufen nur verminderte LM-Tendenzen hervor (11 HE + 0FM bei leichten; 0HE + 7FM bei schwierigen Aufgaben beim Probanden Müller).

Eine ausgezeichnete Plattform, das Konzept der Leistungsmotivation zu überprüfen, bietet der Sport. Denn alle fünf Merkmale des leistungsthematischen Handelns können bei Bedarf operationalisiert werden. Die umfangreichsten Untersuchungen zur LM im Leistungssport hat GABLER (1972, 1975, 1986) durchgeführt. 1969/70 wurden N = 154 und 1975 noch N = 102 derselben

Hochleistungsschwimmer mit dem TAT sowie mit Fragebogen befragt. Ergänzend wurden Daten verschiedener Kontrollgruppen (N = 262; Studenten, Schüler, etc.) erhoben. Die Hochleistungsschwimmer sind insgesamt stärker leistungsmotiviert gewesen. Insbesondere war ihre HE-Komponente stärker ausgeprägt als bei den Kontrollgruppen. Unter den Leistungsschwimmern selbst waren die Erfolgsmotivierten die fleißigsten im Training und schließlich die erfolgreichen im Wettkampf. Je offenkundiger eine Mißerfolgsängstlichkeit (höhere FM) bei den Schwimmern vorlag, desto sicherer haben sie das Training vermindert oder ganz aufgegeben. Wurden die 52 Aussteiger mit den 1975 noch aktiven 102 Schwimmern verglichen, so wiesen die Aussteiger sehr viel höhere, aber eben auch unrealistischere Zielsetzungen auf. Ausserdem waren sie mißerfolgsängstlicher. Dieser Befund deckt sich mit der vielfach an Schülern und Studenten bestätigten These, gemäß welcher sich Mißerfolgsmotivierte mit hoher LM überhöhte, unrealistische Ziele setzen. In ihren Erwartungen werden sie notwendigerweise enttäuscht und erfahren schließlich Mißerfolg auf der ganzen Linie - ein circulus vitiosus, der möglichst frühzeitig unterbrochen werden sollte.

Dieses haben BEIER (1980), KLEINE (1980) und WEßLING-LÜNNEMANN (1985) bei 6- bis 8jährigen Grundschülern im Sportunterricht erfolgreich praktiziert. Das Ziel ihrer Maßnahmen der Verhaltenskontrolle war eine Veränderung der Leistungsmotivation über die Förderung einer realistischen Anspruchsniveausetzung. Die Aufgabe der Lehrer bestand darin, den Schwierigkeitsgrad der sportlichen Übungen an das Leistungsvermögen der Schüler anzupassen (Prinzip der optimalen Passung). Außerdem wurde der Kommunikationsstil der Lehrer bei Bedarf so korrigiert, daß ermutigende Verhaltensweisen überwogen. Nach einer Programmlaufzeit von einem Jahr veränderte sich die Struktur der LM der Schüler; die HE-Komponenten hatten sich verstärkt, die FM-Komponenten jedoch abgeschwächt. Auch das Lehrerverhalten wies deutliche Veränderungen auf: das Unterrichtsklima war freundlicher, die Aufgabenstellung individuell differenzierter und die Leistungsbewertung an der schülerspezifischen Bezugsnorm orientiert. In einer Vergleichsgruppe nicht unterwiesener Lehrer und Schüler wurden gegenläufige Tendenzen in den Verhaltenskontrollritualen und in der Struktur der Leistungsmotivation registriert. Motivationsförderliche Lehrerverhaltensweisen sind: Verständnis bei Konflikten, persönliches Gespräch außerhalb der Unterrichtszeit, differenzierende Aufgabenstellung, Korrektur des Anspruchsniveaus, Teilaufgaben bei Über- oder Unterforderung, positive Erwartung bzgl. der Lösungsfähigkeit, individuelle Vergleichsmaßstäbe (nicht Klassendurchschnitt), allgemeine Bekräftigung konstruktiver Aktivitäten auch außerhalb des Unterrichts. Obwohl dies die meisten Lehrer wissen, werden diese Verhaltensweisen nur von einer Minderheit besonders engagierter Grundschulpädagogen regelmäßig praktiziert.

4.4.3 Machtmotivation

Von Macht spricht man, wenn jemand in der Lage ist, einen anderen auch gegen dessen Absicht zu veranlassen, etwas für den Veranlasser Nützliches zu tun, was er sonst nicht tun würde. HECKHAUSEN (1989, S. 362) formuliert: *„Machthandeln ist stets eine zweckgerichtete Ausnützung der am stärksten befried- oder verletzbaren Motive eines anderen, worin sie im einzelnen auch bestehen mögen."* Man unterscheidet: Machtquellen, Machtverhalten, interindividuelle konsistente Unterschiede des Machtmotivs, Definitionsumfänge und Meßverfahren für Macht.
Uneinigkeit besteht in der biologischen Herleitung und Begründung. Beispielsweise behauptet WENDT (1989), man könne das Machtmotiv bei verschiedenen Tierarten beobachten, sofern man auf „Hackordnungen" oder Rangordnungen in Tiergruppen achten würde. Auch Ethologen wie EIBL-EIBESFELDT (1986) halten das Machtstreben für eine evolutionäre Mitgift der Primatenevolution. So soll das Machtstreben einerseits ein Motor der kulturellen Entwicklung, andererseits jedoch eine kulturzerstörerische Gefahr bilden, weil es keine abschaltende Endsituation gäbe. Diese Argumente überzeugen HECKHAUSEN (1989) nicht. Er argumentiert, Machthandeln sei zu komplex, um ihm eine evolutionäre Perspektive abzugewinnen, die mehr als nur einzelne Komponenten wie Imponieren, Einschüchtern, etc. erklären könnte. Dennoch hat Machthandeln biologische Wurzeln, was hormongesteuerte Zusammenhänge zwischen gehemmtem Machtmotiv und erhöhtem Blutdruck belegen (Mc CLELLAND, 1984). Möglicherweise ist der komplexe Funktionskreis des Machthandelns phylogenetisch eine menschliche „Erfindung".

Wo auch immer die biologischen Wurzeln gründen, Machtmotive und Machthandeln spielen im Sport eine nicht zu unterschätzende Rolle. Offenkundig sind solche Motive in allen Mannschaftssportarten verhaltensbestimmend, in denen es herausgehobene Positionen (wie Spielführer, Mannschaftsführer, Trainer, Trainerassistent, Mannschaftsbetreuer, Spielertrainer, etc.), hierarchische Rollenstrukturen, ökonomische Gewinn-Verlustbilanzen, eine Medienrepräsentanz und Verbindungen zur politischen Bühne gibt. Auch bestimmen Machtmotive in den Sportorganisationen der kommunalen, provinzialen und bundesstaatlichen Ebenen das Verhalten der Sportdelegierten. Das Machthandeln der höchsten Repräsentanten der nationalen und internationalen Sportorganisationen (DSB, NOK, IOC, etc.) psychologisch zu erkunden und zu beschreiben, dürfte sicherlich mehr als nur feuilletonistische Bedeutung haben. Doch findet man erstaunlicherweise weder in der sportwissenschaftlichen noch in der sportpsychologischen Sphäre systematische Beschreibungsversuche. Dies hängt sicherlich mit den verklärenden Abschirmungstendenzen der Organisationsmächtigen mit Hilfe von Mythen- und Legendenbildungen zusammen. Da Machtmotive und Machthandeln auch für das Führungsverhalten von Bedeutung sind, seien hier einige ausgewählte Befunde aus der psychologischen Forschung mitgeteilt.

Der Zirkel des Machthandelns offenbart - sehr vereinfacht dargestellt - einige Merkmale und Phasen des Wechselgefüges zwischen einer machtausübenden und einer machterleidenden Person (vgl. Abb. 4.4). Das **Machtmotiv**, welches sowohl über Fragebogen, als auch über inhaltsanalytisch ausgewertete Geschichten zu TAT-Bildern gemessen wird, kann wie das Leistungsmotiv auch in zwei Komponenten zergliedert werden: Hoffnung auf Macht und Furcht vor Machtverlust. Nach einer Erhebung von WINTER (1973) verhielten sich hoch machtmotivierte amerikanische Studenten wie folgt: Sie bevorzugten mehr Sportarten mit Wettkampfcharakter; erreichten darin mehr Meistertitel, wählten Manipulationsberufe wie das Lehramt, die Journalistik, die Psychologie, besaßen häufiger Prestigegüter und sportliche Autos; tranken mehr Bier und hoch prozentige Spirituosen;

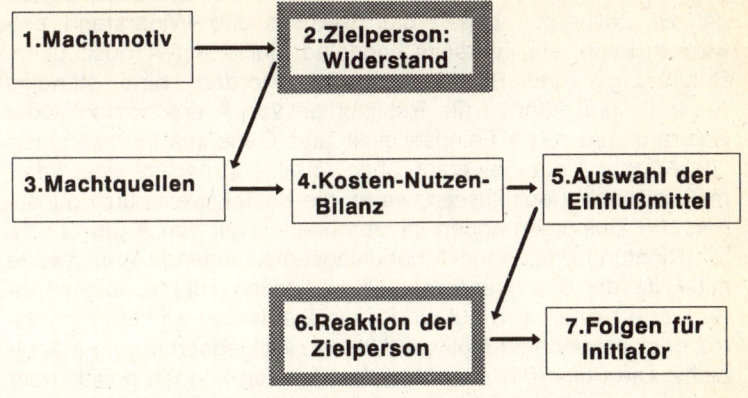

Abb. 4.4: Zirkel des Machthandelns nach HECKHAUSEN(1989)

nahmen mehr an Wettspielen teil; lasen häufiger Sport- und Sexjournale (Playboy). Hoch Machtmotivierte neigen offenbar dazu, Aufmerksamkeit zu erregen, leicht beeinflußbare Anhänger an sich zu ziehen, Positionen mit sozialem Einfluß zu besetzen und Informationskanäle zu kontrollieren.

Wenn der Machtausübende (A) über Bekräftigungsmittel verfügt, mit denen er die Motivbasis bei Zielpersonen manipulieren kann, so bezeichnet man diese Verfügungsmasse als Machtquelle. Man unterscheidet im allgemeinen sechs Machtquellen: a) Belohnungsmacht, b) Zwangs-, Bestrafungsmacht, c) legitimierte Macht (Zielperson hat Normen internalisiert, nach denen A befugt ist, Verhalten zu überwachen), d) Vorbildmacht (Zielperson identifiziert sich mit A), e) Expertenmacht (Zielperson attribuiert Fähigkeiten auf A, durch die sie zum Handeln veranlaßt werden kann) und f) Informationsmacht. Eine wichtige Machtquelle, die meist nicht genannt wird, ist die soziale Unterstützung durch die Verfügung über „Hilfstruppen". Offene oder getarnte Bundesgenossen sind nicht nur in der Politik, sondern auch in Sportgruppen, Mannschaften oder Sportorganisationen ein wichtiges Druckmittel.

Zum Machtverhalten gehört unbedingt eine **Kostennutzenbilanz**, da die Zielperson gegen die Beeinflussung Widerstand entwickeln kann, um ihrerseits handelnd Macht auf A auszuüben. Belohnungs- und Bestrafungsmacht erfordern eine ständige Kontrolle und können die Ressourcen von A erschöpfen. Oder Bestrafungen rufen Feindseligkeit und Gegenmaßnahmen hervor. Könnte A die Zielperson über Vorbild-, Experten- oder Informationsmacht beeinflussen, wären die Kosten wesentlich günstiger. Die Zielperson ändert ihr Verhalten in der von A gewünschten Richtung erst, wenn A handlungsentscheidende Anreizwerte mit Hilfe der Machtressourcen bereitstellen konnte. Diese Anreizwerte richten sich auf ein für die Zielperson wichtiges primäres oder sekundäres Motiv, auf keinen Fall jedoch auf ihr Machtmotiv. Die Folgen für den Machthandelnden können positiv oder negativ sein. Bei Erfolg wird das Machtmotiv verstärkt, so daß das Streben nach weiteren Machtquellen angeregt wird. Bei Mißerfolg kann das Streben auf eine Minderung des Verlustes an Machtquellen gerichtet sein oder man sinnt auf Rache und sucht eine günstige Gelegenheit für eigenes erfolgreiches Machthandeln. HECKHAUSEN (1989) macht auf das Desiderat der Machtmotivforschung aufmerksam, interindividuelle Unterschiede in der Disposition für Machthandlungen genauer zu erkunden. Dabei nennt er sechs Probleme, die zu klären wären:

(1) Die Prozedur des Erwerbs von Machtquellen: z. B. der Belohnungs- bis Informationsmacht.
(2) Die Fähigkeit, die Motivbasis anderer treffend zu erfassen sowie die eigenen Machtquellen realistisch abzuschätzen.
(3) Wie unterscheidet man Personen, die alle Machtmöglichkeiten ausschöpfen von jenen, welche sie nur selektiv anwenden?
(4) Die Moralität des Zwecks: Kann man die sozialisierte von der personalisierten Macht unterscheiden? Letztere soll nur der eigenen Befriedigung dienen.
(5) Die Furcht vor den Folgen des Machthandelns. Zu unterscheiden wären: a) Furcht vor Zuwachs eigener Machtquellen, b) Furcht vor Verlust eigener Machtquellen, c) Furcht vor Ausübung eigener Macht, d) Furcht vor Gegenmacht und e) Furcht vor Erfolglosigkeit eigenen Machthandelns.

(6) Gibt es Unterschiede des Machthandelns in der privaten, beruflichen, öffentlichen, wirtschaftlichen, sportlichen, etc. Sphäre?

Abschließend sei erwähnt, daß eine isolierte Betrachtung von Interessen und Motiven ein schiefes Bild vermitteln kann. Vereinzelt wurden daher bei leitenden Managern der Wirtschaft und bei politischen Führern Motivkonstellationen erhoben und auch zu einem Erfolgskriterium in Beziehung gesetzt. Die bisher vorgelegten Befunde deuten folgendes an: Manager und politische Führer sind „erfolgreich", sofern ihre Macht- und Leistungsmotive stark ausgeprägt sind, während sich ihr Anschlußmotiv als schwach erweist. Offensichtlich stehen sich von den drei Motiven zwei im Wege, nämlich Leistung und Anschluß. Das eine geht auf Kosten des anderen. Diese Motivkonstellation könnte auch auf erfolgreiche Trainer von leistungsorientierten Sportmannschaften zutreffen.

4.4.4 Volitionales Handlungsmodell

Die Motivationspsychologie befand sich seit ihrer behavioristischen Phase in einem „Handlungsnotstand". Zwar wurden Motive beschrieben und Werterwartungspayoffmatrizen ersonnen. Wie es aber zur Handlung, zur Handlungskontrolle, zur Wiederaufnahme unterbrochener Handlungen kommt - dies blieb bis in die siebziger Jahre ein Geheimnis. HECKHAUSEN sprach hier vom „Handlungsloch". Seither wurde an der „Einebnung des Handlungsloches" von psychologischer und sportpsychologischer Seite gearbeitet. So hat insbesondere NITSCH (1986) den Ablauf sportlicher Handlungen in einem Dreiphasenmodell beschrieben: mit der Antizipations-, Realisations- und Interpretationsphase. Die Antizipationsphase beinhaltet Prozesse der Planung und Kalkulation; die Realisationsphase die Abläufe einer Prozeß- und Basisregulation; die Interpretationsphase Prozesse der Selbstkontrolle und Evaluation. Die sechs phasengebundenen Hauptprozesse (Planung, Basisregulation, Evaluation, ...) werden so in verschiedene Subprozesse untergliedert, daß sich ein vermaschtes Gefüge von vielerlei internen und externen hypothetischen Beziehungen ergibt. Da NITSCH ausschließlich phänomenologisch, nicht aber experimentell arbeitet, sprechen die entwikkelten Konzepte nur das allgemeine Verständnis an, das sich bekanntlich mit „Postdiktionen" (Beschreibung des bereits Geschehenen) zufrieden gibt. Um wissenschaftlich zu überzeugen, müßte der Fundus der theoretischen Aussagen experimentalfreudiger gestaltet werden. So sollten unter Berücksichtigung konkreter Umstände Vorhersagen (Prädiktionen) in Bezug auf das Verhalten von Athleten (Leistung, Emotion) möglich werden, die empirisch zu prüfen wären. Gegenwärtig ist dies noch nicht der Fall.

Vielseitige Anregungen für eine sportpsychologische Handlungstheorie verdanken wir KAMINSKI (1972, 1973, 1983). Sportliche Verhaltensweisen wie das Skifahren oder Fußballspielen werden analog zu Vorgängen des Problemlösens als Mehrfachhandlungen analysiert. Das Konzept des Problemlösens wird zudem ökopsychologisch so erweitert, daß unterschiedliche Kontexte im Sinne synergetischer Systeme (vgl. HAKEN, 1986) die Handlungen bestimmen können. Dadurch wird eine zu enge Bindung der Handlungen an einzelne individuelle Motivkonzepte aufgelöst.

Die einflußreichste Handlungstheorie der Sportpsychologie stammt von HECKHAUSEN (1989), der unter einer Handlung alle Aktivitäten versteht, denen die gleiche Zielvorstellung zugrundeliegt. Ich definiere: **Handlung** *ist eine komplexe, zielgerichtete und koordinierte Abfolge von Aktivitäten (Bewegungen). Sie ist anreizbedingt motiviert, wird durch volitionale Prozesse (Wille) gesteuert und zu einem Abschluß gebracht.* Handlungen unterscheiden sich von Reflexen, Reaktionen und Instinkthandlungen durch eine anreizbedingte Motivbasis, durch eine Entscheidung für ein Ziel, durch eine Intentionsbildung (Absicht und Plan) und durch die Willenskontrolle bei der Zielerreichung. Alle Handlungen haben eine Vierphasenstruktur, die kurz als a) Motivierung, b) Entscheidung, c) Ausführung und d) Bewertung beschrieben werden kann (vgl. Abb. 4.5). Diese Vierphasigkeit gilt auch für sportliche Handlungen.

Prädezisionale Motivation. Unter Motivierung versteht HECKHAUSEN (1989) nicht den Kampf der Motive im weitesten Sinne. Vielmehr gliedert er die physiologischen Bedürfnisse und die Se-

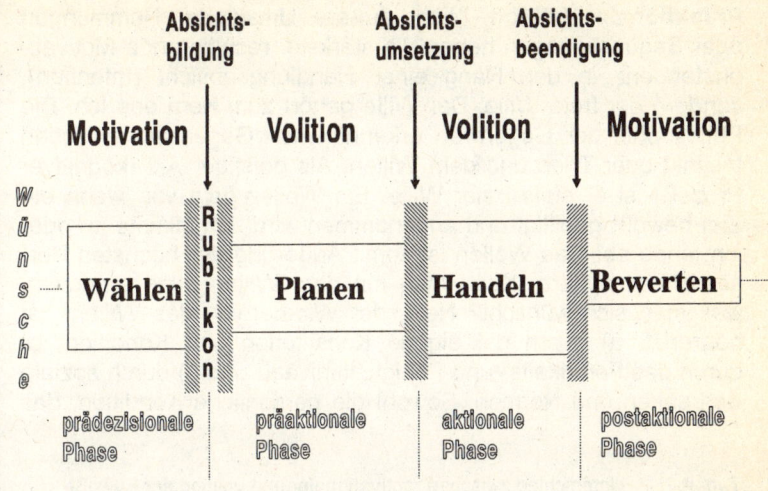

Abb. 4.5: Handlungsphasen des Rubikonmodells nach HECKHAUSEN(1989)

xualität aus dem Motivierungsgeschehen aus. Es bleiben die relativ konstanten, kulturell geprägten **Wertungsdispositionen** der Leistung, der Hilfeleistung, der Aggression, der sozialen Bindung, der Macht und auch der Ängstlichkeit, die miteinander in Konkurrenz treten können. Diese Wertungsdispositionen werden durch situative Anreizwerte angeregt, lösen Antizipationen erwünschter und befürchteter Folgen des eigenen Handelns aus und begünstigen einfache oder elaborierte Werterwartungen. Auf diese Weise angeregt sind sie Motive. Der Motivierungsprozeß wird demnach als ein kognitiver Elaborationsprozeß von Werterwartungen mit starken emotionalen Anteilen gedeutet. Er ist insofern handlungsvorbereitend, als er mit einer Fazittendenz (wachsende Ungeduld) zum Abschluß drängt. Bei mehreren Handlungsmöglichkeiten setzt sich die Motivationstendenz (das Motiv) mit der stärksten Werterwartung durch. Die übrigen werden unterbrochen, bestehen aber als unerledigte Tendenzen weiter. Die Motivierungsphase kann nur durch einen Willensakt beendet werden.

Präaktionale Volition: Nicht äußere Umstände, Hemmungen oder Begünstigungen heben die stärkste, resultierende Motivationstendenz in den Rang einer Handlungsabsicht (Intention), sondern der freie Wille. Der Wille gehört zum Kern des Ich. Die Philosophie der Gegenwart erkennt einen Gegensatz zwischen Instinkt oder Trieb und dem Willen. Als geistiger Akt (kognitiver Prozeß) ist er stets freier Wille. Ein Wollen liegt vor, wenn ein Ziel bewußt gebilligt und angenommen wird: Ich stimme zu oder ich lehne ab! Das Wollen ist somit Äußerung der höchsten Persönlichkeitssphäre. Kann man mit dem Willen alles erreichen, was man sich wünscht? Nein, der Wirkbereich des Willens ist begrenzt: a) durch die eigene Konstitution und Kondition, b) durch das Fertigkeits- und Fähigkeitsniveau und c) durch soziale Schranken und Normen. Sowohl die persönliche Kondition, das

Tab. 4.2: Unterschied zwischen motivationaler und volitionaler Bewußtseinslage nach HECKHAUSEN (1989)

	Bewußtseinslage	
	motivational realitätsorientiert	**volitional** realisierungsorientiert
Gedanken- inhalte	1. anreizbetonte Vergegenwärtigung der möglichen Folgen eigenen Handelns 2. Abwägung der Eintretenswahrscheinlichkeit verschiedener Ereignisse 3. Metamotivationen, d.h. Überlegungen, wie das Abwägen von Reizen und Erwartungen verschärft oder verbessert werden könnte	1. Bestimmung der günstigsten Gelegenheiten zur Handlungsinitiierung 2. besondere Weisen der Durchführung der Handlung, v.a. bei vorausgegangenen Schwierigkeiten 3. Bestimmung, wann eine Handlung die verfolgte Intention erfüllt hat (Handlungsdesaktivierung)
Informations- aufnahme	sehr offen, alle wahrscheinlichen Möglichkeiten sollen bedacht werden	selektiv, Metavolitionen drängen störende Gedanken beiseite und werten die Gründe für die in Realisierung begriffene Zielintention auf
Informations- strom	möglichst realitätsorientiert, d.h. frei von wunschgeleiteten Voreingenommenheiten	parteilich im Dienste einer Realisierung der einmal gefaßten Zielintention

Fertigkeits- und Fähigkeitsniveau als auch die sozialen Schranken und Widerstände sind relativ unbestimmt und leicht veränderbar. Daher gilt in gewisser Weise die Ermutigung: Wo ein Wille, da ist ein Weg.
HECKHAUSEN (1989) sieht zwischen Motivation und Handeln zwei Übergänge: die Absichtsbildung (Rubikon) und die Handlungsinitiierung (Absichtsumsetzung). Als CAESAR mit seinen Truppen 49 v. Chr. das Flüßchen Rubico überschreitet, ist die Entscheidung für den Bürgerkrieg gegen POMPEIUS gefallen. Aber es ist noch nicht Krieg. Der Kriegsplan wird geschmiedet. Der oberitalienische Rubikon steht daher als Methapher für die winzige Barriere zwischen Motivationsphase und erster Willensphase mit der Funktion der Entscheidung und der Handlungsplanung. Den Unterschied zwischen der motivationalen und volitionalen Bewußtseinslage beschreibt HECKHAUSEN mit *realitätsorientiert* vs. *realisierungsorientiert* (vgl. Tab. 4.2).
In der präaktionalen Phase gibt es zwar eine leitende Zielintention (CAESAR: Bürgerkrieg), aber mehrere konkurrierende Planintentionen kämpfen um den Rang der Realisierung. Damit die Zielintention nicht zerfällt oder degeneriert, werden Abschirmprozesse mobilisiert, die KUHL (1983) als Prozesse der **Absichtskontrolle** beschreibt. KUHL nennt ihrer sechs:

1) Die *selektive Aufmerksamkeit* erleichtert die Informationsaufnahme und Informationsverarbeitung durch die Hinwendung zu Reizen, die mit der Handlungsvorbereitung und -ausführung in Verbindung stehen.
2) Die *Umweltkontrolle* beschreibt eine Strategie, bei der Situationen so strukturiert werden, daß sie zu einer Erleichterung 'erwünschter' Reaktionen beitragen.
3) Die *Enkodierungskontrolle* bewirkt, daß Situationen im Sinne der laufenden Intention wahrgenommen werden. Gegenstände, die das Erreichen des Handlungszieles fördern, werden zweckbezogen apperzipiert.
4) Die *Emotionskontrolle* unterstützt die Handlungsausführung, indem förderliche Gefühle erzeugt, hemmende Gefühle dagegen unterdrückt werden.
5) Die *Anreizaufschaukelung* bezeichnet eine dynamische Rückwirkungsmöglichkeit auf den Prozeß der Motivationsentstehung. Durch die Suche nach weiteren Anreizen für

eine schwach motivierte Handlung kann deren Tendenzstärke weiter erhöht werden.
6) Die *Sparsamkeit der Informationsverarbeitung* verweist auf einen Mechanismus, welcher das Ausmaß handlungsbezogener Abwägungsprozesse reguliert. Aufgabenirrelevante Abwägungsprozesse werden durch diesen Mechanismus abgebrochen bzw. unterdrückt.

Im Handlungsplan wird somit geregelt, welche Intentionen wann zum Zuge kommen. Durch antizipierte Gelegenheiten und Umstände wird die Realisierung einer Planintention vorab entschieden. Ob die Gelegenheit da ist, wird wiederum willensmäßig entschieden.

Aktionale Volition. Die erkennbare Ausführung einer Handlung beginnt mit der Entscheidung für die Realisierung einer Planintention in einer konkreten Lage. Dies ist die Handlungsinitiierung resp. die Absichtsumsetzung. Im Hallenhandball wird beispielsweise durch den Spielmacher in der Position Rückraum-Mitte das vereinbarte Zeichen zu einem im Training eingeübten Spielzug über vier Ballstationen gegeben. In diesem Moment wird der Spielzug fast automatisch abgewickelt, sofern der Gegner dies zuläßt. Da es vielfältige Schwierigkeiten und Widerstände gegen taktische Maßnahmen im Einzel- und Mannschaftswettkampf gibt, werden zur Stützung der Handlungsausführung volitionale Maßnahmen der **Handlungskontrolle** (vgl. KUHL, 1983) auf den Plan gerufen. Sie machen die Bewußtseinslage der Zielorientierung aus.
Solche handlungsbegleitende Kontrollmaßnahmen im Sport sind: Anstrengungskontrolle hinsichtlich der Intensität und Ausdauer, Ermüdungskontrolle, Leistungskontrolle (Güte-, Mengen-, Zeitnormen, Fehler), Regelkontrolle (Gebote, Verbote), Kontrolle der Zieldiskrepanz und des Abbruchkriteriums. Es scheint so, wie wenn wir uns nach ökonomischen Gesichtspunkten der Rentabilität verhalten würden. Vermutlich dosieren wir die Intensität unseres Handelns gemäß dem erforderlichen Aufwand. Jedenfalls hat HILLGRUBER bereits 1912 auf eine derartige Kontrollstrategie hingewiesen. Deshalb hat WILHELM (1993) in der Individualsportart des 400m-Hürdenlaufs geprüft, ob die Verhaltenskontrollmaß-

nahmen tatsächlich den Grundsätzen der Nutzenmaximierung gehorchen.

Die Untersuchung geht von Grundannahmen der *Verhaltensökonomie* aus: Wir kalkulieren Aufwand (Kosten) und Ergebnis (Gewinn oder Verlust) nach den Grundsätzen der Nutzenmaximierung. Dieser Kalkül ist nicht ganz einfach, weil wir über verschiedene *Ressourcen* verfügen: *innere* und *äußere* sowie *strukturelle* und *konsumptive* (sich verzehrende). Über diese Ressourcen verfügen wir nicht immer in gleicher Weise. Die Schwankungen der Kapazität der Ressourcen spiegeln sich in unseren Emotionen wider, insbesondere im Beanspruchungserleben. Im Leistungssport repräsentiert die Trainingsbelastung das Gewinnhandeln und das Beanspruchungserleben die Kosten resp. den persönlichen Aufwand. Dieses ist die Hypothese, die WILHELM (1993) an vier Individualsportlern untersucht. Es gelingt WILHELM, verschiedene kurz-, mittel- und langfristige Strategien der Trainingsbelastung und des Beanspruchungserlebens mit Hilfe von Strukturgleichungsmodellen (LISREL) zu identifizieren (vgl. Abb. 4.6).

So hat beispielsweise ein Hürdenläufer die Kosten und den Nutzen des Trainingsverhaltens gezielt abgewogen, indem er in der Verhaltensregulation leistungsbezogene Merkmale der Belastung und Beanspruchung berücksichtigte. Ein anderer hat sich auf die Kostenkalkulation beschränkt; er verzichtete auf die Kontrolle des Nutzens. Zwei Sportler regulierten nur kurz-, nicht langfristig ihre Kostennutzenbilanzen. Ihr Verhalten sicherte zwar die Effektivität des aktuellen Trainings, nicht aber den längerfristigen Trainingsgewinn. Folglich sind die Aussagen von HILLGRUBER (1912) für komplexere Aufgaben und Bewältigungsmaßnahmen mit einer längerfristigen Zeitperspektive ergänzungsbedürftig. Einige Sportler können langfristige Trainings- und Wettkampfziele nach ökonomischen Kostennutzengesichtspunkten ansteuern, andere nicht. Da man komplexe Verhaltensstrategien lernen kann, wird man auch Kontrollmaßnahmen der Verhaltensökonomie erwerben können.

KUHL (1983) vermutete, daß die Verhaltensdisposition der Handlungsorientierung den Erwerb ökonomischer Verhaltensweisen erleichtere. Lageorientierte Personen sollen demgegenüber eher unökonomisch verfahren. Diese Hypothese prüfte STRANG (1986)

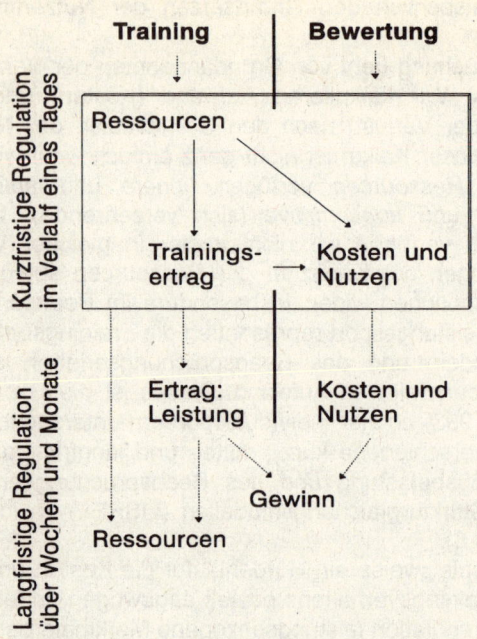

Abb.: 4.6: Verhaltensökonomisches Regulationsmodell nach WILHELM (1993)

bei Ruder- und Tennissportlern sowie JANSSEN & STRANG (1992) bei Tennisspielern der Kreis- bis Landesliga aus der Region Kiel. Beide Untersuchungen konnten in den Feldexperimenten die KUHLsche Hypothese nicht bestätigen. Nach einer Mißerfolgsinduktion strengten sich sowohl die Lage-, als auch die Handlungsorientierten an. Sie steigerten zwar den Output, ohne aber das Verhältnis von Güte- zur Mengenleistung zu verbessern. Wir müssen uns der Auffassung von HECKHAUSEN (1989) anschließen, daß wir gegenwärtig über die Steuerung des Aufwandes an Anstrengung, Zeit, Informationsergänzung, Planung und weiteren Kosten noch sehr wenig wissen.

Postaktionale Motivation. Mit der Beendigung des Handelns ändert sich die Bewußtseinslage. Nunmehr übernehmen wieder realitätsorientierte Motivationsprozesse die Regie. Diese beziehen sich auf Wert- und Erwartungsaspekte. In einer Art kritischer Rückschau wird Bilanz gezogen und für kommende Handlungen verwertet. Vier motivational-emotionale Prozesse kann man nunmehr beobachten: a) Bewertung, b) Ergebnisemotionen, c) Kausalattribuierung und d) prospektive Kognitionen.

Die Zielerreichungsbewertung ist der erste und wichtigste Schritt nach dem Handlungsende. Ist das beabsichtigte Ziel erreicht oder nicht? Hat man es erreicht, dann ist der Weg frei für andere oder Folgeintentionen. Ist es nicht erreicht und wurde die Handlung unterbrochen, dann muß man auf die nächste Gelegenheit zur Zielerreichung warten. Als Ergebnisemotionen stellen sich bei Zielerreichung Zufriedenheit, Entspannung, Freude, Stolz, gute Laune o. dgl. m. ein. Bei Mißerfolg oder Unterbrechung können sich Ärger, Spannungssteigerung, Unzufriedenheit, Niedergeschlagenheit oder evtl. Scham ergeben. Nur bei unerwartetem Erfolg oder bei (befürchtetem) Mißerfolg setzen spontan bewußte Prozesse der **Kausalattribuierung** ein. Man überlegt, ob die Ursachen hierfür in variablen oder kontrollierbaren Bedingungen der eigenen Person (wie Anstrengung, Ausdauer) oder der Umstände (Zufall, Schwierigkeitsgrad der Aufgabe) liegen könnten. Sollte dies der Fall sein, wird man die Zielsetzung (Intention) nicht aufgeben. Vermutet man jedoch die Ursachen in stabilen, unkontrollierbaren Faktoren der eigenen Person (Mangel an Fähigkeiten, Ressourcen) oder der Umwelt (Mangel an Gelegenheiten), dann wird man die Intention fallen und ihre Motivationstendenz verkümmern lassen. Prospektive Kognitionen können in zwei Richtungen gehen. Wurde das Ziel nicht erreicht und die Ursache in mangelnder Anstrengung gefunden, wird die ursprüngliche Motivationstendenz beibehalten. Wurde die Ursache für den Mißerfolg im Mangel an Fähigkeiten diagnostiziert, bilden sich Ersatzmotivationen. Man sinnt auf Kompensation oder Entlastung von Schuld- und Schamgefühlen. Der postaktionale Motivationsprozeß fließt in den prädezisionalen, und der Kreis hat sich geschlossen.

Zur Kausalattribuierung noch einige Hinweise. In den siebziger Jahren hielt man diese Kognitionen für den Kern der Motivationsprozesse. Heute weiß man, daß spontane Attributionen nur in der postaktionalen Phase bei Mißerfolg oder überraschendem Erfolg auftreten. Spontane Attributionen sind in der sportpsychologischen Forschung nicht registriert worden. Man hat vielmehr Sportler vor und/oder nach Wettkämpfen systematisch zu den Ursachen ihrer Leistungen befragt. Eine zusammenfassende Würdigung dieser sportpsychologischen Forschung bietet BIER-HOFF-ALFERMANN (1986). So wurden sportliche Leistungen (im Vergleich zu Berufs- oder Prüfungsleistungen) stärker auf internale, variable und kontrollierbare Ursachen zurückgeführt - auch Mißerfolge. Dennoch findet man tendenziell die bekannten Selbstschutzinterpretationen (self-serving bias): Erfolge werden eher internal (Person), Mißerfolge entweder external (Umstände) oder überhaupt nicht erklärt. Diese Selbstschutzinterpretation, die nicht sehr stark ausgeprägt ist, schwächt sich im Laufe einer Wettkampfsaison deutlich ab. Niederlagen oder Mißerfolge werden zunehmend selbstkritischer beurteilt und verarbeitet.

4.5 Unterschied zwischen instinktivem und motiviertem Verhalten

Im sportlichen Wettkampf werden Verhaltensweisen, die gegen Normen verstoßen, entschuldigend als instinktiv oder reflexhaft hingestellt. Auch Prügeleien oder Krawalle von Fans werden teilweise als instinktbedingt erklärt. Diese Erklärungsversuche müssen als Schutzbehauptungen (Rationalisierungen) eingestuft werden.

1) **Alle „menschlichen Instinkte" sind normgeregelt**: Die angeborenen physiologischen Grundbedürfnisse des Wachens und Schlafens, der Nahrungsaufnahme, der Entleerung, der Körperpflege, der sexuellen Intimität, der Kinderpflege, etc. unterliegen kulturellen Vorschriften (Normen). Deshalb laufen sie nicht mehr nach einem uniformen Schema ab: Appetenzverhalten, Schlüsselreiz (AAM), durch ZEM koordinierte Bewegungssequenzen (wie Flucht, Angriff, Balz...), Endverhalten und Abschaltmechanismus - und zwar in recht stereotyper Art und Weise. Vielmehr findet man eine große Variationsvielfalt in den verschiedenen menschlichen Gesellschaften und Schichten hinsichtlich des Appetenzverhaltens, der sog. Schlüsselreize und der koordinierten Bewegungssequenzen.

Nur im Endverhalten und Abschaltmechanismus besteht Uniformität.

2) **Motiviertes Verhalten ist im Ablauf der sog. Motivbefriedigung nicht festgelegt**: Das vierphasige Rubikonmodell menschlicher Handlungen belegt die Plastizität und interindividuelle Vielfalt der Verhaltensweisen, die durch Absicht und Willensprozesse gesteuert und gestaltet werden. Motiviertes Verhalten bzgl. Leistung, Macht, Anschluß, Hilfeleistung, etc. kann jederzeit willentlich unterbrochen werden. Das gilt auch für sportliches Handeln, bis auf geringe Anteile motorischer Endhandlungen bei Schlägen, Stößen, Sprüngen, Würfen.

3) **Es gibt keine automatische Abschaltung der Interessen und Motive durch Endhandlungen**: Die erworbenen Interessen und Motive für Leistung, Macht, Profit, Geltung, Kunst, Architektur, etc. werden nach einer instrumentellen Endhaltung nicht automatisch abgeschaltet. Die Zielmotivation (Interesse) kann schwächer, sie kann aber auch stärker werden. Allerdings beobachtet man entwicklungsbedingte Sättigungserlebnisse oder Verdrängungen durch andere Interessen.

4) **In wenigen Situationen des normgeregelten Verhaltens kommt es zu Konflikten zwischen einer Instinkttendenz und der gesellschaftlichen Vorschrift**: Beispielsweise werden Fremdenfurcht und Ablehnung, Intoleranz gegen Außenseiter oder Neugier bei körperlichen Besonderheiten und Gebrechen in den großen Nationen und Staaten als unfein oder normabweichend gewertet. Auch das Quälen und Morden in Bürgerkriegen oder Kriegen verstößt bei vielen Beteiligten gegen die Tendenz des Mitleids und gegen eine Angst vor dem Töten.

Manchmal wird selbst ethisches Verhalten wie Hilfeleistungen an Fremde oder der Verzicht auf ein Gut zugunsten anderer Personen als instinktiv vorprogrammiert bezeichnet. Dieser Einschätzung muß bis auf eine Sondersituation widersprochen werden. Vermutlich ist die Selbstaufopferung einer Mutter für ihr Baby oder ihr Kind weitgehend instinktiv vorprogrammiert. Man nimmt an, daß dieser Altruismus im Dienste der Gesamteignung (inclusive fitness) einer Art dem Genpool der Art nützt. Ansonsten wird ethisches Verhalten durch drei Bedingungen ermöglicht:

(1) Fähigkeit zur Handlungsfolgeabschätzung,
(2) Fähigkeit der Wahl zwischen alternativen Handlungsweisen (tun oder lassen),
(3) Fähigkeit zu Werturteilen (Unterscheidung zwischen gut und böse).

Der ethische Altruismus (Samariterverhalten) gründet somit auf dem freien Willen (vgl. KÜNG, 1990).

5. EMOTION UND VERHALTEN IM SPORT

5.1 Begriffe und Theorien

Gefühle sind komplexe Ichzustände, die mit einer selektiven Wahrnehmung und Bewertung sowie mit spontanen Impulsen der Annäherung oder Vermeidung gekoppelt sind. Sie erfüllen zwei Funktionen: a) Sie kontrollieren die Prioritäten von persönlichen Lebenszielen und Werten. b) Sie signalisieren und vermitteln anderen Personen eigene Absichten und Grundmuster der Kommunikation (vgl. OATLEY & JENKINS, 1992). Man unterscheidet die komplexen Gefühle der Angst, der Freude, des Mitleids, der Scham, des Stolzes, etc. von den einfachen **Empfindungen**. Diese sind mit den jeweiligen Sinnesfunktionen des Hörens, Sehens, Riechens, Tastens, etc. verbunden. Daher können sie auch in den entsprechenden Organen lokalisiert werden. Gerade im Sport sind Tast-, Schmerz-, Bewegungs-, Gleichgewichts-, Druck- oder Kraftempfindungen eine wichtige Informationsquelle für Leistungskontrollen.

Der Philosoph und Phänomenologe SCHMITZ (1981) unterscheidet leibliche Regungen und Empfindungen wie Jucken, Kitzel, Beklommenheit, Klammheit, etc. nach zwei Dimensionen: a) der *Weitung* vs. *Engung* (Schwellung vs. Spannung) und b) der Lokalisation zwischen örtlich bestimmt vs. unscharf, verschwommen (*epikritisch* vs. *protopathisch*). Im Unterschied zu den leiblichen Regungen sind Gefühle für SCHMITZ nicht lokalisierbar. Sie ergreifen das Ich in seiner Totalität (ich bin besorgt, ich bin verärgert, ich bin gut gelaunt). Unterschiedliche Organempfindungen können also durchaus zu einer einheitlichen seelischen Befindlichkeit, nämlich der Besorgtheit, Beunruhigung oder Ängstlichkeit beitragen. Nach SCHMITZ (1981) gerät man in Gefühle wie in objektiv vorhandene Atmosphären hinein. Um die markantesten Merkmale zu beschreiben, mit denen uns Gefühle beeindrucken und bewegen, genügen für SCHMITZ die drei räumlichen Variationsreihen: a) *erfüllt* vs. *leer*, b) *tief* vs. *flach* und c) *erhebend* vs. *niederdrückend*. Schließlich unterscheiden sich Gefühle in der Zielgerichtetheit resp. Zentrierung.

Sucht man neben dieser phänomenologischen Ordnung nach einer psychologischen Klassifikation für Gefühle, so findet man neben Kategorien der Qualität noch Kategorien der Intensität und Dauer, um Gefühle zu beschreiben. **Qualität**: WUNDT folgend unterscheidet man Gefühle nach der Valenzdimension (*Lust* vs. *Unlust*; *angenehm* vs. *unangenehm*), nach der Potenzdimension (*Spannung* vs. *Lösung*; *stark* vs. *schwach*) und nach der Aktivitätsdimension (*Erregung* vs. *Beruhigung*; *aktiv* vs. *passiv*). Bestimmt man jedoch die qualitative Ähnlichkeit zwischen Emotionsbegriffen, so vermindern sich diese drei Qualitätsdimensionen auf die beiden der Valenz und Aktivität (vgl. RUSSELL, 1980). **Intensität:** Dieses Merkmal ist in der Psychologie am häufigsten untersucht worden. Ausgelöst durch einen äußeren Anlaß unterscheidet man drei Gefühlsphasen, und zwar wie bei motorischen Abläufen eine Vorbereitungs-, Haupt- und Endphase. In der Anlaufphase, die als Phase der Stimulierung oder Aktivierung bezeichnet wird (vgl. Abschnitt 5.2: Vierkomponentenmodell), schaukelt sich das Gefühl sozusagen auf. Gerade in dieser Phase kann man den Verlauf durch Vorstellungen oder Aktivitäten noch beeinflussen (z. B. unterdrücken und überspielen). In der Hauptphase (Phase der Emotion) erreicht das Gefühl den Höhepunkt der Intensität und schwächt sich danach (Phase der Konsequenzen) ab. Gefühle sind also phasisch gegliedert. In jeder Phase kann ihre Intensität durch Verhaltensbeobachtung (Ausdrucksverhalten), durch physiologische Meßvorrichtungen (Hautwiderstand, Herzfrequenz) oder durch Selbstbeobachtungen (Bericht, Fragebogen) gemessen werden. **Affekte** sind sehr intensive, kurz dauernde Gefühle, die sehr schwierig zu kontrollieren sind. **Dauer:** Gefühle unterscheidet man auch nach ihrer Dauer. **Affekte** sind kurzfristige (Sekunden) Gefühlsaufwallungen, **Stimmungen** hingegen sind länger dauernde (bis zu Tagen) Gefühlszustände. Wie beim Muskeltonus, der durch Alltagsüberlastungen allmählich zu Verspannungen führen kann, verändern sich Stimmungen so langsam, daß man weder eine Anfangs- noch eine Endphase im Erleben unterscheiden kann. Man gerät sozusagen in eine depressive Verstimmung hinein. Während Gefühle die Funktion einer Brandwache haben, durch welche die Prioritäten der Lebensziele ständig kontrolliert werden, scheinen Stimmungen eine allgemeinere Wächterfunktion zu erfüllen: Sie erhalten einen Gemütszustand trotz des Wandels von Ereignissen aufrecht. Man möchte sich beispielsweise seine gute Laune nicht durch ein paar Ärgerlichkeiten des Alltags verderben lassen. Nunmehr kann eine Definition versucht werden.

Definition: *Gefühle sind seelische „Ichzustände" mittlerer Dauer, die meist ohne willentliche Mitwirkung des Bewußtseins als Reaktion auf ein äußeres (oder inneres) Geschehen mehr oder weniger intensiv auftreten. Im Unterschied zu Empfindungen können sie nicht in Organen lokalisiert werden, obgleich sie eine biologische Basis haben. Sie verlaufen dreiphasig.* Man kann Intensitäts- und Zeitaspekte physiologisch, Qualitätsmerkmale aber psychologisch durch Selbst- und Fremdbeobachtung erfassen. Im Lebenslauf erfüllen Gefühle sowohl Wächter- als auch Kommunikationsfunktionen. Alles in allem sind sie bis zu einem gewissen Grade durch Mentaltechniken und/oder Medikamente kontrollierbar.

Wie unterscheidet man Gefühle von Wahrnehmungen und von Motiven? Wahrnehmungen sind Objektivationen einer Realität außerhalb des Ichs; nicht so die Gefühle, die das Ichbewußtsein in einheitlicher Qualität erfüllen und bewegen. Motive werden durch innere, spezifische Reize (Hunger, Durst) ausgelöst; Gefühle aber durch äußere kulturell klassifizierte Ereignisse bestimmt (Störung kann entweder Ärger oder Freude auslösen).

Entstehung der Gefühle. Wie kommen die Gefühle zustande? Wie verändern sie sich? Werden sie angeboren? Kann man alle Gefühle verbergen oder kontrollieren, wie dies die antike Lehre der Stoa empfiehlt? Die klassische, peripheralistische Gefühlstheorie des 19. Jahrhunderts von JAMES und von LANGE behauptet: Wir haben Angst, weil wir laufen; aber wir laufen nicht, weil wir Angst haben. Moderner ausgedrückt heißt dies: Gefühle ergeben sich aus der Situation und der Tätigkeit in dieser Situation. Gefühle sind demnach Folgen unseres Verhaltens. Diese Sichtweise ist von den Physiologen SHERRINGTON (1906) und CANNON (1915) zu Beginn unseres Jahrhunderts eingeschränkt worden: Emotionen ergeben sich aus der Veränderung zentralnervöser Erregungsverläufe. Diese lösen dann die weiteren Verhaltensweisen aus. Als Beispiel für diese Vorgänge diente die Notfallreaktion: Gefahrreize mobilisieren Zentren im Thalamus, die das Nebennierenrindenmark mobilisieren (Adrenalin, Noradrenalin); dieses mobilisiert den Kreislauf und die Muskulatur zur Flucht oder zum Angriff.

Die klassische und die physiologische Theorie wurden Mitte des Jahrhunderts durch eine kognitive Zweikomponententheorie ergänzt (SCHACHTER & SINGER, 1962): Besonders wichtig ist nach dieser Theorie die Interpretation der erlebten physiologischen Erregung in einer Situation (vgl. Abb. 5.1).

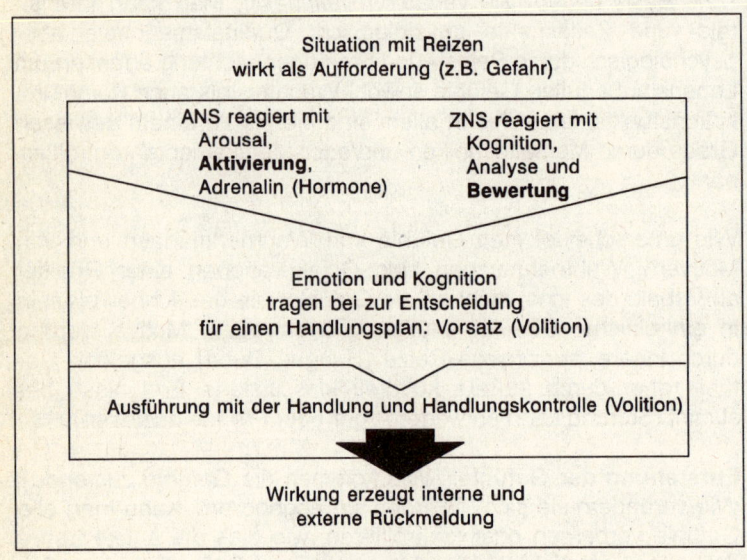

Abb. 5.1: Zweikomponententheorie von SCHACHTER & SINGER (1962)

Eine vierte, sich auf DARWIN gründende Richtung erkennt in den Gefühlen ein stammesgeschichtliches Verhaltensrepertoire, das mit einem typischen Gesichtsausdruck verbunden sei (PLUTCHIK,

1980). So soll es acht Grundemotionen mit Verhaltensdispositionen geben:

(1) Furcht oder Schreck mit der Tendenz zur Flucht;
(2) Ärger oder Wut mit der Tendenz des Angriffs;
(3) Freude mit der Tendenz der Werbung;
(4) Traurigkeit, Kummer mit der Tendenz von Hilfeappellen;
(5) Vertrauen mit der Tendenz des Teilens;
(6) Ekel und Abscheu mit der Tendenz der Abwehr;
(7) Erwartung und Überraschung mit der Tendenz der Orientierung und Untersuchung;
(8) Scham mit der Tendenz des Verbergens.

Die vier speziellen Erklärungsansätze der Emotion als Handlungsfolge, als ein physiologischer Vorgang, als ein kognitives Produkt und als ein stammesgeschichtlich erworbenes Verhaltensrepertoire werden heute in der Vierkomponententheorie verbunden (vgl. ATKINSON *et al.*, 1993).

5.2 Vierkomponententheorie des Gefühls

Die vier Komponenten, welche unsere Gefühle bestimmen (determinieren) und beeinflussen, sind:

(1) Reaktionen des autonomen Nervensystems (ANS), das aus den Antagonisten des Sympathikus und des Parasympathikus besteht;
(2) Erwartung oder Einschätzung (Bewertung), daß sich ein positiver oder negativer Zustand einstellt;
(3) Spontaner Körper- und Gesichtsausdruck;
(4) Eigene (und fremde) Reaktionen auf die Emotion als Konsequenz.

Die Zweikomponententheorie von SCHACHTER & SINGER (1962) hat sich in vielen Überprüfungen als zu einfach und nicht als ganz korrekt erwiesen. Im wesentlichen sind wohl alle vier Komponenten beteiligt. Schematisch könnte dies im Zirkel von Ereignissen und Emotionen wie folgt dargestellt (nach REISENZEIN, 1983) werden (vgl. Abb. 5.2):

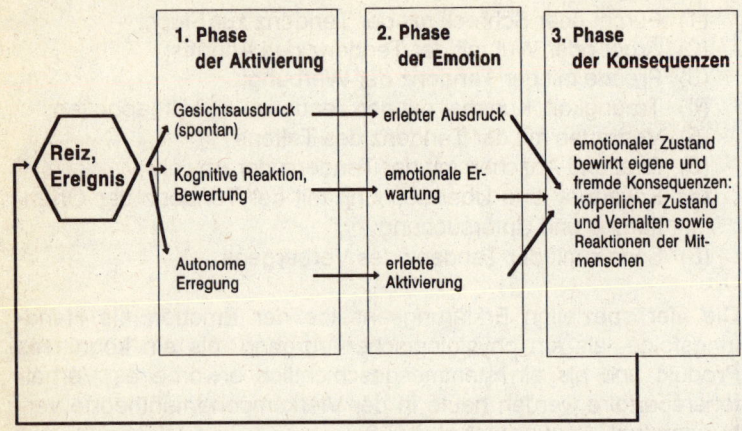

Abb. 5.2: Das Vierkomponentenmodell nach REISENZEIN (1983) und ATKINSON *et al.* (1993)

In dem Schema spielen sich drei Prozesse der Vierkomponententheorie simultan in den ersten beiden Phasen ab:
1) **Autonome Aktivierung:** Im wesentlichen sind an den physiologischen Vorgängen Erregungsmuster des Sympathikus beteiligt. Heute gilt als gesichert, daß für Primäremotionen wie Angst, Abscheu, Freude, Ärger, Trauer, Scham, etc. die physiologischen Erregungsmuster verschieden sind.
2) **Spontaner Gesichtsausdruck:** Der Gesichtsausdruck für Primäremotionen scheint angeboren zu sein. Denn in allen Kulturen werden bei Freude, Ärger oder Abscheu, etc. die gleichen Ausdrucksmuster beobachtet. Die Fähigkeit, die Stimmung oder das Gefühl von Menschen zu erkennen, scheint in der rechten Hirnhälfte lokalisiert zu sein. Diese Fähigkeit ist unabhängig von derjenigen, Gesichter zu erkennen und zu identifizieren.
3) **Kognitive Reaktion und Bewertung:** Reiz- und Situationsbewertung münden in eine emotionale Haltung, welche die Intensi-

tät und Qualität des Gefühls beeinflussen. Werden Probanden in einen unbestimmten Aktivierungszustand durch eine Injektion (von beispielsweise Epinephrin) versetzt, dann ergibt sich die Gefühlslage ausschließlich aus der Bewertung der Situation. Es gibt aber Emotionen wie Furcht, die konditioniert werden, die jedoch nicht durch Bewertung zustande kommen. In der ersten Phase entsteht das Gefühl; in der zweiten entfaltet es sich zur vollen Intensität und in der dritten klingt es ab. Die vierte Komponente kommt in der dritten Phase zum Zuge.

4) Konsequenzen und Reaktionen auf die eigenen Emotionen: Die Emotion resp. der emotionale Zustand hat Folgen für das eigene weitere Verhalten, je nachdem in welcher Situation man sich befindet. Sie kann das Verhalten anregen oder erheblich stören; man kann sich in einen Zustand hineinsteigern oder man versucht, ihn zu kontrollieren. Schämt man sich, dann versucht man, dies zu verbergen - soweit dies überhaupt möglich ist. Weitere Folgen ergeben sich für die Bewertung von Personen und Ereignissen. Bei schlechter Laune werden eher negative Züge oder Merkmale bei anderen Personen erlebt; bei guter Stimmung sieht auch das Negative freundlicher aus.

5.3   Befindlichkeit und Stimmung im Sport

Der Sportpsychologe hat es im Leistungssport vielfach mit negativen oder belastenden Gefühlen sowie mit Reaktionen auf derartige Gefühle zu tun. Solche Gefühle sind Zorn, Ärger, Feindlichkeit, Versagensangst, Erwartungsdruck, hohe Belastung, Enttäuschung und Scham. Problematische, nicht immer zu kontrollierende Reaktionen auf negative Gefühle sind zum einen aufgabenirrelevante Kognitionen mit der Folge von Konzentrationsverlusten, zum andern aggressive Verhaltensweisen gegen andere Personen sowie schließlich weitere inadäquate Verhaltensweisen, um mit den eigenen Gefühlen ins Reine zu kommen (SCHWENKMEZGER, 1991). Allerdings findet man auch sportpsychologische Untersuchungen positiver Gefühle wie beispielsweise zum Wohlbefinden oder zur Zufriedenheit beim Sporttreiben.

5.3.1 Sport und Wohlbefinden

Die öffentliche Meinung sieht einen Zusammenhang zwischen Sport und seelischer Gesundheit. So soll sportliche Betätigung bei Männern und Frauen, Jungen und Alten, Gesunden und Kranken das Wohlbefinden und die Lebenszufriedenheit steigern; negative Gefühle wie Angst, Feindseligkeit oder gar depressive Verstimmtheit sollen gemindert oder gar behoben werden.

Dieser globale Zusammenhang muß natürlich bei Unfällen und Verletzungen eingeschränkt werden. Betrachtet man ansonsten seelische Gesundheit als ein summarisches Konstrukt, so umschließt dieser Begriffszirkel folgende Merkmale: Heiterkeit, Lebenszufriedenheit, seelisch-körperliches Wohlbefinden, Selbstachtung, Ausgeglichenheit, Anpassungsfähigkeit, Bewältigungsfähigkeit, Widerstandskraft und Streßfreiheit. Um zu überprüfen, ob die vermuteten Folgen auch tatsächlich eintreten, sollte man Personen, die keinen Wettkampfsport betreiben und die ansonsten als körperlich gesund gelten, bitten, sich sportlich zu belasten. Vor und nach der sportlichen Belastung hätten diese Personen Angaben über den Grad oder den Zustand ihres Wohlbefindens zu machen. Nach der sportlichen Belastung müßte sich das seelische Befinden im Vergleich zur Ausgangslage deutlich verbessert haben, wenn die allgemeine Erwartung richtig wäre.

Genau auf diese Art und Weise sind auch sehr viele Untersuchungen durchgeführt worden, die SCHLICHT (1991) in seiner Habilitationsschrift beschreibt und mit einer Metaanalyse bewertet. Die Basis der Metaanalyse sind 44 unabhängige Effektgrößen (**r**), die an insgesamt 8900 normalen Personen ermittelt wurden. Die Mehrzahl (90%) dieser Pbn war völlig untrainiert. Der Rest trieb gelegentlich Sport. Der durchschnittliche, gewogene Zusammenhang zwischen Sporttreiben und seelischem Wohlbefinden ist mit $r_g=0.15$ zwar positiv, aber doch eher schwach. Dieser kleine Effekt wird allerdings durch weitere Variablen wie Geschlecht, Alter, Sportart u. dgl. m. „moderiert", d.h. in seiner Größenordnung beeinflußt. So wird das Wohlbefinden durch Ausdauersport (**r**=0.27) stärker als durch andere Sportarten (**r**=0.10) gesteigert. Bei Männern verbessert sich eher die Stimmung (**r**=0.37), weniger andere Emotionen. Auch gilt der Zusammenhang zwischen Wohlbefinden und Sport im wesentlichen für Männer im Alter zwischen 31 bis 50 Jahren (**r**=0.24). SCHLICHT interpretiert diesen Zusammenhang als eine Art illusionärer Rationalisierung. Denn möglicherweise glauben Männer im mittleren Lebensalter, durch Ausdauersport sowohl die nachlassende Leistungsfähigkeit kompensieren, als auch erhöhten Gesundheitsrisiken entgegenwirken zu können. Die Illusion der Kontrolle könnte dann das gesteigerte Wohlbefinden nach sportlichen Aktivitäten erklären. Ob sich diese Interpretation als haltbar erweist, wird die Zukunft lehren. Fest steht allerdings, daß der Zusammenhang zwischen Ausdauersport und seelischem Wohlbefinden nachweisbar vorhanden ist.

In einer ergänzenden Untersuchung hat SCHLICHT (1994) überprüft, ob Angstgefühle durch dosierte körperliche Anstrengungen oder durch Ausdauertraining kontrolliert resp. vermindert werden könnten, was von klinischen Psychologen vielfach vermutet, nicht aber immer bestätigt worden ist (vgl. HUGHES, 1984). SCHLICHT (1994) konnte immerhin zwanzig einschlägige Originalstudien mit 22 unabhängigen Stichproben auf einer Basis von 1306 Probanden für den Zeitraum von 1980 bis 1990 ausfindig machen. In allen Untersuchungen wurden Stimmungs- oder Angstfragebogen zur Diagnose des Gefühlszustandes verwendet. Das Ausdauertraining fand dreimal wöchentlich mindestens 20 und höchstens 25 Minuten lang für einen Zeitraum von drei Monaten statt. Es bestand im wesentlichen aus aeroben Belastungen. Die gewogene Effektstärke von r_w= -0.15 deutet zwar in die vermutete Richtung, ist aber statistisch nicht von null zu sichern. Dies bedeutet: Es gibt bisher keinen überzeugenden Beleg, daß unabhängig vom Alter, vom Geschlecht oder anderen Moderatorvariablen körperliche Anstrengung und Ausdauerbelastungen manifeste Angstgefühle vermindern oder gar beseitigen könnten. Wenn Besserungen nach Ausdauerbelastungen erlebt wurden, so wirkten diese entweder äußerst kurzfristig oder sehr oberflächlich.

In eine ähnliche Richtung zielen Studien zur Milderung (oder Kontrolle) depressiver Verhaltenssymptome durch Ausdauertraining, über welche vor zehn Jahren SCHWENKMEZGER (1985) und kürzlich KNOBLOCH (1993) berichtet haben. Das übereinstimmende Urteil beider Referenten ist sehr kritisch, was die genuine therapeutische Wirksamkeit zur Kontrolle klinischer Depressionssymptome betrifft: Die Annahme, Ausdauertraining führe zum Abbau depressiver Symptome, ist unzulässig. Denn selbst in den jüngsten Untersuchungen wurde nicht kontrolliert, ob nicht alleine die soziale Zuwendung der Therapeuten zur Verminderung der Depressionssymptome geführt haben könnte.

5.3.2 Leistungssport, Stimmung und Befindlichkeit

Training und Wettkampf im Leistungssport können sehr belastend und beanspruchend sein. Manche Sportler gehen immer wieder an die Grenze ihrer psychophysischen Leistungsfähigkeit heran. Bekanntlich wird die Trainingsbelastung bezüglich Umfang und Intensität periodisch so gestaffelt, daß in regelmäßigen Abständen die Belastungsdosierung gesteigert wird. Diese Umstände beeinflussen wie die „daily hassles" das Gefühlsleben der Athleten. Daher liegt es nahe, den Zusammenhang zwischen Trainingsbelastungen (Wettkampfbelastungen), Emotionalität und Leistungen zu erkunden.

Eine einfache Möglichkeit, das eigene Befinden oder den augenblicklichen Gemütszustand zu beschreiben, ist die Einschätzung der Intensität körperlicher und seelischer Erlebnisweisen mit Hilfe eines bipolaren Eigenschaftenschemas. Ein im Leistungssport häufiger verwendetes Polaritätenschema zur Ermittlung der augenblicklichen Befindlichkeit und Stimmung hat Renate MATHESIUS (1969, 1972) am FKS in Leipzig erprobt (vgl. Tab. 5.1). Es besteht aus 24 Eigenschaftspaaren, mit denen die Sportler beschreiben sollen, wie sie sich in „dieser Situation gerade kurz vor oder nach dem Wettkampf fühlen oder erleben". Diese Eigenschaftspaare können phänomenal (Expertenurteil) den drei Befindlichkeitsklassen: a) des körperlichen Befindens (**K**), b) der psychischen Aktivität (**A**) und c) der Stimmungslage (**S**) zugeordnet werden. In zahlreichen Studien zur Prüfung der Konstruktvalidität offenbarte sich allerdings immer wieder eine zweifaktorielle Struktur der emotionalen Befindlichkeit: a) Körperliches Befinden und psychische Aktivität sowie b) Stimmungslage. In Anlehnung an RUSSELL (1980) spricht WILHELM (1993) deshalb von den sportlichen Befindlichkeitsdimensionen der **Aktivität** und **Valenz**, welche mit den MATHESIUSskalen abgebildet werden (NITSCH & UDRIS, 1976: Binärstruktur des Befindens). Welche diagnostischen Möglichkeiten bieten Befindlichkeitsmessungen?

Tab. 5.1: Allgemeine Befindlichkeiten: Aktivität(A), körperliches Befinden (K) und Stimmung (S) nach MATHESIUS (1972)

Ich fühle mich	3	2	1	0	1	2	3	jetzt eher:
stark				K				schwach
gleichgültig				A				kampfesfreudig
fröhlich				S				mißmutig
begeistert				S				lustlos
kraftvoll				K				kraftlos
passiv				A				aktiv
gutgelaunt				S				verärgert
frisch				K				matt
unverwüstlich				K				erschöpft
träge				A				rastlos
gelähmt				A				energisch
stabil				K				labil
gemütlich				S				ungemütlich
müde				A				draufgängerisch
sorglos				S				bedrückt
angespannt				K				schlaff
vergnügt				S				niedergeschlagen
lahm				A				spritzig
teilnahmslos				A				einsatzfreudig
heiter				S				verdrießlich
froh				S				betrübt
schläfrig				A				explosiv
krafterfüllt				K				entkräftet
fit				K				zerschlagen

In einer ersten explorativen Einzelfallstudie konnten SCHWENKMEZGER & WACHTMEISTER (1982) einen Schwimmer der deutschen Nationalmannschaft im Olympiajahr 1980 gewinnen, sein subjektives Befinden fünfzehn Wochen lang (1.3.80 bis 15.6.80) mit Hilfe der MATHESIUSskalen zu registrieren. Die Befindlichkeitswerte der acht Skalen des körperlichen Befindens, der Aktivität und der Stimmung wurden jeweils zusammengefaßt und in Schaubildern dargestellt. Während sich die Profile des **K** und der **A** hochgradig ähnelten (r = 0.85), erwies sich der Verlauf der Stimmung als durchaus eigenständig. Gerade die Stimmung ist vermutlich ein Spiegelbild wichtiger Lebensereignisse wie beispielsweise die Bekanntgabe von Prüfungsterminen, die Prüfung selbst, der Beschluß des Olympiaboykotts durch das NOK (15.5.1980), die Teilnahme an der Deutschen Meisterschaft, etc. gewesen. Im Unterschied zur Stimmung (Valenz) reflektieren die Skalen der **A** und des **K** offensichtlich die „daily hassles", die sich u.a. durch die Umsetzung des Trainingsprogramms ergeben.

Gleichfalls mit der diagnostisch erhellenden Methode der Einzelfallanalyse hat SCHLICHT (1988) zwei 400m-Hürdenläufer des DLV genauer als üblich beschrieben. Um Zusammenhängen oder gegenseitigen Abhängigkeiten zwischen subjektiven emotionalen Merkmalen und objektiven Leistungskriterien auf die Spur zu kommen, haben sich beide Athleten im Verlaufe einer Vorbereitungs- und Wettkampfsaison regelmäßig selbst beobachtet.

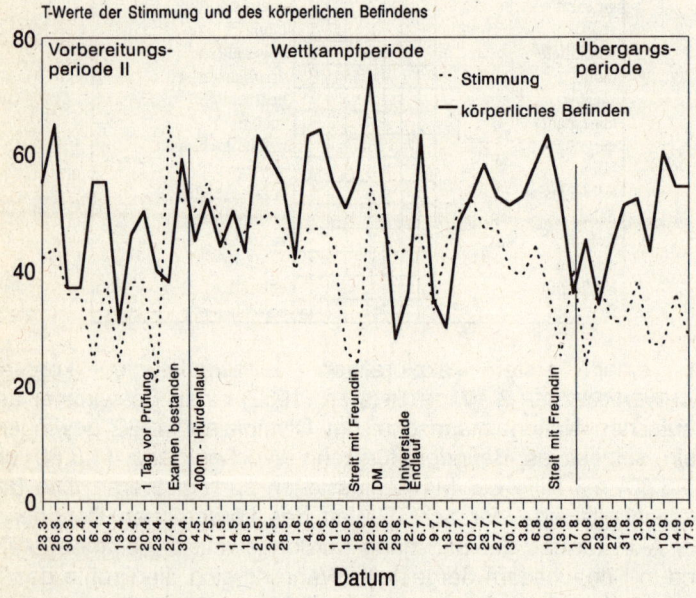

Abb. 5.3: Körperliches Befinden und Stimmungslage eines 400m-Hürdenläufers während einer Wettkampfsaison nach SCHLICHT (1988)

Sie haben ihre Befindlichkeit mit Hilfe der MATHESIUSskalen sowie verschiedene störende selbstbezogene Kognitionen, Angst- und Besorgtheitserlebnisse, das Trainingsprogramm und ihre Leistungsmeßwerte sorgfältig in vorbereiteten Protokollbögen registriert. Auf diese Weise konnten 50 bis 80 Meßwerte jeder Variablen gewonnen werden, so daß exakte zeitreihenanalytische Auswertungen möglich wurden. Hier nur exemplarisch einige Befunde zur Befindlichkeit eines Athleten.

Die zusammengefaßten T-transformierten Rohwerte der acht Aktivitäts- und acht Körperbefindensskalen unterscheiden sich zwar nicht voneinander, aber doch erheblich von den Skalenwerten des Stimmungsverlaufes (vgl. Abb. 5.3). Außerdem konnten für die Befindlichkeit der Aktivität und Körperlichkeit keine befriedigenden zeitreihenanalytischen Modelle nachgewiesen werden. Anders jedoch der Verlauf der Stimmung, der einmal durch kritische Lebensereignisse und zum andern durch die Stimmungslage des vorausgegangenen Zeitabschnitts modelliert wurde. Somit scheint es für die Stimmungslage folgendes allgemeines Modell zu geben:

Stimmungslage = f (periodische Abhängigkeit) + f (kritische Ereignisse) + Rest.

Die Stimmungslage wäre somit eine Funktion periodischer Bedingungen und kritischer Lebensereignisse sowie eines nicht kalkulierbaren (daher zufälligen) Restes.

Wie wirkt sich die aktuelle Befindlichkeit auf die Leistung in Wettkämpfen aus? Beim ersten Athleten findet sich ein zeitverschobener Zusammenhang von r=0.38 zwischen der Aktivitätslage zwei bis drei Tage vor dem Wettkampf und der erzielten Wettkampfzeit. Beim zweiten (vgl. Abb. 5.3) korrelieren das zeitsynchrone Körperbefinden und die Wettkampfleistung mit r=0,49. Beide Zusammenhänge sind wegen des geringen Stichprobenumfanges von 14 und 11 Meßzeitpunkten nur auf dem 10%-Niveau der Verläßlichkeit gesichert. Andere Emotionalitätsvariablen mit konkretem Besorgtheitsbezug korrelieren wesentlich nachhaltiger mit der Wettkampfleistung als die allgemeine Stimmungs- und Befindlichkeitslage der Athleten.

5.3.3 Beanspruchung und Angst im Leistungssport

Wenn man negative Gefühle wie Angst, Unsicherheit, Besorgtheit, Unstimmigkeiten mit Freunden, Erwartungsdruck, Ärger über Benachteiligungen durch Kampfrichter oder unerwartet gute Leistungen von Gegnern o. dgl. m. zusammenfassend beschreibt, dann spricht man pauschal von Streß. Man ist zwar nicht niedergedrückt (deprimiert), aber man fühlt sich doch unter Druck gesetzt. Nicht nur derartige Ereignisse, sondern die täglichen körperlichen Belastungen durch das Training müssen von Leistungssportlern verarbeitet werden. Daher haben FRESTER (1972) und NITSCH & UDRIS (1976) bereits in den siebziger Jahren auf die Diagnose und angemessene Verarbeitung von Belastungssymptomen, von Streßreaktionen resp. von Beanspruchungserlebnissen im Leistungssport hingewiesen. Darüber hinaus hat NITSCH (1981) den problematischen Zusammenhang von Belastungen und Beanspruchung im Sport in einem allgemeinen theoretischen Rahmen abgehandelt. Diese theoretischen Erörterungen sind durch zahlreiche empirische Belege teilweise bestätigt und auch präzisiert worden.

Insbesondere hat SCHWENKMEZGER (1985) in zahlreichen Feldexperimenten mit Sportstudierenden und mit Handballspielern der Regionalliga sowie mit der Frauennationalmannschaft den Einfluß der Zustands- und der Dispositionsangst auf die sportliche Leistung untersucht. Die Befunde sind eindeutig: Studierende sowie Spieler/innen, die unmittelbar vor einer Sportexamensprüfung oder vor einem Wettkampf (sowie während dieser Zeit) häufiger und intensiver Streßsymptome wie Angst, Besorgtheit, aufgabenirrelevante Kognitionen an sich erlebten, realisierten durchschnittlich schlechtere Sport- oder Spielleistungen. Leistungsmindernd waren nicht so sehr erlebte psychovegetative Symptome wie Nervosität oder Aufgeregtheit, als vielmehr selbstwertbelastende Kognitionen wie vermutete Kritik durch Freunde, Mannschaftskollegen/innen oder Trainer. Auch Gedanken über negative Folgen für die eigene Zukunft und Sorgen um das soziale Image sind in der Aufgabensituation mit Leistungsminderungen verknüpft. Somit wird die allgemeine Erwartung von Sportpraktikern erhärtet: „Angst wirkt sich ungünstig auf das Lernen, auf das Verbessern und Automatisieren von motorischen Fertigkeiten aus."

Eine Metaanalyse von KLEINE & SCHWARZER (1991) bestätigt diese allgemeine Erfahrung. In fünfzig Untersuchungen mit insgesamt 3560 Probanden ergibt sich ein durchschnittlicher Kopplungseffekt von r_g= -0.19. Dies bedeutet: es gibt eine negative Beziehung zwischen motorischen Leistungen und hoher Angst. Je stärker die Angst erlebt wird, desto unvollkommener wird die sportliche Leistung - dieser Effekt ist gesichert, und zwar über alle Bedingungen hinweg. Der negative Zusammenhang wird von verschiedenen weiteren Einflußfaktoren „moderiert" resp. stärker oder schwächer gestaltet. Hier einige Beispiele. Je niedriger das sportliche Leistungsniveau der Pbn ist, desto negativer wirkt sich ein hohes Angstniveau aus (-.28). Bei Langläufern gibt es gar keinen Einfluß der Angstdisposition auf die Leistung (-.01). Im Mannschaftssport ist der negative Einfluß der Angst auf die Spielleistung am stärksten (-.44); im Individualsport beträgt er nur r=-0.14 (bei 2960 Pbn). In den Angstfragebögen unterscheidet man im übrigen mehrere Angstkomponenten, beispielsweise die Komponente der Aufgeregtheit (physiologische Aktiviertheit) von der Komponenten der Besorgtheit (Bedeutsamkeit gemäß der kognitiven Bewertung). Diese Komponenten korrelieren wie folgt mit der sportlichen Leistung: Aufgeregtheit mit r = -0.15 (N = 1000), Besorgtheit mit r = -0.40 (N = 660).

Die Befunde dieser Metaanalyse entsprechen einer Metaanalyse über die Beziehung zwischen Angst und schulischer Leistung. Somit gilt das Fazit: Angst wirkt sich im allgemeinen im unteren und mittleren Leistungsniveau des Sports leistungsmindernd, auf keinen Fall leistungsfördernd aus. Wie sich die entsprechende Beziehung auf dem höchsten Leistungsniveau gestaltet, ist bisher noch nicht ganz geklärt worden. Gehen wir jedoch von der allgemeinen Beziehung zwischen Anforderungen, Kompetenzen und Emotionen aus (vgl. Abb. 5.7, S. 164), dann stört Angst die Leistung bei Überforderung auch auf dem Eliteniveau (vgl. SCHWENKMEZGER, 1985).

Sollen leistungsmindernde Beziehungen zwischen aufgabenirrelevanten Kognitionen und der technomotorischen Aufgabenbewältigung durch den Athleten kontrolliert werden, dann sind die obigen nomothetischen Kenntnisse nur bedingt nützlich. Denn individuelle Maßnahmen der Verhaltenskontrolle erfordern idiographische resp. idiothetische Kenntnisse über Beziehungen zwischen Emotions- und Leistungsvariablen. Diese gewinnt man ausschließlich über Einzelfallanalysen (vgl. SCHLICHT & JANSSEN, 1990).

Von Zielen der Intervention und Verhaltenskontrolle geleitet, führten SCHLICHT (1988), WILHELM, SCHLICHT & JANSSEN (1992) sowie JANSSEN & WEGNER (1993) Einzelfallanalysen bei fünf 400m-Hürdenläufern des B-Kaders und bei mehreren Handballspielern der Ober- sowie Bundesliga durch. Das diagnostische Ziel bestand darin, sowohl leistungsmindernde, als auch leistungsbegünstigende Erlebnisweisen und Befindlichkeiten zu erkennen. Deshalb mußten die Athleten in regelmäßigen Abständen ein standardisiertes Tagebuch führen. Hierzu zählten Auskünfte über das allgemeine Befinden, über die Arbeitskonzentration, die Anstrengungsbereitschaft, über selbstwertbelastende Kognitionen, über besondere positive oder negative Ereignisse sowie über Trainings- und Wettkampfdaten. Die Emotionsvariablen, zu denen auch die Selbstbeurteilung der Konzentration und Anstrengungsbereitschaft zählen, wurden mit den Leistungswerten der Wettkämpfe in Beziehung gesetzt. Wegen einer gewissen Ähnlichkeit der Ergebnisse der drei Untersuchungen seien hier nur die Befunde von WILHELM *et al.* (1992) kurz erwähnt.

Bei einem der drei Athleten zeigten sich überhaupt keine Zusammenhänge zwischen Emotions- und Leistungsvariablen. Dies lag aber an der geringen Anzahl von Wettkämpfen (11 Zeitpunkte), welche der Athlet bestritten hatte. Bei den beiden anderen Athleten (mit 19 und 39 Zeitpunkten) zeigten sich hochgradig gesicherte Zusammenhänge zwischen Selbstwirksamkeitserlebnissen und dem Grad der erlebten Aktiviertheit einerseits sowie der Wettkampfleistung andererseits ($r=0.60$). Bei einem Athleten erwies sich der Ärger ($r=0.75$), beim anderen die Angst ($r=0.66$) als leistungsbegünstigend. Diese beiden Beziehungen widersprechen den nomothetischen Befunden (s.o.). Sie öffnen uns allerdings die Augen für individuelle Verhaltensregelmäßigkeiten, die ja durchaus vom statistischen Durchschnitt (der Norm also) abweichen können. Erst wenn man die individuellen Verhaltensregelmäßigkeiten wie hier die spezifischen Erlebnisweisen kennt, kann man geeignete Verhaltenskontrollmaßnahmen empfehlen. So wäre es für diese beiden 400m-Hürdenläufer kontraproduktiv gewesen, ihre Ärger- resp. Angstemotionen durch Entspannungsverfahren zu kontrollieren. In anderen Fällen müßte man dies hingegen empfehlen.

5.4 Zirkel von Handlung und Emotion

5.4.1 Erregung, Kompetenz und Leistung

Gelegentlich erweisen sich Emotionen als optimal und förderlich, unter anderen Umständen wieder als hinderlich für das eigene Verhalten. Eine interessante Veranschaulichung eines derartigen Zusammenhanges stammt von HEBB (1972, Abb. 5.4):

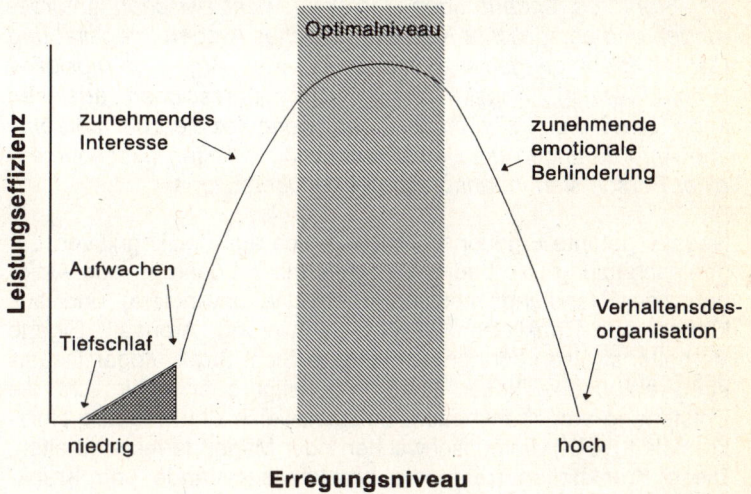

Abb. 5.4: Das YERKES-DODSON-Gesetz nach HEBB (1972)

Dieser kurvilineare Zusammenhang wird in der Sportpsychologie auch als YERKES-DODSON-Gesetz oder als umgekehrte U-Funktion beschrieben. Ob dieser beschriebene Zusammenhang tatsächlich so verläuft, wie er immer wieder beschworen wird, ist bisher ungeprüft und wohl auch zweifelhaft (HÄCKER, 1983; NEISS, 1988). Eine andere, empirisch fundierte Veranschaulichung über den Zusammenhang zwischen Emotionen, Fähigkeiten und Anforderungen (Aufgaben) ist von großer praktischer Bedeutung. Entsprechen die Anforderungen nicht den Fähigkeiten, so wird es zu Über- oder Unterforderungen mit entsprechenden emotionalen Reaktionen (entweder Angst oder Überdruß) kommen. Dies gilt nicht nur für das Arbeitsleben, sondern auch und gerade für sportliche Tätigkeiten (vgl. Abb. 5.7, S. 164).

5.4.2 Streß, Persönlichkeit und Krankheit

Streß (Definition): *In der Physik, Druck, Zwang; in der Psychologie: Stärkeres, andauerndes Ungleichgewicht zwischen Anforderungen und persönlicher Kapazität, welches (wegen Intensität und Dauer) sehr negative Emotionen wie Ärger, Hilflosigkeit (Kontrollverlust), Angst, Verzweiflung, Depressionen auslösen kann. Streß ergibt sich immer dann, wenn soziale oder persönliche Anforderungen die Bewältigungsmöglichkeiten (Ressourcen) einer Person stark beanspruchen oder übersteigen.*

Negativ getönte Emotionen ergeben sich aus der kognitiven Lageeinschätzung (als bedrohlich, gefährlich, bösartig), aus Aktionen oder Handlungsimpulsen (ineffektiv, unwirksam) und aus körperlichen Reaktionen (erhöhte Aktivierung, Arousal). Eigene Verhaltensweisen können auf längere Sicht Streß, sogar Dauerstreß erzeugen. Dieser Streß begünstigt oder verursacht die Entstehung von Krankheiten, beispielsweise die koronare Herzkrankheit (KHK), Immunschwächen oder Magendarmkrankheiten. Diese Krankheiten (resp. die Krankheitsumstände und Krankheitsfolgen) erzeugen ihrerseits wieder Streß, wodurch sich neue Belastungen und Beanspruchungen ergeben. Dies soll in einem Modell veranschaulicht werden (vgl. SCHWARZER, 1992; Abb. 5.5). Experimentelle Untersuchungen an Affen (Makaken) und Nagetieren (Ratten) belegen, daß psychischer Streß, hervorgeru-

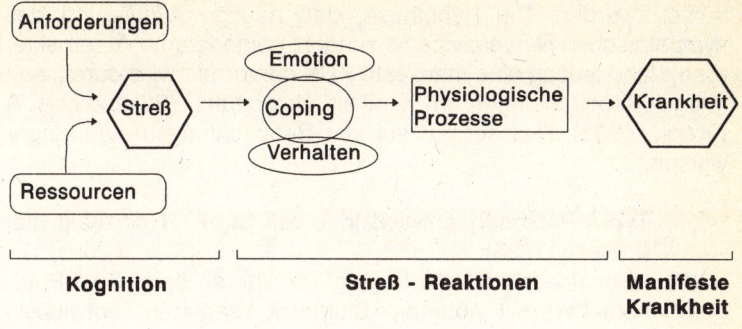

Abb. 5.5: Streßmodell nach SCHWARZER (1992)

fen durch soziale Konkurrenz in übervölkerten Arealen oder durch Zusammenlegung dominanter und aggressiver Tiere, mit Verfettung, Verengung und Verschlußneigung der Herzkranzgefäße hochgradig korreliert ist. Psychischer Streß bedingt somit arteriosklerotische Veränderungen der Herzkranzgefäße (Atherosklerose) sowie Bluthochdruck - und zwar schon im Laufe von sechs Monaten (vgl. BLASCOVICH & KATKIN, 1993). Obgleich es mehrere pathophysiologische Entwicklungslinien sowohl funktioneller, als auch morphologischer Natur gibt, unterscheidet man z.Zt. bei gestreßten Personen zwei **pathophysiologische Reaktivitätsmuster.** Beschrieben wird a) der **Myocardtyp**: Akuter Streß bewirkt periphere Gefäßerweiterung, Herzschlagbeschleunigung bis zur Tachykardie, Steigerung des Herzschlagvolumens, ansteigende β-adrenerge Aktivität und verminderte Vagotonie. Davon unterschieden wird b) der **Gefäßtyp**: Akuter Streß bewirkt periphere Gefäßverengung, Herzfrequenzverminderung bis zur Bradykardie, ansteigende α-adrenerge Aktivität und steigende Vagotonie.

Die Hyperreaktivitätsmuster nach dem Myocard- oder Gefäßtyp scheinen genetisch bedingt zu sein, wofür Zwillingsvergleichsstudien und auch Familienvergleichsstudien sprechen. Allerdings können die beiden Hyperreaktivitätsmuster durch starke Streßreize (Stressoren) auch bei ganz normaler Disposition ankonditioniert werden. Die Hypothese, daß häufige Aktivierung des sympathischen Nervensystems zunächst eine latente Atherosklerose, dann jedoch eine manifeste KHK hervorruft, wird durch vielfältige Beobachtungen in Kliniken unterstützt (BLASCOVICH & KATKIN, 1993). Hier sei nur auf vier Beobachtungstrends hingewiesen:

(1) Typ-A-Personen entwickeln unter Streß Hyperreaktivität (LYNESS, 1993).
(2) Normalpersonen, die in jüngeren Jahren beim Cold-Pressure-Test mit höherem Blutdruck reagieren, entwickeln dreiundzwanzig Jahre später eine manifeste KHK (Prospektivstudie).
(3) KHK-Patienten offenbaren bei sozialen Stressoren stärkere Anstiege des Blutdrucks als Kontrollpatienten oder eine normale Kontrollgruppe.
(4) Die β-Blockade vermindert bei Infarktpatienten drastisch die Mortalitätsrate.

Typ-A-Verhalten und Krankheitsfolgen. Typ-A-Verhalten ist durch vier Verhaltensweisen charakterisiert: a) hohe Konkurrenzneigung (Autofahren, Studium), b) hohe Aggressivität oder Feindseligkeit gegenüber Umwelt oder Konkurrenten, c) hohe Arbeits- und Leistungsorientierung und d) ständiger Zeitdruck (übervoller Terminplan). Der Gegentyp, bei dem diese Verhaltensweisen nicht auffallen oder nur schwach ausgeprägt sind, heißt Typ-B (vgl. Abschnitt 7.3). Bei Typ-A-Personen wird im Alter von 40 bis 50 Jahren zunächst Bluthochdruck, dann eine Arteriosklerose manifest. Diese können zur koronaren Herzkrankheit (KHK) bedingt durch Minderdurchblutung des Herzmuskels, Angina pectoris, Herzinfarkt oder zum plötzlichen Herz- bzw. Gehirntod führen. Das Risiko einer KHK ist für den Typ-A zwei- bis dreimal so hoch wie für die Durchschnittsbevölkerung.

Persönlichkeit und Krankheitsfolgen. Es ist nicht abwegig, einen Zusammenhang zwischen der Persönlichkeit und bestimmten Krankheitsdispositionen zu unterstellen. Dies hat man im Altertum mit der *Temperamentenlehre* (GALENUS) und in der Neuzeit einmal in der *Psychiatrie* (KRETSCHMER, 1921), zum andern in der *Psychoanalyse* (ALEXANDER, 1951) gemacht. Neuere Übersichten, die auf Zusammenfassungen von Metaanalysen aufbauen, stellen folgendes fest (vgl. TAYLOR, 1990): Es gibt keine besondere Persönlichkeit für eine besondere Krankheit. Vielmehr findet man nach Dauerstreß und Streßverletzungen alle möglichen Krankheitsfolgen (vgl. SCHWENKMEZGER, 1994). Die Krankheit setzt an der schwächsten Stelle des Organismus an und bohrt dort weiter. Dauerstreß wirkt sich in einem negativen emotionalen Stil oder Zustand wie z.B. Depressionen, Ängste, Feindseligkeit und Abwehr gegenüber der Umwelt aus. Dieser **negative emotionale Zustand** trägt zu drei Veränderungen bei, nämlich zu:

(1) pathophysiologischen Veränderungen ohne medizinische Kontrolle (unerkannte Krankheit),
(2) falschem Gesundheitsverhalten (Drogen, etc.),
(3) symbolischem Krankheitsverhalten (Gang zum Arzt), obgleich noch keine pathologischen medizinischen Anzeichen vorliegen.

Substanzmißbrauch. Seit den sechziger Jahren gibt es zuverlässige Erhebungen über den Zusammenhang zwischen Rauchen und Krebskrankheiten (Pulmonal-, Bronchialkrebs). Bei zehn Zigaretten pro Tag ist die Mortalität (Sterberate) der Raucher zweimal, bei vierzig Zigaretten pro Tag jedoch dreimal so hoch wie bei Nichtrauchern. Auch übermäßiger Alkoholkonsum sowie Kaffee-, Tee- oder Tablettenkonsum beeinträchtigen auf die Dauer die Gesundheit. Derartige Gewohnheiten sind ein Verhaltensrepertoire, das gelernt, aber auch wieder verlernt werden kann, sofern es nicht schon zu bleibenden Gesundheitsschäden gekommen ist. Diese Gewohnheiten, regelmäßig Stimulanzien zu verbrauchen, setzen den Organismus unter Streß, weil ein Ungleichgewicht zwischen der Kapazität (Ressourcen) einer Person und den Erfordernissen einer normalen Lebensführung erzeugt wird.

5.4.3 Gesundheitsdienliches Verhalten

Unter Gesundheit versteht man körperliches und seelisches „Wohlbefinden". Das körperliche Wohlbefinden ist durch normale klinische Befunde resp. durch Freiheit von Krankheitssymptomen definiert. Seelisches Wohlbefinden bedeutet Ausgeglichenheit und Unauffälligkeit der Gefühle und Stimmungslagen, nicht aber Glücks- oder Lustaffekte. Seit dem Altertum kennt man gesundheitsprotektive und gesundheitsbegünstigende Verhaltensweisen, Gewohnheiten oder Lebenspraktiken. Sie richten sich vor allem auf die Eß-, Schlaf-, Arbeits- und Liebesgewohnheiten. In einer Langzeitstudie über fünfzehn Jahre mit 7000 Amerikanern aus Alameda erwiesen sich fünf Lebenspraktiken als besonders protektiv (CLARK, 1977):

(1) täglich 7 bis 8 Stunden Schlaf,
(2) das Körpergewicht nahe dem Idealgewicht halten,
(3) nicht Rauchen,
(4) sehr mäßiger Alkoholkonsum,
(5) regelmäßige körperliche Anstrengung im Sport oder bei Hobbyarbeiten.

In anderen Langzeitstudien zur Langlebigkeit mit Personen über sechzig Jahren ist die regelmäßige körperliche Arbeit oder der regelmäßige Sport ein bedeutsamer Schutzfaktor. Regelmäßige körperliche Aktivitäten (Gymnastik, Wandern) begünstigen zusammen mit anderen protektiven Bedingungen der Lebensführung ein höheres Lebensalter (vgl. Abschnitt 7.5.3). Auch Praktiken der Streßkontrolle und des Streßabbaus begünstigen eine geringere Krankheitsanfälligkeit. Zur Streßbewältigung werden sehr verschiedene Praktiken empfohlen. Alle aber beinhalten erstens eine kognitive Umbewertung der Streßereignisse und der Stressoren sowie zweitens muskuläre Entspannungsverfahren (Autogenes Training).

Bewältigung. Hierunter fallen alle kognitiven (Bewertung) und verhaltensmäßigen Bemühungen (Aktivitäten, Autogenes Training), um das Gleichgewicht zwischen Anforderungen (Herausforderungen) und persönlichen Ressourcen (Wissen, Können, Familie) wiederherzustellen - auch erfolglose oder ineffektive Bewältigungsversuche.

Man unterscheidet drei Bewältigungsformen:

(1) **kognitiv-intrapsychische:** defensive, positiv konnotierte, selbstzentrierte Kontrollmaßnahmen;

(2) **aktionale:** Konfrontation, Vermeidung, Kompensation sowie Anforderung von sozialer Hilfe; aktive Entspannung;
(3) **emotional-expressive:** Ausdruck und Entladung, Selbstkontrolle (Unterdrückung).

Ausdauersport als koronarer Protektionsfaktor. Neben Übergewicht (aber auch Untergewicht), starkem Genußmittelverbrauch und emotionalem Streß wird Bewegungsmangel im mittleren und höheren Erwachsenenalter (30-65 Jahre) als gesundheitlicher Risikofaktor gewertet (ISRAEL, 1981). Als Abhilfe schlägt die *Sportmedizin* vor, regelmäßig Ausdauersport wie Laufen, Schwimmen, Radfahren, Aerobics, etc. zu betreiben (RIECKERT, 1986). Welche gesundheitlichen Wirkungen erzeugt der Ausdauersport?

Die Inder CHANDRASHEKHAR & ANAND (1991) haben 272 Studien gesichtet, die in den letzten zwanzig Jahren zum Einfluß von Ausdauersport auf den Koronarzustand durchgeführt wurden. Zusammenfassend urteilen sie: Ausdauersport hat sowohl für gesunde Pbn, als auch für KHK-Patienten zahlreiche günstige Auswirkungen. Vor allen Dingen werde das Risiko einer KHK durch eine verbesserte kardiovaskuläre Fitneß deutlich vermindert. Allerdings sei der Präventionsmechanismus überhaupt noch nicht geklärt.
Obgleich eine KHK-Protektion durch regelmäßige körperliche Ausdauerbelastungen nachgewiesen ist, ist der Ausdauersport nicht die einzige kardioprotektive Präventionsmöglichkeit. Eine sinnvoll gestaltete Freizeit sowie alle Arten erholsamer körperlicher Aktivitäten (z. B. Garten- oder Waldarbeit) vermindern das Risiko einer KHK. Bisher ungeschädigten Personen wird empfohlen, sich regelmäßiger Ausdauerbelastungen mittlerer Intensitätsstufen (100-150 Watt) zu unterziehen. KHK-Patienten sollten nur im unteren Intensitätsbereich (75-100 Watt) möglichst in einer Koronarsportgruppe tätig werden.

Lebensstiländerungen kranker Menschen. Nicht nur bei gesunden, sondern auch bei bereits kranken oder geschädigten Menschen kann eine radikale Veränderung des Lebensstils zu einer Mäßigung der Krankheitssymptome beitragen. Vielversprechend ist in dieser Hinsicht die sog. ORNISH-Studie resp. die Lifestyle-heart-Studie (ORNISH et al., 1990). 28 KHK-Patienten wurden einer Versuchsgruppe (VG), 20 KHK-Patienten einer Kontrollgruppe (KG) zugewiesen. Die VG unterzog sich freiwillig für ein Jahr einem strengen Verhaltensregiment: fettarme, vegetarische Diät, Nikotin- und Alkoholabstinenz, Streßbewältigungstraining, Bewegungsübungen. Die KG erhielt nur diesbezügliche Empfehlungen. In der VG verbesserte sich nach einem Jahr der Zustand der Koronararterien; in der KG blieb er gleich oder er verschlechterte sich. Der entscheidende Faktor scheint die Diät gewesen zu sein (vgl. a. SCHERWITZ, 1992). Für eine gesunde Ernährung gelten täglich bei gesunden Probanden folgende Portionierungen: 60% Kohlenhydrate, 30% Fette (mehrfach ungesättigte), 10% Eiweiße; sowie Mineralien und Spurenelemente. Die deutsche Realität sieht leider wie folgt aus: 40% Kohlenhydrate, 40% Fette (gesättigte), 14% Alkohol, 6% Eiweiß, Mineralien, Spurenelemente.

Eine radikale Lebensstiländerung wird vereinzelt auch in Rehabilitationkliniken -z.B. *Ostseekurklinik Holm*- bei KHK-Patienten angesteuert (KOLENDA, 1994). Dabei legt man großen Nachdruck auf Änderungen der Kommunkations-, Ernährungs- und Bewegungsgewohnheiten. Denn ein Fortschreiten der KHK scheint nur durch Gewohnheitsänderungen bzgl. der Befriedigung der Grundmotive (vgl. Abschnitt 4.3) verlangsamt werden zu können.

5.5 Sportunfälle und Sportverletzungen

Seit den siebziger Jahren steigen die Zahlen der Unfälle und Verletzungen im Sport. Im Sportunterricht verunfallen etwa 4 bis 5% der Schüler (ZIMMER, WEHMEYER & DE MAREES, 1986). Im Wettkampfsport, insbesondere im Mannschaftssport wie Fußball, Handball, Basketball, Volleyball, usw. verletzen sich etwa 20% der aktiven Teilnehmer infolge von Unfällen (ANDERSEN & WILLIAMS, 1988). Im Spitzensport können die Verletzungsraten noch höher liegen (z. B. bis zu 80%).

5.5.1 Psychologische Unfallforschung

Aus psychologischer Sicht ist ein Unfall eine plötzliche, ungewollte Kollision zwischen einem Akteur und einem Gegenstand (oder einem Gegenakteur) mit der Folge einer Verletzung. Aus der Unfallforschung kennt man folgende Klassifikation der Unfallursachen (vgl. Abb. 5.6):

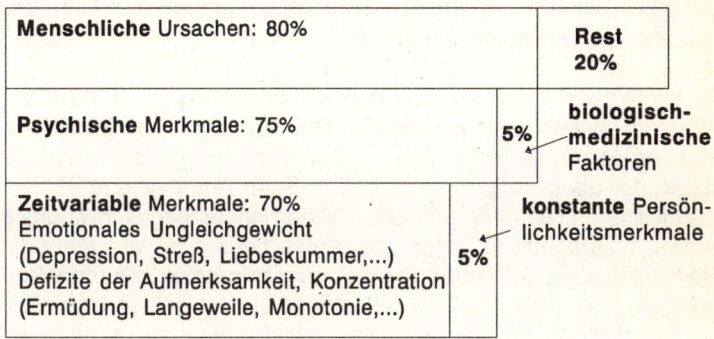

Abb. 5.6: Klassifikation von Unfallursachen

Wie erklärt die psychologische Unfallforschung das Zustandekommen von Unfällen? Zunächst liegt es nahe, die Hypothese einer besonderen Disposition, einer **Unfallneigung** oder eines Unfällertypus aufzustellen und zu prüfen. Denn es gibt gewisse statistische Hinweise, daß die Wahrscheinlichkeit von Unfällen nicht gleich verteilt in der Bevölkerung ist. Vielmehr findet man bei Personen mit null, eins, zwei oder mehrfachen Unfällen eine gewisse zeitliche Stabilität im Laufe mehrerer Jahre, die nach HOYOS (1980) eine Wiederholungsstabilität von r_{tt}= 0.30 bis zu 0.70 haben kann. Außerdem neigen Personen mit Verletzungen am Arbeitsplatz (A) anscheinend auch in der Freizeit (F) zu Verletzungen: r_{AF}= 0.20 bis 0.30. Infolgedessen hat man versucht, Persönlichkeitsvariablen wie allgemeine Ängstlichkeit, Leistungsmotivation, Risikobereitschaft, Extraversion/Introversion, Psychopathie, Aggressivität, Neigung zu Konservatismus vs. Liberalismus u. dgl. m. mit der Unfallhäufigkeit in mehreren Jahren zu koppeln. In Einzelfällen haben sich nur sehr schwache, meistens jedoch überhaupt keine oder nur widersprüchliche Beziehungen nachweisen lassen. Die Suche nach **zeitkonstanten**, **zeitüberdauernden** Persönlichkeitsfaktoren der Unfallneigung darf daher heute als ergebnislos betrachtet werden (vgl. MITTENECKER, 1962; HOYOS, 1980). Auch Prognosen mit Hilfe von Horoskopen oder aufgrund sog. Biorhythmen haben weder die Unfallhäufigkeit in einem Intervall noch gar die exakten Unfallzeitpunkte valide bestimmen können.

Erfolgreicher hingegen ist der Versuch verlaufen, **zeitvariable** Persönlichkeitsmerkmale mit der Unfallhäufigkeit zu korrelieren. Solche Merkmale sind: Lebensalter, Erfahrung, Kenntnisse, Ermüdung, affektive Erregung, In-Eile-Sein, Aufmerksamkeit, Konzentration, Wahrnehmungsstile, Wahrnehmungsgeschwindigkeit sowie biographische Daten über einen belasteten vs. unbelasteten Lebenswandel (**kritische Lebensereignisse**). Durchgehend zeigen sich zwar niedrige, aber konsistente Beziehungen zum Unfallkriterium. Eine höhere Wahrscheinlichkeit zu Unfällen wird prognostiziert durch: geringere Berufserfahrung, Zeitdruck bei der Tätigkeit, konzentrative Schwächen, momentane Unfähigkeit zu einer verteilten Aufmerksamkeit, Feldabhängigkeit der Wahrnehmung, hochgradige Ermüdung, hohe affektive Erregung, depressive Verstimmtheit und durch eine allgemein belastete Biographie (kritische Lebensereignisse wie Vorstrafe, Krankheit, Scheidung oder Trauerfall). Kombinierte Teilmengen dieser zeitvariablen Merkmale haben die Varianz des Unfallkriteriums zwischen 10% bis zu 20% aufklären können. Der hohe Teil der unaufgeklärten Varianz signalisiert, daß es neben Zufallsbedingungen noch andere determinierende Quellen der Unfallwahrscheinlichkeit geben muß.

Diese sind dann auch in situativen, tätigkeitsspezifischen Faktoren gefunden worden. Nun sind situative Faktoren der Tätigkeit besonders interessante psychologische Variablen, wenn sie entweder direkt oder indirekt die Informationsverarbeitung betreffen. Direkt auf das Informationsverarbeitungssystem wirken beispielsweise die Orientierungsgrundlage oder die Vielfalt der Manipulationen an Arbeitsplätzen. Besonders belastend wirken situative Faktoren, wenn der Informationsfluß hoch ist oder schnell wechselt. Aber auch eintönige Akkordarbeit belastet das Informationsverarbeitungssystem. Mit anderen Worten: hoher Zeitdruck bei der Aufgabenbewältigung verlangt die Bereitstellung einer hohen Informationsverarbeitungskapazität, was nicht immer gelingt. Ist das System der dualen Informationsverarbeitung überlastet, kann es zu Fehlleistungen mit Unfallfolgen kommen. Andere unfallfördernde Einflüsse findet man in mehrdeutigen Situationen beispielsweise innerhalb von Gebäuden bei Türen und Treppen oder im Verkehrswegenetz bei Kreuzungen, Kurven, Brücken und Fahrbahnverengungen. Verbindet man geeignete zeitvariable Persönlichkeitsmerkmale (bspw. Lebensstreß) mit neuralgischen Situationen und reizspezifischen Variablen (Mehfachwahlen unter Zeitdruck), dann kann man die Varianz des Unfallkriteriums bis zu 30% aufklären (vgl. HOYOS, 1980). Somit ist zweierlei festzustellen:

1) Die Mehrzahl der unfallfördernden Reize und Verhaltensfolgen ergibt sich aus einer Interaktion zeitvariabler Persönlichkeitsfaktoren und tätigkeitsspezifischer, situativer Bedingungen.
2) Übereinstimmend wird in allen Untersuchungen die unfallfördernde Beteiligung sowohl der labilen Gefühlslage als auch der aus dem Gleichgewicht oder in Zeitnöten und unter Druck geratenen Informationsverarbeitung nachgewiesen.

5.5.2 *Sportpsychologische Unfall- und Verletzungsforschung*

Die sportpsychologische Verletzungsforschung begann Ende der sechziger Jahre in den USA. Man konzentrierte sich von vornherein auf das Verletzungskriterium. Ob sich Sportverletzungen durch Sportunfälle oder durch aggressive Verteidigungsmaßnahmen von gegnerischen Wettkampfspielern ereignet hatten, interessierte zunächst nicht. Wichtig alleine waren die Häufigkeit und Schwere der Verletzungen sowie mögliche verursachende Persönlichkeitsfaktoren. So verglich beispielsweise BROWN (1971) zehn *zeitkonstante* Persönlichkeitsfaktoren wie Introversion oder Angst von verletzten und nicht verletzten Footballspielern einiger High-Schools miteinander. Er fand aber keine Merkmalsunterschiede zwischen den Gruppen. Der Vergleich von verletzten und nicht verletzten Athleten mit Hilfe sog. Persönlichkeitsinventare ist bis in die Gegenwart ohne Erfolg geblieben (vgl. BERGANDI, 1985). Die Fruchtlosigkeit dieser Bemühungen mit **zeitkonstanten** Persönlichkeitsfaktoren bestätigt somit die Befunde der allgemeinen psychologischen Unfallforschung auch im Sport.

Etwas erfolgreicher ist die Forschung mit **zeitvariablen** Persönlichkeitsmerkmalen gewesen. Hierzu bietet HAASE (1989, 1990) sowohl ein Sammelreferat, als auch die kritische Auswertung eigener empirischer Befunde. Insbesondere stellt Haase (1990) fest, daß in fünf getrennten Untersuchungen die Anzahl (teilweise auch die Schwere) von Unfällen mit der Life-change-unit (LCU) korreliert, und zwar in Größenordnungen von r = 0.30 bis zu r = 0.57. Der Meßwert der LCU wird jedoch ausschließlich über Fragebogen mit 40 bis 80 Items ermittelt, die nach kritischen Veränderungen in den Bereichen der Gesundheit, Partnerschaft, des Berufs, der Familie und des Sports im letzten halben Jahr (oder länger) fragen. Aus den retrospektiven Selbstbeobachtungen wird ein aggregierter LCU-Wert berechnet, der die individuelle Auslenkung aus dem psychosozialen Gleichgewicht repräsentieren soll. Der LCU-Fragebogen erfaßt also nicht die gegenwärtige Befindlichkeit oder die situativ bedingte Gefühlslage, sondern die **kritischen Lebensereignisse** der letzten Monate, aus denen auf eine allgemeine **psychosoziale Vulnerabilität** geschlossen wird. Ob diese Vulnerabilität als direkte Ursache für die zahlreichen Sportunfälle von beispielsweise 120 Fußballspielern angesehen werden kann, hat HAASE (1990) mit einer Cross-lagged-panel-Korrelationsanalyse geprüft. Da die Autokorrelationen der LCU- und Unfallwerte sehr gering ausfielen und auch die zeitversetzten Korrelationen zwischen LCU und Unfällen nahe null lagen, konnte diese Frage bei dieser Stichprobe nicht geklärt werden.

Die allgemeine Wahrscheinlichkeitsbeziehung zwischen stressenden Lebensereignissen und der Anzahl sowie dem Schweregrad von Sportverletzungen gilt offenbar nicht nur für Mannschaftssportarten wie Football, Basketball, Fußball, etc. Vielmehr findet man gemäß KERR & MINDEN (1988) derartige Beziehungen in einer Größenordnung von r=0.53 auch bei Spitzenturnerinnen.

Von 41 Kaderturnerinnen verletzten sich im Laufe von zwei Jahren 34 beim Bodenturnen (Gelenke, Bänder) wenigstens einmal, teilweise mehrfach. Die Sportlerinnen nannten Konzentrationsverluste, Ermüdung und Ablenkung als häufigste Bedingungen für die Unfallereignisse. Diese korrelativen Forschungsbefunde legen folgende Argumentationskette über unfallträchtige Verhaltensweisen nahe, die ich als **Disäquilibriumshypothese** bezeichnet habe (JANSSEN, 1991).

In einer verletzungsträchtigen Sportart wie z.B. dem American Football oder dem Hallenhandball führt allgemeiner Lebensstreß bei Athleten zu zwei psychosomatischen Veränderungen. Einmal verändern sich der allgemeine Muskeltonus und auch der allgemeine Aktivierungszustand. Dadurch wird der gestreßte Sportspieler alarmbereiter. Er neigt auch in Normalsituationen eher zu den sog. „Notfallreaktionen des Kämpfens oder Fliehens". Zum anderen verändert sich der (kognitive) Zustand des Systems der Informationsverarbeitung. Wir sprechen von Konzentrationsverlusten und von gestörter Aufmerksamkeit. Unsere Wahrnehmung wird enger und selektiver. Dadurch werden wir auch bei der Bewältigung von dynamischen Aufgaben störanfälliger, so daß es bei sportlichen Mehrfachhandlungen unter Zeitdruck zu Fehlleistungen kommen kann. Fehlleistungen sind also vorprogrammiert, weil das visuelle Feld des aktiven Athleten eingeengt ist; weil wichtige periphere Hinweisreize des Wettkampfspieles übersehen werden; weil die Antizipation des gegnerischen Verhaltens fehlgedeutet wird. Daraus ergibt sich eine Kette typischer motorischer Abläufe mit Verletzungsfolgen. Einmal kann es überhaupt zu einer plötzlichen, unbeabsichtigten und unvorhergesehenen Kollision, nämlich zum Unfall kommen. Weitaus häufiger ist allerdings ein gezieltes, beabsichtigtes Foul die Ursache einer Verletzung. Wenn man nämlich nicht mit regulären, technisch-taktischen Möglichkeiten den Gegner antizipativ kontrollieren kann, greift man zu unerlaubten Mitteln. Dabei kann man den Gegner und sich selbst verletzen. Aus Loyalität zur Mannschaft wird die eigene Verletzung oft in Kauf genommen.

Anders liegen die Dinge in den Individualsportarten, besonders in den sog. Risikosportarten des Tauchens, Bergsteigens, Fallschirmgleitens, Drachenfliegens und auch des Starkwindsurfens.

Hier erzeugt ein plötzlicher, unvorhergesehener situativer Wechsel unfallbegünstigende Konstellationen. Die erhöhte und gespannte Affektlage ist aber auch in diesem Fall die unmittelbare Voraussetzung für Fehlhandlungen. Allerdings muß die kritische Affektlage nicht erst durch Lebensstreß über einen Normalpegel angehoben werden. Vielmehr bergen die Sportarten selbst so viele Gefahrenmomente in sich, daß ein erhöhtes Affektniveau durch unerwartete Ereignisse jederzeit erzeugt werden kann. Eine erhöhte Affektlage verringert aber nicht nur eine angemessene kognitive Situationsanalyse; vielmehr wird meistens eine notwendige automatisierte sensomotorische Handlungssequenz verzögert oder blockiert. Infolgedessen kann die kritische Affektlage urplötzlich in Panik umschlagen, so daß man endgültig die Kontrolle über die Sportgeräte sowie über die eigenen motorischen Fertigkeiten einbüßt.

Die Befunde der sportpsychologischen Verletzungsforschung können in einem erweiterten Kompetenzanforderungsschema zusammengefaßt werden (vgl. Abb. 5.7).

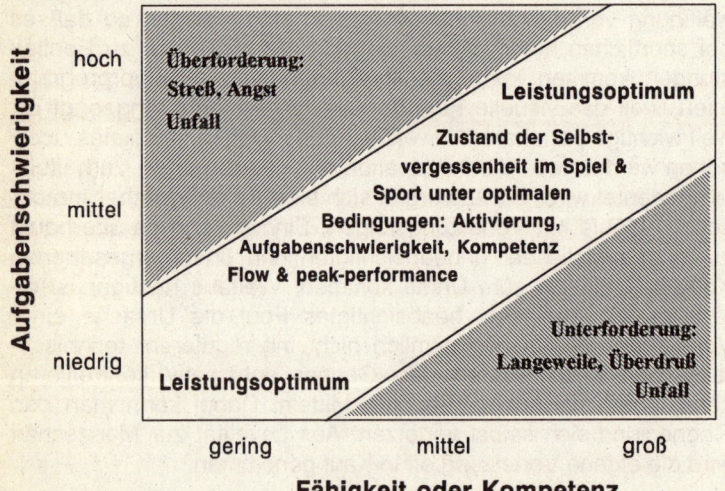

Abb. 5.7: Zusammenhang zwischen Fähigkeit und Aufgabenschwierigkeit nach CSIKSZENTMIHALYI (1975)

Dieses Modell ist rein deskriptiv zu verstehen. Kausale Beziehungen können so einfach nicht dargestellt werden. Das Kompetenzanforderungsschema macht aber verständlich, daß sowohl eine sehr hohe **Überforderung** als auch eine sehr hohe **Unterforderung** ungünstige Gefühlslagen induzieren können: nämlich Streß und Angst oder Überdruß und Sättigung. Diese ungünstigen Affektlagen beanspruchen die Informationsverarbeitung über ein gewohntes Maß hinaus.

Die Disäquilibriumshypothese der Anforderungen und Kompetenzen sieht somit die Ursache für Sportunfälle und Sportverletzungen in einem durch emotionale Prozesse überlasteten Informationsverarbeitungssystem. Gemäß der Dualitätstheorie ist vor allem das **System II** mit dem expliziten, deklarativen Verarbeitungsmodus störanfällig, und zwar durch aufgabenirrelevante Kognitionen. Die für eine beherrschte Motorik notwendigen diskriminativen Reize können somit weder rechtzeitig noch im notwendigen Umfang durch das belastete **System II** entdeckt oder prozessiert werden.

Um das individuelle Kausalmuster für Sportunfälle aufzuklären, empfiehlt HAASE (1990), systematische Einzelfallanalysen durchzuführen. Da Unfälle aber nicht einer Normalverteilung, sondern eher einer Poissonverteilung folgen, müßte man recht viele Einzelfallanalysen durchführen. Dieses ist sehr kostenaufwendig. Anders verhält es sich mit prospektiven Gruppenanalysen. **Prospektivstudien** erfordern eine umfangreiche Basislinienerhebung sowie die Bereitschaft von Probanden, besondere Ereignisse wie Unfälle, Verletzungen, Veränderungen der Lebensgewohnheiten o. dgl. m. im Verlaufe eines Zeitintervalles zu registrieren und durch Experten beurteilen zu lassen.

Solch eine Studie haben SCHLICHT, JANSSEN & SIEWERS (1993) mit Sportstudierenden durchgeführt. Die Forschungsfrage hieß: Sind individuelle Stile der Kontrollüberzeugung, der Streßbewältigung und der Ärgerverarbeitung indirekt am Prozeß von Sportunfällen und Sportverletzungen beteiligt? Folgende Hypothese wurde geprüft: External-fatalistische Kontrollüberzeugungen, ein verdrängender Streßbewältigungsstil und die Neigung zur Ärgerunterdrückung korrelieren mit der Häufigkeit und Schwere von

Sportverletzungen. Im WS 89/90 erhielten 400 unverletzte Sportstudierende verschiedene Fragebögen mit der Aufforderung, diese zu beantworten und bei der kleinsten Sportverletzung die sportmedizinische Abteilung zur Erstversorgung aufzusuchen. 175 (104 w; 71 m) Studierende gaben die Fragebögen zurück (45% Rücklauf) und beteiligten sich freiwillig an der Untersuchung. Im Verlauf von vier Monaten wurden 35 Verletzungen gemeldet, nach dem Schweregrad klassifiziert und versorgt. Die Verletzungswahrscheinlichkeit von 20% ist vermutlich eine Unterschätzung, da Bagatellunfälle nicht gemeldet wurden. Über eine Diskriminanzanalyse können die Unverletzten von den Verletzten nur knapp getrennt werden. Die Diskriminanzfunktion beinhaltet die Streßbewältigungsstile der Resignation und des sozialen Rückzuges sowie die Neigung, den Ärger nach innen zu richten. Die schwachen Unterschiede von $d = 0.20$ bestätigen nur teilweise die Hypothese. Nichtsdestoweniger sind diese Befunde für künftige Forschungen ermutigend. Denn Streßbewältigungsstile und die Verarbeitung negativer Emotionen haben für das Gesundheitsverhalten im Sport offenbar eine Bedeutung. Wenn die Beziehung dieser Stile sportspezifischer herausgearbeitet werden könnte, vermuten wir sogar stärkere Prognosemöglichkeiten von Verletzungsraten.

Welche Präventionsmöglichkeiten gibt es? Die Antwort klingt banal: Vermeidung von Unter- und Überforderungen, Hilfestellungen und sicherheitstechnisch geprüfte Geräte. Wenn sich Unfälle mit Verletzungen ereignet haben, ist eine schnelle Erstversorgung für den Genesungsprozeß wichtig. Außerdem kann bei stationärer Behandlung der Genesungszeitraum verkürzt werden, wenn Schuldzuweisungen unterbleiben und die Einstellung zum Genesungsprozeß positiv ist (vgl. FREY & ROGNER, 1987). HERMANN & EBERSPÄCHER (1994) empfehlen verletzten Leistungssportlern eine Reihe von psychologischen Bewältigungsmaßnahmen wie MT, PMR, etc. Diese Maßnahmen sollen den pysiologischen Heilungsprozeß beschleunigen, was allerdings nicht zu belegen ist. Möglicherweise stellen sich über die Eigenaktivitäten Emotionseffekte ein, die der Regeneration dienen.

6. PSYCHOMOTORISCHE ENTWICKLUNG

6.1 Bedingungen und Prinzipien der Entwicklung

Die menschliche Entwicklung ist ein kontinuierlicher, lebenslanger Prozeß der Interaktion zwischen biologischen und sozialkulturellen Bedingungen. TINBERGEN (1979) versteht unter Verhaltensentwicklung eine Ereignisreihe, welche mit angeborenen Programminstruktionen in der befruchteten Zelle (Zygote) beginnt. Diese interagiert sofort mit der Umgebung. Je größer, reifer und selbständiger ein junger Organismus wird, desto aktiver wird er, so daß die Interaktion mit der Umgebung verstärkt wird. Zu den genetisch festgelegten Merkmalen gehören: Geschlecht, Körpergröße, Augenfarbe, Fähigkeit des Spracherwerbs und des Lernens, die Entfaltung des motorischen Programms der Lokomotion (wie Rollen, Krabbeln, Aufstehen, Gehen, Laufen, Hüpfen, Springen, etc.), der Zeitpunkt der Geschlechtsreifung, usw. Die natürliche Umgebung sowie die Kultur vermitteln Erfahrungen und modifizieren Umfang und Zeitpunkt der Reifung. Die Gerontologin U. LEHR (1991) sagt, daß Entwicklung das Ergebnis einer Interaktion des sich entfaltenden Organismus sowie der Einflüsse der spezifischen sozialen Situation auf das handelnde Individuum sei. Die Perspektive der lebenslangen Entwicklung betrachtet vor allem die Veränderung, nämlich die Prozesse des Wachstums und des Niederganges von der Zeugung und der Geburt bis zur degenerativen Alterskrankheit, ja bis zum Tod. Diese Forschungsrichtung versucht zu beschreiben und zu erklären, aber auch das Verhalten zu optimieren (Life-span approach).

Lange Zeit beherrschten zwei Fragen die entwicklungspsychologische Forschung:

(1) Wird die menschliche Entwicklung vor allem durch genetische oder durch kulturelle Faktoren bestimmt (nature vs. nurture)?

(2) Ist die menschliche Entwicklung kontinuierlich oder spielt sie sich eher sprunghaft und in Phasen ab?

Die Antwort heute heißt für beide Fragen "sowohl als auch". Man kennt drei allgemeine Prinzipien:

1) **Prinzip der endogenen Schrittmacherfunktion:** Die psychomotorische Entwicklung wird endogen gesteuert; sie findet innerhalb der Grenzen statt, die durch die DNS-Information vorprogrammiert wurde.
2) **Prinzip der exogenen Intervention:** Psychomotorische Entwicklung kann durch äußere Faktoren im Verlauf beeinflußt werden. Man kann sie durch anregende Reize und Übungsprogramme fördern und unterstützen. Man kann sie durch Reizentzug und soziale Isolierung stören und auch etwas verzögern (HARLOW; BOWLBY).
3) **Prinzip der prozeduralen und deklarativen Differenzierung:** Psychomotorische Funktionen und Strukturen werden prozedural und deklarativ differenziert und automatisiert. Sie werden allmählich mit den kognitiven Funktionen der Sprache verbunden. Dadurch werden sie von wechselnden Umweltbedingungen relativ unabhängig.

Schließlich gibt es mehrere spezielle Entwicklungsprinzipien. Denn die psychomotorische Entwicklung verläuft innerhalb unserer Spezies nach einem gerichteten Plan, den man bei jedem normalen Baby beobachten kann. Aufgrund der Wechselwirkung von endogenen (Reizung) und exogenen (Lernen, Reizen) Faktoren ist die Entwicklung irreversibel. Zu den **speziellen** Entwicklungsprinzipien der motorischen Entfaltung zählen:

(1) die cephalo-caudale sowie die proximo-distale Entwicklungsdifferenzierung des Körpers;
(2) sowohl die unterschiedliche Entwicklungsgeschwindigkeit als auch die Parallelentwicklung verschiedener körperlicher Funktionen und Merkmale;
(3) die eindeutige Abfolge der Entfaltung der Ganzkörpermotorik im ersten Lebensjahr vom Strampeln, Rollen, Krabbeln, Aufrichten, Stehen bis zum Gehen und Laufen;

(4) die weitere Entfaltung der motorischen Programme vom Laufen, Hüpfen, Klettern, Rutschen, Balancieren, Springen, Rennen bis zur Verbindung dieser Programme in den Folgejahren;

(5) schließlich die körperliche Reifung der "Streckung und Füllung" und die Geschlechtsreifung zur Zeit der Pubertät.

Biologisch ausgereift ist unsere Spezies mit 20 bis 25 Jahren. Die Rückbildung (Involution) setzt in den Wechseljahren (zwischen 50 bis 60 Jahren), der beschleunigte körperliche Abbau der Kraft, etc. etwa ab dem 70sten Lebensjahr ein. Für die biologischen Funktionen der Rückbildung und des Abbaus findet man allerdings sehr weite interindividuelle Streubereiche.

6.2 Kritische und sensible Phasen

Die *Ethologie* kennt in der Entwicklung von Tierarten kritische oder sensible Phasen. Viele Tiere (Säugetiere, Vögel) erwerben in zeitlich begrenzten sensiblen Phasen ihres Lebens bestimmte Kenntnisse wie z. B. Merkmale des Sexualpartners oder des arteigenen Gesangs, die nie mehr vergessen werden. Konrad LORENZ entdeckte bei Enten und Gänsen die Lerndisposition der Objektprägung. Für die Nachfolgereaktion (d. h. das Folgen junger Gössel einer erwachsenen Ente) der Enten liegt die sensible Periode zwischen der 13. und 16. Stunde nach dem Schlüpfen. Verstreicht diese Zeit, kann das Tier nicht mehr zum Nachfolgen geprägt werden (EIBL-EIBESFELDT, 1987). Im Falle der Folgeprägung laufen die Gössel auf Objekte zu, die größer sind als sie selbst, vor allem, wenn bestimmte Lockrufe geäußert werden. Offenbar gilt ein angeborenes Programm, das bestimmt: "Folge dem, mit dem Du beim Schlüpfen zusammen bist, und der/die/das größer ist als Du selbst."

Auch Huftiere wie Schafe, Ziegen, Fohlen können kurz nach der Geburt auf den Menschen als ihr "Leittier" geprägt werden. Gibt es in der menschlichen Entwicklung auch derart *kritische* oder *sensible Phasen* des Lernens? Diese Frage wird kontrovers beantwortet. Der Kinderpsychoanalytiker BOWLBY sagt ja und akzeptiert das ethologische Prägekonzept auch für die menschliche Entwicklung. Die Mehrzahl der Experimentalpsychologen lehnt dieses Konzept für die kindliche Entwicklung ab (ATKINSON et al., 1993). Statt dessen wird von sensiblen Phasen eher im Sinne von optimalen Entwicklungsperioden gesprochen. Dieses bedeutet: Wird während dieser Zeit das normale, altersentsprechende Verhalten nicht erworben, dann kann es in der Folgezeit nicht mehr mit dem vollen Potential entfaltet werden. So wird beispielsweise im ersten Lebensjahr die Elternbindung erworben. Bekommt man als Waise Eltern erst nach dieser Zeit, so ist die Bindung nicht mehr so eng wie im Normalfall. Auch für die Sprachentwicklung scheint es eine sensible Phase, allerdings von etwa sechs Jahren, zu geben. Verstreichen diese Jahre wegen einer nicht behobenen Taubheit ohne sprechakustische Erfahrungen, dann kann man angeblich das Sprechen und die Sprache nicht mehr erwerben. Welche Sprache in den ersten sechs Jahren erlernt wird - ob Englisch, Chinesisch oder Arabisch - ist gleichgültig; wichtig sind überhaupt Spracherfahrungen in dieser sensiblen Zeit.

6.2.1 Reizentzug

Es gibt ein Grundbedürfnis nach Neuigkeit resp. nach neuen und abwechslungsreichen Reizen. Vermindert man künstlich das Reizangebot bei Erwachsenen, dann führt man Deprivationsuntersuchungen durch. Es gibt allerdings auch natürliche Deprivationsbedingungen. Hierzu zählen angeborene oder erworbene Sinnesdefekte wie Blindheit, Taubheit, Farbblindheit, etc. Zusätzlich gibt es den sozialen Reizentzug wie die Isolierung in manchen Waisenheimen oder in Gefängnissen. Sinnesdefekte sind immer mit sensorischer, die soziale Isolierung immer mit affektiver Deprivation (Reizentbehrung) verbunden. Sensorischer Reizentzug wie Blindheit oder Taubheit kann kompensiert werden, wie das Beispiel von Helen KELLER (1880-1968) gezeigt hat. Sie war aufgrund eines Unfalls im zweiten Lebensjahr blind und taub geworden, also seit 1882. Dennoch hat sie mit großer Unterstützung ihrer Eltern und Freunde eine akademische Ausbildung an einer amerikanischen Universität erfolgreich abgeschlossen. Auf Vortragsreisen und mit Büchern hat sie vielen Behinderten Ratschläge zur Bewältigung der Behinderung und zur Bewältigung des Schicksals angedeihen lassen. Affektiver Entzug (Liebesentzug) und soziale Isolierung sind möglicherweise größere Behinderungen für die Persönlichkeitsentwicklung als sensorische Defekte. Nach BOWLBY (1973) seien sie überhaupt nicht zu kompensieren, wenn sie im ersten Lebensjahr länger als 6 Monate erduldet werden müssen. Wachsen nämlich Babys isoliert in Waisenheimen auf, in denen es nicht genügend Pflegepersonal gibt, dann erleben die Kinder einen hochgradigen emotionalen Streß. Sie können daran sogar sterben. Sie können aber auch autistische oder nur bindungsunfähige neurotische Persönlichkeiten werden (vgl. HASSENSTEIN, 1987).

Folgen der sensorischen und affektiven Deprivation.

1) Je höher die Evolutionsstufe der beobachteten Spezies ist, desto schwerwiegender sind die Folgen einer Deprivation nach der Geburt und im Kindesalter.
2) Dies gilt sowohl für die sensorische, als auch für die affektive Deprivation.
3) Beim Menschen kann im großen ganzen der sensorische Reizentzug kompensiert werden (Blindheit, Taubheit, Taubstummheit), sofern die emotionalen Beziehungen zur sozialen Umwelt positiv sind. Man benötigt aber immer die Hilfe von Bezugspersonen.
4) Reizverarmung sowie Reizentzug mit sozialer Isolierung führen immer dann zu sensomotorischen Störungen, wenn diese Zustände länger andauern und nicht kompensiert werden. Je jünger und unselbständiger der Mensch noch ist, desto stärker und schneller wirken die Störungen.
5) Affektiver Entzug und soziale Isolierung sind möglicherweise nicht zu kompensieren, wenn sie im ersten Lebensjahr und länger als 6 Monate erduldet werden müssen.
6) Eine Einschränkung der motorischen Bewegungsfreiheit durch strammes Wickeln und Begrenzung des Aktionsradius auf ein Zimmer im ersten Lebensjahr hat bei normalen Kindern keine motorischen oder sensorischen Defekte zur Folge. Motorische Defizite, die durch Deprivation erzeugt werden, holt man auf, wenn diese nicht länger als ein Jahr andauern.

Die Erfahrungen mit sensorischem und sozialem Reizentzug lassen vermuten, daß besondere Reizangebote oder reizangereicherte Umwelten förderlich für die Entwicklung junger Menschen wirken sollten. Lernstudien mit Ratten, die in reizarmen oder reizreichen Umgebungen aufgezogen wurden, unterstützen diese Vermutung. Denn die begünstigten Ratten haben schneller die Orientierung in Labyrinthen zu Futterstellen hin gelernt.

6.2.2 Motorische Frühförderung

Die Fragen einer motorischen Frühförderung hat die Amerikanerin M. McGraw (1935, 1939) an einem Zwillingspaar in New York untersucht. Im Alter von 12 Monaten wurde Johnny in den Fertigkeiten des Rollschuhlaufens, des Schwimmens, des Erkletterns schräger Ebenen (bis zu 70°), des Springens und Herabkletterns von 1,60 m hohen Möbeltürmen und des Dreiradfahrens etwa 7 bis 8 Monate lang fünf Tage pro Woche unterwiesen. Der Zwillingsbruder Jimmy spielte während dieser Zeit im Ställchen. Als Jimmy 22 Monate alt war, wurde er ebenfalls, aber nur zweieinhalb Monate, in diesen Fertigkeiten unterwiesen. Im Alter von zwei Jahren wurden beide geprüft: Johnny war etwas besser im Schwimmen, beim Rollschuhlaufen, beim Springen und Herabklettern von den Möbeltürmen. Jimmy war deutlich besser im Dreiradfahren. Im Klettern waren beide gleich gut.

Die Zwillinge wurden danach nur noch alle sechs Monate in diesen Fertigkeiten (bis auf das Schwimmen) geprüft, nicht mehr unterwiesen - und zwar bis zur Einschulung mit sechs Jahren. In den Abschlußprüfungen zeigt sich folgendes:

(1) Johnny behielt das koordinative Niveau bei, das er einmal erreicht hatte, und zwar im Dreiradfahren, beim Herabspringen und Herabgleiten. Jimmy schwankte in seinen Leistungen, war einmal ängstlicher, einmal beherzter. D. h. Johnny war leistungskonstanter.
(2) In zwei Aktivitäten verschlechterten sich ab dem vierten Lebensjahr beide: nämlich im Rollschuhlaufen und im Erklettern schräger Bahnen (70°).

Die Befunde sind kein Beleg für eine Prägungstheorie (kritischer) motorischer Lernphasen. Der Zwilling Jimmy hat in kürzerer Zeit (2 1/2 Monate) beinahe das gleiche Leistungsniveau erreicht wie Johnny nach 7 bis 8 Monaten Einübung. Dieser Befund spricht eher für die Hypothese sensibler Lernphasen. Danach lernt man ökonomischer, wenn die organischen Voraussetzungen vollständig vorliegen. Daß sich bei beiden das Rollschuhlaufen mit vier Jahren verschlechterte, liegt an den veränderten biomechanischen Hebelverhältnissen im Vergleich zum zweiten Lebensjahr und an der fehlenden Übung. Beide hatten keine Rollschuhe daheim. Ein Befund ist bemerkenswert: Die Einstellung zu den Leibesübungen wird bei beiden als sehr verschieden bezeichnet. Während Jimmy sich im wesentlichen für das Resultat interessierte, war Johnny vom modus operandi (d. h. von der Durchführung) begeistert. Als Fazit muß man festhalten: Eine kurzfristige motorische Frühförderung ist (vom Leistungseffekt her betrachtet) von ungewissem Erfolg. Vermutlich kann sich nur eine längerfristige, kontinuierliche motorische Förderung "leistungssteigernd" auswirken. Der Übungsaufwand ist allerdings beträchtlich.

Folgerungen:
1) Phylogenetische Verhaltensmuster wie "Rollen, Kopfaufrichten, Krabbeln, Setzen, Aufstehen, Gehen, Laufen, Hüpfen" können durch Übungsprogramme in der Reifung nicht beschleunigt werden; Übungswirkung zeigt sich möglicherweise im Bewegungsstil.
2) Ontogenetische (d. h. individuell zu lernende) motorische Verhaltensmuster wie "Schwimmen, Rollschuhlaufen, Dreiradfahren", etc. werden durch Übung und Training beschleunigt erworben. Sie müssen jedoch beim Heranwachsenden durch regelmäßiges Üben den veränderten Körperproportionen angepaßt werden.

6.3 Reifezeit und Sport

Die Jugendzeit ist der Übergang von der sozialen Rolle des Kindes zur Rolle des selbständigen Mitglieds der Gesellschaft. Die Literatur spricht von: Krisenzeit, Sturm und Drang und von der

Jugendbewegung. In der Psychologie redet man eher von: Anpassung an neue Aufgaben und an neue Rollen. Zwei biosoziale Tendenzen scheinen sich in der Jugendzeit zu offenbaren: (a) die Individuationstendenz, (b) die Tendenz zur sozialen Bindung und zur Einbindung in vorgegebene Gruppierungen. Die *Humanethologie* erkennt ähnliche Entwicklungen in einfachen und komplexen Kulturen. Zu den Merkmalen der Individuation zählen: Erkenntnis der Besonderheit der eigenen Person, des eigenen Körpers, der sozialen Kompetenzen, der Geschlechtsrolle (weiblich-männlich) und das Streben nach Autonomie: Selbstbewußtsein, Kritikfähigkeit, Selbstkritik.

Unter sozialer Bindung versteht man: Erweiterung der Beziehungen und Kontakte, sexuelle Freundschaften, Berufsvorbereitungen, Spezialisierung der Fähigkeiten, Arbeitsverträge, staatsbürgerliche Fertigkeiten und Festigung eines ethisch-moralischen Wertesystems. Man unterteilt das Jugendalter nach biologischen Gesichtspunkten in die beiden Phasen der Pubeszenz (beschleunigte Entwicklung) und der Adoleszenz (abgebremste Entwicklung der Pubertät). Der amerikanische Psychologe HAVIGHURST (1972) hat die psychosozialen Aufgaben der Reifezeit und der Jugend allgemein beschrieben. In unserer Kultur dürften sie ähnlich ausfallen:

(1) Verändertes Körperbewußtsein, Akzeptieren des eigenen Körpers, Identifikation mit sozialem Erscheinungsbild
(2) Festigung und Erweiterung reiferer Beziehungen zu Gleichaltrigen beiderlei Geschlechts
(3) Identifikation mit weiblicher oder männlicher Rolle
(4) Erweiterung der emotionalen Unabhängigkeit von Eltern sowie von anderen Autoritäten (Lehrer, Trainer)
(5) Vorbereitung auf sexuelle Partnerschaft mit gegenseitigen und familiären Verpflichtungen
(6) Berufsvorbereitungen, Berufswahl
(7) Festigung eines ethisch-moralischen Wertesystems
(8) Aufbau intellektueller, staatsbürgerlicher Fertigkeiten
(9) Grundlegung und Einübung sozial verantwortlicher Verhaltensweisen

Phasen der Pubeszenz. Während der Zeit der Pubertät beobachtet man ein verstärktes Körperlängen-, Muskel- und Geschlechtsorganwachstum. Im Durchschnitt beginnt die Pubertät bei Mädchen mit etwa 11 bis 14 Jahren und etwas verzögert bei den Jungen mit etwa 12 bis 16 Jahren. Auffallend ist eine große Variationsbreite der Reifeentwicklung in dem Alter von 10 bis 17 Jahren. Der statistische Durchschnitt resp. die Norm des sog. Wachstumsspurts wird für die Mädchen mit zwölfeinhalb Jahren und für die Jungen mit 14 Jahren angegeben.

Teilweise beobachtet man in einer Jahrgangsklasse Retardierte und Akzelerierte neben dem Gros der Normalentwickelten. Bei derartigen Variationen in einer Klasse wird der Sportunterricht zum Problem. Die Akzelerierten erzielen ständig die besten, die Retardierten jedoch ständig die schlechtesten Leistungen in den Individual- und in den Mannschaftssportarten.

Kurz zu den Begriffen: **Akzeleration** *ist die individuelle Beschleunigung der Entwicklungsgeschwindigkeit*, **Retardation** *ist die Verzögerung - im Vergleich zur Norm (statistischer Durchschnitt)*. Neben der individuellen Akzeleration kennt man noch die **säkulare Akzeleration**. So stellt man fest, daß z. B. die Jungen 1880 mit fünfzehn Jahren im Durchschnitt 150 cm lang waren, jedoch 1976 im Durchschnitt 170 cm messen (vgl. CRASSELT, FORCHEL & STEMMLER, 1985). Die Gründe für die säkulare Akzeleration sind nicht genau bekannt. Man nimmt als Faktoren die vielseitigere Ernährung, die vielseitigere sensomotorische Anregung, die bessere ärztliche Versorgung sowie die geringeren psychischen Belastungen beim "Kampf ums nackte Überleben" an. Durch die säkulare Akzeleration, welche nicht nur die Körperlänge, sondern den gesamten Skelettmuskelapparat umfaßt (d. h. die Muskelmasse ist ebenfalls akzeleriert), sind die Voraussetzungen für sportliche Leistungen im jugendlichen Alter im Vergleich zur Jahrhundertwende von 1900 erheblich verbessert worden.

Psychosoziale Situation der Retardierten. Während die Akzelerierten in der Altersgruppe wegen der verbesserten körperlichen Fähigkeiten an Ansehen gewinnen, verlieren die Retardierten allmählich an Rang und Ansehen in ihren Gruppen. Sie werden öfters gehänselt, haben keine Chancen als Jungen bei Mädchen oder als Mädchen bei Jungen, sind den Anforderungen im

Sport nicht mehr gewachsen und werden daher nicht für voll genommen. Die Leistungsdifferenz wird ihnen bewußt; sie werden vorsichtiger und zurückhaltender, ja ängstlich im Sport, teilweise auch in anderen Fächern und können nicht mehr über sich selbst lachen. Diese Selbstwertproblematik wirkt bis ins Erwachsenenalter von 30 bis 40 Jahren hinein. Denn die ehemals Retardierten fallen im Vergleich zu den Normalentwickelten durch vermehrte Geschäftigkeit, erhöhte impulsive Aktivität, größeres Bemühen um Anerkennung einerseits und Anpassungsbereitschaft andererseits auf. Die ehemals erlebte "Minderwertigkeit" wird oftmals nur durch besondere Leistungen überwunden und abgebaut. Der Psychoanalytiker Alfred ADLER würde von derartigen Leistungen als Überkompensation des Minderwertigkeitskomplexes sprechen.

Sportmotorische Leistungen in der Pubertät. Kraft, Schnelligkeit, Ausdauer, etc. verbessern sich. Daher beobachtet man Leistungszunahmen in den Sportarten: z. B. in der Leichtathletik, im Schwimmen, in den Ballspielen und im Turnen. Allerdings spricht man auch von Qualitätseinbußen oder Disharmonien hinsichtlich der Merkmale Bewegungsfluß, Eleganz, Bewegungsausdruck oder "Rhythmisierung", weil sich Körperproportionen schneller verändern. Es gibt jedoch keine beobachtbare Qualitätseinbuße bei 3- bis 4mal zwei Stunden Sport pro Woche.

Leistungsunterschiede zwischen Jungen und Mädchen. Im allgemeinen beobachtet man folgendes (vgl. Abb. 6.1):

(1) Unterschiede werden zugunsten der Jungen größer bei Kraft-, Schnelligkeits- und Ausdauerleistungen.
(2) Man beobachtet zusätzlich eine zeitlich verlängerte Leistungsentwicklung bei den Jungen bis in die Adoleszenz (vgl. CRASSELT et. al., 1985).
(3) Man findet keine Geschlechtsunterschiede hinsichtlich der koordinativen Steuerung der feinmotorischen Leistungen.

In einer amerikanischen Metaanalyse sind 64 Studien zum Problem von Leistungsdifferenzen zwischen Jungen und Mädchen in verschiedenen motorischen Tests zusammengefaßt worden (vgl. THOMAS & FRENCH, 1985). Dabei wurden Daten von etwa 31 000

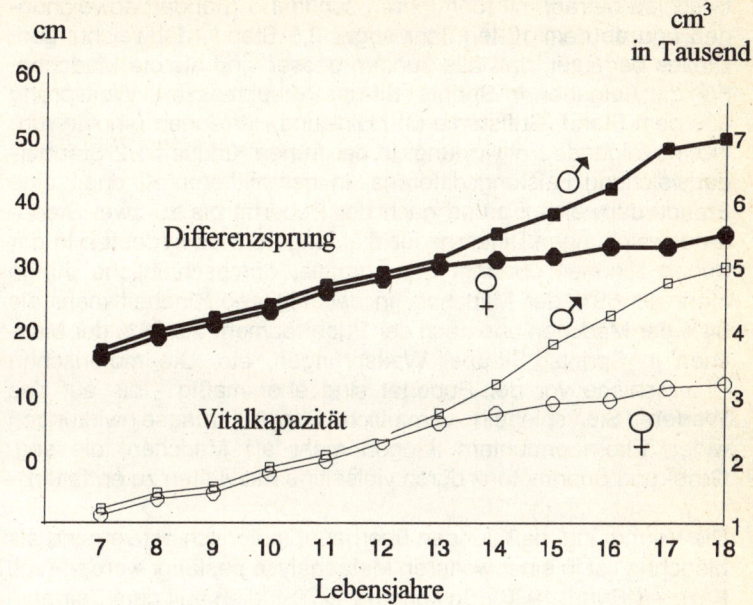

Abb. 6.1: Entwicklung der Vitalkapazität (cm^3) und der Leistung des Differenzsprungs vom 7- bis 18-ten Lebensjahr bei 650 Mädchen und bei 650 Jungen nach CRASSELT et al. (1985)

Pbn berücksichtigt. Keinerlei Leistungsunterschiede fand man bei den folgenden Merkmalen resp. Aufgaben: Beweglichkeit zwischen 5 bis 10 Jahren, Reaktionszeit zwischen 5 bis 20 Jahren, Gewandtheit zwischen 3 bis 17 Jahren, Wurfpräzision zwischen 6 bis 11 Jahren, Würfe an die Wand zwischen 7 bis 13 Jahren und Feinmotorik zwischen 3 bis 10 Jahren. Die nicht erwähnten Altersbereiche sind nicht geprüft worden.

Bis zur Pubertät (10 - 13 Jahre) sind die Leistungen der Balance, die Leistungen beim Pursuit-Rotor und beim Tapping gleich. Danach werden die Jungen etwas besser. Im Ball- oder Steinewerfen sind die Jungen ab dem dritten Lebensjahr besser. Der Unterschied beträgt mit fünf Jahren schon 1,5 Standardabweichungen und ab dem 12-ten Jahr sogar 3,5 Standardabweichungen. Dieses bedeutet, daß alle Jungen besser sind als die Mädchen. Für die Aufgaben in Sprints, Sit-ups (Klappmesser), Weitsprung aus dem Stand, Griffstärke und Hin- und Herrennen (shuttle-run) gibt es folgende Entwicklung: In der frühen Kindheit 1/2 Standardabweichung Leistungsdifferenz, in der mittleren Kindheit eine Standardabweichung und nach der Pubertät bis zu zwei Standardabweichungen Differenz für die Jungen. Dies bedeutet: In der frühen Kindheit übertrifft der normale, durchschnittliche Junge mehr als 69% der Mädchen, in der mittleren Kindheit mehr als 84% der Mädchen und nach der Pubertät mehr als 98% der Mädchen in Sprints, Sit-ups, Weitsprüngen, etc. Die motorischen Unterschiede vor der Pubertät sind eher mäßig - bis auf das Werfen. Sie spiegeln vermutlich Sozialisierungseinwirkungen wider. Eltern ermuntern Jungen mehr als Mädchen, die sog. Grob- und Sportmotorik durch vielseitige Aktivitäten zu entfalten.

Die Vermutung, daß Jungen überhaupt motorisch aktiver sind als Mädchen, ist in einer weiteren Metaanalyse bestätigt worden (vgl. EATON & ENNS, 1986). So konnten 127 Studien aus dem Zeitraum von 1900 bis 1983 ausfindig gemacht werden, in denen die Häufigkeit, der Umfang, die Dauer und auch die Art der Bewegung registriert wurden, und zwar getrennt für beide Geschlechter. Aus den Aufgaben wurde das gewohnte Niveau der Energieäußerung in Bewegungen erschlossen. Berücksichtigt wurde die vorgeburtliche Aktivität, die Aktivität als Kleinkind, Vorschulkind, Schulkind (bis zu 18 Jahren) und als Erwachsener (bis zu 30 Jahren) von insgesamt 125 000 Pbn beiderlei Geschlechts. Nachgewiesen wird ein gesicherter Effekt von **d** = 0.49, was einer halben Standardabweichung zugunsten der Jungen entspricht. Der durchschnittliche Junge ist somit aktiver als 69 % der Mädchen. Dieser motorische Aktivitätsunterschied ist ebenso gesichert wie der Aggressivitätsunterschied (**d** = 0.50), der Unterschied im mathematischen Denken (**d** = 0.44) und der Unterschied bzgl. räumlicher Fähigkeiten (**d** = 0.45). Diese Werte bekunden, daß Jungen in den kognitiven Tests besser abschneiden als Mädchen und auch aggressiver sind. Möglicherweise ergeben sich die sog. kognitiven Unterschiede erst aus der höheren motorischen Aktivität heraus, die ab der Pubertät gewiß durch die höhere Ausschüttung des Testosterons bei den Jungen noch zusätzliche Impulse erfährt.

Adoleszenz. Die Phase der verlangsamten Reifung heißt Adoleszenz. Für Mädchen erstreckt sie sich auf das Alter von 14 bis 18 Jahre und für Jungen von 16 bis 20 Jahre. Der beschleunigte psychophysische Umbau ist abgebremst. Die biologische Reifung und das Wachstum enden allerdings vollständig mit etwa 22 bis 25 Jahren. Dann ist sozusagen die Höhe der biologischen Kapazitäten erreicht. Diese Leistungsfähigkeit kann nur durch geeignete, regelmäßige Belastungsreize aufrechterhalten werden, und zwar für ca. 10 weitere Jahre. Ein normales Leistungsniveau wird schon durch 2 x 2 Stunden Sport pro Woche aufrechterhalten. Ein höheres Leistungsniveau erfordert regelmäßig höhere Belastungen. Der Spitzensport resp. der Leistungssport auf sehr hohem Niveau verlangt Belastungen von zwei bis vier Stunden Training pro Tag (je nach Sportart) bei 6 bis 10 Trainingseinheiten pro Woche. Die Trainingsbelastungen von Spitzensportlern entsprechen dem Trainings- oder Übungsumfang von Schauspielern, von hochrangigen Sängern (Oper), von Ballettstars, von Solisten (Virtuosen) der Musikbranche oder von Artisten bekannter Zirkusarenen. Nach dem 35sten Lebensjahr kommt es trotz hohen Trainingsumfangs in Sportarten mit hohen konditionellen Anforderungen hinsichtlich der Schnellkraft, der Kraftausdauer und der Ausdauer zu Leistungseinbußen. Je mehr kognitive und koordinative Elemente eine sportliche Leistung begründen, desto länger kann jedoch ein hohes Leistungsniveau gehalten werden.

6.4 Bestleistungen im Sport

Die Begabungsforschung sowie die Psychologie der herausragenden Leistungen versuchen, die Produktivität resp. die Kreativität auf zwei Faktoren zurückzuführen, einmal auf den Faktor des "ingeniums", des Genies, des Talentes oder der Schöpferkraft und zum andern auf den Faktor des Lernens, der Erfahrungen, der Kenntnisse, der günstigen Umstände oder der Reife der Zeit (vgl. SIMONTON, 1988). Herausragende wissenschaftliche Leistungen werden beispielsweise heute erst nach einem längeren Lernprozeß an der Universität von etwa zwanzig Jahren möglich, und zwar in den Kultur- und Naturwissenschaften. D. h. Wissenschaftler im Alter zwischen 37 und 43 Jahren produzieren in unserem Universitätssystem die besten Leistungen. Im Bereich der Dichtung und Schriftstellerei sollen die Verhältnisse etwas anders liegen. Die Poesie bedürfe des Enthusiasmus, der sich im jüngeren Erwachsenenalter fände. Höchstleistungen werden daher im Alter zwischen 25 bis 35 Jahren beobachtet. Die Prosa hingegen bedürfe der Erfahrung, daher stellten sich hier die Bestleistungen im Alter zwischen 40 bis 50 Jahren ein (vgl. SCHENCK-DANZIGER, 1959; SIMONTON, 1988).

Im Sport sind hohe und höchste Leistungen sowohl an die Reife biologischer Funktionen, als auch an koordinative Erfahrungen in den Sportarten gekoppelt. Ausgehend von einer abgewandelten Zweifaktorentheorie der Bestleistungen müßte man folgendes erwarten: Sportliche Bestleistungen werden erzielt erstens nach mindestens 10 bis 15 Jahren intensiven Trainings der Technik und der Taktik und zweitens zur Zeit der vollen biologischen Reife - für Frauen also ab dem 18. Lebensjahr bis zum 28. Lebensjahr, für Männer ab dem 20. bis zum 30. Lebensjahr.

Sicherlich gibt es sportartspezifische Besonderheiten. Man denke an das sog. "Kinderturnen" im Frauenkunstturnen, wo artistische Dressurleistungen am Stufenbarren und am "Zitterbalken" von 14jährigen Mädchen in der Vorpubertät vorexerziert werden. Oder man denke an das Segelfliegen, eine Sportart mit einem hochkomplexen Sportgerät, mit dem man zwanzig Jahre und länger trainieren muß, um es ab einem Alter von 30 bis 40 Jahren meisterlich für Langstreckenflüge im Dreieckskurs zu beherrschen.

6.4.1 Lebensalter

Welche Belege bietet die Sportwissenschaft für das geschätzte **Höchstleistungsalter** von Sportlern? Der ehemalige Leichtathlet und Schwimmer K. FEIGE (1973, 1978) hat das Höchstleistungsalter für deutsche Schwimmer und für verschiedene leichtathletische Laufdisziplinen ermittelt. Er sammelte zunächst alle Bestleistungen von 138 Schwimmerinnen, die zwischen 1948

Tab. 6.1: Lebensalter der Weltbesten von 1952 und 1972, sowie der Endlaufteilnehmer der Olympischen Spiele (OS) von 1960-1976 nach FEIGE (1978).

Alter (Jahre)

Leichtathletik Disziplin	Weltbeste		Endlaufteilnehmer OS 1960-1976	Altersmittelwert
	1952	1972		
100 m	22,1	23,7	23,7	23,3
200 m	22,4	22,5	23,8	23
400 m	23,8	23,5	24,2	23,5
800 m	25,0	23,8	24,3	24,3
1500 m	25,5	24,8	24,8	24,8
5000 m	27,6	26,6	27,3	27,3
10 000 m	28,7	27,5	27,1	27,5
N	50	306	264	24,8

und 1968 aktiv gewesen sind. Im Durchschnitt haben diese ihre Bestleistungen mit 18 Jahren erzielt. Allerdings haben 25% dieser Schwimmerinnen ihre Bestleistungen bereits mit 16 bis 17 Jahren, ein anderes Viertel aber erst mit 19 1/2 Jahren erzielt. Bei 149 Schwimmern, aktiv zwischen den Jahren 1948 bis 1970, wird die Bestleistung im Schnitt mit 21 Jahren erreicht. Bei den Leichtathleten hat FEIGE (1978) sowohl das Lebensalter von 356 Weltbesten, als auch das Lebensalter von 264 Endlaufteilnehmern der Olympischen Spiele von 1960 bis 1976 ermittelt. Die Befunde können in der Tab. 6.1 analysiert werden.

Die Befunde von FEIGE (1973, 1978) stimmen mit den Erwartungen der Zweifaktorentheorie der sportlichen Bestleistungen durchaus überein. Ähnliche Altersverteilungen findet man in anderen olympischen Disziplinen wie beispielsweise im Wasserball, Basketball, Kanusport, Rudern, Gewichtheben, Boxen, Turnen (Männer), Ringen und Turmspringen (vgl. ESPENSCHADE & ECKERT, 1980; SCHULZ & CURNOW, 1988). Mit Hilfe von Längsschnittdaten haben SCHULTZ, MUSA, STASZEWSKI & SIEGLER (1994) den Leistungsverlauf von Baseballspielern der Hauptliga beschrieben. Sie beginnen mit 19 und beenden mit 40 Jahren die Ligatätigkeit. Ihr Leistungshöhepunkt liegt bei 27 Jahren. Im Golfspiel (Bestleistungsalter 29 bis 33 Jahre) und im Billard (Bestleistungsalter 31 bis 35 Jahre) scheinen die Bestleistungen erst jenseits der dreißiger Jahre erzielt zu werden. Gerade diese Sportarten legen folgende Hypothese nahe: Je feiner die neuromuskuläre Koordination zur Aufgabenbewältigung und je größer der Anteil der Umweltvariation ausfällt, desto größer ist der Anteil der Kognition und Erfahrung, die erst nach vielen Jahren eine Meisterschaft ermöglichen (vgl. a. das Segelfliegen).

6.4.2 Frühspezialisierung

Erst nach 10 bis 15 Jahren Training werden Bestleistungen im Leistungssport erzielt. Deshalb hat man sich vielfach mit Fragen der frühen Spezialisierung befaßt. Bietet aber die Frühspezialisierung eine Garantie für ausgezeichnete Leistungen im Erwachsenenalter? Im Fechtsport scheint dies der Fall zu sein, wie das Beispiel Tauberbischofsheim demonstrieren könnte. Hier werden Kinder noch vor der Einschulung mit dem Fechtsport spielerisch vertraut gemacht. Aber auch in anderen Sportarten beobachtet man eine Tendenz zur frühzeitigen Festlegung (mit 8 bis 12 Jahren) auf eine einzige Sportart: z. B. Turnen, Eiskunstlauf, Rollschuhkunstlauf, Schwimmen oder Leichtathletik. Auch beobachtet man frühzeitige Rollenspezialisierungen in den Sportspielen: Angriff, Abwehr, Tor, Center, Spielmacher, Quarterback, Pitcher, Hitter, etc.

Die Erfahrungen mit einer Frühspezialisierung sind geteilt. Eine eindeutige Antwort der Sportwissenschaft kann noch nicht gegeben werden, was den Nutzen dieser Maßnahmen betrifft. Bisher liegen nur in wenigen Sportarten Daten zur Beantwortung der Nutzenfrage vor. K. FEIGE (1973, 1978) ist auch der Frage nach der Frühspezialisierung im Schwimmsport und in der Leichtathletik nachgegangen. Hier seine Befunde:

(1) Bei früher Spezialisierung (8-10 Jahre) resultieren persönliche Bestleistungen mit 17 bis 19 Jahren.
(2) Nach später Spezialisierung (14-18 Jahre) werden persönliche Bestleistungen im Alter zwischen 22-26 Jahren erzielt.
(3) Die persönlichen Bestleistungen nach früher Spezialisierung reichen nicht vollständig an die Bestleistungen nach später Spezialisierung heran.

Für dieses Faktum nennt FEIGE einige Gründe: Bei einer Frühspezialisierung werden Frühentwickler (Akzelerierte) gefördert, nicht aber unbedingt die absolut Talentiertesten. Die Spätentwickler scheinen geduldiger, ausdauernder oder motivierter zu sein, weil sie längere Zeit für das Erzielen guter Leistungen benötigten. Durch unvermeidliche Mißerfolge werden sie nicht so schnell von ihrem allgemeinen Lebensplan, eine hervorragende Leistung zu erzielen, abgebracht. Auch Verletzungen werfen sie nicht aus der Bahn (vgl. Dropoutproblematik). Diesen Vermutungen von FEIGE kann man noch einige plausible Erklärungen hinzufügen, wenn man von den Befunden zur motorischen Frühförderung von M. MCGRAW (1935) ausgeht. Man lernt koordinativ ökonomischer, wenn die organischen Voraussetzungen vorliegen. Frühe, spielerische und dem kindlichen Leistungsvermögen gemäße Erfahrungen mit einer Sportart sind erforderlich, um die positive Grundeinstellung und die Freude an den sportlichen Aktivitäten zu festigen. Während der ersten Phase der Pubertät (der Pubeszenz) kann durchaus ein Grundlagentraining durchgeführt werden. In der zweiten Phase der Pubertät (Adoleszenz) müßte dieses Training verschärft werden. Das umfassende, hochbelastende Training sollte zur Zeit der vollständigen biologischen Reife durchgeführt werden, also im Schnitt zwischen dem 19. bis 22. Lebensjahr. Eine zehnjährige Investition, beginnend mit dem 10ten oder 12ten Lebensjahr, ist erforderlich, um den koordinativen Anforderungen gerecht zu werden. Das versetzte, verzögerte hochbelastende Training nach der Adoleszenz sorgt für einen kostengünstigen Aufbau der metabolischen und muskulären Funktionen. Allerdings handelt es sich hierbei um Hypothesen, die eingehender zu prüfen wären. Die Erfahrungen mehrerer, verschiedener Sportarten müßten berücksichtigt werden, nicht nur Erfahrungen der Leichtathletik und des Schwimmens.

6.4.3 Lebensgestaltung

Welche Folgen hat der Leistungssport für die Lebensführung der Jugendlichen? Wie wirken sich die Trainings- und Wettkampfbelastungen auf die Freizeit, auf Schulleistungen, auf die Gesundheit aus? In Deutschland gibt es bisher nur eine einzige Längsschnittuntersuchung mit Kontrollgruppen zu diesen Fragen (vgl. KAMINSKI, MEYER & RUOFF, 1984). Die Studie "Kinder und Jugendliche im Hochleistungssport" wurde 1974 begonnen und 1988 beendet (KAMINSKI, 1988).

In der Basisuntersuchung (1974) wurden 98 zehn- bis vierzehnjährige Schwimmer, Turner und Eiskunstläufer erfaßt, die in ihren Altersklassen zur nationalen Spitze zählten. Zwei Kontrollgruppen wurden gebildet, eine aus Preisträgern des Bundeswettbewerbs "Jugend musiziert" (N=30), eine zweite aus Jugendlichen (N=50), die weder Leistungssport noch intensiv Musik betrieben. Die Kontrollgruppen ähnelten nach demographischen Merkmalen den Sportlern. Auch in der Intelligenzstruktur ähnelten sich alle Gruppen. Die Noten in den Fächern Deutsch, Englisch und Mathematik betragen für die Sportler im Durchschnitt 3.1, für die Musiker 2.5 und für die Normalgruppe 2.7 zu Beginn der Untersuchungen. Die zweite Untersuchung fand 1978/79, die dritte 1986 (jedoch nur an Leistungssportlern) statt. Die Noten der Leistungssportler verschlechterten sich in der zweiten Untersuchung auf 3.4, der Musiker auf 2.8 und die der Normalgruppe auf 2.9 im Durchschnitt.

Die Leistungssportler hatten ab dem sechsten Lebensjahr Kontakt mit ihrer Sportart und begannen das systematische Training mit 8 bis 9 Jahren. Die ersten guten Leistungen erzielten sie mit 10 bis 12 Jahren. Zur Zeit des Leistungstrainings in den Jahren 1974 bis 1978 betrug die wöchentliche Trainingszeit 15 bis 18 Stunden, während die Musiker 15 Stunden übten und die Normalgruppe höchstens 4 bis 5 Stunden Sport pro Woche hatte. 1986 betrieben nur noch 12% der Eiskunstläufer und Schwimmer sowie 32% der Turner der Ausgangsuntersuchung ein Leistungstraining.

Die 24jährigen Leistungssportler sahen 1986 folgende **Vorteile des Leistungssports:** vielseitige Reiseerfahrung, Erfolgserlebnisse, öffentliche Wertschätzung, Erfahrung der Selbstkontrolle und der Willensbereitschaft sowie körperliche Fitneß. Allerdings gibt es auch **Nachteile des Leistungssports:** Zeitknappheit für Hobbys, Leistungsabfall in der Schule und ungünstige Berufseingangschancen, soziale Isolierung außerhalb des Sports, Einseitigkeit der Persönlichkeitsentwicklung, Verletzungen und evtl. körperliche Dauerschäden durch den Sport.

Bedingungen des Leistungssports, die den **stärksten Streß** erzeugten, waren: Trainingsdauer, wenig Freizeit, körperliche Belastung, Zwangserlebnisse beim ungeliebten Training, Wettkampfangst, hohe Erwartungen des Trainers. 35% der Leistungssportler haben jedoch gar keinen Wettkampfstreß erlebt. Auch **Verletzungen** waren Streßereignisse. Gar keine Verletzungen erlitten 30% der Schwimmer, 11% der Turner und 6% der Eiskunstläufer. Die fünf häufigsten Verletzungsarten waren:

(1) Verletzungen am Knie und /oder Meniskus (48%),
(2) Frakturen an Arm, Hand, Ellenbogen (31%),
(3) Achillessehnenriß (30%),
(4) Bandscheibenverletzungen (23%),
(5) Bänderriß (16%).

Es gibt somit drei Problem- und Konfliktbereiche für Leistungssportler: a) die Gesundheit, b) die Schule und Berufsausbildung und c) die privaten und sozialen Beziehungen außerhalb des Sports.

Gesundheit. Selbst wenn keine Dopingmittel genommen werden, gibt es doch erhebliche gesundheitliche Risiken im Spitzensport. Darüber sollten sich alle Beteiligten, Trainer und Athleten bewußt sein.

Schule und Berufsausbildung. Probleme mit der Schule und mit der Berufsausbildung sind durch den hohen Trainingsaufwand vorprogrammiert. Bei 33% der jugendlichen Leistungssportler können diese Probleme nur durch eine Beendigung des Leistungssports bewältigt werden; bei einem weiteren Drittel müssen kompensatorische Maßnahmen wie Nachhilfe oder Schulwechsel oder dgl. m. ergriffen werden, wenn der Leistungssport nicht aufgegeben wird. Nur das letzte Drittel, die schulisch und sportlich Begabten, hat keine Schwierigkeiten im schulischen Sektor.

Soziale Beziehungen. Außerhalb des Sports und der Schule Bekanntschaften zu schließen oder über die Pflege eines Hobbys den Bekanntenkreis zu erweitern, ist für Leistungssportler nicht möglich. Dafür bleibt keine Zeit. Auch diese Verhaltenskonsequenz müßte allen Beteiligten frühzeitig klar gemacht werden.

Ob sich die Persönlichkeits- oder Charakterstruktur von Leistungssportlern durch die Erfahrungen des Leistungssports ändert, ist eigentlich eine überflüssige Frage geworden. Die Einflüsse können positiv oder negativ sein. Es gibt zahlreiche Risiken, wie die Studie von KAMINSKI, MEYER & RUOFF (1984) offenlegt. Wie man mit den Risiken umgeht und fertig wird, ist nicht nur eine Frage der Persönlichkeitsstruktur. Hier spielen Zufälle und vielfältige Bedingungen eine Rolle.

7. PERSÖNLICHKEIT UND SPORT

7.1 Begriffe und Modelle

Gibt es den typischen Sportler? Den typischen Sportlehrer? Neigen bestimmte Kinder und Jugendliche dem Sport oder gewissen Sportarten zu, beispielsweise dem Boxen, dem Segeln? Wird man in seiner Persönlichkeit durch den Sport positiv, vielleicht auch negativ geformt? Kann Sport als Erziehungsmittel zur Charakterformung im Sinne solidarischen Handelns eingesetzt werden? Als die Sportpsychologie noch jung war etwa vor 60 bis 70 Jahren, hatte man schnell eine Antwort auf diese Fragen gefunden: Ja, es gibt den Sportsmann, die Sportlerin, den typischen Sportlehrer und selbstverständlich die erzieherische Formkraft des Sportes. Der erste deutsche Sportpsychologe SCHULTE (1926) erkannte nicht nur den einen Sportler; er unterschied sogar den *Pragmatiker*, den *sittlichen Charakter* und auch den *Pathetiker* unter den Sportsleuten. Auch noch in den fünfziger Jahren meinte man, den **Sportler als Typus sui generis** beschreiben zu können. Dieser Typus sei gekennzeichnet durch: hohe Vitalität, praktische Gewandtheit, Entschlußfähigkeit, Leistungsfreude, gehobene Lebensgrundstimmung und durch ein ausgeprägtes Selbstwertgefühl (NEUMANN, 1957). Es gab aber auch schon Kritik an dieser Schönmalerei. Denn unter den Leistungssportlern wurden auch gruppenfeindliche Introvertierte, vegetativ Labile, Empfindliche, Störanfällige und "Problempersonen" ausgemacht. Angesichts von 23 Millionen DSB-Mitgliedern zögert man gegenwärtig mit der Antwort auf solche Fragen. Einerseits haben wir gewisse Ideen, Vorstellungen, Meinungen oder Klischees über den Typus des Sportlers, des Athleten, des Siegers, des Boxers, des Seglers, usw. Andererseits bietet die Sportpsychologie sehr verschiedene theoretische Ansätze und empirische Befunde zur Beschreibung und Erklärung interindividueller Unterschiede. Unsere subjektiven, inneren Bilder von Sportlern, etc. sind intersubjektiv verglichen einheitlicher (z. B. im semantischen

Differential ausgedrückt) als die zahlreichen empirischen Befunde der Persönlichkeitsdiagnosen von Sportwissenschaftlern und Psychologen. Das Unbehagen mit der schillernden Vielfalt der Persönlichkeitsbilder beginnt bereits mit dem Begriff der Persönlichkeit, der uneinheitlich definiert wird (vgl. DORSCH, 1982). Einerseits versteht man unter **Persönlichkeit** die feste Organisation des Charakters, des Temperamentes, des Intellektes und der Konstitution eines Menschen, welche die Anpassung an die soziale Umwelt bestimmen soll. Andererseits soll Persönlichkeit nur eine wissenschaftliche Konstruktion oder ein Konstruktsystem zur Interpretation des Verhaltens eines Individuums sein. Im ersten Fall bestehen Persönlichkeiten als Entitäten ohne wissenschaftliche Theorie; im zweiten sind sie gewissermaßen Fiktionen, abhängig vom wissenschaftlichen Bezugssystem des Denkens.

Die Definition des Sportwissenschaftlichen Lexikons (1992) *versteht unter Persönlichkeit die strukturierte Gesamtheit der Eigenschaften und Fähigkeiten eines Individuums.* Hinter den meisten heute geläufigen Persönlichkeitsdefinitionen steht vermutlich das Vermächtnis des Neuhumanismus, der in der Persönlichkeit das höchste Ziel der Selbstverwirklichung gesehen hat. Die Psychologie behandelt den Begriff weitgehend deskriptiv, um die auffälligen interindividuellen Unterschiede des Verhaltens in gleichen Situationen zu erfassen. Dabei wird vielfach auf sog. Persönlichkeitstests zurückgegriffen. Diese sind meistens Fragebogen, die implizit der Traittheorie (Eigenschaftsannahme) verpflichtet sind. Etwa 90 % der psychodiagnostischen Daten bestehen aus individuellen, sprachlichen Äußerungen, d.h. aus Selbstaussagen der Personen in den Tests. Obwohl Tests kulturunabhängig und bildungsneutral gefaßt werden sollten, setzen Fragebogen die Kulturtechniken des Lesens und Schreibens voraus. Ironisch könnte man feststellen: Analphabeten oder Kulturfremde haben offenbar keine Persönlichkeit. Fragebogen kann man auch im Sinne eines erwünschten idealisierten Persönlichkeitsbildes fälschen. Gegen absichtliches Verfälschen hat der Diagnostiker bisher nur unvollkommene Mittel.

Sportrelevante Persönlichkeitsmodelle. Drei Modelle der Persönlichkeitstheorie halte ich für den Sport und für die Sportwissenschaft für bedeutsam:

(1) das biophysische, konstitutionelle Modell,
(2) das psychometrische (Trait) Modell,
(3) das lerntheoretisch-behaviorale Modell.

Das biophysische Modell geht von phänotypischen Merkmalen des Körperbaus aus; es kann aber auch psychophysiologische oder neurologische Variablen berücksichtigen. Es thematisiert den Leibseelezusammenhang. Das psychometrische Modell geht von Erlebnissen, von Stimmungen und von Empfindungen aus, die in gewöhnlichen und ungewöhnlichen Situationen erfahren wurden. Es ist ebenfalls phänomenologisch ausgerichtet. Zwar ist es implizit dem Eigenschaftsparadigma verpflichtet, müßte dies aber nicht notwendigerweise bleiben. Die Technologie der Fragebogen- und Skalenherstellung eröffnet viele Verwendungsmöglichkeiten. Das lerntheoretische Modell stellt die Zusammenhänge zwischen Reizen, Situationen und Verhaltensweisen, die verstärkt oder abgeschwächt werden, in den Vordergrund. Es ist eine notwendige Ergänzung der beiden ersten Modelle.

7.2 Biophysisches, konstitutionelles Persönlichkeitsmodell

Dem aufmerksamen Beobachter der Sportszenerie fällt auf, daß in den verschiedenen Sportarten unterschiedliche Menschentypen aktiv sind, die auch die Leistungen bestimmen. Zehnkämpfer in der Leichtathletik sind groß, athletisch und auch schwer. Marathonläufer sind schlank, eher klein und leicht; nicht aber die Sprinter, die mittelgroß (175-185cm), kräftig und gedrungen sind. Handballspieler, Basketballspieler und auch Volleyballer gehören zu den großen (180-195cm), kräftigen Athleten im Vergleich zu den Fußballern, die eher klein (168-175cm) und kräftig wirken. Im sogenannten Frauenturnen bestimmen retardierte jugendliche Mädchen das Leistungsgeschehen: Sie sind kleiner, kräftiger und rangieren in der Entwicklung der primären und sekundären Geschlechtsmerkmale deutlich hinter ihren Altersgenossinnen. Man könnte diese Beispiele vermehren, käme aber doch immer wieder zu dem gleichen Ergebnis: Es muß einen Zusammenhang zwischen Körperbau und sportlicher Leistung geben. Dieser Zusammenhang kann ungefähr wie folgt gekennzeichnet werden. Sehr schwere, große oder kleine Menschen sind nur in ganz wenigen Sportarten erfolgreich - eventuell im Judo, Ringen, Boxen und Gewichtheben. Ebenso verhält es sich mit sehr leichten, schlanken und großen Menschen. Erfolgreich scheinen vielmehr athletische, kräftige, große oder kleine Personen zu sein. Es scheint somit einen körperlichen Typus oder eine begrenzte Anzahl von Typen im Leistungssport zu geben, welche zum Erfolg prädisponiert sind. *Der Begriff "Typus" bezeichnet hier eine Gruppe von Menschen, die durch einen Merkmalskomplex beschrieben werden können. Die Einzelmerkmale können zwar in sehr verschiedenem Grade vorhanden, sie müssen aber vollzählig sein.*

Den Grundgedanken, Personen nach typischen Merkmalen zu klassifizieren, um erstens eine Ordnung und zweitens Erklärungen für das Verhalten zu gewinnen, hat in Deutschland vor allen Dingen der Tübinger Psychiater Ernst KRETSCHMER (1888-1964) systematisch untersucht. Seine Hypothesen sind einleuchtend: Körperliche Merkmalskomplexe können als Körperbautypen erkannt werden. Körperbautypen bedingen Charaktermerkmale, welche ihrerseits das Verhalten steuern. Der Zusammenhang zwischen Körperbau und Charakter wird durch den genetisch bestimmten Konstitutionstypus gestiftet, den es zu erkennen gilt. Konstitutionstypen sind psychophysische Typen, welche sich durch Beobachtung und Messung beschreiben lassen. Konstitutionstypen offenbaren sich in Korrelationen zwischen Merkmalen des Körperbaus, der vegetativen und hormonalen Funktionen, der Psychomotorik, der kognitiven Funktionen und des Temperaments. Konstitutionstypen umfassen somit die biologischen, leibseelischen Anlagen.

KRETSCHMER (1961) hat drei reine Körperbautypen, einen unproportionierten und zahlreiche Mischtypen beschrieben. Die reinen Typen heißen: der Leptosome, der Pykniker und der Athletiker; der unproportionierte Typus wird als Dysplastiker bezeichnet, weil Unter- oder Überentwicklung einer Körperregion das Aussehen prägen (vgl. Abb. 7.1).

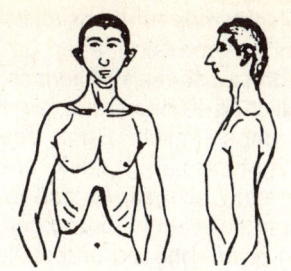

Leptosomer:
schmal, hochaufgeschossen
langer, flacher Brustkorb
dünne Muskeln, dünne Knochen
hageres Gesicht, steiler Hinterkopf

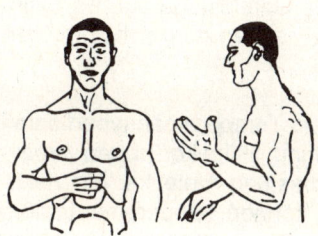

Athletiker:
groß, breitschultrig, breiter
Brustkorb, starke, hervortretende Muskulatur bei wenig Fett, dicke Knochen,
muskulöses Gesicht
dichtes Haupthaar, jedoch nicht
so weit in die Stirn ragend

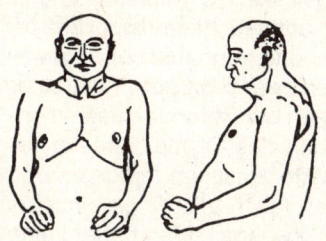

Pykniker:
mittelgroße, gedrungene Gestalt
weitgewölbter Brustkorb mit
mächtigem Fettbauch, breites fettes
Gesicht, großer, abgerundeter Schädel,
spärlicher Haarwuchs

Abb. 7.1: Der Leptosome, der Athletiker und der Pykniker nach E. KRETSCHMER (1961) "Körperbau und Charakter"

Durch Beobachtungen an normalen Personen und an psychisch Kranken fand KRETSCHMER Korrelationen zwischen den Körperbautypen und drei typischen seelischen Erlebnis- und Verhaltensweisen, die als schizothymes, zyklothymes und visköses Temperament bezeichnet wurden. Schizothyme sind eher gefühlskalt oder gefühlsbeherrscht; sie neigen zu starken Willenserlebnissen mit der Fähigkeit zur unerbittlichen Konsequenz, sind im Verhalten jedoch verschlossen bis unpersönlich. Ganz das Gegenteil ist der Zyklothyme: Er ist gefühlsmäßig stark ansprechbar, die Gefühlslagen wechseln relativ schnell, so daß er impulsiv wirkt, jedoch wenig konsequent in der Durchführung und Planung ist; im Verhalten zur Umwelt ist er offenherzig und stellt die eigenen Angelegenheiten in den Vordergrund. Das visköse Temperament fällt hingegen besonders durch Perseverationstendenzen und durch eine ausgeglichene Gefühlslage auf. Es befindet sich sozusagen in der Balance zwischen dem schizothymen und zyklothymen Temperament.

Das Besondere an den Körperbau- und Temperamenttypen seien nach KRETSCHMER ihre enge Verbindung: Pykniker haben ein zyklothymes, Leptosome ein schizothymes und Athletiker ein visköses Temperament. Die Dysplastiker können temperamentmäßig nicht eindeutig zugeordnet werden. Die Untersuchungen von KRETSCHMER (1921) haben in der ganzen Welt kritische Nachuntersuchungen angeregt (vgl. SHELDON, 1940). Im Sport ist besonders der Athletiker untersucht worden. Seit den olympischen Spielen 1928 in Amsterdam sind regelmäßig Olympiateilnehmer anthropometrisch und psychologisch untersucht worden. Die typologischen Befunde sind allerdings eher enttäuschend gewesen, weil sie die Alltagsbeobachtungen zwar präzisiert, nicht aber erweitert haben. In drei Punkten können die Befunde zusammengefaßt werden. Erstens: Der Körperbau des Olympiaathleten ist **mesomorph** und liegt damit in der Mitte zwischen leptosom und pyknisch. In verschiedenen Sportarten fallen allerdings einzelne Hyperplasien des Muskelsystems auf. Zweitens: Man findet keine eindeutige Kopplung zwischen Körperbau und viskösem Temperament. Unter den Olympiateilnehmern finden sich sowohl zyklothyme als auch schizothyme und schließlich visköse Temperamente. Im großen ganzen herrscht aber ein "uncharakteristisches Temperament" vor. Drittens: Eindeutig pyknische oder leptosome Körperformen findet man fast gar nicht unter den aktiven Olympiateilnehmern (vgl. TANNER, 1964; TITTEL & WUTSCHERK, 1972). Die sporttypologischen Untersuchungen des Körperbaus und

Temperaments erlauben mithin keine Leistungsprognosen in den Sportarten, die man nicht auch mit sportlichem Sachverstand hätte treffen können. Sie entsprechen vom Ergebnis her amerikanischen Massenuntersuchungen der vierziger Jahre (vgl. SHELDON, 1940).

Die heute betriebene Sportanthropometrie hat den typologischen Forschungsansatz von KRETSCHMER und von SHELDON aufgegeben. Man versucht, durch genaue Körpermessungen und anschließende Indexbildungen sportliche Leistungen und Höchstleistungen in den Individualsportarten vorherzusagen. Das Temperament oder andere psychische Variablen werden in der Sportanthropometrie nicht berücksichtigt. Nach den Empfehlungen von TITTEL & WUTSCHERK (1972) sollen folgende drei Komplexmaße (Indexmaße) brauchbare Leistungsprognosen in den einzelnen Sportarten ermöglichen:

a) Extremitätenindex:
E = (Armlänge * Armumfang) + (Beinlänge * Beinumfang)

Dimension: dm^2

b) Rumpfindex:

$$R = \frac{(\text{Schulterbreite} + \text{Beckenbreite}) * \text{Körperhöhe}}{2 * \text{Körpergewicht}}$$

Dimension: cm^2 / kp

c) Gesamtindex:

$$G = \frac{0.5(\text{Schulterbreite} + \text{Beckenbreite}) \text{Körperhöhe}}{\text{Armlänge} * \text{Oberarmumfang} + \text{Beinlänge} * \text{Oberschenkelumfang} * \text{Körpergew.}}$$

Dimension: cm^2 / dm^2 x kp.

Für männliche Erwachsene findet man normalerweise Werte zwischen 0,80 bis 1,20 und für weibliche Erwachsene Werte zwischen 1,10 und 1,45 beim Gesamtindex . Neuere Erfahrungen in verschiedenen Sportarten raten allerdings zur Zurückhaltung im

Umgang mit diesen Indexmaßen. Auch hat sich herausgestellt, daß vor allen Dingen "Aktivitätsmaße" wie beispielsweise die Masse der aktiven Muskulatur oder die Vitalkapazität aussagekräftiger als die statischen, morphologischen Körperbauziffern sind. Diese Körperbaumaße repräsentieren im wesentlichen zwei Grundfaktoren, die nur weitläufig etwas mit Konstitutionsmaßen zu tun haben: a) einen Längenfaktor und b) einen kombinierten Umfangs- und Gewichtsfaktor, der alle nichtlinearen Wuchstendenzen abbildet. TITTEL & WUTSCHERK haben in einer tabellarischen Übersicht eine anschauliche Charakteristik der Olympiateilnehmer von Mexiko 1968 nach Körperlänge und Körpergewicht vorgenommen. Im Durchschnitt sind die Finalisten im Vergleich zu allen aktiven Teilnehmern entweder größer oder schwerer oder größer und schwerer. Ausnahmen gibt es nur im 800m-Lauf, im Speerwurf und im Fünfkampf der Frauen.

Bei der Betrachtung des Körperbaus im Zusammenhang mit guten sportlichen Leistungen wird leicht übersehen, daß jeder Mensch - auch der typische Pykniker - Sport treiben kann, selbstverständlich auch Ausdauersport. So können auch kleine, gedrungene Menschen Basketball mit Freude und Erfolg spielen. Allerdings werden sie unter Wettkampfbedingungen immer im Nachteil gegenüber Athletikern oder leptomorphen Personen sein. Gleichwohl wird die sportliche Leistung nicht durch die Merkmale des Körperbaus alleine - also weder durch Körpergröße noch durch Körpergewicht - bestimmt. Es sind in vorderster Linie die Muskulatur und die funktionellen Eigenschaften aller unserer Organe. Und diese kann man, wie uns die *Sportmedizin* lehrt (RIECKERT, 1986), ausgezeichnet trainieren. Wie bereits gezeigt worden ist, kann man die funktionellen Eigenschaften aber auch gesundheitsschädigend überlasten.

Gewisse funktionelle Eigenschaften sind zudem genetisch sehr deutlich vorbestimmt. Zu ihnen zählen die *Händigkeit* und die *Beinigkeit* (CORBALLIS, 1989). Linkshänder haben recht günstige Ausgangsbedingungen in den Sportarten: Fechten, Tennis, Tischtennis, Basketball, Handball und Boxen. Die Linksfüßigkeit ist im Fußball eine gesuchte Qualität. Die Gründe für den Vorteil der Linkshänder und der Linksfüßer sind vermutlich in ihrer größeren technischen Angepaßtheit gegenüber der motorischen Technik von Rechtshändern und Rechtsfüßern zu suchen. Denn

90 % der Bevölkerung sind rechtsseitig eingestellt. Sie haben daher im Vergleich zu Linksseitern die geringeren Lern- und Anpassungschancen, sich auf einen technisch guten linksseitigen Gegner einzustellen. Weitere genetisch vorprogrammierte funktionelle Eigenschaften sind die *Schnelligkeit* und die *aerobe Ausdauer* (vgl. KOVAR, 1981). Durch Training kann man die Grenzen bis zu 40% erweitern.

Konstitution, Verhaltensstile und Gesundheit. Überhaupt erkennt man in der modernen Leibseeleforschung, die sich heute besonders auf die Psychosomatik konzentriert, die Tendenz, funktionelle Leistungsmerkmale stärker zu gewichten als morphologische. So unterscheidet man aus klinischer Erfahrung zwischen einer Typ-A- und Typ-B-Persönlichkeit (vgl. Abschnitt 5.4.2). Die Typ-A-Persönlichkeit fällt im allgemeinen durch eine verstärkte Sympathikusaktivität (Sympathikotonie) auf. Diese äussert sich im konkurrierenden, leistungsbezogenen, aggressiven, feindseligen, unruhigen, rastlosen, verbissenen, hastigen und ungewöhnlich zeitlich belasteten Verhalten. Das Typ-A-Verhalten ist also gekoppelt an das Bewältigenmüssen mehrerer Aufgaben zur gleichen Zeit. Das Grundmuster scheint immer gleich zu sein: Aktivität erfordert Adrenalinausschüttungen, Kampfbereitschaft und Aggressivität wie beim Streßmuster des Kämpfens oder Fliehens (fight-or-flight-response). Dieser ständige individuelle Kriegszustand kann nur eine begrenzte Zeit ohne körperliche Einbußen beibehalten werden. Letztlich wird der persönliche Krieg aber durch die Einbuße der Gesundheit verloren (vgl. WRIGHT, 1988).

7.3 Psychometrisches Persönlichkeitsmodell

Seit den Anfängen der wissenschaftlichen Psychologie hat man versucht, Personen aus vielerlei Anlässen mit psychodiagnostischen Verfahren zu beschreiben. Solche Anlässe waren Fragen über Unfallneigung, Studieneigung, Aggressionsneigung, Zuverlässigkeit der Aussage vor Gericht, Sorgfalt und Gewissenhaftigkeit bei der Arbeit, etc. Seither gibt es psychologische Tests zur Beschreibung und Diagnose der Persönlichkeit (Persönlichkeitsfragebogen), der Intelligenz (Intelligenztests), der Phantasie und Originalität (Kreativitätstests), der Einstellungen und Motivation, der Feinmotorik und Reaktionsfähigkeit, etc. Lange Zeit galt die stillschweigende Übereinkunft, daß derartige Tests Eigenschaften, Dispositionen, feste Merkmale, welche die Zeit, die Gelegenheit und die Situation überdauern, kurz "Traits" messen oder repräsentieren. Der amerikanische Psychologe J.P. GUILFORD (1964) unterscheidet sieben Traitdomänen resp. Eigenschaftsbereiche, durch welche Individuen vollständig beschrieben werden können (vgl. Abb. 7.2).

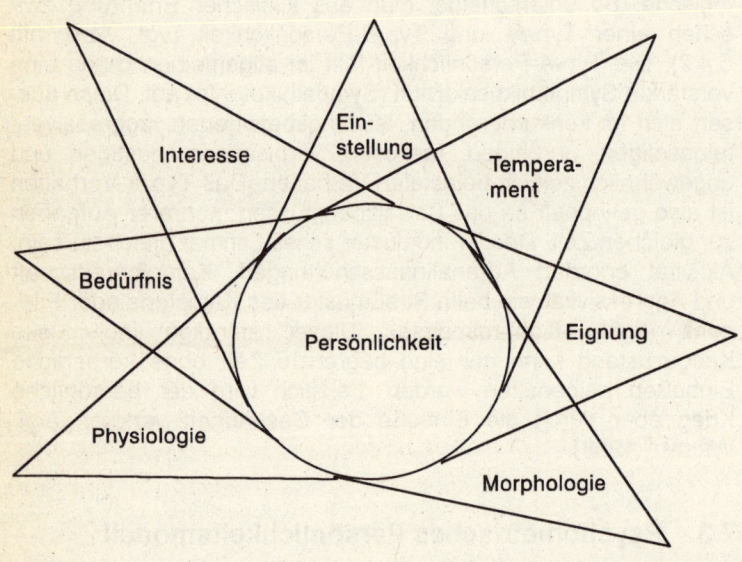

Abb. 7.2: Domänen der Persönlichkeitsbeschreibung nach GUILFORD (1964, S. 9). Die Domänen umfassen je mehrere Verhaltensdimensionen

Zu den morphologischen und physiologischen Persönlichkeitszügen gehören einerseits die Körpergröße, das Körpergewicht oder auch die Hautfarbe sowie andererseits der Pulsschlag, der Stoffwechsel oder auch die Körpertemperatur. Die dynamischen Persönlichkeitsdomänen sind einmal die Bedürfnisse oder Motive, dann die Interessen und schließlich die Einstellungen. Einstellungen sind beispielsweise Haltungen und Meinungen über die Professionalisierung des Leistungssports oder über die Politisierung der olympischen Spiele. Die Domäne des Temperamentes hat eine über zweitausendjährige europäische Tradition. Der griechische Arzt HIPPOKRATES (460-377 v. Chr.) hat die Lehre der vier Temperamente begründet. Er unterscheidet das melancholische, das sanguinische, das cholerische und das phlegmatische Temperament. Zur Domäne der Eignung zählen Wahrnehmungsfähigkeiten, psychomotorische Fähigkeiten und auch die sogenannten Intelligenzfaktoren.

7.3.1 Fünf Grundeigenschaften

In dieser Fülle von Eigenschaften findet man fünf, die beinahe in allen Kulturen immer wieder zur Charakterisierung von Personen herangezogen werden. Es sind: Extraversion, Konformität, Leistungswille, Selbstkontrolle und Intelligenz (vgl. Tab. 7.1).

Tab. 7.1: Die fünf Eigenschaften der Basispersönlichkeit nach DIGMAN (1990)

Domäne	The big five				
	I	II	III	IV	V
Psychologie	Intelligenz vs. Dummheit	Extraversion vs. Introversion	Freundlichkeit vs. Feindlichkeit	Gewissen vs. Unzuverlässigkeit	Selbstkontrolle vs. Labilität
Sportpraxis	Soziale Reife und Allgemeinbildung	soziale Aktivität, Wettkampfpower	Solidarität vs. Agressivität	Leistungswille, Ausdauer	Selbstkontrolle, Streßresistenz
Literatur	Intellekt, Genie	Macht, Power	Liebe vs. Haß	Beharrlichkeit, Produktivität	Gleichmut vs. Leidenschaft

Die Eigenschaften der Basispersönlichkeit sollte man in jeder Gruppe (Gesellschaft) kennen, um die Probleme des Überlebens und der Fortpflanzung zu bewältigen, behauptet Buss (1991). Diese Eigenschaften bieten Informationen, die für das Gruppenleben wichtig sind: Wer befindet sich in der Sozialhierarchie höher oder tiefer? Wer wird aufsteigen, wer absteigen? Wer ist ein guter Koalitionspartner? Wer verfügt über die Mittel, die ich benötige? Wer teilt diese Mittel mit mir? Mit wem kann ich teilen? Wer berät mich zuverlässig? Mit wem kann ich mich binden? Wer betrügt mich oder andere?

Um sich mühselige Verhaltensbeobachtungen und Urteilsunsicherheiten zu ersparen, kann man mit Hilfe von Persönlichkeitstests Informationen über die Basispersönlichkeit gewinnen. Eine Übersicht über Untersuchungsbefunde von Leistungssportlern ist in der Tab. 7.2 des 16PF abgebildet.

Alle Markierungen in der Tab. 7.2 sind Durchschnittswerte. Wenn man jeden individuellen Wert der 222 Pbn in dem Schema abgebildet hätte, dann hätte man Punktwolken mit großen Streuungen in dem bipolaren Schema eintragen müssen. Das bedeutet: die Athleten unterscheiden sich beträchtlich in allen Merkmalen. Sie in ein idealtypisches Klischee zu pressen, würde der Variation der Persönlichkeiten nicht gerecht werden. Die Nähe der Durchschnittswerte suggeriert eine Ähnlichkeit, die in der Realität aber nicht vorliegt. Allerdings fallen zwei Besonderheiten im Vergleich zur Durchschnittspersönlichkeit auf. Leistungssportler, die an nationalen und internationalen Wettkämpfen teilnehmen, sind etwas intelligenter als der Durchschnitt der Bevölkerung; sie scheinen auch etwas extravertierter, d. h. aktiver in der Gestaltung zwischenmenschlicher Beziehungen zu sein. Ist das ein Naturwunder oder ein Ergebnis sozialer, kultureller Einflüsse?
Vermutlich bekundet dieser Befund die Wirkung sozial-selektiver Vorgänge, wie man sie ähnlich bei der **Elitebildung** industrieller und politischer Führungsschichten beobachten kann. Das Leistungstraining beginnt während der Pubertät im Schulalter. Werden die Schulprobleme zu groß, dann wird das Training abgebrochen. Die schulleistungsstarken Sportler bleiben daher übrig. Auch auf dem College (in den USA) wird der Leistungssport ge-

Tab. 7.2: Vergleich zwischen Leistungssportlern aus Deutschland (21 Spitzenschwimmer), der Tschechoslowakei (160 Elitesportler) und den Vereinigten Staaten von Amerika (41 Olympiaathleten) im Persönlichkeitsfragebogen des 16 PF von CATTELL, EBER & TATSUOKA (1970)

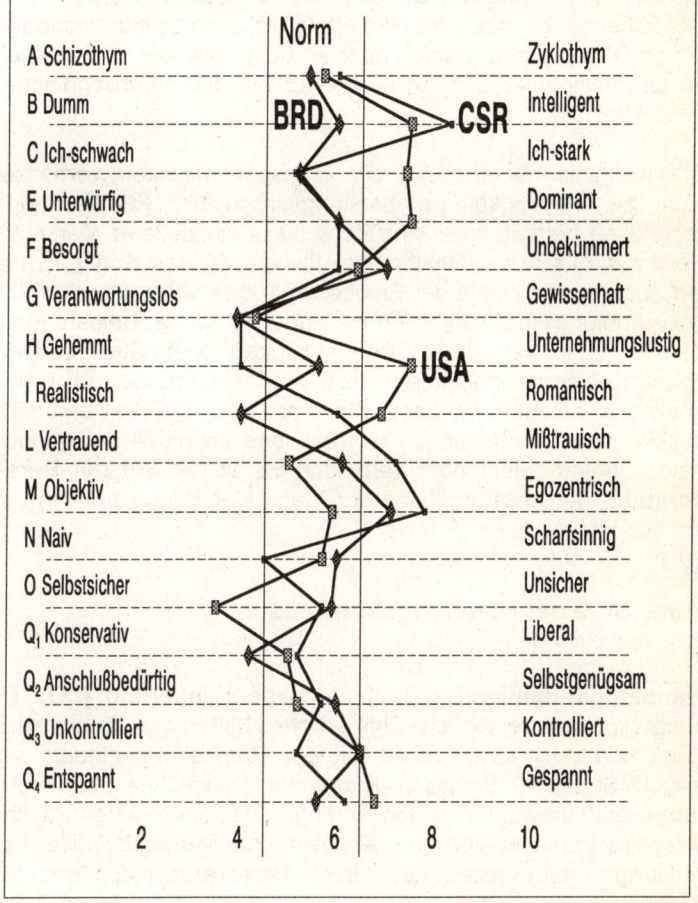

fördert. Deshalb findet man in Olympiaaufgeboten Leistungssportler, die den Minimalanforderungen der Oberschulen und Colleges gewachsen sind. Ähnlich mag diese Selektion in Bezug auf die soziale Aktivität verlaufen. Denn der Leistungssport verlangt die Unterstützung durch andere. Der sozial Aktivere hat daher bessere Chancen, sich dieser Hilfen zu versichern und dabei seine Leistungen zu steigern. Er wird länger im System des Leistungssports verbleiben als der Introvertierte. Somit dürfen wir nicht überrascht sein, wenn die erfolgreicheren Leistungssportler, die an Olympischen Spielen oder an Länderkämpfen teilnehmen, etwas intelligenter und extravertierter als die Durchschnittspersönlichkeit sind.

Die Kenntnis der Struktur der Basispersönlichkeit verbessert nicht die Genauigkeit von Leistungsprognosen. Für Leistungsprognosen bedeutsamer sind Kenntnisse speziellerer Merkmale, welche die Leistung direkter beeinflussen. Dieses sind zeitvariable Zustandsmerkmale der Emotionalität oder auch situative Stile der Handlungskontrolle. Auch die augenblickliche "Belastbarkeit" der Persönlichkeit, ihre Streßanfälligkeit oder Streßresistenz können Leistungsindikatoren sein, wie Ausführungen im Emotionskapitel belegen. An dieser Stelle soll noch auf ein Persönlichkeitskonstrukt eingegangen werden, das kognitive und emotionale Aspekte miteinander verbindet. Es ist der **Stil der Perseveration**, der als Handlungs- vs. Lageorientierung bekannt geworden ist.

7.3.2 Stile der Handlungskontrolle

Handlungsorientierung (HO) vs. Lageorientierung (LO). Die Neigung, über persönliche Erfolge oder Mißerfolge länger nachzudenken oder sich schnell mit der Realität abzufinden, entspricht Stilen der Vorstellungskontrolle. Diese Stile der Vorstellungskontrolle wurden in den Anfängen der empirischen Psychologie als Perseveration oder als perseverativer-assoziativer Vorstellungsverlauf bezeichnet. Unter *Perseverationstendenz versteht man verschiedene Formen des Festhaftens an früheren Funktionen oder an emotionalen Erlebnissen. Perseveration* *meint ein überlanges Andauern eines sensorischen, motorischen, sprachlichen oder emotionalen Vorganges.* In der Typologie und Persönlichkeitsforschung wurden Unterschiede der Perseverationstendenz als Folge eines oder mehrerer dispositioneller Persönlichkeitsfaktoren eingestuft. Heute werden solche und andere Unterschiede im Zusammenhang mit Leistungshandeln als **Lageorientierung** vs. **Handlungsorientierung** bezeichnet (vgl. KUHL, 1983).

Handlungsorientierung liegt vor, wenn weder die Flüssigkeit der Informationsverarbeitung noch die Lenkung der Aufmerksamkeit durch Perseverationen über erlebte Erfolge oder Mißerfolge gestört oder abgelenkt sind, so daß man sich auf ein Handlungsziel konzentrieren kann. Ist dies nicht der Fall, dann liegt Lageorientierung vor. Im Zustand der Lageorientierung irrt die Aufmerksamkeit immer wieder vom Ziel ab, weil perseverierende Erfolgs- oder Mißerfolgsstimmungen die Konzentration auf eine Zielvorstellung erschweren.

Zustände der Handlungs- oder Lageorientierung erleben wir alle. Allerdings können wir durch bestimmte Erfahrungen bestärkt vorzugsweise einen kognitiven Stil erlernen: nämlich den der Handlungsorientierung oder den der Lageperseveration. Vereinfacht gesprochen sind Handlungsorientierte zielorientierte, entschlußfreudige Tatmenschen, während Lageperseverierende phantasievolle, kreative Zögerer sind. Auch die literarische Unterscheidung zwischen **Realisten** und **Idealisten**, wie sie nach dem GOETHEschen Drama "Torquato Tasso" herausgearbeitet wird, trifft wesentliche Merkmale der Unterscheidung von Handlungsorientierten und Lageperseverierenden.

Wie wirken sich die Vorstellungskontrollstile auf das Sporttreiben und auf die sportliche Leistung aus? In normalen Situationen des Trainings und des Wettkampfes, die schon vielfach erlebt wurden, gibt es keinen Unterschied zwischen den Entscheidungsfreudigen und den phantasievollen Zögerern. Die Handlungsweisen sind bekannt, sie sind eingeübt und werden erneut eingeübt. Aber in überraschenden, ungewohnten und herausfordernden Situationen gibt es Leistungsunterschiede. Dispositionell lageperseverierende Personen reagieren besonders auf eine neuartige Prüfungssituation mit Leistungsbereitschaft und mit Energiemobilisierung. Werden sie außerdem noch kurz vor oder während einer ungewohnten Prüfung in ihrem Selbstwert erschüttert (beispielsweise durch Mißerfolgserlebnisse), dann mobilisieren sie schlummernde Energien, um die vermeintliche Scharte auszuwetzen: Frustrierte lageperseverierende Ruderer leisten auf dem Ruderergometer mehr in der Schlagzahl und in der Gesamtleistung, die in Watt pro kg-Körpergewicht gemessen wird; frustrierte lageperseverierende Tennisspieler schlagen in einem Ballmaschinentest häufiger und laufen mehr; frustrierte lageperseverierende Handballspieler laufen schneller, setzen sich körperlich stärker ein und sind im Abschluß entschlossener; frustrierte lageperseverierende Basketballspieler laufen und werfen in einer vorgegebenen Prüfungszeit häufiger (vgl. STRANG, 1986).

Diese Energiemobilisierung, die als Reaktanz- oder Kompensationsbemühung gedeutet werden kann, muß nicht unbedingt effizient sein, wenn man unter Effizienz das Verhältnis von Qualität zur Quantität versteht. Im Rudern und im Handballspiel ist die Energiemobilisierung ein entscheidender Leistungsfaktor, nicht aber im Tennis- oder im Basketballspiel. Die Präzision der Tennisschläge oder der Korbwürfe ist in einem Spiel letztlich entscheidend. Berücksichtigt man daher das Verhältnis der Treffer zur Tennisschlagfrequenz und das Verhältnis der Korbtreffer zur Anzahl der Ballwürfe, dann schneiden die vorher frustrierten handlungsorientierten Tennis- und Basketballspieler etwas günstiger ab als die Lageperseverierenden. Nichtsdestoweniger ist es sehr wichtig zu wissen, daß Lageperseverierende auf kleinere Mißerfolgserfahrungen besonders flink mit Energiemobilisierung reagieren. Wird diese Energiemobilisierungsfähigkeit der Lageperseverierenden in einer Mannschaftssportart richtig genutzt, dann kann dies für die Mannschaft nur vorteilhaft sein.

Aus welchem Grund reagieren die emotional Perseverierenden in bedrohlichen Situationen mit dieser Energiemobilisierung? Die Erklärung fällt nicht schwer. Emotional Perseverierende benötigen in neuen Situationen mehr Orientierungsmöglichkeiten, um sich zu entscheiden, was und wie etwas zu tun ist. Haben sie diese Orientierungsmöglichkeiten für die Bewältigung einer freiwillig übernommenen, unbekannten Aufgabe nicht, dann geraten sie unter einen besonderen psychischen Druck (Streß). Einerseits befassen sie sich mit der Aufgabe, andererseits beschäftigen sie sich doch weiter mit der herausfordernden Situation und mit ihrer persönlichen Lage. Dadurch sind sie nicht ganz bei der Sache, die eigentlich ihre volle Konzentration erfordern würde. Dieser Zustand heißt auch Selbstaufmerksamkeit. In dieser Zwickmühle zwischen Aufgaben, Konzentration und (vermuteter) persönlicher Bedrohung reagieren sie mit erhöhter Anstrengung. Dieses Phänomen ist seit vielen Jahren bekannt. Es hat allerdings verschiedene Namen. Einmal spricht man von reaktiver Anspannung, dann von Reaktanz, schließlich von Mobilisierung des Widerstandes. Hier paßt wohl am besten der Begriff **reaktive Anspannung** (vgl. DÜKER, 1963).

Durch besondere Anstrengungen können bei sportlichen Aufgaben zunächst konditionelle Reserven wie Kraft, Schnellkraft, Schnelligkeit und Ausdauer, nicht aber koordinative Leistungen mit hohen Anforderungen an die technische Qualität oder an die Präzision von Bewegungen mobilisiert und kontrolliert werden. Infolgedessen müssen auch die Leistungen der Lageperseverierenden in den verschiedenen Sportarten und Sportdisziplinen nach Mißerfolgen oder nach Streßsituationen unterschiedlich ausfallen. In der Psychologie spricht man vom Geschwindigkeitsgenauigkeitskompromiß (resp. Speed-accuracy trade-off), der unterschiedlich ausfällt. Lageperseverierende neigen zu einer Forcierung der Schnelligkeit, der Ausdauer, der Kraft resp. der Menge, des Umfangs und der Intensität der Handlungsmerkmale. Bildet man einen Quotienten aus Präzisionsleistung und aus Mengen- oder Intensitätsleistung (z. B. Treffer / Laufgeschwindigkeit), so vermindert sich dieses Verhältnis bei ihnen gegen null. Umgekehrt verläuft die Handlungskontrolle der Handlungsorientierten. Sie steigern zwar auch Mengen oder Intensitätsaspekte einer Handlung, falls notwendig. Aber sie achten doch stärker auf die Präzisionsmerkmale. Im Effekt verändert sich der Quotient aus Präzisionsleistung und aus Intensitätsleistung bei Handlungsorientierten gegen eins.

Selbstaufmerksamkeit und selbstgerichtete Kognitionen. Gerade bei lageperseverierenden Personen beobachtet man die immer wiederkehrenden kognitiven Tendenzen (Perseverationen), sich mit eigenen Gefühlen, Stimmungen, Gedanken und Vorstellungen, mit eigenen körperlichen Funktionen, mit eigenen materiellen Gegenständen oder sich mit der eigenen Rolle bei wechselnden sozialen Beziehungen zu befassen. Hier spricht man pauschal von Selbstaufmerksamkeit. Allgemeine Anlässe selbstbezogener Aufmerksamkeit können Prüfungssituationen, ein Auftritt vor einem Publikum, ein Besuch beim Arzt, akute oder chronische Schmerzen, eine starke emotionale Erregung, ein Streit in der Öffentlichkeit oder eine Beschimpfung vor einem öffentlichen Publikum sein.

Wie gerät man in den Zustand der Selbstaufmerksamkeit? Durch welche inneren Prozesse wird die Selbstaufmerksamkeit ausgelöst und in Gang gehalten? Die wesentliche innere Bedingung der Selbstaufmerksamkeit ist eine erlebte Diskrepanz zwischen einem erwarteten sozialen Standard (als Sollwert) und dem augenblicklichen Status des Selbstbewußtseins (als Istwert). Vergrößert sich die Diskrepanz zwischen Erwartung und Status, dann wird die Selbstaufmerksamkeit intensiver. Ist der Sollwert in einer sozialen Bewertungssituation höher als der eigene Status, dann stellen sich Minderwertigkeitsgefühle, Unsicherheit, Unzufriedenheit und eventuell Fluchttendenzen ein. Ist in der gleichen Situation der Sollwert niedriger als der Status, dann erlebt man eine Steigerung des Selbstbewußtseins. Es stellen sich Überwertigkeits- oder auch Machtgefühle ein, und man genießt den Auftritt. Selbstaufmerksamkeit hat sowohl positive, als auch negative Konsequenzen für die sportliche Leistung. Dies hat SCHLICHT (1988) in Einzelfallstudien belegen können.

7.3.3 Psychometrische Bilanz

Zieht man Bilanz aus den Bemühungen, mit psychometrischen Merkmalen die Sportlerpersönlichkeit zu beschreiben, so kann man dreierlei festhalten:

1) Die Beschreibung der Basispersönlichkeit bietet nur wenig brauchbare diagnostische Information für Leistungsprognosen.

2) Persönlichkeitskonstrukte, die kognitive, emotionale und motivationale Aspekte der Aufgabenbewältigung integrieren, sind diagnostisch ergiebiger.
3) Die diagnostische Information sollte möglichst aufgaben- und situationsspezifisch ermittelt werden, wenn einerseits Leistungsprognosen und andererseits Kontrollmaßnahmen das Ziel sind.

7.4 Verhaltenstheoretisches Persönlichkeitsmodell

Die Verhaltenstheorie bestreitet, daß es Traits gibt, die wie innere Kräfte das Verhalten der Individuen in verschiedenen Situationen in gleicher Weise bestimmen. Die sog. fünf großen Persönlichkeitstraits seien im wesentlichen phänomenologische Klassifikationen bzw. Metaphern. Sie sind zwar aus dem beobachteten Verhalten abstrahiert worden, ohne indes den wirklichen Beziehungen zwischen Reizen und Situationen einerseits und Reaktionen andererseits auf den Grund zu gehen. Es gibt drei Einwände gegen die Traitkonzeption.

Mangelhafte transsituative Verhaltenskonstanz: In verschiedenen Situationen verhalten sich angeblich immer ganz "ehrliche" Pbn recht verschieden: Beim Einkaufen, bei der Polizei, in Prüfungen, vor einem Publikum, in der Familie. Die Eigenschaft der "Ehrlichkeit" hat nur eine Konsistenz von etwa 5%, nicht etwa von 90 - 100% in diesen Situationen.

Unterstützung des Einflusses situativer Bedingungen: Analysiert man den Einfluß der "Traits" (das sind die interindividuellen Differenzen) und der Situationen (verschiedene komplexe Reizkonstellationen) auf die Reaktionen von Pbn, so beträgt der Einfluß der Traits bis maximal 10%, derjenige der Situationen ebenfalls 10% und derjenige der Wechselwirkung von Traits und Situationen etwa 40 - 50% der Gesamtvarianz des Verhaltens.

Praktische Irrelevanz von Traits: Die Kenntis der sog. Traitstruktur löst keine Verhaltensprobleme. Nur lerntheoretische Maßnahmen der Verhaltenskontrolle können auf die Dauer problematisches Verhalten ändern.

Die Verhaltenstheorie verzichtet daher auf die phänomenologische Beschreibung der Persönlichkeiten. Interindividuelle Unterschiede in **gleichen Situationen** sowie intraindividuelle Unterschiede in **verschiedenen Situationen** sind Folgen einer sozialen Lerngeschichte. Dabei wirken sich sowohl das operante Lernen (SKINNER), das bereits beschrieben wurde, als auch das Modellernen (vgl. 9. Kap.) oder das Lernen durch Beobachtung aus, das BANDURA (1977) beschrieben hat. In jedem Falle wird das Verhalten durch a) antezedente Reize oder Zustände, b) durch Verhaltenskonsequenzen wie äußere Verstärkung, stellvertretende, beobachtete Verstärkung und Selbstverstärkung sowie c) durch **kognitive Kontrollmechanismen** bestimmt. Im Unterschied zu SKINNER, der die Folge $S^D \to R \to C$ erkennt, gilt nach BANDURA ein komplexerer Ablauf: Antizipation des verstärkenden Reizes (positive Konsequenz): Wirkung der Aufmerksamkeit: Ausrichtung auf diskriminante Stimuli (S^D): symbolische Kodierung & kognitive Organisation & innere Wiederholungsprozesse: Response (R): verstärkende Konsequenz (C).

Gerade die kognitiven Kontrollmechanismen, zu denen BANDURA Vorstellungen, symbolische Prozesse, Repräsentation von Erfahrungen und das Denken zählt, verbinden die soziale Lerntheorie mit der kognitiven Motivationstheorie. Denn BANDURA räumt ein, daß Verhalten weitgehend durch kognitive Prozesse induziert resp. vermittelt wird. Dabei spielen Erwartungen über künftige Ereignisse, über Zielsetzungen und selbstregulierte Verstärkungen eine Rolle. Dieses sei hier nur kurz erwähnt. Die soziale Lerntheorie ist somit eine Theorie der Verhaltensmodifikation - BANDURA spricht von Verhaltensregulation, die ohne die Zusatzannahmen von Persönlichkeitskonstrukten auskommt. Sie stellt Techniken der Verhaltenskontrolle bereit und ist deswegen eine Ergänzung, wenn nicht sogar ein Ersatz für die beliebten phänomenologischen Persönlichkeitstheorien.

7.5 Sport im mittleren und höheren Erwachsenenalter

Der Altersbegriff: Zunächst möchte ich den psychosozialen Begriff des Älterwerdens erläutern. In der landläufigen Sicht unterscheidet man die fünf Altersklassen der Babys, Kinder, Jugendlichen, Erwachsenen und der Alten. Wann das Alter beginnt, wird durch zwei soziale Ereignisse definiert. Die eigenen Kinder produzieren Nachwuchs, und man kommt in den Stand der Großelternschaft. Oder man scheidet aufgrund einer beruflichen Altersregelung aus dem Erwerbsleben aus. Die Zeitpunkte des Berufsendes und der Großelternschaft fallen normalerweise nicht zusammen. Im Lebensalter von 46 bis 50 Jahren wird man in den Stand der Großeltern versetzt; während man zwischen dem 58. bis 65. Lebensjahr aus dem Berufsleben ausscheidet. Unsere Gesellschaft hat somit keine eindeutige zeitliche Definition für den Übergang in den Seniorenstand.

Anders die *Gerontologie*, die Wissenschaft vom Altern. Hier unterscheidet man die 60- bis 69jährigen als junge Senioren von den 70- bis 79jährigen als mittelalterliche Senioren; diese von den 80- bis 89jährigen als alte Senioren. Die über 90jährigen bilden die Gruppe der Hochbetagten. Allerdings sagt diese Einteilung nichts Genaues über den Gesundheits- und Leistungszustand der Senioren aus (LEHR, 1991).

7.5.1 Stereotyp des alten Menschen

Was erwartet man hinsichtlich der körperlichen Fitneß, des seelisch-geistigen Zustandes und der Persönlichkeit von den Alten in der Bevölkerung? Hierüber geben uns der Volksmund, Schulbücher, das Fernsehen und die Meinungsbefragung Auskunft. In Volkserzählungen, Märchen und Sagen gibt es ein einfaches Schema: Die Alten sind verbraucht, ihre Arbeitskraft ist unbedeutend, sie leben alleine und haben kein Anrecht auf körperliche Liebe. Ihr Tod ist daher eine Erleichterung für die Angehörigen. Die Erwartungen der Schulbücher sind allerdings positiver. Sie beschränken das Alter auf die Rolle der Großelternschaft. Das Fernsehen bietet zwei Stereotype: das Defizitmodell und das Kontinuitätsmodell. Das Defizitmodell behauptet: Altern bedeutet Rückzug und soziale Isolierung; alte Menschen sind gebrechlich, leidend, hilflos. Das Kontinuitätsmodell ignoriert körperliche und seelische Einschränkungen. Der Alte heißt nunmehr Senior und steht mitten im Leben, kennt keine finanziellen Probleme, strotzt vor Gesundheit und Optimismus. Nur hinsichtlich Schönheit und Erotik gibt es kleinere Einbußen.

Die Einstellungsforschung im gegenwärtigen Berufsalltag hat ein anderes Bild zutage gefördert: Älterwerden ist durch mangelnde Beweglichkeit, hohe Anfälligkeit für Krankheiten, Neigung zur Bequemlichkeit, mangelhafte Umstellungsfähigkeit, Widerstand gegen neue Arbeitsmethoden und gegen jüngere Vorgesetzte, allgemeine Verlangsamung des Verhaltens und leichte Ermüdbarkeit gekennzeichnet. Insgesamt überwiegt in der öffentlichen Meinung und Erwartung somit das **Defizitmodell**. Dieses Modell beschreibt Altern als einen Prozeß des seelisch-geistigen und körperlichen Abstiegs und Abbaus, des Verlustes von Fähigkeiten und des Verlustes sozialer Kontakte. Der Psychiater GRUHLE hat vor 50 Jahren bereits exakt das gegenwärtige Negativstereotyp des Alterns beschrieben. Er behauptet: Altern ist die pathologische Abschlußvariante des normalen erwachsenen Verhaltens (vgl. LEHR, 1991).

Auswirkungen des Altensstereotyps auf das Verhalten. Dieses Defizitmodell des Alterns hat einerseits Auswirkungen auf unser Verhalten im Umgang mit den Alten und andererseits Folgen für das Verhalten der Alten in vielen Situationen, die sie betreffen. Ich nenne nur zwei Beispiele:

1) Arbeitgeber stellen nur ungern Arbeitnehmer ein, die älter als 48 Jahre sind.
2) Mittelalterliche Senioren, die ansonsten noch ganz fit sind, haben Schwierigkeiten, eigene sexuelle Impulse resp. Aktivitäten als normal zu bezeichnen. Sie neigen dann zu sublimierenden Feststellungen wie: "Als Großeltern sind wir jenseits von Gut und Böse und können nun auch Priester, Bischof oder sogar Papst werden."

Das Defizitstereotyp des Alterns wirkt sich auch auf das Sporttreiben aus. In den Jahren 1975 und 1986 haben bei repräsentativen Umfragen des Institutes EMNID in der Bundesrepublik 7% der 55- bis 70jährigen angegeben, sportlich aktiv zu sein. Zu unserer Verblüffung geben 51% dieser Altersgruppe an, daß Sport interessant und gesund sei. Wie erklärt sich diese Differenz zwischen Alltagspraxis und Meinung? Sicherlich ist das Aktivitätsbedürfnis im Alter geringer als in der Jugend und im Erwachsenenalter. Aber der wichtigste Grund für die offenkundige Sportabstinenz im Alter sind unsere allgemeinen Erwartungen, die wir an das Verhalten der 60-, 70- oder 80jährigen knüpfen. Wenn sich die Alten nicht an diese Rollenerwartung halten würden, gäbe es Sanktionen wie Spott oder soziale Distanzierung.

Aktivitätstheorie. Eine interessante und bisher auch bestätigte Theorie des Alternsprozesses ist die **Aktivitätstheorie** (LEHR, 1991). Die Grundannahmen dieser Theorie behaupten folgendes: Derjenige Mensch ist glücklich, zufrieden oder im seelischen Gleichgewicht, der in irgendeiner Form freiwillig aktiv ist, dessen Aktivitäten von anderen Menschen geschätzt oder gebraucht werden. Wer hingegen nicht mehr geschätzt, respektiert oder gebraucht wird, wer keine Funktionen für andere hat und sich als nutzlos, überflüssig oder als Belastung erlebt, wird unzufrieden, unglücklich und krank. In mehreren Vergleichs- und Langzeitstudien mit tausenden Personen in Nordamerika und Westeuropa findet man positive Korrelationen zwischen einerseits sozialen Aktivitäten, sozialen Aufgaben, informellen Kontakten zu näherstehenden Personen und allgemein geschätzten Hobbys sowie andererseits einem positiven Selbstbild, Lebenszufriedenheit, geistige Gesundheit, körperliche Gesundheit, subjektives Wohlbefinden oder psychosoziale Effizienz. Die Aktivitätstheorie ist deshalb der Ausgangspunkt für andere Theorien geworden, welche die Anpassung an das Altern sowohl beschreiben als auch erklären.

Die **Anpassungstheorien** unterscheiden dabei nach kognitiven Bewältigungsstrategien, nach Strategien der Emotionskonstrolle und nach Strategien der Aktivitätskontrolle. Zu optimalen kognitiven Bewältigungsstrategien zählen Offenheit für neue Erfahrungen sowie Annahme der Werte und Meinungen anderer. Optimale Kontrollstile der sozialen und körperlichen Aktivität sind einerseits Kontaktpflege, andererseits regelmäßige Bewegungs- resp. Aktivierungsprogramme. Kurz: regelmäßige Leibesübungen halten nicht nur körperlich, sondern auch seelisch-geistig fit.

7.5.2 Studien zur Langlebigkeit

Die Anpassungstheorien haben insbesondere zahlreiche Forschungen zur Frage der **Langlebigkeit** angeregt. Zu allen geschichtlichen Zeiten hat man Menschen beobachtet, die steinalt oder so alt wie METHUSALEM geworden sind. Welche Bedingungen ermöglichen ein biblisches Alter von beispielsweise über 90 oder sogar über 100 Jahren? Biologen vermuten, daß Menschen unter günstigsten Bedingungen maximal 116 Jahre alt werden können. Daß sie in Friedenszeiten normalerweise nicht so alt werden, liegt an Krankheiten, welche die Funktionstüchtigkeit einschränken und vorher zum Erliegen bringen. Frau LEHR (1991, S. 321 ff), die bekannteste deutsche Gerontologin und ehemalige Gesundheitsministerin, faßt das Ergebnis von acht Studien zur Langlebigkeit wie folgt zusammen: "*Im Vergleich zu den Verstorbenen zeigt sich nahezu übereinstimmend bei den Langlebigen eine höhere Aktivität, mehr Komplexität und Variabilität im Tagesablauf, ein weiterreichender Zukunftsbezug, eine positivere Stimmungslage und ein größeres Ausmaß an Sozialkontakten. Darüber hinaus spielen die Schulbildung, die berufliche Aktivität sowie regelmäßige körperliche Bewegungen eine lebensverlängernde Rolle*". Allerdings offenbaren alle Studien, daß es keinen einzigen Faktor gibt, welcher die Langlebigkeit alleine determiniert. Vielmehr ist es eine Konstellation biologischer, psychologischer und sozialer Faktoren, welche bei Männern und Frauen in nicht unerwarteter Weise verschieden wirken und die Langlebigkeit beeinflussen.

Frau LEHR (1991) hat aus allen Einzelbefunden ein kausales Pfaddiagramm (vgl. Abb. 7.3) hinsichtlich der Faktoren der Langlebigkeit entworfen. Insbesondere stellt sie zu dem Gesundheitspaket der sportlichen Aktivitäten, der Gesundheitsvorsorge und der psychosomatischen Hygiene fest: Sportliche Aktivitäten sind abhängig von genetisch-biologischen Faktoren, von der Persönlichkeit, von ökologischen Faktoren wie auch vom sozioökonomischen Status. Es zeigen sich aber eindeutige positive Beziehungen zwischen sportlichen Aktivitäten und der Langlebigkeit.

Mortalität, Morbidität und Sport. In der Rehabilitation von Infarktpatienten spielen Mobilisierung, Bewegung und körperliche

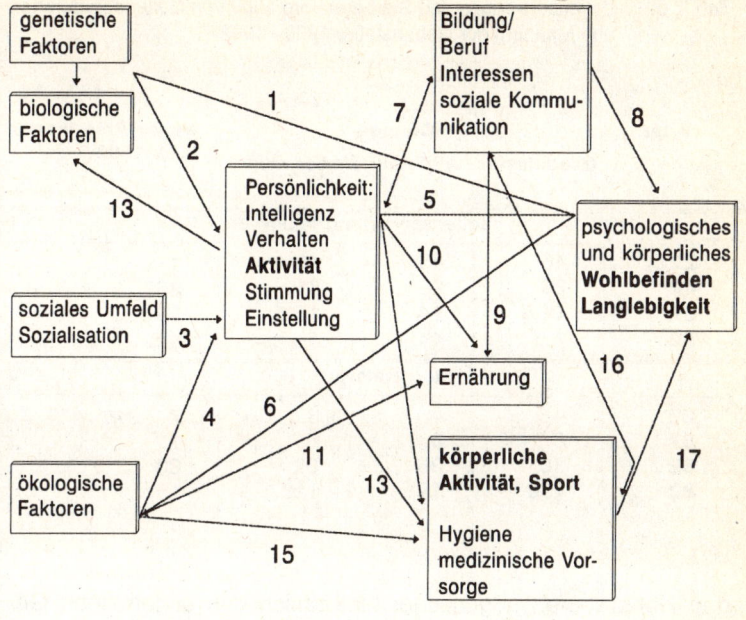

Abb. 7.3: Korrelate der Langlebigkeit nach U. LEHR (1991)

Aktivitäten heute eine große Rolle. Gilt aber auch die Behauptung: "Treibe Sport und Du lebst länger"? Haben Leistungssportler eine höhere Lebenserwartung als andere Personen? Diese Fragen sind bisher nicht direkt durch empirische Untersuchungen überprüft worden. Aus den USA ist eine statistische Erhebung der Sterberate (Mortalität) und der Lebenserwartung in der Mitte unseres Jahrhunderts bekannt geworden (vgl. ESPENSCHADE & ECKERT, 1980; s. Tab. 7.3, S. 212).

Die Collegeathleten unterscheiden sich nicht in der Lebenserwartung von den Graduierten. Sie unterscheiden sich jedoch etwas von der Durchschnittsbevölkerung und von Honoratioren: Im Vergleich zur Bevölkerung sind sie günstiger, im Vergleich zu

Tab. 7.3: Lebenserwartung und Sterberate pro 1000 von Collegegraduierten und Männern der Geburtsjahre 1900 - 1902

Alter	College			Weiße Amerikaner 1900-1902
	Graduierte	Athleten	Honor men	
Lebenserwartung in Jahren				
22	46	45	48	41
42	29	29	31	26
62	14,5	14	15,5	13
82	4,5	4	5	4,5
Sterberate pro 1000				
22	4	4	3,5	7
42	6	6	5	11
62	26	26	22	83
82	138	151	123	155

den Honoratioren ungünstiger hinsichtlich des allgemeinen Gesundheitszustandes gestellt. Allerdings sollte man sehr vorsichtig diese Statistiken interpretieren. Jüngere Massenstudien zur Gesundheitsprotektion durch Sport oder Bewegungsprogramme sind allerdings ermutigend. Die Studie von MORRIS et al. (1980) an etwa 18000 englischen Busfahrern spricht für regelmäßige sportliche Ertüchtigung (vgl. Tab. 7.4, S. 213). Diese Statistik rät allen berufstätigen Beamten, Sport zu treiben - selbst wenn sie rauchen. Offensichtlich verbessert die sportliche Aktivität den Gesundheitszustand und damit die Hoffnung, keinen Herzinfarkt zu erleiden. Über die gesundheitsprotektive Wirkung in Bezug auf andere Krankheiten (beispielsweise Krebs) sagt diese Studie nichts aus.

Ist die MORRIS-Studie an Berufstätigen (40 bis 65jährigen) durchgeführt worden, so befaßte sich die BLAIR-Studie mit dem Fitneßzustand und der Mortalität von ca. 10000 älteren Amerikanern (vgl. Tab. 7.5, S. 213).

Tab. 7.4: Infarktwahrscheinlichkeit (Morbidität) bei 18000 englischen Busfahrern nach MORRIS et al. (1980)

Zigaretten-konsum	Sporttreibende	No sports
Nichtraucher	1,5 %	3,8 %
Raucher bis 20	4,6 %	9,6 %
über 20	4,6 %	11,6 %

Zigaretten pro Tag

Ein mangelhafter oder ungenügender Fitneßzustand erhöht die Mortalitätsrate um das Dreifache im Vergleich zu einem guten Zustand. Aber selbst die Mittelmäßigen, die nur Haus- oder Gartenarbeit betreiben, stehen nicht ungünstig da.

Tab. 7.5: Mortalität von Amerikanern/Innen im Alter von 50-70 Jahren in Abhängigkeit vom Fitneßzustand: 5= mangelhaft, 1= sehr gut (vgl. BLAIR et al., 1989)

Mortalität	Fitneßstatus		
	5	4 & 3	2 & 1
Sterberate pro 1000	64	26	20

Die drei Befundtabellen greifen Teilaspekte des Zusammenhangs von Gesundheit und Sport im Alter heraus. In einer Übersichtsstudie habe ich daher das Problem allgemeiner gefaßt und gefragt, in welcher Art und Weise körperliche Aktivitäten im Alter wirken. Diese Studie sei im folgenden mitgeteilt.

7.5.3 Gesundheit und Sport im Alter: neuere Befunde

Die Beziehung zwischen körperlicher Aktivität und allgemeinem Gesundheitszustand besonders bei älteren Menschen - sagen wir so ab dem 60sten Lebensjahr - ist sicherlich von großem öffentlichen Interesse. Insbesondere auch deswegen, weil erst jüngst wieder von medizinisch-epidemiologischer Seite behauptet wurde, Sport im Alter halte fit und gesund und könne Krankheitskosten sparen. Ja, der Sport könne sogar im 80. Lebensjahr die Lebenserwartung um etwa zwei Jahre anheben (vgl. PAFFENBARGER, HYDE & WING, 1990). Daß eine allgemeine Geschäftigkeit und auch die körperlich anstrengende Aktivität zu einem erfüllten Lebensabend gehören sollten, dafür hat bereits vor gut 2000 Jahren CICERO in seinem Essay über das Alter eloquent geworben (vgl. CICERO, 1987). In diesem Essay preist CICERO vor allem das aktive Landleben, das ein sprudelnder Quell ständiger Freuden bis ins hohe Greisenalter sei.

Sowohl bei der wissenschaftlich kühlen Darstellung von PAFFENBARGER et al. (1990) als auch bei den lebenspraktischen Empfehlungen von CICERO 44 a.Chr.n. ist zu bedenken, daß die Folgerungen nur für eine besondere, **elitäre Klasse** von Personen gelten können. CICERO verallgemeinerte schließlich Erfahrungen einer vermögenden Nobilität und Patrizierschicht; während PAFFENBARGER und Mitarbeiter ihre Aussagen auf Beobachtungen von etwa 17.000 Harvard-Absolventen gegründet haben.

Wir müssen uns somit fragen: Was wissen wir wirklich über den Einfluß von Bewegungsgewohnheiten auf den psychischen und körperlichen Zustand älterer Menschen, wenn wir ihre sozioökonomischen Bedingungen kontrollieren und angemessen berücksichtigen? Welche Rolle für die Gesundheit und für die Lebenserwartung spielen die **sozioökonomischen Voraussetzungen** im Vergleich zu den sportlichen Aktivitäten? Sicherlich sind auch

genetische Einflüsse für die Gesundheit und das Wohlbefinden im Alter von nicht zu unterschätzender Bedeutung. Der englische Genetiker DARLINGTON (1962) schreibt in seinem Werk "Gesetze des Lebens" (S. 230): *"Wir sagen, ein Mensch gedeihe prächtig, weil er viel Sport treibt. Doch ist es offenbar so, daß Menschen sich körperlich betätigen, weil sie gesund sind. Manche brauchen ihrer Erbanlage nach viel Bewegung: Haben sie zu wenig Gelegenheit dazu, werden sie krank. Andere brauchen wenig Bewegung, ein Übermaß davon ist ihnen nicht zuträglich. Trotz ihrer Bequemlichkeit besitzen sie eine gute Konstitution"*.

Bedenkt man, daß sich im Alter alle Funktionen und Fähigkeiten u. a. der Motorik und der Fitneß hinsichtlich der Leistung und Effizienz deutlich vermindern (vgl. ANASTASI, 1968; BIRREN, CUNNINGHAM & YAMAMOTO, 1983), dann liegt folgende Hypothese nahe: "Auch das Bewegungsbedürfnis und die biologische Erhaltungsfunktion des lebensnotwendigen täglichen Bewegungsumfanges vermindern sich schrittweise im Alter". Die **Optimaldosis** körperlicher Aktivität wäre somit abhängig vom allgemeinen Vital- oder Alterungszustand, vom genetischen Plan, von der Vielfalt der Bewegungserfahrungen und vom gewohnten Aktivitätsniveau.

Zielfragen. Es gibt offensichtlich viele ungeklärte Fragen zur Beziehung zwischen körperlicher Aktivität und allgemeinem Gesundheitszustand im Alter. Ich habe mir daher zwei allgemeine Fragen gestellt:

(1) Welche psychischen Merkmale älterer Menschen werden durch gezielte körperliche Aktivitäten resp. durch Bewegungsprogramme positiv verändert?
(2) Gibt es Befunde zur **Optimaldosis** körperlicher Aktivitäten, welche die Gesundheit älterer Menschen positiv beeinflussen und möglicherweise zu einer verlängerten Lebenserwartung beitragen können?

Das Altern einer Person hängt sowohl von Veränderungen in der körperlich-biologischen als auch von Veränderungen in der psychisch-sozialen Welt ab. Das Verhaltensrepertoire im Alter wird nach wie vor durch Reizquellen gesteuert, d. h. erweitert oder eingeschränkt. Die biologisch verminderten Kapazitäten können durch geeignete Reizquellen teilweise kompensiert werden. Dies bedeutet: Im Alter werden Prothesen vielerlei Art benötigt, um ein angepaßtes, normales Leben führen zu können. Die Variabilität der Alternsprozesse ergibt sich somit aus der Verschiedenheit der sozioökonomischen Ressourcen, der Streßbewältigungsfähigkeit, der Streßerlebnisse und der persönlichen Sinngebungsversuche (vgl. SKINNER, 1983; LAZARUS & DE LONGIS, 1983).

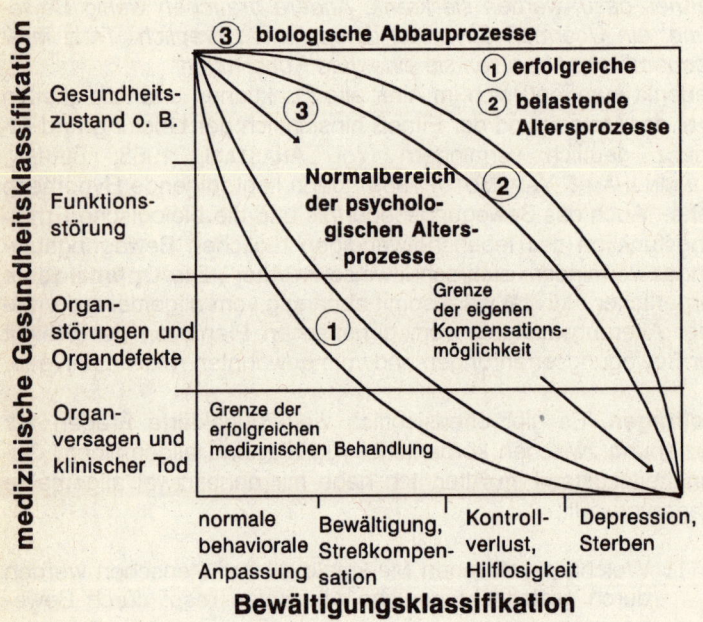

Abb. 7.4: Abbauprozesse im Alter

In der Abb. 7.4 habe ich versucht, diese Variabilität in Abhängigkeit von drei Veränderungsdimensionen darzustellen: a) von den biologischen Abbauprozessen im Alter, b) von der medizinischen Gesundheitsklassifikation und c) von der psychologischen Bewältigungsklassifikation. In der Abb. 7.4 erkennt man drei schotenförmige Regionen: die innere Region als Normalbereich der psychophysischen Alternsprozesse und die beiden äußeren Regionen des erfolgreichen bzw. des belastenden Alterns. Personen, die sich beispielsweise auf der Grenze der eigenen Kompensationsmöglichkeit befinden (medizinische Klassifikation), variieren hinsichtlich der Bewältigungsklassifikation (psychologische Klassifikation) normalerweise zwischen Bewältigungserleben und Gefühlen der Hilflosigkeit. Im Extremfall können sie aber auch "normal angepaßt" oder leider "depressiv" reagieren. Diese Extremvariationen sind nicht naturgegeben. Sie sind vielmehr das Ergebnis günstigerer resp. ungünstigerer kontingenter sozioökonomischer und sozialpsychologischer Reizquellen, welche das Verhalten kontrollieren. Soviel zur Zielsetzung und zu den Hypothesen.

Methode. Um die wissenschaftlichen Bemühungen zum Thema und zu den beiden Fragen zu bündeln, wurde ein Suchauftrag bei der Zentralstelle für Psychologische Literatur in Trier in der Datei PSYC/INFO gegeben. Das Stichwort des Suchauftrages hieß "Physical activity in old age". Der Zeitraum der Recherche erstreckt sich vom 1.1.67 bis zum 30.6.1992. Diese Recherche ergab 229 Hits. Hier sollen nur die Ergebnisse von sechs Übersichtsartikeln (Reviews), von zwei prospektiven Langzeitstudien und von sechs Planexperimenten mitgeteilt werden. Denn diese Studien vermitteln die solidesten Befunde und lassen abgesicherte Prognosen zu.

Befunde von Reviews. Die Reviews stammen von DIEM (1978), LEHR (1978), KIRCHMAN (1983), MYERS & GONDA (1986), SHORT & LEONARDELLI (1987) sowie von EMERY & BLUMENTHAL (1991). Die Reviews sind in ihren Fragen relativ selektiv und umfassen zwischen 23 bis 53 Forschungsberichte, die sich teilweise auch in unserem Literaturpool befinden. Die Aussagen der sechs Reviews können in fünf Punkten zusammengefaßt werden:

1) **Meinung der Durchschnittsbevölkerung:** Die Mehrzahl der älteren Pbn ab dem 60sten Lebensjahr lehnt regelmäßige anstrengende Leibesübungen in Form von Aerobics, Schwimmen, Gymnastik, Jogging, Wettkampfspiel o. ä. ab. Die Ablehnungsgründe sind zwar unterschiedlich, aber relativ offen-

kundig. So wird behauptet, Leibesübungen oder Sport seien zu anstrengend, zu ungewohnt, zu gefährlich, zu zeitaufwendig, zu teuer und außerdem wahrscheinlich nutzlos.

2) **Biologische Effekte:** Leibesübungen oder Sport erzeugen vor allen Dingen **kurzfristige** körperliche **Anpassungseffekte**; langfristige Effekte auf die Gesundheit sind nicht so eindeutig feststellbar.
3) **Psychische Effekte:** Es gibt auch psychosoziale Effekte von Programmen der Leibesübung. Hier sind die subjektiven Berichte über erwünschte Folgen stärker als die objektiven Messungen mit Kognitions-, Reaktions- und Einstellungstests.
4) **Behinderte oder Kranke:** Positive Effekte regelmäßiger körperlicher Aktivitäten lassen sich auch für **leicht** oder **mittelmäßig behinderte** oder gestörte **ältere Patienten** in Kliniken oder in Altenheimen nachweisen. Dies gilt insbesondere für ihre Stimmung, Orientierungsmöglichkeiten und für ihren Bewegungsradius.
5) **Forschungssituation**: Die Forschungssituation ist unbefriedigend. Es werden zu globale Forschungsfragen gestellt. Man sollte sich vielmehr fragen: Welche Aktivitäten $A_1 - A_n$ eignen sich mit dem Umfang B für die Zielgruppe C in der Situation D am besten?

Befunde von Langzeitstudien. Langzeitstudien haben ein besonderes Flair: Je größer das zeitliche Intervall zwischen der Erst- und der Abschlußerhebung ausfällt - sagen wir so 20 bis 30 Jahre - desto überzeugender wirken die Befunde und die darauf aufbauenden Schlußfolgerungen. Allerdings hat SCHAIE (1965) vor vielen Jahren auf gewisse methodische Mängel von Längsschnitt- und von Querschnittstudien hingewiesen, die nicht einfach übersehen werden können. So sind Langzeitstudien immer mit epochalen, d.h. testzeitspezifischen Effekten vermischt, die a posteriori nicht zu kontrollieren sind.

Zwei der drei Langzeitstudien sind für unsere Fragestellung direkt einschlägig; sie werden hier kurz dargestellt. Die **prospektive, epidemiologische** Langzeitstudie von PAFFENBARGER und Mitarbeitern (1986) ermittelte über 16 Jahre lang von 1962 bis 1978 bei ursprünglich 16.936 Harvard-Absolventen den manifesten Beginn und weiteren Verlauf der koronaren Herzkrankheit sowie andere degenerative Erkrankungen. Außerdem wurden Lebens- und Freizeitgewohnheiten der 35- bis 74jährigen erfragt. Körperliche Aktivitäten wie Treppensteigen, Spazierengehen, Gartenarbeit und Freizeitsport wurden in einen Wochenkalorienindex umgewandelt, und zwar an Hand der Befragungen, nicht etwa aufgrund von individuellen Messungen.

Das Todesrisiko unterhalb eines Aktivitätsniveaus von 500 Kcal wöchentlich wurde als höchstes (9,4 Fälle auf 1000) mit p= 1.00 oder 100% identifiziert. Bei 1000 Kcal/Wo betrug dieses Risiko 73% und bei 3.500 Kcal/Wo noch 46%. Weitere rein rechnerische Vergleiche legten folgende Schlüsse nahe: Das Sterberisiko der Harvard-Absolventen hätte um 16% vermindert werden können, wenn jeder wöchentlich wenigstens 2000 Kcal beim Gehen, Treppensteigen und beim Freizeitsport umgesetzt hätte. Zigarettenabstinenz alleine könnte das Sterberisiko um 22% vermindern. Könnte man alle Risikofaktoren wie Bewegungsmangel, Rauchen, zu fett essen, Alkoholkonsum, etc. ausschalten, dann sinkt das Risiko eines plötzlichen Todes im höheren Lebensalter auf etwa 45% ab.

Ganz anders ist die **prospektive Langzeitstudie** von ROGERS et. al. (1990) aufgebaut. Sie untersucht über einen Zeitraum von vier Jahren quasi-experimentell die Bedeutung von täglicher Arbeitsroutine und von regelmäßigen Fitneßübungen für die zerebrale Durchblutung und die kognitive Leistungsfähigkeit im Alter. Alle 120 Pbn sind sogenannte junge Senioren. Bei der Erstuntersuchung sind sie 58 bis 66 Jahre alt, bei der Abschlußuntersuchung 62 bis 70 Jahre. Die Pbn werden drei Gruppen zugeordnet. Eine freiwillige Gruppe verschiebt den Ruhestand. Die Pbn der beiden anderen Gruppen befinden sich frisch im Ruhestand. Nur die zweite Gruppe geht weiterhin einer regelmäßigen sportlichen Betätigung von mindestens dreimal pro Woche Sport nach, während die dritte Gruppe keinerlei sportliche Ambitionen hat, statt dessen spazierengeht oder bastelt. Die drei Gruppen sind zudem nach mehreren Gesichtspunkten parallelisiert worden. Wir haben es also mit einer quasi-experimentellen Interventionsstudie über mehrere Jahre hinweg zu tun. Die Abschlußprüfung nach vier Jahren zeigt, daß sowohl die berufstätigen Senioren als auch die sportlich aktiven Ruheständler gute zerebrale Durchblutungswerte haben, nicht so die körperlich inaktive Gruppe der Ruheständler. Wichtig ist, daß die kognitiven Testwerte die medizinischen Testbefunde bestätigen. Berufliche oder sportliche Aktivitäten wirken somit dem Ruhestandsphänomen verminderter kognitiver Leistungen eindeutig entgegen - wenigsten bis ins 70ste Lebensjahr.

Die nach experimentellen Gesichtspunkten geplante und durchgeführte prospektive Interventionsstudie sowie die epidemiologische 16jährige Beobachtungsstudie belegen: Anspruchsvolle sportliche wie auch berufsspezifische Aktivitäten sind Schlüsseldeterminanten einer körperlichen und psychosozialen Gesundheit im Alter.

Befunde von Planexperimenten. Die sechs Planexperimente sind mit insgesamt 445 Pbn durchgeführt worden. Pro Experiment waren etwa 75 Pbn beteiligt, die ein Durchschnittsalter von 70 Jahren aufwiesen und alle im Ruhestand lebten. Zwei Experimente sind mit stationären Patienten geriatrischer Institutionen durchgeführt worden. Das Problem dieser Patienten ist ein geistiger Abbau mit den Folgen von Orientierungsschwierigkeiten. Ein Teil dieser Patienten wurde mit einer Sozialtherapie, ein anderer gar nicht und ein dritter Teil mit einem dreimonatigen Programm einfacher Bewegungsübungen behandelt. Vor allen Dingen das Bewegungsprogramm zeitigte Erfolge. Es verbessert den persönlichen Aktionsradius, aber auch verschiedene Leistungen im Intelligenztest für Erwachsene von WECHSLER.

Die Befunde der vier übrigen Planexperimente mit den normalen Senioren können in fünf Punkten zusammengefaßt werden:

1) **Körperliche Aktivitäten als Bewegungsprogramme.** In allen Untersuchungen werden körperliche Aktivitäten wie Aerobics, Jogging, Fahrradergometertreten (oder Laufband) sowie Tanzen und Gymnastik dreimal wöchentlich mindestens 30 Minuten lang (teilweise bis zu 90 Minuten) unter Anleitung für 12 Wochen zusätzlich zu den gewohnten Alltagsaktivitäten ausgeübt. Diese Zusatzprogramme haben im Vergleich zur Inaktivität von Kontrollgruppen signifikante Wirkungen.
2) **Physiologische Effekte.** An physiologischen Wirkungen werden berichtet: Verringerung des systolischen Blutdruckes,

eine bis zu 20%ige Verbesserung der aeroben Kapazität und eine Verbesserung der Blutcholesterinwerte.
3) **Psychomotorische Effekte.** An motorischen Veränderungen ergaben sich: Reaktionszeitverbesserungen, Verbesserungen in Balanciertests und Verbesserungen der Wattleistungen in Ergometertests.
4) **Kognitive und emotionale Effekte.** Unter den psychischen Variablen verbesserten sich Perceptual-speed-Testwerte sowie Testwerte für räumliche Vorstellungen, alles Tests mit einer starken Speedkomponente. Auch emotionale Merkmale verbesserten sich leicht, wie beispielsweise die Stimmungslage und die Einschätzung des Gesundheitszustandes.
5) **Altersabhängige Effekte.** Die physiologischen, motorischen und kognitiven Leistungsverbesserungen sind bei den älteren Pbn (über 70 Jahre) schwächer ausgefallen als bei den jüngeren Senioren.

Schlußfolgerungen. Faßt man die Befunde der Literaturanalyse zusammen, so fallen drei markante Trends auf:

1) **Aerobe Bewegungsprogramme verzögern für kurze Zeit körperliche Abbauprozesse.**
Aerobes Training vermindert Verluste an maximaler Sauerstoffkapazität, verbessert die submaximale Leistung und wirkt auch dem altersentsprechenden Kräfteabbau entgegen. Die Anpassungsrate an das Training ist im Alter anscheinend ähnlich groß wie in der Jugend. Wie lange und wie stark der biologische Alternsprozeß durch zusätzliche Bewegungsprogramme abgebremst oder verlangsamt werden kann, ist auch trotz der epidemiologischen Befunde ungewiß.
2) **Aerobe Bewegungsprogramme verbessern räumliche Orientierungsleistungen, nicht aber Gedächtnisleistungen.**
Bewegungsprogramme, durch welche die allgemeine Fitneß verbessert wird, wirken sich im Alter günstig auf kognitive Leistungen aus, in denen eine schnelle räumliche Orientierung gefordert wird. Dies sind z. B. Trackingaufgaben oder Perceptualspeed-Aufgaben. Gedächtnisleistungen werden indes durch Fitneßprogramme nicht verbessert.
3) **Alle Bewegungsprogramme verbessern die Einschätzung des Selbstbildes.**

Nicht nur die aeroben, sondern auch Stretching- und Entspannungsprogramme sowie Gymnastik und Tanzen begünstigen die Einschätzung der Selbstwirksamkeit und der Selbstkontrolle. Außerdem verbessern sich bei nicht depressiven Alten die Stimmungseinschätzungen sowie die Selbsteinstufung der Gesundheit. D. h. alle Selbstbeurteilungen werden durch zusätzliche Leibesübungen im Sinne eines sozial erwünschten Stereotyps gefärbt. Wie stabil diese Urteilstendenzen bei plötzlichen Störungen oder Gesundheitskrisen sind, ist bisher nicht geprüft worden.

Offene Fragen. Zusätzliche Bewegungsprogramme haben offensichtlich ihre spezifischen funktionellen und differentiellen Effekte. Da die aeroben Bewegungsprogramme in den Studien zwar nicht exakt, aber einigermaßen verständlich beschrieben sind, konnten die Befunde hierzu zusammengefaßt werden. Über die spezifische Wirkweise von Stretching-, Gymnastik- oder Tanzprogrammen können keinerlei Folgerungen gezogen werden. Denn es gibt keine eindeutigen operationalen Definitionen des Bewegungstreatments. Außerdem fehlen überhaupt Schätzungen oder Kenntnisse der im Alltag üblichen körperlichen Belastungen und motorischen Tätigkeiten im Alter. Man kennt somit nicht einmal die "base rate" der körperlichen Aktivitäten, die erstens mit zunehmendem Alter geringer wird und die zweitens auch durch die sozioökonomische Situation und durch das Bildungsniveau geprägt wurde.

Warum bei Tracking- oder Perceptual-speed-Aufgaben durch beispielsweise drei zusätzliche Ergometerbelastungen von je einer halben Stunde pro Woche dem normalen altersentsprechenden Leistungsverlust entgegengewirkt wird, kann möglicherweise durch eine Theorie der Veränderung der Informationsverarbeitungsgeschwindigkeit im Alter erklärt werden (vgl. BIRREN et al. 1983). Diese Theorie nimmt an, daß im Alter alle Verarbeitungsprozesse wie die Kodierung, die innere Manipulation oder auch Such- und Abrufvorgänge des Gedächtnisses schrittweise verlangsamt werden. Zusätzliche Aktivierungen des Organismus, welche die Fitneß steigern und einer allgemeinen Ermüdung entgegenwirken, verbessern somit motorische Leistungskomponenten, die bei den Tracking- und Perceptual-speed-Aufgaben bedeutsam sind. Denn nur die motorischen Komponenten dieser kognitiven Aufgaben könnten durch die aeroben Bewegungsprogramme trainiert und flexibel gehalten werden. Allerdings müßte diese spezielle Hypothese experimentell noch überprüft werden. Reine Gedächtnistätigkeiten ohne motorische Komponenten können vermutlich nicht durch Bewegungsprogramme zum Besseren beeinflußt werden. Der Altersabbau kann selbst bei gesunden Pbn beträchtlich sein. In einer Längsschnittstudie über vier Jahre beträgt die durchschnittliche Leistungseinbuße 10% bei gesunden, sehr gebildeten Personen im Alter zwischen 60 bis 79 Jahren. Im höheren Alter sind die Leistungsminderungen jedoch mit wachsender Tendenz größer als 15% (vgl. TAYLOR, MILLER & TINKLENBERG, 1992). Gedächtnisleistungseinbußen hat bereits CICERO beschrieben; sie gehören zu den häufigsten Klagen unter den gesunden und kranken Alten. Auch SKINNER (1983) hat sich ausführlich mit diesem Phänomen befaßt, um ihm entgegenzuwirken. Zahlreiche mnemotechnische Strategien sind daher bei den Älteren erprobt worden. In einer Metaanalyse mit 33 Studien und 1539 Pbn (im Alter von durchschnittlich 69 Jahren) berichten VERHAEGEN und Mitarbeiter (1992) über erste Erfolge. Der durchschnittliche Gedächtnistrainingseffekt beträgt $d^* = 0.35$, was eher einer schwachen bis mittleren Effektstärke entspricht. Diese Gedächtniseffekte sind bei Pbn unter 70 Jahren am größten, sofern wöchentlich mindestens 20 Minuten lang speziell trainiert wird. Die Autoren halten es für gesichert, daß sich die Gedächtnisplastizität im Laufe des Lebens zwar monoton vermindere, man aber etwas gegen zu starke Einbußen tun könne.

Dies ist nur ein kleiner Ausschnitt aus den Befunden des Review. Durch gezielte Verhaltensänderungen - und hierzu zählen auch zusätzliche Bewegungsprogramme - können offensichtlich verschiedene geriatrische Symptome wie z. B. Orientierungsschwierigkeiten, Inkontinenz, Osteoporose, Schwindelzustände und systolische Hypertonie teilweise für längere Zeit kontrolliert werden. Die kausalanalytischen Bedingungen der Wirkweise der zusätzlichen körperlichen Aktivitäten beispielsweise auf kognitive oder emotionale Variablen müssen allerdings noch erkundet werden. Wichtig bei derartigen Bewegungsstudien sind vor allem die operationale Definition der körperlichen Aktivitäten sowie die Kontrolle von Moderatorbedingungen und von Konfundierungen mit anderen Einflußfaktoren.

7.6 Behinderung und Sport

Behinderungsbegriff. Der Behinderungsbegriff ist 1973 vom DEUTSCHEN BILDUNGSRAT festgelegt worden: *"Als behindert gelten alle Kinder, Jugendliche und Erwachsene, die in ihrem Lernen, im sozialen Verhalten, in der sprachlichen Kommunikation oder in den psychomotorischen Fähigkeiten soweit beeinträchtigt sind, daß ihre Teilhabe am Leben der Gesellschaft wesentlich erschwert ist."*

Die Psychologie hat in erster Linie Erfahrungen mit jugendlichen Geistig- und Lernbehinderten sowie mit jugendlichen Verhaltensgestörten. Psychologisch systematische Erfahrungen mit erwachsenen oder alten Behinderten fehlen. Auch gibt es in der Psychologie nur ein partielles Wissen über die vielfältigen Körperbehinderungen, über die Gehörlosigkeit, die Blindheit sowie über Mehrfachbehinderungen wie beispielsweise den Zerebralparesen. Das vorliegende Wissen beschränkt sich auf die Persönlichkeitsdiagnostik und auf die sozialpsychologische Einstellungs- und Vorurteilsforschung. Dieses Wissen trage ich zusammen und erweitere es um die Kenntnisse der Alternspsychologie und der Gesundheitspsychologie.

Stereotyp des Behinderten. Das allgemeine gesellschaftliche Bild des Behinderten ist ambivalent. Es erweckt positive und negative Gefühle. Auffällig ist vor allem die Andersartigkeit, das Fremde und Beunruhigende im Verhalten, das auffallende Erscheinungsbild, das von der Normalität abweicht und Defekte oder Beschädigungen aufweist wie z.B. Blindheit, Amputation, Lokomotion im Rollstuhl, Dysmelie (Conterganmenschen), spastische oder athetotische Bewegungen o. dgl. m. Ergänzt wird das irritierende Erscheinungsbild durch vermutete negative Eigenschaften. Man glaubt, Behinderte seien neidisch, hätten Minderwertigkeitsgefühle, litten unter Beeinträchtigungsempfindungen, hätten Ressentiments und Aggressionen gegenüber Normalen. Dieses negative Bild erweckt Erwartungen, welche eine Distanz gebieten (HENSLE, 1988).

Andererseits signalisiert die gestörte Normalität (die Behinderung) oder der körperliche Schaden Hilfs- und Pfegebedürftigkeit. Vor allen Dingen körperliche Behinderungen, nicht aber geistige Behinderungen oder Verhaltensstörungen appellieren an das Mitleid und an den Altruismus. Dadurch geraten wir als Nichtbehinderte in einen ambivalenten Gefühlszustand: einerseits die Fremdheitssignale, die Distanz gebieten; andererseits die Behinderungssignale, die an das Mitleid und die Hilfsbereitschaft appellieren.

Auswirkungen des ambivalenten Behindertenbildes auf das Verhalten. Welche Folgen hat das ambivalente Bild des Behinderten auf unser eigenes und auf das Verhalten der Behinderten? Im Umgang mit Behinderten befinden wir uns zunächst in einer *instinktbedingten Konfliktlage*. Die Fremdenscheu distanziert uns, die Mitleidssignale bewegen uns zu Hilfeleistungen (EIBL-EIBESFELDT, 1986). Unsere allgemeine Gefühlslage ist jedoch gespalten. Im Umgang mit Behinderten werden wir allerdings versuchen, diese innere gefühlsmäßige Distanziertheit nicht zu zeigen. Denn es gilt in unserer Gesellschaft im Umgang mit Fremden oder Andersartigen die *Irrelevanzregel*: Wir dürfen trotz Verhaltens- oder Körperauffälligkeiten diese Auffälligkeiten nicht zum Gegenstand der Interaktion machen, sondern müssen sie übersehen. Der Behinderte weiß aber um seine Behinderung und rätselt seinerseits um die Beurteilung durch seine Interaktionspartner. Eine unbefangene Interaktion ist somit durch interaktionsirrelevante Kognitionen auf beiden Seiten gestört. Deshalb kann es bei oberflächlichen Kontakten zu Spannungen und Mißverständnissen kommen. Solche Mißverständnisse verstärken die vorhandenen Distanzierungstendenzen bei Nichtbehinderten, während Gefühle des Kontrollverlustes resp. der Hilflosigkeit beim Behinderten induziert werden (SELIGMAN, 1979).

In diesem Zusammenhang hat man von *Stigmatisierung, Etikettierung* oder *Diskreditierung* von Behinderten gesprochen. Eine Stigmatisierung soll sich in sechs Phasen abspielen:

(1) Ein Individuum hat eine Eigenschaft, die deutlich von der Norm abweicht.
(2) Die Gesellschaft definiert diese Eigenschaft als negativ.

(3) Das Individuum wird als mit einem Makel behaftet etikettiert und stigmatisiert.
(4) Das Stigma wird generalisiert; denn weitere negative Eigenschaften werden zugeschrieben.
(5) Der Stigmatisierte wehrt sich; die Gesellschaft ist mächtiger.
(6) Der Stigmatisierte akzeptiert seine beschädigte Identität; er ist und bleibt frustriert.

Dieser Ansatz ist sehr populär geworden. Er mag für das Verständnis der Rolle von Minoritäten in Gesellschaften nützlich sein. Er entspricht aber nicht ganz der Interaktionswirklichkeit mit Behinderten und ist deshalb zu ergänzen (vgl. FISKE, 1993; GOFFMAN, 1967). Interaktionsprobleme, Konflikte und somit Frustrationen ergeben sich konkret durch unterschiedliche Wert- und Rollenerwartungen. Einerseits sind die Erwartungen der Nichtbehinderten hinsichtlich des Leistungsvermögens oder hinsichtlich allgemeiner Kompetenzen der Behinderten zu gering; andererseits sind sie zu hoch. In jedem Fall ergeben sich diskrepante Erwartungshaltungen zwischen Behinderten und Nichtbehinderten. Derartig diskrepante Erwartungshaltungen, welche in einem gestörten Interaktionskontext mit häufigen interaktionsirrelevanten Kognitionen verbunden werden, können nicht reibungslos korrigiert werden. Vielmehr erzeugen sie zunächst Streß und belasten beide Seiten (LAZARUS & FOLKMAN, 1984). Häufigere Interaktionsspannungen erzeugen Frustrationen. Außerdem sind Behinderte ähnlich wie chronisch Kranke psychisch ständig belastet. Sie leiden unter: a) der Verminderung der körperlichen Leistungsfähigkeit, b) der Bedrohung der körperlichen Integrität, c) der Abhängigkeit vom Arzt, d) den Hospitalisierungserfahrungen und e) den Einbußen an persönlichen und sozialen Werten (defiziente Körperbilder, Aktivitäten, Kontakte , etc.). Behinderte wie Nichtbehinderte reagieren auf Dauerstreß mit Situationsmeidung, d.h. mit Rückzug und Flucht oder mit Aggressionen. Bei inadäquater Bewältigung bleiben somit Angst und Feindseligkeit als Konfliktpotentiale zurück. Konfliktpotentiale sind aber immer wieder Ausgangspunkt für neue Konflikte und Spannungen, welche auf die Dauer die Gesundheit belasten. Wie kann man Konflikte und Streß bewältigen? Was ist hier zu tun?

Anpassungs- und Aktivitätstheorie. Auch in diesem Falle verweisen die Anpassungs- und Aktivitätstheorie auf Möglichkeiten, das Leben Behinderter angenehmer zu gestalten. Wie wir bereits gehört haben, betont die Aktivitätstheorie: Derjenige ist zufrieden und im seelischen Gleichgewicht, der freiwillig sozial und körperlich aktiv ist und dessen Aktivitäten oder Konsequenzen dieser Aktivitäten irgendwie von Nutzen sind. Die Anpassungstheorie ist damit eine allgemeine Streßbewältigungstheorie, welche optimale Bewältigungsstrategien erörtert (HAVIGHURST, 1963).

Ob die Erkenntnisse der Anpassungstheorie in der Rehabilitation voll ausgeschöpft werden, kann man nicht beurteilen. Man weiß aber: Behinderte werden in der Rehabilitation zunächst kompetent gemacht, alle Alltagsaktivitäten und Selbstkontrolltechniken zu erlernen. Man möchte weitgehend Unabhängigkeit von anderen Personen erreichen. Diese Tätigkeiten erfüllen vermutlich den größten Teil der Rehabilitationsmaßnahmen. Ob und wieviel Zeit für Leibesübungen benutzt werden, ist uns unbekannt. Es ist zu hoffen, daß ein erklecklicher Anteil der Freizeit für sportliche Aktivitäten genutzt wird. Ich meine nicht den Leistungssport; sondern das sportliche Spielen und Üben von Bewegungsfolgen, damit Spaß und Zufriedenheit aufkommen können.

Die Psychologie und die Sportwissenschaft haben heute gute Belege für folgende korrelative Beziehung: Die Zufriedenheit und das subjektive Wohlbefinden junger und alter Menschen sind in einem hohen Ausmaß mit aktiver Bewegung wie Sporttreiben, Leibesübungen, Wandern oder mit freiwilliger körperlicher Haus- und Gartenarbeit verbunden (LEHR, 1991; SCHLICHT, 1991). Da die psychischen Prozesse Behinderter - ausgenommen sind teilweise Geistigbehinderte und Verhaltensgestörte - weitgehend normal funktionieren, liegt es nahe, einerseits die körperlichen Aktivitäten, andererseits den sozialen Umgang in den Sportvereinen als psychosomatisches Therapeutikum zu nutzen. Denn durch körperliche Aktivitäten und Leibesübungen werden das Wohlbefinden, das seelische Gleichgewicht und das Selbstwertgefühl von Behinderten verbessert und gestärkt. Der soziale Umgang ermöglicht außerdem eine bessere Anpassung an die soziale Umwelt. Diese Aktivitäts- und Anpassungshypothese ist in neun experimentellen Untersuchungen mit Behinderten bereits überprüft und bestätigt worden. Diese Untersuchungen sind im Zeitraum zwischen 1977 bis 1990 in psychologischen Zeitschriften oder Monographien publiziert worden.

Subjektives Wohlbefinden und Sporttreiben bei Behinderten.
Ich gehe auf zwei typische Untersuchungsansätze mit Körperbehinderten und Geistigbehinderten ein. Das typische Untersuchungsverfahren besteht darin, zwei Gruppen von *Körperbehinderten* zu vergleichen. Die eine Gruppe treibt regelmäßig Sport, die andere überhaupt nicht. Als Körperbehinderte werden häufig ausgewählt: Amputierte, querschnittsgelähmte Rollstuhlfahrer, Blinde und Zerebralparetiker leichterer Ausprägung. Angewendet werden Tiefeninterviews, Interviews, Fragebogen und Verhaltensbeobachtungen. In den Fragebogen wird nach Befindlichkeiten, Selbstwertschätzungen, Selbstkontrollstrategien, Ängstlichkeit und Depressionsneigungen gefragt (vgl. GREGOR, 1986; GSTETTNER, 1977; STEWART, 1981; VALLIANT et al., 1985; VERMEER, 1988).

In den fünf vorliegenden Untersuchungen des letzten Jahrzehnts gibt es deutliche und vielfältige Unterschiede zwischen den sportlich aktiven Körperbehinderten und den inaktiven resp. unsportlichen. Die sportlich aktiven Gruppen sind zufriedener, neigen weniger zu Depressivität oder Ängstlichkeit, sind offener für soziale Erfahrungen, haben höhere Selbstwerteinschätzungen und erweisen sich als ichstärker. Sie haben eine größere Anzahl von Bekannten und weisen auch einen höheren Ausbildungs- und Bildungsgrad auf. Es gibt spezielle Untersuchungen mit Amputierten. In Tiefeninterviews offenbart sich, daß Unfallopfer das Schockerlebnis der Körperbehinderung auch drei bis vier Jahre nach dem Schädigungsereignis nicht verarbeitet haben. Durch die Unfallfolgen sind die Beziehungen zur soziokulturellen Umwelt erheblich eingeschränkt worden. Vor allen Dingen leiden Amputierte unter dieser Situation. Ausgleich sucht man im Beruf und im Freizeitbereich. Hier erlangt der Sport eine tiefere Bedeutung als für den Nichtbehinderten. Die Gruppe der Gleichbehinderten schafft nämlich *Vorbilder der Behinderungsbewältigung*. Sport erweist sich somit als ein bedeutendes Mittel der Identitätsstiftung und der Selbstverwirklichung.

Ein anderes erprobtes Untersuchungsverfahren besteht darin, die Auswirkung von Bewegungs- oder von Sportprogrammen auf das Befinden und auf das soziale Verhalten bei *Geistigbehinderten* zu untersuchen. In Experimentalgruppen werden verschiedene Bewegungsprogramme mit einer Laufzeit zwischen vier Monaten bis zu etwa vier Jahren regelmäßig mit Jugendlichen und Erwachsenen durchgeführt. Mit Hilfe verschiedener Kontrollgruppen, die nur von Zeit zu Zeit oder überhaupt nicht mit diesen Programmen konfrontiert werden, wird die Wirkung der Programme auf das Befinden, auf die Selbsteinschätzung, auf das Sozialverhalten und auf die motorischen Komponenten überprüft (vgl. FADL, 1981; GLESER & BROWN, 1986; SCHOLZ et al., 1984; WAWSCHINEK, 1985).

In den vier vorliegenden Untersuchungen werden durchgehend Verbesserungen in allen motorischen Komponenten beispielsweise der Schnelligkeit, Ausdauer, Kraft und Koordination beobachtet. Positive Einflüsse unterschiedlicher Stärke findet man auch hinsichtlich der Kontrolle der Emotionalität beispielsweise bei der Ärger-, Aggressivitäts- und Empfindsamkeitsverarbeitung und hinsichtlich der sozialen Kompetenz. Insbesondere verstärkt sich die Interaktionshäufigkeit untereinander und mit Außenstehenden. Die positiven Kontaktnahmen überwiegen sogar die negativen Ansteuerungen. Deutlich ist erkennbar, daß die Programmlänge sehr günstige Effekte nach sich zieht. Je länger die Bewegungsprogramme mit den Geistigbehinderten durchgeführt werden, desto stabiler und intensiver sind die positiven Effekte auf allen Merkmalsebenen. Alle Untersuchungsbefunde legen also folgenden Schluß nahe: Angemessene sportliche Bewegungsprogramme haben nicht nur positive motorische, sondern darüber hinaus positive psychosoziale Auswirkungen auf Körperbehinderte und auf Geistigbehinderte. Diese Feststellung gilt für Jugendliche und Erwachsene. Vermutlich kann man diese Folgerung auch auf die Alten der Behinderten übertragen; allerdings fehlt es hier noch an systematischen Erfahrungen seitens der Behindertenpsychologie.

Gleichgewicht zwischen Anforderungen und Kompetenzen.
An dieser Stelle möchte ich einer übereilten Verallgemeinerung vorbeugen, nämlich der Erwartung, daß jedes sportmotorische

Programm in gleicher Weise positive psychosoziale Effekte bei jeder Behindertengruppe erzielt. Diese Erwartung ist naiv und wird sicherlich nur von sportunkundigen Laien ausgesprochen. Nur solche Bewegungsprogramme sind effektiv, welche die Behinderten weder motorisch noch kognitiv überfordern. Spaß und Zufriedenheit kann man nur erleben, wenn es eine Art Gleichgewicht zwischen den sportmotorischen Anforderungen und den eigenen psychomotorischen Kompetenzen gibt. Eine bekannte Regel der Motivationspsychologie besagt: Die Leistungsbereitschaft ist optimal, wenn eine Aufgabe mit einer Erfolgschance von 50% bewältigt werden kann (HECKHAUSEN, 1989). Dieses bedeutet, daß das Komplexitätsniveau sportmotorischer Anforderungen dem Bewältigungsniveau der Behinderten angepaßt werden muß, bevor man es leicht anhebt. Die Kunst des Übungsleiters besteht daher in der exakten Diagnose des Kompetenzniveaus und in der Anpassung der Anforderung an dieses Kompetenzniveau.

Schließlich noch ein weiterer Hinweis über die Qualität des Sports und dessen Auswirkungen auf verschiedene Personengruppen. In zahlreichen Untersuchungen zu Fragen des Wohlbefindens und der Art der sportlichen Programme mit Normalpersonen fallen immer wieder Alters- und Geschlechtseffekte auf (vgl. SCHLICHT, 1991). Jüngere Frauen im Alter zwischen 20 bis 35 Jahren bevorzugen eindeutig gymnastische und tänzerische Bewegungsprogramme mit Musik und erleben dabei die größte Zufriedenheit. Im Unterschied dazu bevorzugen beispielsweise Männer im Alter von 40 bis 60 Jahren die Ausdauersportprogramme. Somit ist zu erwarten, daß es auch bei den Behinderten alters- und geschlechtsspezifische Vorlieben sportmotorischer Aufgaben gibt. Den Übungsleitern ist dieser Sachverhalt sicherlich bekannt.

8. INTERAKTION UND LEISTUNG VON SPORT-GRUPPEN

Im Vergleich zu anderen Arten fällt auf, daß der Mensch immer in Sippen, in Gruppen, in Stämmen, in Verbänden, in Völkern oder in ähnlichen Organisationen gelebt hat und leben wird. Manche Philosophen haben behauptet: Das eigentlich Menschliche wie das Denken und die Sprache hätten gar nicht realisiert werden können ohne die besondere emotionale Kommunikationsstruktur von Gruppen. Betrachtet man das Verhalten im Sport, die sportlichen Leistungen, das sportliche Trainieren, die Konflikte in einer Mannschaft sowie die Erscheinung der Gewalt unter Zuschauern, dann muß man sich offensichtlich auch mit Prozessen der Kommunikation und der Interaktion sowie mit Fragen des sozialen Lernens auseinandersetzen. Die Persönlichkeitstheorien sehen zunächst nur das Individuum, nicht aber die Interaktion und die Wirkungen von Normsetzungen, von Interventionen oder von Reglementierungen in einer Gruppe und zwischen verschiedenen kleineren oder größeren Gruppen. Wichtige Fragen der *Sozialpsychologie des Sports* befassen sich daher mit den Kräften, welche eine Gruppe begründen und zusammenhalten, mit dem Einfluß der Gruppe auf das Verhalten der Gruppenmitglieder, mit dem Erlernen, mit der Übernahme oder der Mißachtung von Normen, mit dem Einfluß einer besonderen Position und Rolle für das Schicksal einer Gruppe oder auch mit der Frage der Konflikt- und Agressionsbewältigung in kleineren und größeren Gruppen.

8.1 Beitrag der Humanethologie

Zum tieferen Verständnis der Interaktionsmuster ist es notwendig, daß man den engen Weg der Psychologie verläßt und die Wege der vergleichenden Verhaltensforschung, nämlich der Humanethologie, geht. Die Verhaltensforschung weist auf wichtige biologische Muster hin, die sich im Verhalten der gesamten Menschheit, von den einfachsten bis zu den höchsten Kulturen, nachweisen lassen. Die biologischen Fundamente unserer Kultur sind vermutlich unsere Fähigkeit zur Kooperation, zum Altruismus, zum Lernen und zur Sprache. Der biologische Vorteil der Kooperation und des Altruismus ist ein dreifacher: a) Schutz vor Feinden jeder Art, b) Bildung von Traditionen und Perfektionierung von Techniken durch Nachahmung, c) Arbeitsteilung, Spezialisierung und Leistungssteigerung. Die Wurzeln des biologischen Fundamentes sind angeborene sensomotorische Muster, angeborene Erkennensweisen, angeborene Antriebe und angeborene Lerndispositionen. Vor allem die Entwicklung der Sprachen hatte Überlebenswert. Solche genetisch weitergegebenen Muster sind das Ergebnis der Selektion und der Anpassung an die Umwelt über die unvorstellbaren Zeiträume mehrerer hunderttausender von Jahren (vgl. EIBL-EIBESFELDT, 1986). Obgleich es zahlreiche Ähnlichkeiten zwischen Menschen und Tieren gibt, fallen doch auch die Unterschiede zwischen tierischer und menschlicher Verhaltenssteuerung auf. Während selbst beim höheren Säugetier die Verhaltensketten über den Antrieb, über den Schlüsselreiz, über die Erbkoordination fest miteinander verkoppelt sind, ist dies beim Menschen nicht mehr so. Beim Menschen unterliegt der Gesamtablauf des Verhaltens - also die Auslösung, die Folge- und Endsequenz - keiner strengen biologischen Kontrolle, was einer vollständigen Auslösungsrichtungsdetermination entspräche. Erst die durch Lernen übermittelten kulturellen Kontrollmuster setzen der relativ freien und vielfältigen biologischen Variabilität unseres Verhaltens Grenzen.

Im Unterschied zu allen Tierarten können wir außerdem auf lange Sicht als Gruppenlebewesen in jeder Umwelt überleben. Aber wir brauchen spezifische Überlebensstrategien und technische Hilfsmittel, die nur in der Gruppe erfunden, ausprobiert und dann auch überliefert werden. Jedoch scheint andererseits die phylogenetische Vorprogrammierung nicht auszureichen, um für alle Situationen ein reibungsloses, soziales Zusammenleben zu gewährleisten, wie dies in einem Bienenstaat beobachtet wird. Um insgesamt zu überleben, braucht die Gruppe kulturelle Kontrollmuster und normierte Rituale. Konflikte können ansonsten nicht ausreichend gelöst werden. Die Aggressions- und Gewaltbewältigung, die Bewältigung der Kriminalität und mörderischer Kriege ist für jede Gruppe und für jede Kultur immer wieder eine Herausforderung.

Phylogenetische Wurzeln der Geselligkeit. Die Ethologie lehrt: Alle Formen des Verhaltens der verschiedenen Tierarten und des Menschen haben sich über unvorstellbar lange Zeiträume entwickelt. Auch die vielfältigen menschlichen Formen der Geselligkeit, der Bindung und der Gruppendynamik sind ohne Vorläufer und ohne lange Erprobungsphasen nicht denkbar.

Streben nach Partnernähe und nach Verträglichkeit findet man bereits bei Fischen. Doch scheint die **Erfindung der Brutpflege** das Schlüsselereignis für alle höheren Formen der Geselligkeit gewesen zu sein. Die Brutpflege findet man bei Vögeln und bei Säugern, selbst bei den im Wasser lebenden wie z. B. den Walen, Delphinen oder Seelöwen. Anonyme Brutpflege ohne individualisierte Bindung ist auch die Voraussetzung der staatenbildenden Insekten wie z. B. der Bienen oder der Termiten. Die *individualisierte Bindung* zwischen einem Muttertier und einem Jungen, wie man sie bei Primaten findet, ist vermutlich der Ausgangspunkt für die Bildung und Organisation von individualisierten Gruppen und für die Entwicklung höher organisierter Sozialverbände.

8.1.1 Persönliche Mutter-Kind-Beziehung

Eine **persönliche Bindung**, nicht nur eine individualisierte, findet man nur bei uns Menschen. Allerdings entwickelt sie sich graduell aus der individualisierten Bindung, die man auch bei anderen Primaten beobachten kann. Unmittelbar nach der Geburt wird die Mutter nicht nur physiologisch, sondern auch emotional an das Baby gebunden. Die emotionale Bindung wird über einen **prägungsähnlichen** Lernvorgang hergestellt. Die Mutter reagiert sofort auf alle Lautäußerungen des Saugens, Schlafens, Schreiens und natürlich auf das spezielle Kindchenschema, das allgemeine Hilflosigkeit signalisiert. Ein allgemeines Bindungsprogramm wird dadurch auf das jeweilige Baby abgestimmt. Noch nach Jahren erinnern sich Mütter beispielsweise an besondere Schlüsselreize ihrer Babys, wenn diese schon längst große Kinder oder Jugendliche sind. Auch der Säugling wird an die Mutter (oder an die ständige Kontaktperson) gebunden. Dieser Bindungsvorgang dauert etwas länger. Er ist etwa mit dem Ende des zweiten Lebensjahres vollständig abgeschlossen. Dann ist die Bindung des Kleinkindes an die Mutter perfekt und überdauert ein ganzes Leben. In dieser Zeit entwickelt sich eine tiefe **Gefühlsbindung**, die im Idealfall mit vollständiger Geborgenheit und völliger Angstfreiheit einhergeht. Bindung ist damit das Ergebnis eines biologisch gesteuerten Lernvorganges, allerdings mit der Besonderheit, daß der Säugling normalerweise nicht umlernen muß.

Tritt jedoch dieser seltene Fall ein, daß ein Säugling in den ersten Lebensmonaten oder im ersten Lebensjahr mehrere Bezugspersonen hat - beispielsweise als Mitglied eines Waisenheims - dann kann sich nicht das feste emotionale Fundament des Urvertrauens ausbilden. Das Kind wird vermutlich emotional labil, verhaltensauffällig oder sogar vollständig bindungsunfähig. Teilweise sterben solche Kinder auch an Depressionen noch vor dem zweiten Lebensjahr - sofern sie zwar ein bis zwei Monate bei der Mutter leben konnten, aber dann durch soziale Gewalten von ihr getrennt wurden.

Im Normalfall beobachtet man zwischen dem 6. bis 14. Lebensmonat bei allen Säuglingen das Fremdeln. Das Kind unterscheidet zwischen der Mutter sowie der eigenen engeren Familie und anderen Menschen. Von nun an entwickelt sich eine beiderseitige persönliche Bindung zwischen Mutter und Kind, aber auch zwischen dem Vater und dem Kind (vgl. HASSENSTEIN, 1987). Auch die persönliche Bindung zu weiteren Familienmitgliedern wird allmählich aufgebaut. Wachsen die Kinder von Alleinerziehenden in Wohngemeinschaften auf, dann gibt es Beziehungsprobleme, sofern eine Wohngemeinschaft nicht über Jahre hinweg stabil bleibt. Denn die **Erweiterung persönlicher Bindungen braucht mehrere Jahre**, damit die soziale Persönlichkeitsstruktur des Kindes gefestigt wird. Die persönliche Bindung zwischen einem Kind und einer Bezugsperson (normalerweise der Mutter) nennen wir Liebe.

Ein weiteres Ergebnis dieses persönlichen Bindungsgeflechtes in der Familie ist die Entfaltung einer Persönlichkeitsstruktur. Die erste Grundkomponente der Persönlichkeitsstruktur scheint die

Eigenschaft der *emotionalen Stabilität* vs. *Labilität* zu sein. Diese Verhaltensdimension wird von verschiedenen Forschern unterschiedlich benannt beispielsweise als Traitangst, als Neurotizismus oder auch als Neigung zur Ängstlichkeit (vgl. Tab. 7.1, S. 197).

In der erweiterten individualisierten und persönlichen Familienbeziehung werden nicht nur solche phänomenalen Verhaltensdimensionen z. B. der Ängstlichkeit, sondern auch unsere sozialen "Anlagen und Tugenden" zur Kooperation, zur Solidarität, zum Gehorsam, zur Pflicht, zur Loyalität und zur Hilfsbereitschaft entwickelt (vgl. Tab 7.1). Ohne familiale fördernde Sozialisation werden die zukünftigen zwischenmenschlichen Beziehungen kalt, distanziert, feindlich, egozentrisch, mitleidslos oder auch brutal gestaltet. Nach Untersuchungen in deutschen Gefängnissen und Haftanstalten sind vermutlich nur 5% der Insassen mit einer festen Bezugsperson aufgewachsen; 50% der Straffälligen hatten bis zum 14. Lebensjahr mehr als fünf Bezugspersonen. Frühkindliche soziale und emotionale Entbehrungen führen somit zu Sozialisationsdefiziten, die sich sowohl im Mangel an Normorientierung und Schuldgefühlen, als auch in einer Anfälligkeit für normabweichende resp. kriminelle Handlungen auswirken (vgl. HASSENSTEIN, 1987).

8.1.2 Anschluß und Geselligkeit

Die Tendenz, mit anderen Personen seine Zeit zu verbringen, heißt Anschluß (affiliation) oder auch Geselligkeit. Warum verbringen wir die meiste Zeit unseres Lebens in Gesellschaft anderer Personen z.B. mit Freunden, mit Bekannten, in Arbeitsgruppen, in Interessengruppen oder auch in Sportgruppen?

Die psychologischen Gründe sind vielfältig, wenn man nach den individuellen Motiven und Interessen fragen würde. Die biologisch-evolutionären Gründe sind hingegen ganz eindeutig: Ein genetisches Programm (resp. ein Instinkt) ist die Grundlage unserer Geselligkeit. Dieses allgemeine Programm wird durch Lernen oder Erfahrung im Laufe der Sozialisation inhaltlich ausgestaltet. Das Ergebnis der Sozialisation heißt dann unter anderem für den Psychometriker oder Traitpsychologen "*Introversion* vs.

Extraversion" sowie "*Normenkonformität*", die sich bei negativer Erfahrung auch als Psychopathie oder als Psychotismus äußern kann. Auch diese beiden Verhaltensdimensionen (Extraversion, Normenkonformität) gehören für den Eigenschaftstheoretiker zu den Grundkomponenten der Persönlichkeit, die in den ersten beiden Lebensjahren festgelegt werden sollen (vgl. Tab. 7.1). Die allgemeinen, unpersönlichen Formen des Herden-, Gruppen- oder Geselligkeitsinstinktes finden sich in vielen Wirbeltierarten. Bei den Primaten ist dieser Instinkt erweitert und recht komplex. Es gilt jedoch auch hier der biologische Grundsatz, daß gesellige resp. soziale Spezien in einer sich wandelnden Welt bessere Überlebens- und Reproduktionschancen haben als solitäre.

Welche Vorteile sind dies im einzelnen? Die Gruppe bietet Schutz und Verteidigung vor Feinden. Sie bietet außerdem emotionale Geborgenheit und vermindert Angst. Sie vergrößert die Chance, vielfältige Nahrung durch Jagen und Sammeln zu erlangen. Sie sichert effektiver ein Territorium und damit die Ressourcen des Überlebens, als dies einzelne Individuen ohne Kooperation leisten könnten. Bei lernfähigen Arten können Fertigkeiten der Produktion schnell vermittelt und Traditionen gebildet werden. Besonders beim Menschen spielt seit Entwicklung der Sprache vor etwa 100.000 Jahren die Traditionsbildung eine schrittweise immer größer werdende Rolle (vgl. PFEIFFER, 1985). Heute überlagern die kulturellen Kontrollmuster und Rituale die biologischen Verhaltensmuster. Die phylogenetische Vorprogrammierung reicht gegenwärtig nicht mehr aus, das soziale Zusammenleben in unserer Industriekultur zu regulieren.

Der Gruppen- und Geselligkeitsinstinkt hat somit für unsere Art einen hohen Überlebenswert. Er bildet die Basis unserer Kulturen. In psychologischen Untersuchungen werden gelegentlich die psychischen Effekte oder auch Gründe für die Geselligkeit erfragt. Wenn man z. B. Personen in Experimenten daran hindert, ihrem Bedürfnis nach Geselligkeit ungezwungen nachzukommen, dann werden sie sich relativ schnell über ihre frustrierte Bedürfnissituation klar. Alle Probanden berichten über Angst und Gefühle des Unwohlseins, wenn sie nur einige Stunden vollständig von der gewohnten sozialen Umgebung isoliert werden. Angst wird auch erlebt, wenn beispielsweise Piloten zum ersten Mal alleine fliegen müssen. Eine verbreitete Erfahrung ist darüber hinaus das Heimweh, das jeder erlebt, der zum ersten Mal als Kind oder Jugendlicher alleine in einer fremden Umgebung leben mußte. Die Trennung von der eigenen Familie und von den gewohnten sozialen Kontakten erzeugt diese depressive Stimmung des Heimwehs. Jedoch verfliegt diese Depression, wenn man von einer zunächst fremden Gruppe angenommen und in sie integriert wird.

8.1.3 Rangordnung, Loyalität und Abgrenzung

Wie Gruppen organisiert sind, wie sie Konflikte austragen oder schlichten, wie sie sich Ziele setzen und zu erreichen versuchen, hat einmal die beobachtende Humanethologie, zum anderen die experimentelle Sozialpsychologie untersucht. Um Leistungen, Leistungsveränderungen und Interaktionen in und zwischen Sportgruppen zu erklären, sollte man zunächst auf beide Erkenntnisquellen zurückgreifen. Die Humanethologie bezieht ihr Wissen vornehmlich aus der Beobachtung sog. primitiver Gesellschaften auf der Jäger- und Sammlerstufe (z.B. Aborigines in Australien, Buschleute in Südafrika). Südafrikanische Buschleute leben in Horden mehrerer Familien zu etwa 30 bis 50 Personen in einem größeren Territorium zusammen, in dem sie feste Lagerorte, feste Wege und auch feste Grenzen zu anderen Horden von Buschleuten haben. Es gibt aber mit anderen Horden **reziproke Tauschbeziehungen**, die sogar teilweise traditionell vererbt werden. Sehr wichtig sind Heiratsbeziehungen, die Verbindungen zu anderen Horden resp. Familien in diesen Horden schaffen. Aus solchen exogamen Beziehungen haben sich Clans entwickelt, die sich über mehrere Horden und Territorien erstrecken können.

Auch die Beziehungen innerhalb der Horden sind differenziert. Für alle Familien gilt das **Inzesttabu**. Dieses bedeutet: Streng verboten sind sexuelle Beziehungen zwischen Eltern und Kindern sowie zwischen leiblichen und adoptierten Geschwistern. Es gibt aber auch positive Regeln für potentielle Heiratspartner. Die Horden selbst unterscheiden sich durch gemeinsame Zeichen, Begriffe und Deutungen voneinander. Einerseits versucht man, sich von anderen Horden deutlich abzusetzen; andererseits werden die Unterschiede bei Tausch- und Heiratsbeziehungen wieder vermindert. Durch Tausch- und Heiratsbeziehungen entstehen Clans, die sich über verschiedene Horden und Territorien erstrecken können.

In jeder Horde gibt es eine allgemeine **Rangordnung**, welche das Ansehen und die Macht (resp. den Grad der Kontrolle) über andere Personen repräsentiert. Diese Dominanzordnung macht sich in der Gruppeninteraktion vielfältig bemerkbar. Auf Respektspersonen achtet man besonders. Man fürchtet sie im allgemeinen, sucht aber bei Konflikten ihre Hilfe. Die Rangordnung in einer Gruppe hat einen individuellen und einen gruppenspezifischen Selektionsvorteil, urteilt EIBL-EIBESFELDT (1986). Der individuelle Vorteil liegt auf der Hand. Der Ranghöhere hat bei der Befriedigung aller individueller Bedürfnisse Vorrang vor dem Rangniederen; somit kann er seinen individuellen Genbestand wirksamer sichern. Der gruppenspezifische Selektionsvorteil ist zwar weniger offenkundig, aber dennoch gegeben: Eine feste Rangordnung vermeidet ständige Konflikte bei der Verteidigung oder Ausbeutung von Ressourcen. Sie sichert Stabilität und inneren Frieden. Sie verbessert die Abwehr von Feinden und das Bestehen äußerer Gefahren. Damit verbessert eine feste Rangordnung die Überlebenschancen der ganzen Gruppe. Außerdem sind die Ranghohen bei äußerer Gefahr oder Bedrohung der Gruppe besonders gefordert. Sie sind sowohl der Fluchtpunkt der Ängstlichen und Schwächeren, als auch das Organisationszentrum des Widerstandes oder der Abwehr der Gefahr.

Die Disposition, differenzierte Rangordnungen auszubilden, ist vermutlich Primatenerbe. Sowohl das Rangstreben als auch der Gefolgsgehorsam seien dem Menschen angeboren, behaupten Ethologen wie EIBL-EIBESFELDT (1986). Rangordnungen beruhen auf der Anerkennung von **Führungseigenschaften** wie z. B. den Möglichkeiten, a) Streit zu schlichten, b) gemeinschaftliche Aktivitäten zur Förderung des Gruppenwohls zu initiieren und c) den Gruppenzusammenhalt unter bedrohlichen Bedingungen zu fördern (vgl. Abschnitt 8.5).

Abgrenzung. Horden von Buschleuten grenzen sich untereinander und gegen andere Rassen durch besondere Sprech- und Verhaltensweisen ab. Zwischen den Hordenmitgliedern besteht jedoch ein enges Vertrauensverhältnis, das man als **Wirgefühl** beschreiben kann. Das Vertrauensverhältnis beruht teilweise darauf, daß das Verhalten des Partners genau voraussagbar ist, weil es ritualisiert wurde. Denn es gibt für alle Wechselfälle des Lebens wie Geburt, Initiation, Heirat, Krankheit, Alter, Tod ein hordenspezifisches Brauchtum. Wer sich diesem Brauchtum widersetzt, wer sozusagen abweichend reagiert, wird durch Drohen oder intervenierende Aggression zur Raison gebracht oder aus der Horde ausgeschlossen. Komplementär zum Wirgefühl wirkt die **Fremdenscheu (Fremdenangst)** als weitere Kraft, welche die Gruppe zusammenhält. Abweichendes Verhalten wird durch Spott, Drohen oder strafende Aggression (Vergeltung für Regelverletzung) korrigiert oder unterdrückt. Diese Konformitätstendenzen wirken sich in der Gruppe normerhaltend aus.

Auch die **Territorialität** sei Primatenerbe. Menschengruppen grenzen sich voneinander ab. Sie beanspruchen in ihrem Gebiet Vorrechte, die sie bei Bedarf gegen äußere Eindringlinge verteidigen. Innerhalb eines Territoriums einer Horde beanspruchen aber auch einzelne Familien und Respektspersonen Sonderbezirke, die sie als ihren Besitz betrachten, ausbeuten und gegen den Zugriff anderer Gruppenmitglieder verteidigen. In der Regel wird dieser Besitzanspruch von der eigenen Gruppe geachtet.
Aus der Erfahrung als Direktor einer Psychiatrischen Klinik bestätigt KRETSCHMER (1956) die Beobachtung der Ethologen: nämlich die instinktmäßige Regelung der Sexualität und der Geselligkeit. Nur bei starken psychischen Schäden (schwere Neurose) und bei hirnorganischen Defekten (z.B. Enzephalitis) entfällt die übliche instinktmäßige Regelung beispielsweise des Mitleids, der Aufopferung, der Hilfsbereitschaft, etc.

Summa summarum: Unserem aktuellen Verhalten liegen (über lange, lange Zeiträume) phylogenetisch erworbene, instinktiv wirkende **Verhaltensuniversalien** zugrunde. Was das Gruppenleben betrifft, so sind dies: *Ehigkeit* und *Familienbindung*, *Inzesttabu* und *Exogamie der Frau*, *Rangordnung* und *Gruppenloyalität*, *Wirgefühl* und *Fremdenscheu*, *Normenkonformität* und *Vergel-*

tung bei Normabweichung, *Objektbesitz* und *Territorialität*, *Gegenseitigkeitserwartung* beim Tausch von Gütern, *Hilfeleistungen* in der Gruppe sowie über die Gruppengrenzen hinaus. Ob diese steinzeitlichen Anpassungsformen den Erfordernissen des Zusammenlebens in den übervölkerten Metropolen unserer modernen Industriekultur genügen können, scheint heute zweifelhaft zu werden. Nichtsdestoweniger sind die biologischen Bedingungen der Sportgruppen einmal der natürliche *Bewegungsdrang*, die Freude an Tätigkeiten und die *Explorationsfreude*, die sich im Spiel äußert. Zum andern sind dies die *Bindungsfaktoren* aller menschlichen Kleingruppen:

(1) Neigung zur Geselligkeit,
(2) Suche nach Geborgenheit,
(3) Einordnung in eine Hierarchie und Rangordnung,
(4) Loyalitätstendenz und
(5) Konformitätstendenz mit (ähnlichen) anderen Menschen.

8.2 Gruppe und Masse

Was ist eine Gruppe? Was zeichnet sie gegenüber einer Menge, einer Masse, einer Ansammlung von Personen aus? Sind Zuschauer eine Gruppe, eine Menge oder eine Masse? Nach HOFSTÄTTER (1957) wäre Menge der Oberbegriff für den Menschen im Plural sowie die Begriffe Gruppe und Masse die gleichwertigen Unterbegriffe. Gruppen und Massen unterscheidet man an vier weiteren Kennzeichen: Ziele, Aufgabenteilung, Handeln und Normenkontrolle. In der Tab. 8.1 sind Gruppen und Massen hinsichtlich dieser Merkmale gegenübergestellt.

Zur genaueren Abgrenzung sind weitere Bestimmungsmerkmale notwendig. Solche Bestimmungsmerkmale sind: Interaktion und Kommunikation innerhalb von Gruppen, Rollenverteilung, Zielsetzungen, Normen, Nachbarschaftsbeziehungen und Kontakte zu anderen Gruppen. Man könnte eine Gruppe von einer Menge und einer Klasse wie folgt abheben: Kennzeichen von Gruppen sind beispielsweise eine enge Mitgliedschaft, erkennbare Zielsetzung, dauerhafte Nachbarschaftsbeziehungen, dauerhafte Aufgabenteilungen und Kontrollinstanzen. Den Zuschauermengen fehlt die Dauerhaftigkeit der Beziehungen. Sie können daher zu

Massen degenerieren, sofern zu einer hohen Emotionalisierung

Tab. 8.1: Unterschied zwischen Gruppen und Massen

Organisationsform

hoch	niedrig
1) Explizite und implizite gemeinsame Ziele	1) Implizite gemeinsame Wünsche und Leidenschaften
2) Aufgabenteilung und Motivierung	2) Aktivierung und Emotionalisierung
3) Aufeinander abgestimmtes Handeln	3) Viele Aktionen, nicht koordiniert
4) Normenkontrolle durch Überwachung der Ziele des Handelns	4) Es gibt keine Kontrollinstanz; Eskalation der Mittel bis Gewaltanwendung
Gruppe , Mannschaft, Familie, Bund	Masse , Zuschauer, "Randalierer"

feindliche Territorialitätsaktionen - wie z. B. Einbruch in fremde Zonen - und Aktionen gegen die persönliche Integrität kommen. In derartigen Fällen kann man eine Eskalation einiger Mittel der Abwehr und Gegenwehr bis zur brutalen Gewalt beobachten. Mitteleskalation ist bedingt durch das Fehlen einer äußeren Normenkontrollinstanz, die sofort oder etwas später Rechenschaft fordern könnte. Der Mensch lebt in Gruppenbindungen. Hier kann man nach HOFSTÄTTER (1963) zwei traditionelle Hauptformen in jeder Kultur unterscheiden, einmal die Familie und zum anderen den Bund. Die Familienzugehörigkeit ist biologisch und kulturell gegeben. Die Zugehörigkeit zu einem Bund ist ausschließlich kulturell bedingt; sie wird verliehen oder erworben.

Nach dieser Charakterisierung ist eine lexikalische Definition der Gruppe angebracht (vgl. BERGIUS, 1982): Von einer Gruppe spricht man, wenn zwei oder mehrere Personen a) gemeinsame Normen, Überzeugungen und Werte haben, b) explizite oder implizite Beziehungen zueinander unterhalten, welche mit Folgen für jedes Mitglied verbunden sind, und c) hinsichtlich eines Gruppenziels ähnlich motiviert sind. Somit ist eine Gruppe ein soziales System mit einer festen Struktur und mit interdependenten Beziehungen. Dieses soziodynamische System agiert aufgrund von gemeinsamen Werten und Zielsetzungen. Das Ergebnis dieser Handlungen können materielle oder psychische Produkte sein. Über die Interaktion, über die Gruppenstruktur und das Handlungsergebnis von Gruppen wird noch berichtet. Hier soll aber schon die Begriffsbestimmung von Sportgruppen im Sinne von Mannschaften gegeben werden.

Definition: *Sportgruppen sind aufgabenorientierte Kleingruppen (face to face Kontakt) mit gemeinsamen Zielen (Motiven, Werten), die durch Aufgabenteilung (Rollenzuweisung) und Machtteilung (Statushierarchie) sowie aufeinander abgestimmte Verhaltensweisen angestrebt werden. Zu diesen Verhaltensweisen zählen: Normenkontrolle und Zielüberwachung. Somit ist ein Team ein flexibles, adaptives, überindividuelles System mit der Fähigkeit der Selbstregulation (Konfliktbewältigung).*

Biologisch wird die Gruppe durch Eigenschaften charakterisiert, welche den Überlebenswert für lange Zeiträume garantieren. Solche Eigenschaften heißen Kooperation und Altruismus. Sie stärken den Bestand und die Leistungsfähigkeit der Gruppe - nicht unbedingt das Leben und die Leistung des Individuums. Betrachtet man die Leistungsfähigkeit der Gruppe in unserer modernen Gesellschaft, so wird zunächst nicht der biologische Überlebenswert beurteilt. Vielmehr wird die **Konkurrenzfähigkeit** bei der industriellen oder handwerklichen Produktion, bei der Dienstleistung im Gesundheits- oder Freizeitsektor, bei der Attraktion im Unterhaltungs-, Show- und Medienbereich, bei der Dienstleistung im Verkehrs- und Transportsektor und evtl. bei der Erfindung und Erforschung im Wissenschafts- und Techniksektor bewertet. Hier ist die gut organisierte Gruppe der schlecht organisierten in allen Belangen überlegen. HOFSTÄTTER (1957) spricht von drei Leistungsvorteilen, die flexible, zweckorientierte Gruppen vor Mengen, Massen oder schlecht organisierten Gruppen auszeichnen. Es handelt sich erstens um die näherungsweise *Addition physischer Kräfte* bei Aufgaben vom Typus des Tragens und Hebens. Zweitens ist es der *Fehlerausgleich* beim Aufgabentypus des Suchens. Drittens gibt es den fundamentalen Vorteil der Stabilisierung von Sachverhalten durch den *Vorgang des Bestimmens*.

Im folgenden ist zu klären, inwiefern es Analogien zu sportlichen Aufgaben gibt und ob diese Dreigliederung auch für die Mehrzahl sportlicher Aufgaben repräsentativ sein könnte.

8.2.1 Kräftemobilisierung

Gut organisierte Jugendgruppen sind zahlreichen Individuen oder unorganisierten Gruppen überlegen, wenn sehr schwere Lasten über verschiedene Distanzen bewegt werden müssen. Erforderlich ist eine zeitliche Koordination des Kräfteeinsatzes in die gleiche Richtung. Es ergibt sich dann näherungsweise eine Addition der Einzelkräfte. Zur Koordination bedarf es der Aufgabenteilung. Diese kann durch einen Aufseher oder Koordinator und aus vielen helfenden Händen bestehen. HOFSTÄTTER spricht von einer fast linearen Addition der Kräfte. Sucht man nach Beispielen sportlicher Aufgaben, in denen Kräfte einer Mannschaft zusammenzufassen wären, dann könnte man an das Tauziehen denken, das sogar 1904 olympischen Status genoß. Außerdem wäre an das Rudern in Mannschaftsbooten zu denken. So setzt beispielsweise das Tauziehen voraus, daß jedes Mannschaftsmitglied gleichzeitig die gleiche Technik oder Fertigkeit mit der persönlich maximalen Anstrengung ausübt.

Zwei französische Studien von 1913 kamen zu Ergebnissen, die von der Erwartung einer linearen Kräfteaddition abweichen. In der ersten Untersuchung mußte ein Seil alleine, dann zu zweit, zu dritt oder in einer Achtergruppe gezogen werden. Der Leistungsverlust der Zweiergruppe betrug 10%, der Dreiergruppe 20% und der Achtergruppe sogar 50% bezogen auf die Summe der maximalen Einzelleistungen (vgl. RUSSELL, 1993).

In der zweiten Untersuchung mußte ein Seil wiederum allein, dann zu zweit, zu dritt, zu viert, zu fünft und schließlich zu sechst gezogen werden. Der Leistungsverlust blieb ab der Dreiergruppe bis zur Sechsergruppe konstant bei 20% bezogen auf die Summe der maximalen Einzelleistungen. Daraus darf man folgern: Die Hypothese der linearen Kräfteaddition trifft im Sport vermutlich nur in den seltenen Fällen zu, in denen der Leistungsanreiz extrem hoch ist.

Bei ansteigender Gruppengröße gibt es immer dann Leistungsverluste, wenn die Einzelkräfte nicht optimal koordiniert werden können. Dies ist teilweise aus äußeren, räumlich-zeitlichen Bedingungen, teilweise auch aus inneren, motivationalen Gründen schwer zu bewerkstelligen. Je größer eine Gruppe ist, desto eher könnte sich der einzelne schonen, sofern Maximalleistungen verlangt werden. Je kleiner die Gruppe ist, desto eher würde ein persönliches Schonen bemerkt und auch sanktioniert werden. In größeren Gruppen kann man den Gimpel- und den Nassauer-Effekt beobachten. Der **Gimpeleffekt** tritt ein, wenn man bemerkt, daß einige wenig zur Gruppenleistung beitragen, während man selbst wie verrückt schuftet. Hat man dieses erkannt, möchte man nicht der Gruppengimpel sein und vermindert die eigene Arbeitsmotivation, indem man handelt wie die anderen. Der **Nassauereffekt** geht dem Gimpeleffekt voraus. Alle arbeiten wie verrückt - da fällt es doch gar nicht auf, wenn man selbst sich etwas schont. Gegen diese sozialen Leistungsbremsen (social loafing) gibt es für Leiter, Chefs oder Trainer drei Maßnahmen: a) Anreize für individuelle Beiträge, b) Unverzichtbarkeit des individuellen Beitrags, c) Verminderung individueller (persönlicher) Kosten in der Gruppenarbeit (vgl. SHEPPERD, 1993).

Selbst das Rudern, welches in diesem Zusammenhang immer genannt wird, entspricht nicht der einfachen Formel der Kräfteaddition. Denn in Mannschaftbooten gibt es eine eindeutige Aufgabenspezialisierung. Im Achter ist der Steuermann der Kopf und Taktiker; der Schlagmann muß das beste Tempogefühl haben; er muß am gleichmäßigsten ziehen. Der Bugmann sollte eine gute Übersicht haben, da er mit dem Schlagmann ziehen muß und die Richtungsschwankungen auszugleichen hat. Beim Vierer-ohne-Steuermann ist der Schlagmann der Regelmäßigste, nicht der Stärkste. Der Zweite ist der Kopf des Bootes; er gibt die

Kommandos. Der Stärkste sitzt im Bug, da er Richtungsänderungen und Schwankungen ausgleichen muß.

Der Leistungstypus des "Hebens und Tragens" mit der Folge der linearen Kräfteaddition scheint nicht der Prototyp für Mannschaftsleistungen im Sport zu sein. Aber es gibt auffallende Belege für den Vorteil großer Gruppen, die nicht nach dem Prinzip der Kräfteaddition, sondern nach dem **Prinzip der Kräftemobilisierung** funktionieren. Als erster hat MOEDE 1913 experimentelle Untersuchungen zur Kräftemobilisierung bei Schülern durchgeführt und sie 1920 veröffentlicht. Und zwar preßten Schüler ein Dynamometer entweder alleine oder vor ihren Klassenkameraden oder im Wettstreit mit einem etwa gleichstarken Schüler oder auch in einer Gruppe, die einen Wettbewerb gegen eine andere Gruppe ausfocht. Die gemessenen Kraftleistungen sind von 3% über 10% bis zu 20% in der Gruppensituation angestiegen. In Erinnerung an sportliche Ausdauerleistungen schreibt MOEDE (1920, S. 187): "*Die Anregung und der Antrieb durch den Wettkampf und die Zuschauer kann soweit gehen, daß die Ermüdungserscheinungen überhaupt nicht merklich auftreten und der Konkurrent bis zur vollen Erschöpfung Energie aus seinem Organismus herauszieht.*"

Auch zeigen die Erfahrungen aus größeren Radrennen, daß das individuelle Leistungsniveau gewöhnlich mit der Gruppengröße ansteigt. Der Einzelfahrer ist im Nachteil, weil er sich nicht im Windschatten eines Vorausfahrenden schonen kann. Vergleicht man Einzelfahrer und Gruppenfahrer auf einer Bahn, so sind sog. Vierermannschaften (sog. Bahnvierer) etwa bis zu 10% schneller als sehr gute Einzelfahrer. Von großen Radrennen beispielsweise von der *Tour de France* weiß man, daß kleine Ausreißergruppen vom großen verfolgenden Feld immer wieder eingeholt werden - so ergeht es etwa 95% der Ausreißversuche. Außerdem gibt es in der Großgruppe den Gruppenvorteil der Motivierung. Man kann sich gegenseitig ermutigen, stabilisieren und, wenn es sein muß, die letzten Kraftreserven mobilisieren. Andererseits scheint die Beobachtung von MOEDE (1920) zu gelten, daß zwar größere Gruppen insgesamt das Leistungsniveau anheben, jedoch Spitzenleistungen erschweren. Denn man beobachtet eine Tendenz zur mittleren gehobenen Leistung. Wäre dem so, dann schützt die große Gruppe den einzelnen, die autonom geschützten Reserven bei sportlichen Wettkämpfen nicht zu mobilisieren und aufzuzehren (vgl. ZAJONC, 1980).

8.2.2 Fehlerkompensation

Der zweite Leistungsvorteil von Gruppen ist nach HOFSTÄTTER das Suchen und Finden von Fehlern oder das Erkennen von Lösungen. HOFSTÄTTER behauptet: Gut organisierte Gruppen sind vielen Individuen oder mangelhaft organisierten Gruppen überlegen, sofern es um das Suchen von Fehlern und Lösen von Problemen geht. Es ist allerdings notwendig, daß erstens die Gruppenmitglieder unabhängig suchen (arbeiten), daß man zweitens die Lösungsvorschläge zusammenfaßt und daß drittens keine Selektion nach Machtpositionen, sondern eine Art additiver Zusammenfassung der Lösungsmöglichkeiten stattfindet. Das Vorbild der Verallgemeinerung sind Collegegruppen gewesen, nicht Sportgruppen. Denn Vorgänge der Problemlösung spielen in der Wissenschaft eine große Rolle. Effektive Problemlösungen sind offensichtlich nur dann möglich, wenn erstens jeder an seinem Platz unabhängig arbeitet, zweitens mitteilt, was er gemacht und entdeckt hat, und drittens das Mitgeteilte auch ernsthaft von der Gruppe erwogen wird, damit es in den weiteren Lösungs- oder Forschungsprozeß einbezogen werden kann.

Welche sportnahen Beispiele gibt es für diesen Leistungsvorteil zweckorientierter Gruppen? Zunächst gibt es nur indirekte Hinweise aus der Untersuchung von Flugzeugmannschaften resp. von Cockpitteams, und zwar aus der Aufklärung von Flugunfällen. Sicherlich steht die große Leistungsfähigkeit der modernen Luftfahrt außer Frage. Ohne ein ausgeklügeltes System der Instrumentenkontrolle und der hohen Spezialisierung der Cockpitteams würde der Luftverkehr z. B. in den USA den Schienenverkehr nicht abgelöst haben. Andererseits gibt es aber auch Flugzeugabstürze, welche die Empfindlichkeit dieses Systems offen legen. So ist es heute leider noch eine Tatsache, daß 60% aller Flugunfälle (Flugzeugabstürze) durch den sog. menschlichen Faktor bedingt sind (vgl. FOUSHEE, 1984). Diese Aussage scheint nichtssagend zu sein, da man offensichtlich nicht die genaue Unfallursache kennt. Man weiß nur: menschliche Fehlleistungen (oder sog. menschliches Versagen) haben einen großen Anteil an den Unfällen. Für die Fehlleistung entscheidend scheint jedoch die kommunikative Struktur der Flugzeugbesatzung zu sein. Hier hat der Kapitän das Sagen und daher die letzten Entscheidungen zu treffen. Wenn er eine wichtige Fehlermeldung nicht rechtzeitig erfährt, dann ist beim Ausbleiben von Korrekturen ein Absturz nicht zu vermeiden. So kann es vorkommen, daß eine kleine Unregelmäßigkeit in den Anzeigegeräten entweder nicht gemeldet oder leider auch vom Kapitän in ihrer Bedeutung nicht erkannt wird. Wie es zu solchen Informationsdefiziten und auch Fehlgewichtungen oder selektiven Entscheidungen kommt, ist bis heute nicht einwandfrei geklärt. Man weiß nur, daß der Schlüssel zum Verständnis dieser Fehlleistungen im Prozeß der kommunikativen Informationsverarbeitung liegt, die eine spezielle Gruppeninteraktion voraussetzt (vgl. Abschnitt 5.5, S. 158 ff.).

Gibt es eine angemessene Analogie für Mannschaftsleistungen im Sport? Sofern im Sport Orientierungsleistungen und die Beherrschung eines Menschmaschinesystems wichtig werden, ist die Fehlerkontrolle bedeutsam. Im sog. Expeditionssport des Bergsteigens oder bei der Orientierung im unbekannten Gelände und bei großen Segelregatten könnte es auch zu Fehlleistungen einer Gruppe kommen. Der Gruppenvorteil des Fehlerausgleichs bei Orientierungs- und Steuerungsleistungen wäre somit im Orientierungs- und Expeditionssport sowie im Segelsport wirksam. Allerdings gibt es im traditionellen Sportartensystem keinen prototypischen Fall. Denn der Orientierungssport wird wettkampfmäßig als Einzelsport ausgetragen. Und beim Regattasegeln gibt es die eindeutige Rollenteilung zwischen Steuermann und Vorschoter. Der Steuermann entscheidet und gibt die Kommandos für die Manöver.

8.2.3 Verminderung von Ungewißheit

Kann eine Gruppe ein Problem nicht durch rationales Suchen lösen, müssen Entscheidungen über den Problemzustand oder über die Behandlung der Problemsituation gefällt werden. Was beispielsweise in Fällen großer Not zu machen ist, entscheidet die Gruppe. Diese Entscheidungen haben normatives Gewicht.

So ist die Festlegung von Meinungen über Sachverhalte, die nicht sofort zu überprüfen sind, eine Angelegenheit der Gruppe. Hier das Beispiel einer dramatischen Notsituation, in der sich 21 Bergleute 1963 in Lengede (bei Dortmund) befanden, von denen schließlich elf nach 14 Tagen gerettet werden konnten (PLOEGER, 1965).

Im November 1963 werden 21 Bergleute durch einen Stolleneinbruch völlig von der Außenwelt in einem Schacht isoliert. Bei Wassereinbruch müssen sich alle in völliger Dunkelheit in einen höher gelegenen Stollen zurückziehen, der jedoch allmählich zusammenstürzt. Man tauscht somit das Schicksal des sicheren plötzlichen Ertrinkens mit dem Schicksal des durch Steinschlag zufälligen Erschlagenwerdens. Nicht der intelligenteste und redegewandteste, sondern ein ruhiger älterer und erfahrener Bergmann wird ohne Absprache der Gruppe die Zentral- und Führungsfigur. Obgleich alle Unternehmungen, die dieser Führer organisiert, erfolglos verlaufen und er auch die Geräusche der Rettungsbohrungen nicht richtig deutet, bleibt er in der Führerrolle. Denn er wurde zum Hoffnungsträger der Gruppe, obgleich er nicht optimistisch gestimmt war. Vermutlich hat er durch seine Persönlichkeit die Angst der Gruppe und auch seine eigene suggestiv am stärksten vermindert. Die Gruppe bestimmte nicht nur die Führerrolle; vielmehr einigte man sich nach mehreren Fehlschlägen, daß eigene Rettungsaktivitäten sinnlos seien. Die Gruppe deutete sogar die Tagesanzeige einer einzigen funktionierenden Uhr um: Nicht neun Tage, sondern erst sieben Tage seit der Verschüttung seien vergangen. Das affektiv-emotionale Klima und die Gruppenstruktur sind durch die Bestimmungsleistung der Gruppe stabilisiert worden. Obgleich zehn Gruppenmitglieder in den 14 Tagen der Verschüttung durch Steinschlag starben, breitete sich weder Panik noch Hoffnungslosigkeit noch Egozentrismus in der Gruppe aus.

Normative Entscheidungen über Meinungen und Verhaltensweisen, die nicht sofort als richtig oder falsch erkannt werden können, sind auch in Sportgruppen immer wieder zu beobachten. Allerdings wird die Entscheidungskompetenz meistens an einzelne Personen oder an eine kleine Führungsgruppe delegiert. So hat der Trainer oder der Betreuer einer Handball-, Fußball-

oder Basketballmannschaft teilweise weitreichende Kompetenzen über die Aufstellung einer Mannschaft, über die Spielkonzeption und über das emotionale Klima in einer Mannschaft. Gerade die Meinung über die Spielstärke des Gegners wie über die eigene Leistungsgüte unterliegt der normativen Entscheidung der Gruppe und einiger kompetenter Gruppenmitglieder. Wie schwierig es ist, unvorteilhafte Mythenbildungen in Mannschaften in günstigere zu verändern, zeigen GRAU, MÖLLER & GUNNARSSON (1987) am Beispiel des Handballsports. Trainer und Mannschaft sind zwar ein System in einem labilen Gleichgewicht; dennoch ist es schwierig, von außen dieses labile Gleichgewicht zu verändern. Die Impulse müssen von der Gruppe ausgehen. Somit darf man festhalten: Normative Entscheidungen können nur von der Gruppe oder im Einklang mit der Gruppe gefällt werden. Der einzelne ist in diesen Prozeß zwar mehr oder weniger eingebunden. Er ist jedoch immer direkt davon betroffen.

Ist es überhaupt angebracht, die Leistungen von Sport- und Spielmannschaften mit dem taxonomischen System der Gruppenleistungen von HOFSTÄTTER zu charakterisieren? Man gewinnt den Eindruck, als ob bei der Beschreibung der Gruppenleistung ein ideologisch bedingter Antagonismus zwischen Individuum und Gesellschaft resp. zwischen Person und Gruppe Pate gestanden hätte. Gruppenleistungen mit aggregierten Individualleistungen zu vergleichen, ist einseitig und verstellt den Blick für die Probleme, welche das Individuum gar nicht lösen kann. Einmal werden Aufgaben durch Kooperation bewältigt. Kooperation besteht auch darin, Spezialaufgaben zu delegieren. Aus dieser Delegation resultieren Spezialisierungen von Funktionen, die eine hohe Leistung des Gesamtsystems begründen. Zum andern wird die Interaktion durch Hierarchisierung, Machtverteilung, Normierung und Einrichtung von Kontrollinstanzen strukturiert.

Aus dem Grad der Spezialisierung und der Hierarchisierung der Interaktion ergeben sich die Leistungsvorteile "gut" organisierter vor "schlecht" organisierter Gruppen. "Schlecht" organisierte Gruppen mögen sich wie Aggregate von Individuen verhalten, was aber fast nie der Fall ist. Um die Sonderbedingungen der Kraft-, Distanz-, Zeit- und Punktemaximierung von konkurrierenden Sportmannschaften zu erfassen, muß versucht werden, eine angemessene, eigenständige Taxonomie typischer Aufgaben zu entwickeln.

8.3 Leistungen von Sportteams

8.3.1 Taxonomie typischer Aufgaben

Was ist eine Sportgruppe? Eine Schulklasse, die Sport treibt? Ein Sportverein, der eine Mitgliederversammlung durchführt? Eine Fußballmannschaft, die im Reisebus zum Wettkampfgegner fährt? Eine Basketballmannschaft, die trainiert? Experten, die den BAL beraten, wie Olympiazentren zu organisieren seien? - Bevor die Frage beantwortet wird, soll eine Klassifikation von Aufgaben betrachtet werden, welche leistungsorientierte Gruppen in unserer Kultur bewältigen (vgl. MC GRATH & KRAVITZ, 1982; vgl. Tab 8.2):

Tab. 8.2: Klassifikationsversuch für Aufgaben, welche leistungsorientierte Gruppen in unserer Kultur zu bewältigen haben

I Entwickeln und Hervorbringen: Pläne, Ideen	III Anregen und Auswählen: Interessen, Entscheidungen
II Lösen und Bewältigen: Wertkonflikte, persönliche Konflikte	IV Ausführen und Durchsetzen: Wettkampf, körperliche Aufgaben

Die Aufgaben in den vier Quadranten können in größeren Organisationen speziellen Kleingruppen übertragen werden. Teilweise spezialisieren sich Arbeitsgruppen in größeren Organisationen auf derartige Aufgaben oder Teilaufgaben. Allerdings könnte auch eine einzelne Gruppe diese Aufgaben nacheinander bewältigen. Vermutlich wird sie dabei nicht konkurrenzfähig im Vergleich zu anderen spezialisierten Gruppen abschneiden. Mannschaften, welche Wettkampfsport betreiben, sind auf die Aufgaben im vierten Quadranten spezialisiert: Sie lösen im Training und im Wettkampf körperliche Aufgaben. Wettkampfmannschaften sind allerdings nur ein Teil der größeren Organisation eines Sportvereins. Ein Sportverein kann alle vier Aufgabenfunktionen an Sondergruppen delegieren.

Nunmehr soll die Eingangsfrage beantwortet werden. Denken wir an eine Sportgruppe, so wollen wir uns die *aktiv Sport treibende Gruppe* vorstellen wie beispielsweise a) die Klasse, die unterrichtet wird; b) die Familie, die spontan Freizeit- oder Ausgleichssport betreibt; c) die Sportvereinsgruppe, die spielerisch turnt; d) die Mannschaft, die hart trainiert und e) die Mannschaft, die an einem Leichtathletikwettkampf teilnimmt. Ihnen allen gemeinsam sind die Aufgabenmerkmale der körperlichen Ausführung und Bewältigung des Aufgabenquadranten IV. Wir wollen daher genauer prüfen, ob diese sportlichen Tätigkeiten nicht noch angemessener charakterisiert werden können.

Soziale Anforderungsstruktur der Aufgabe. Im allgemeinen beschreibt man soziale Aufgaben nach drei Merkmalskomplexen: a) der individuellen Voraussetzung, b) der Art und Weise der notwendigen Interaktion und c) der personellen Ressourcen, auf die man zurückgreifen kann. Man könnte somit auch sportliche Aufgaben nach diesen drei Gesichtspunkten unterscheiden (vgl. Tab 8.3). Eine Trennung nach vier Gesichtspunkten schlägt CARRON (1980) vor. Er unterscheidet sportliche Aufgaben danach, ob

(1) eine *sequentielle* oder *simultane* Aufgabenbewältigung erforderlich ist wie beispielsweise Staffelläufe oder Tauziehen;

(2) *gleiche* oder *unterschiedliche* Fähigkeiten eingebracht werden müssen wie beispielsweise Rudern oder Fußballspielen;
(3) ein energetisches *Maximum* oder ein qualitatives *Optimum* angestrebt wird wie beispielsweise der Sprint oder die tänzerische Gymnastik;
(4) *additive* oder *kompensierende* Tätigkeiten erforderlich sind wie beispielsweise beim Mannschaftsturnwettkampf oder bei einer Seilschaft im Gebirge.

Tab 8.3: Taxonomie einiger Aufgabenanforderungen im interaktiven Sport

personelle Ressourcen	Individuelle Voraussetzungen			
	möglichst vielseitige Aufgabenbeherrschung: **Generalisierung** der Fähigkeiten bei jedem Gruppenmitglied		**Spezialisierung** der Fähigkeiten der Gruppenmitglieder	
	einmalige **Addition** von Ergebnissen der Gruppenmitglieder	ständige **Interaktion** der Gruppenmitglieder	einmalige **Addition**	ständige **Interaktion**
vorhanden und zulässig		Bahnvierer als Radwettkampf (der letzte wird nicht gewertet) Tour de France: Mannschaftswertung	Leichtathletik-Mannschaft	große Spiele: Handball, Volleyball, Fußball, Basketball
nicht vorhanden oder nicht zulässig	Mehrkämpfe bei internationalen Wettkämpfen: z.B. Zehnkampf Tennis: Daviscup		Kampfsportarten, Individualsportarten, die in verschiedenen Alters- oder Gewichtsklassen betrieben werden	

GÖHNER (1979) unterscheidet nach den fünf Kategorien: a) Bewegerattribute (Subjekt), b) Movendumattribute (Bewegungsobjekt), c) Bewegungsziele (Treffer-, Distanzoptimierung, etc.), d) Regelbedingungen (Verbote, Sanktionen) und e) Umgebungsbedingungen (neutral, behindernd, etc.), um Anforderungsstrukturen individueller Aufgaben zu kennzeichnen.

Die drei Merkmale der *individuellen Fähigkeiten,* der notwendigen *Interaktionen* und der verfügbaren *personellen Ressourcen* sind vermutlich ein Minimalkatalog, um die sozialen Anforderungsstrukturen sportlicher Aufgaben zu beschreiben. Gerade die Formen der Interaktion und Kommunikation sowie der Rückgriff auf Unterstützung innerhalb oder außerhalb der Gruppe bestimmen nicht nur die Individualleistung; sie bestimmen vielmehr die Gruppenleistung.

Hinzu kommt, ob man direkt mit Wettkampfgegnern in Kontakt kommt oder ob es nur ein Nebeneinander resp. ein Gegenüber gibt. Eine direkte Interaktion mit dem Gegner kann zu Verletzungen oder auch zu Materialeinbußen oder auch zu ungünstigen Start- resp. Bahnbedingungen führen. Daraus ergeben sich Folgen für den Interaktionsprozeß in der Mannschaft hinsichtlich der Aufgabenbewältigung. Wichtig ist die Regelung, ob Fehlleistungen, ob ein Versagen, ob eine Hinausstellung kompensiert werden kann oder nicht. Verfügt man über genügend Reserven in einer Mannschaft, dann können Fehlleistungen relativ schnell kompensiert werden. Eine Kompensation wird um so schwieriger, je stärker die Aufgabenspezialisierung ist. Torleute im Handball, Wasserball, Fußball und im Eishockey sind relativ schwierig zu ersetzen. Im Basketball ist der Center, im Mannschaftsrudern (Vierer oder Achter) der Schlagmann eine spezielle Position, die nicht beliebig zu ersetzen ist.

8.3.2 Formen der Interaktion

Vielfach unterscheidet man Mannschaftsleistungen danach, ob sie aufgrund einer Ergebnisaddition, einer Interaktion ohne direkten Gegnerkontakt oder einer Interaktion mit körperlichem Gegnerkontakt zustande kommt.

Additive Mannschaftsleistungen. Hier unterscheidet man eine **vollständige** und eine **bedingte Unabhängigkeit** der Aktionen der Mannschaftsmitglieder. Bei den vollständig unabhängigen Aktionen werden die Leistungen individuell erbracht; später werden sie rechnerisch summiert wie beispielsweise bei der Nationenwertung. Jeder ist also Mitglied einer Sekundärgruppe und braucht die anderen Mannschaftsmitglieder persönlich nicht zu kennen, um eine gute Leistung zu erzielen. Eine bedingte Unabhängigkeit der Aktionen besteht, wenn es wie bei Zehnkämpfern oder beim Admirals Cup drei Athleten resp. Bootsbesatzungen sind, deren Leistungen insgesamt berücksichtigt werden. Hier kann es trotz "individueller" Leistungen zu taktischen Absprachen zwischen den Partnern kommen, um die stärksten Konkurrenten in Schach zu halten. Staffelleistungen stehen auf der Grenze zur koaktiven Mannschaftsleistung.

Koaktive Mannschaftsleistungen. Kommen Mannschaftsleistungen durch Interaktionen und Koordination der Kräfte einer Gruppe ohne direkten körperlichen Kontakt mit einer konkurrierenden Mannschaft zustande, sprechen wir von Koaktion. Man unterscheidet einfache und variationsreiche Koaktion. Bei der **einfachen** Koaktion handelt eine Mannschaft ohne direkten Bezug zum Gegner; bei der **variationsreichen** Koaktion wird mit taktischem Bezug zum Konkurrenten gehandelt. Einfache Koaktion liegt vor beim Mannschaftszeitfahren, beim Mannschaftszeitrudern oder beim Transport eines schweren Gegenstandes in kürzester Zeit über eine Standardstrecke. Solche Disziplinen werden heute weniger betrieben. Häufiger ist der direkte Bezug zum Gegner beim Mannschaftsrudern, beim Mannschaftsfahren in der *Tour de France* oder beim Radrennen der Bahnvierer und selbst beim Tauziehen. Das Merkmal der koaktiven Tätigkeiten ist die simultane, koordinierte Aktion zur Maximierung von Distanz- und Kraft- oder zur Minimierung von Zeitwerten.

Interaktive Mannschaftsleistungen. Interaktive Mannschaftsleistungen können **ohne** oder **mit Gegnerbehinderung** erzielt werden. Ohne Gegnerbehinderung werden die Doppel im Tennis, Tischtennis und Badminton sowie Baseball, Volleyball, Schlagball und Prellball gespielt. Mit Gegnerbehinderung werden Basketball, Football, Fußball, Handball, Hockey, Eishockey, Wasserball, usw. betrieben. Bei den interaktiven Mannschaftsleistungen ist das technisch-taktische Repertoire der gesamten Mannschaft sowie eine Spezialisierung der Aufgabenbewältigung entscheidend. Besonders bei den hoch interaktiven, spezialisierten Mannschaftsportarten wie Eishockey, Football oder Handball spielen die personellen Ressourcen eine nicht zu unterschätzende Rolle für die Mannschaftsleistung.

8.3.3 Gruppenreserven interaktiver Sportarten

Die Leistungsfähigkeit und damit auch die Effizienz einer Mannschaft wird entscheidend durch das Potential der aktiven und der stillen Reserven bestimmt. In den Mannschaftssportarten gibt es die Stammspieler und die Reservespieler sowie die Spieler der 1., 2. und 3. Mannschaft. Diese Spieler sowie die Organisation der Mannschaftsführung und der Mannschaftsbetreuung inklusive des Trainers und der Trainerassistenten bilden das aktive Leistungspotential einer Mannschaft.

Das passive Leistungspotential sind die Jugend- und Juniorenmannschaften sowie die guten Kontakte zu Spielern anderer Mannschaften, die unter Umständen für die eigene Mannschaft gewonnen werden können. Eine letzte, stille, ökologische Reserve bilden alle Personen, die an der Sportart interessiert sind, jedoch dem Verein noch nicht durch eine Mitgliedschaft verbunden sind. Bei einer sportpsychologischen Leistungsbilanzierung sollte man zunächst nur die aktiven Reserven berücksichtigen. Dabei ist besonders die Leistung der Mannschaft im Wettkampf zu beschreiben und zu bewerten.

8.3.4 Interaktion in großen Spielen

Die entscheidende Voraussetzung einer guten Mannschaftsleistung ist die Bündelung, die Massierung oder die Pointierung der Einzelleistungen im Vergleich zur Leistung des Wettkampfgegners. Denken wir beispielsweise an das Handballspiel. Angriffs- und Abwehrleistungen müssen so balanciert werden, daß im Endeffekt bei einem gleich starken Gegner eine leichte Überlegenheit resultiert. So könnten die Abwehrleistungen einer Mannschaft relativ schlecht oder mäßig sein, sofern der Angriff deutlich überlegen ist, um die Schwächen der Abwehr auszugleichen.

Oder umgekehrt: der Angriff kann relativ schwach sein, sofern die Abwehrleistungen so ausgezeichnet sind, daß die Mängel des Angriffs wettgemacht werden können. Hierzu gibt es verschiedene taktische Möglichkeiten auf der *individuellen, gruppenspezifischen* oder *mannschaftlichen Ebene*, die trainiert werden müssen. Jede Mannschaftssportart hat selbstverständlich ihre eigenen taktischen Gesetze. Basketball, Fußball, Handball, Hockey, Volleyball oder auch Wasserball haben unterschiedliche Regeln, unterschiedliche Techniken und Strategien der Kooperation. Wichtig ist alleine, daß die Angriffs- und Abwehrleistungen hinsichtlich der gegnerischen Leistungen im Spiel optimiert werden (vgl. STIEHLER, KONZAG & DÖBLER, 1988).

Dazu gibt es mehrere Voraussetzungen, die geschult, trainiert und verbessert werden können. Dieses sind: a) das technische Leistungsniveau der Einzelspieler, b) das konditionelle Niveau der Einzelspieler, c) die taktischen Konzepte auf dem Gruppenniveau, d) das Gruppenklima oder die Gruppenmoral (oder der Siegeswille), e) die Spielführung durch einen Spielführer und f) die Mannschaftsleitung und die Mannschaftsbetreuung durch den Verein.

Mannschaft als System. Es ist heute gerechtfertigt, Mannschaften der großen Sportspiele als offene, adaptive Systeme, mit der Fähigkeit sich selbst zu regulieren, im Sinne einer komplexen Systemtheorie zu verstehen. Es gibt im Wettkampfspiel Analogien zu Steuerungen, Störungen, Rückkopplungen, Regelungen, usw. Jede Mannschaft ist ein komplexes Mikrosystem, das auf "Störungen" durch die gegnerische Mannschaft dynamisch reagiert. Die Aktionen der Spieler werden von taktischen Konzeptionen, von technischen Fertigkeiten und vom konditionellen Zustand des Gegners und der eigenen Mannschaft unter Beachtung bestimmter Regeln und Ziele beeinflußt. Man könnte auch vom funktionellen System einer Mannschaft sprechen, das nach Prinzipien der Organisation, der Rationalisierung individueller Aktionen und der Koordination interindividueller Aktionen bestimmt wird.

Eine Mannschaft hat eine Funktionalität hinsichtlich des Mannschaftsziels. Dementsprechend werden die Aufgaben der Spieler verteilt, um ein dynamisches Handlungs- und Aktionspotential zu erhalten. Die Funktionalität wird durch die *Programmierung individueller* und *kollektiver Aktionen* verwirklicht. Die Programmierung entspricht taktischen Modellen. Die Taktik einer Mannschaft ist ein System von Beziehungen und Interaktionen nach festen Prinzipien und Regeln. Die taktische Grundkonzeption einer Mannschaft besteht aus typischen Angriffs- und Abwehrsystemen, die in verschiedenen Spielphasen realisiert werden. Will man die Effizienz von Mannschaften messen, dann muß man zwei Aspekte beachten: Einmal die Fähigkeit, mit Störungen fertig zu werden, zum andern die Fähigkeit, selbst zu stören und den Angriff zu gestalten (vgl. JANSSEN, KATZENBERGER & WEGNER, 1994).

8.3.5 Effizienz der Interaktion bei großen Spielen

Leider gibt es bisher noch keine ganz befriedigende Beschreibungsmöglichkeit für die Effizienz von Gruppenleistungen. Der Schlüssel des Problems liegt auch hier im Prozeß der Interaktion in einer Sportspielsituation. Angesichts der Vielzahl der Interaktionsmöglichkeiten, die sich in relativ kurzen Zeitabschnitten abspielen, darf man sich nicht wundern, daß man erst wenige brauchbare Ansätze der quantitativen Beobachtung und Registrierung gefunden hat.

Beispielsweise ist versucht worden, aus der Addition der Einzelleistungen die Erfolgsbilanz in verschiedenen Ballspielligen wie Basketball oder Baseball zu prognostizieren (vgl. JONES, 1974). So ist es beispielsweise möglich, die Spielstärke jedes Mitgliedes einer Baseballmannschaft zu bestimmen. Aus der Summe der Einzelleistungen wurde der Tabellenplatz der Mannschaft mit einer Genauigkeit von 60% bis 70% prognostiziert. Diese Methode versagt aber im Basketballspiel. Hier kann man bestenfalls mit einer etwa 30%igen Genauigkeit aus der Summe der Einzelspielerqualifikation den Tabellenstand vorhersagen. Normalerweise prognostiziert die Summe der Einzelspielerqualifikation den Tabellenstand nur zwischen 10% bis zu 20% Exaktheit. Basketballerfolge hängen also großen Teils nicht von der Summe der Fertigkeiten der Einzelspieler ab, sondern von der Interaktion oder von der Teamarbeit. Der Grad der Interaktionsfähigkeit resp. der Interaktionsleistung konnte aber in der amerikanischen Untersuchung nicht berücksichtigt werden.

So leuchtet es unmittelbar ein, daß man bei Aufgaben ohne direkten Gegnerkontakt und ohne Fehlerkompensation die Mannschaftsleistung aus der Summe der Einzelleistungen in etwa voraussagen kann. Das Baseballspiel fällt unter diesen Aufgabentypus. Es ist jedoch recht schwierig, sowohl die Leistungsfähigkeit des Einzelspielers als auch die Interaktionsleistung von zwei bis drei Spielern und schließlich die Gesamtleistungen einer Mannschaft von zehn bis achtzehn Spielern bei direktem Gegnerkontakt unter der Bedingung der Fehlerkompensation (Einwechselspieler) zu bestimmen. Die Effizienz resp. Produktivität von Mannschaftsleistungen ergibt sich aus drei Einflußquellen: a) Aufgabenstruktur und Anforderung, b) Gruppenressourcen (Fähigkeiten der Mannschaftsmitglieder), c) Interaktionen oder Gruppenprozesse.

Meistens werden die Gruppenprozesse (Interaktionen) daraufhin beobachtet, ob sie positive oder negative Konsequenzen für die Erreichung des Gruppenziels (Sieg) haben. Bei Sportspielen unterscheidet man daher nach positiven oder negativen Aktionen beispielsweise Torwurf oder taktischer Fehler (Foul). Die Effizienz kann z.B. dargestellt werden als das Verhältnis der positiven Aktionen im Vergleich zu den negativen oder zur Gesamtzahl aller Aktionen (positiv, neutral, negativ):

$$E_1 = \sum \text{pos. Aktionen} / \sum \text{ges. Aktionen}$$

Es gibt aber auch die Möglichkeit, die erzielte Produktivität als Differenz der potentiellen Produktivität und der fehlerhaften Aktionen darzustellen:

$$E_2 = \sum \text{ges. Aktionen} - \sum \text{neg. Aktionen}$$

Da Mannschaften gegeneinander konkurrieren, sollten die Effizienzmaße der konkurrierenden Mannschaften miteinander verglichen werden. Diese Möglichkeiten sind aber durch die *Bewegungslehre*, nicht durch die Sportpsychologie auszuloten.

8.4 Status und Kohäsion

Das Verfahren der **Gruppenrekrutierung** verläuft über Bekannte oder Freunde. So ergibt es sich, daß sich Gruppen aus ähnlichen Personen zusammensetzen. Die Gruppenähnlichkeit wird gesteigert durch Konformitätsdruck sowie durch Belohnung und Bestrafung. Dabei werden die Gruppenmitglieder auch in der Kleidung, in der Mode, im Geschmack, in politischen Ansichten und sogar in komplexeren Verhaltensweisen, welche für die Gruppe wichtig sind, angeglichen. Bei Konflikten oder Meinungsverschiedenheiten wird zunächst versucht, Randpersonen wieder in den allgemeinen Gruppentrend einzugliedern. Mißlingt dies, müssen Randpersonen gehen. Die wichtigste Einflußgröße in der Gruppe ist der Status. Damit ist ein Komplex gegenseitiger Erwartungen und Verhaltensweisen gemeint, in denen sich Machthandeln äussert. Personen mit hohem Status stehen auf beim Reden, sprechen mit fester, unbeirrter Stimme, suchen Augenkontakt, sprechen häufiger, kritisieren, kommandieren, unterbrechen andere, üben also Einfluß über Sprache und Körperkontakte aus.

Für die **Statuszuweisung** in einer Gruppe gibt es verschiedene Ursachen, die kurzfristig oder längerfristig wirken können. Als kurzfristig wirkende Ursachen werden die Intelligenz, die Erfahrung, das Alter, das Geschlecht und das Aussehen der Person eingeschätzt. Gründe für eine verzögerte, spätere Statusveränderung können sein: Belohnung oder Bestrafung dafür, daß erstens Gruppennormen eingehalten oder nicht befolgt wurden und zweitens Gruppenziele erreicht bzw. verfehlt wurden. Bei gleicher Qualifikation oder Eigenschaft werden im Konfliktfall höhere Statuspersonen positiver bewertet und haben selber eine günstigere Selbsteinschätzung als andere Personen (vgl. BERKOWITZ, 1975).

Zwei Erklärungen für die Etablierung von Status- resp. Machthierarchien in Kleingruppen streiten gegenwärtig miteinander: einmal die psychologische Theorie der Erwartungserfüllung von Persönlichkeitseigenschaften zum anderen die ethologische Theorie. Die **Erwartungserfüllungstheorie** behauptet, daß bei einer Neuformierung die Gruppenmitglieder Erwartungen über den wahrscheinlichen individuellen Beitrag zur Erreichung des

Gruppenziels bilden. Grundlage dieser Erwartung sind Persönlichkeitsmerkmale wie Intelligenz und Bildung, Extraversion, Freundlichkeit, etc. (die großen fünf Eigenschaften). Die **ethologische Theorie** behauptet zwar Ähnliches; allerdings sollen nach ihr die wichtigsten Merkmale der Einschätzung das Aussehen und das Benehmen sein. Insbesondere sollen die Körpergröße, der Gesichtsausdruck und die muskulären Körperproportionen die entscheidenden Merkmale der Erwartungsbildung sein. Schwächlich aussehende Personen erhalten demzufolge einen niedrigeren, stärker wirkende jedoch ein höheren Status. Somit unterscheiden sich eigentlich beide Theorien nur graduell, nicht prinzipiell. Im Sport dürften körperliche Merkmale wie Größe, muskuläre Proportionen, koordiniertes und agiles Verhalten, etc. für die Erwartungsbildung wichtig sein.

Über die **Wirkung von Normen** ist schon vieles geschrieben worden. Zunächst einmal sind *Normen gemeinsame Erwartungen, wie sich die Gruppenmitglieder im allgemeinen oder im speziellen zu verhalten haben.* Drei Entstehungsmöglichkeiten werden unterschieden. Erstens: Normen werden importiert oder von außen übernommen. Zweitens: sie werden durch einen Führer oder durch eine Führungsclique erlassen. Drittens: sie können sich aber auch allmählich über Konflikte in der Gruppe entwickeln. Dieses ist wohl meistens der Fall. Besonders werden Normen ausgehandelt, welche existentielle Belange einer Gruppe regeln. Hierzu zählen: a) das Teilen von Belohnungen und von Kosten, b) das Verhindern und Lösen von Konflikten, c) das Regulieren von Kontakten mit Außenseitern und mit Gruppenfremden und d) die Formulierung von zentralen Zielen und Werten der Gruppe. Was die Gruppenleistung betrifft, so wird sie gesteigert, wenn Anstrengung, Effizienz, Qualitätskontrolle, usw. positiv eingeschätzt werden (vgl. VOIGT, 1979).

Kohäsion, Attraktion und Leistung. Für Gruppenkohäsion werden auch Bezeichnungen wie Gruppenklima, Gemeinschaftsgeist, Solidarität oder Gruppenmoral verwendet. Eine enge Gruppenkohäsion bewirkt: Körperkontakt, enge Sitzgruppierung, Aufmerksamkeit auf das Geschehen innerhalb der Gruppe, gegenseitige Bestärkung oder Unterstützung bei schwierigen Aufgaben und aufeinander abgestimmte Verhaltensweisen. Welche Bedingungen tragen zur Festigung und Vertiefung der Gruppenkohäsion bei? Immer wieder werden vier Bedingungen genannt: a) gemeinsame Kontaktzeit; je häufiger man sich trifft, desto stärker fällt die Wertschätzung aus. b) Kohäsion hängt vom Grad der gegenseitigen Wertschätzung ab; alles, was die gegenseitige Wertschätzung fördert wie Kompetenz, Nähe, erlebte Ähnlichkeit stärkt auch die Kohäsion. c) Gruppen mit persönlichen Belohnungen für die Mitglieder erzeugen stärkere Kohäsion. Hierzu zählen Erfolge, öffentliche Wertschätzung, Beziehungen, etc. d) Führungspersonen können Kohäsion durch gegenseitige Ermutigung und durch Gefühle der Wärme und Akzeptanz vertiefen (vgl. BERGIUS, 1976). Die positiven (auch negativen) Auswirkungen der Kohäsion auf die Leistung werden nicht mehr bestritten. Allerdings gibt es drei Erklärungsansätze, die bestätigt wurden: (a) Kohäsion verbessert die Leistung, (b) Leistung verbessert die Kohäsion, (c) es gibt einen Kohäsionsleistungs- und Leistungskohäsionszirkel.

Über die Loyalität zur Gruppe wie auch über den Grad der Gruppenkohäsion bei Mannschaften gibt es eine verbreitete Erwartung. Diese besagt: Mannschaften mit hoher Kohäsion sind den Mannschaften mit niedriger Kohäsion leistungsmäßig überlegen. Anders gewendet: gut harmonierende Mannschaften, deren Gruppenklima durch eine hohe Attraktion gekennzeichnet ist, sind den Mannschaften überlegen, bei denen das Gruppenklima nicht optimal ist. Diese Kohäsionsleistungshypothese ist unmittelbar plausibel. Wie sieht es aber mit den Belegen für diese Thesen aus?

Die bekannt gewordenen Untersuchungen, welche sich des Soziogramms bedienten, sind vor allem in der Sowjetunion durchgeführt worden (vgl. RODIONOW et al., 1982). Dabei wurden die Sportspiele Basketball, Fußball, Handball, Eishockey und Volleyball besonders betrachtet. Unterscheidet man im Soziogramm nach formalen (aufgabenorientierte) und nicht-formalen (persönlich-emotionale) Strukturen, dann zeigt sich der folgende interessante Befund: Die Kohäsionsmaße der aufgabenorientierten und der persönlich-emotionalen Struktur erreicht bei den Mannschaften der ersten Leistungsklasse (Meister des Sports) einen Durchschnitt von K=0.70. Die Kohäsionsmaße der Mannschaften der zweiten und der dritten Leistungsklasse liegen mit K=0.40 deutlich darunter. Das K-Maß des Soziogramms wird wie folgt gebildet:

$$K = \sum \text{gegenseitig. Wahlen} / \sum \text{möglich. Wahlen}$$

K=1.0 bedeutet maximale, K=0 überhaupt keine Kohäsion im Soziogramm.

Fragebogenuntersuchungen sind mit Basketball-, Eishockey-, Football-, Volleyball-, Ruder-, Bowling- und Schützenteams durchgeführt worden (vgl. CARRON, 1980). Bei den Schützen, Ruderern und Bowlern gab es keinen positiven, sondern einen negativen Zusammenhang zwischen Kohäsion und Leistung. Die leistungsschwächeren Teams wiesen sich durch positivere Gruppenbeziehungen aus als die leistungsstärkeren. In den anderen Mannschaftssportarten Basketball, Eishockey, Football und Volleyball sind jedoch die Erwartungen vollständig bestätigt worden: Leistungsstarke Mannschaften hatten die besseren internen Gruppenbeziehungen als die leistungsschwächeren Mannschaften (vgl. a. VOIGT, 1979).

Die russischen, nordamerikanischen und westeuropäischen Befunde legen eine differenzierte Bewertung der Kohäsionsleistungshypothese nahe. Es gibt zwei Kohäsionsprinzipien. **Kohäsionsprinzip der Leistungsförderung:** *Eine hohe Gruppenkohäsion ist in Mannschaftssportarten mit hoher kommunikativer und interaktiver Dichte (Eishockey, Handball, Basketball) ein leistungsbegünstigender Faktor.* **Rivalitätsprinzip der Leistungsförderung:** *Eine geringe Gruppenkohäsion und eine starke Konkurrenzorientierung ist nur in Mannschaftssportarten mit äußerst geringer kommunikativer und interaktiver Dichte ein leistungsbegünstigender Faktor.* Das Kegeln, Schießen oder auch Golfen sind rein individuelle Fertigkeiten und Leistungen, die nur bei Mannschaftswertungen addiert werden. Beim Rudern müssen die Kraftimpulse koordiniert werden, allerdings nicht in einem ständig wechselnden, sondern einem gleichbleibenden zeitlichen Schema (Rhythmus). Warum sich in den Sportarten mit unabhängigen und mit koagierenden Fertigkeiten die Konkurrenz und Gruppenspannung als leistungsbegünstigend auswirken, ist bisher nicht geklärt. Beim Rudern werden möglicherweise Energiereserven durch interne Konkurrenz freigesetzt. Beim Golfen, Kegeln oder Schießen sind jedoch freie Energiereserven störend. Bevor man somit die bisher vorliegenden Befunde als Basis allgemeiner Aussagen annimmt, sollten zusätzliche Fragen geklärt werden.

Einmal ist zu untersuchen, ob das absolute Leistungsniveau der Mannschaften berücksichtigt werden muß. Denn möglicherweise gelten alle Befunde nur im Spitzenniveau des Leistungssports. Zum ändern wäre zu klären, ob das Gruppenklima - resp. die Kohäsion - nicht Voraussetzung oder Folge der Mannschaftsleistungen ist.

Es ist immerhin denkbar, daß sich erfolgreiche Mannschaften insgesamt positiver einstufen als weniger erfolgreiche. Nicht die positiven Beziehungen (Kohäsion) wären somit die Voraussetzung für die gute Leistung; vielmehr wären die guten Leistungen die Voraussetzung für die Kohäsion. Um das kausale Wirkgeflecht zu erkennen, müßte man zwei Schritte unternehmen. Ein-

Tab. 8.4: Begünstigende und behindernde Faktoren der Gruppenkohäsion

Faktoren der Gruppenkohäsion

positive Bedingungen	negative Bedingungen
Gemeinsames, wichtiges Ziel	Allgemeines, vages Ziel
Erfolgreiche Versuche oder Zwischenschritte zur Zielerreichung	Fehlversuche, Mißerfolge
Bedrohung, Kritik von außen	Indifferentes Umfeld
Flexible Kommunikationstruktur	Cliquenbildung, feste Freundschaften
Kein starkes Machtgefälle im Team	Großes Machtgefälle im Team
Annähernd gleiche Kompetenz in verschiedenen Positionen	Divergenz zwischen formeller und informeller Einflußstruktur
Kleinere Gruppen (8-15)	Große Mitgliederzahl (15-30)

mal müßte man auf der individuellen Ebene analysieren; zum anderen müßte man experimentieren, indem man die abhängigen und unabhängigen Variablen austauscht. Die Kohäsionsleistungshypothese muß also sportartspezifisch formuliert werden. Folgende Formulierungen schlage ich vor:

Kohäsionsprinzip der Leistungsförderung. In *interagierenden* Sportarten, in denen die eigene Leistung durch direkte Gegnerbehinderung gemindert werden kann, ist die Mannschaftsleistung von der Kohäsion abhängig.

Rivalitätsprinzip der Leistungsförderung. Rivalität und Konkurrenz mit Mannschaftsmitgliedern wirken sich nur in *additiven* Mannschaften wie im Golf- oder Schießsport leistungsbegünstigend aus. Bei *koagierenden* Mannschaften (Rudern) ist ein Minimalkonsenz (die Kohärenz) erforderlich, um über Rivalität und Konkurrenz in der Mannschaft hohe Leistungen zu erzielen (ADAMS Konkurrenzprinzip).

Diese Aussagen haben vorerst nur für den Leistungssport, nicht für den Breitensport eine Bedeutung. Auch im Schulsport darf man davon ausgehen, daß ein positives Gruppenklima leistungsbegünstigend wirkt. Aufgrund sozialpsychologischer Erfahrungen können daher in der Tab. 8.4 (s.S. 263) die wichtigsten Faktoren zusammengestellt werden, welche den Zusammenhalt von Gruppen im allgemeinen begünstigen oder behindern.

8.5 Führung von Sportgruppen

Unter Führung versteht das Sportwissenschaftliche Lexikon (1992) einerseits die Ausübung von Autorität und Macht in Gruppen, um Gruppenziele zu verwirklichen. Zum anderen versteht man darunter die Inhaber von Positionen, die Herrschaft ausüben. Führung kann stark oder schwach, effektiv oder wirkungslos sein. In einem Sammelbericht zur Persönlichkeit und Effektivität von Inhabern von Führungspositionen stellen HOGAN, CURPHY & HOGAN (1994) fest: *„Leadership is persuasion, not domination."* Die Führungsqualität zeige sich an der Gruppenleistung. Diese könne optimal nur erzielt werden, wenn die Teammitglieder freiwillig und bereitwillig die Gruppenziele als ihre eigenen übernehmen. Druck und Zwang begründen nach HOGAN et al. (1994) keine stabile Gruppenleistung. Vielfach würde Machtausübung mit Führungsstärke verwechselt. Daher belaufe sich die Grundrate (base rate) für inkompetente Führungen in amerikanischen Organisationen und Betrieben gegenwärtig auf 60%-75%. Ob man dieses nicht gerade positive Urteil über Management und Organisationsleitungen auch auf Sportorganisationen, Sportvereine und Wettkampfteams übertragen kann, ist ungewiß. Bedenkt man, mit welchem Dilettantismus in unseren Sportorganisationen Führungspositionen besetzt werden, dann dürfte die Wahrscheinlichkeit inkompetenter Führungskräfte in unseren Sportorganisationen eher größer als in den amerikanischen Organisationen ausfallen. Wenn wir also von der Erwartung sehr vieler ineffektiver Führungen von Sportteams auszugehen haben, dann ist dies nicht nur eine Frage der persönlichen Qualität des Führenden. Das Führungsproblem ist vor allen Dingen ein **Interaktionsproblem**, das von drei Merkmalskomplexen bestimmt wird:

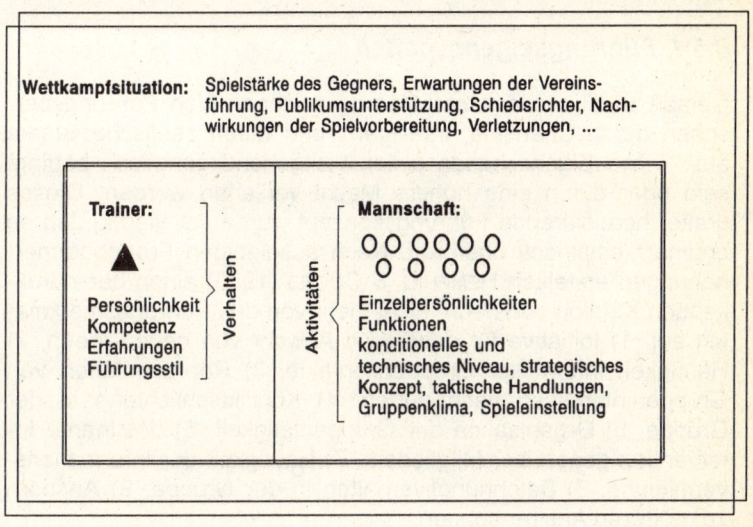

Abb. 8.1: Führung als Problem der Situation, Mannschaft und der Trainerpersönlichkeit

a) von dem Verhalten des Führers (Trainer), b) von dem Verhalten der Geführten (Mannschaft, Athleten) und c) von der Aufgabensituation (vgl. Abb. 8.1). Diese Merkmalskomplexe kann man jeweils in Struktur- und Prozeßvariablen resp. in Eigenschafts- und Zustandsmerkmale untergliedern. Während man Prozesse und Zustände beobachten und beschreiben kann, muß man die Struktur und Eigenschaften erschließen, was meistens über Befragung der Beteiligten (oder eines Experten) geschieht.

Die meisten Theorien oder Hypothesen zum Führungsverhalten gründen sich auf Befunde, die nach dem Eigenschaftsparadigma erhoben wurden. Mir ist keine Untersuchung bekannt, die vollständig auf dem verhaltenstheoretischen Paradigma, d.h. nur auf Beobachtungsdaten, beruhen würde. Es gibt aber zentrale Untersuchungen, die eine Mittelstellung zwischen dem Eigenschafts- und dem Verhaltensparadigma einnehmen: dieses sind Untersuchungen nach dem **Kontingenzmodell** von FIEDLER (1967).

8.5.1 Führungseigenschaften

Gemäß traditioneller Überlieferung zeichnen sich Führungspersonen durch Charisma, Intelligenz und durch seelische Stärke aus. Diese Eigenschaften sollen weitgehend genetisch bedingt sein oder durch eine höhere Macht verliehen werden. Dieses uralte, heroisierende Führungskonzept wurde vor vierzig Jahren erstmals empirisch überprüft. Nach ausgiebigen Fragebogenerhebungen erstellten HEMPHILL & COONS (1950) einen beeindruckenden Katalog von neun, nicht mehr von drei Führungsmerkmalen auf: 1) Initiative für oder auch Abwehr von neuen Ideen, 2) Häufigkeit informeller Gruppenkontakte, 3) Repräsentation von Gruppeninteressen nach außen, 4) Konfliktschlichtung in der Gruppe, 5) Organisation der Gruppentätigkeit, 6) dominante Intervention gegenüber Mitgliedern, 7) Häufigkeit der Informationsvermittlung, 8) Belohnungsverhalten in der Gruppe, 9) Ansporn zu größeren Anstrengungen.

Der Gruppenforscher STOGDILL (1963) ordnete etwas später diese Merkmale drei bis vier "Führungsdimensionen" zu:

(1) **Consideration**: Verhalten, durch welches Freundlichkeit, Vertrauen, Achtung und Wärme geäußert wird *(sozial-emotionale Verstärkung oder Beachtung)*;
(2) **Initiating structure**: Verhalten, in dem a) Bewältigungsmethoden vorgegeben, b) Arbeit strukturiert, c) Kommunikationskanäle definiert und d) Beziehungen sachlich geregelt werden (*Aufgabenorientierung*);
(3) **Production emphasis** und **Social awareness**. Die beiden letzten Dimensionen wären jedoch weniger wichtig und seien teilweise in den beiden ersten Dimensionen enthalten.

In einem jüngeren Übersichtsartikel reduziert ZANDER (1979) effektives Führungsverhalten wiederum auf drei Funktionen: a) Planung, b) Demonstration von Lösungswegen und c) Bereitstellung von Hilfsmitteln zur Zielerreichung. Man sollte allerdings wissen, daß diese Merkmale nur für Leiter von Arbeits- oder Leistungsgruppen, nicht aber für die Leitung politischer Parteien und Gruppierungen gelten. Politische Führer scheinen vielmehr durch eine gewisse *Originalität*, durch *Extraversion* und durch *Maskulinität* (Aggressivität) gekennzeichnet zu werden, weniger durch Sensibilität für emotionale Belange anderer.

Welche Folgerungen können aus diesen Befunden gezogen werden? Nicht sehr folgenreiche; denn die Qualität der Daten begrenzt die Reichweite der Schlüsse. Alle Klassifikationen beruhen auf Beschreibungen und Selbstbeschreibungen von Führern und von Geführten. Die meisten Klassifikationsversuche stellen zwei Merkmalsklassen heraus, die bei zielorientierten, flexiblen Gruppen im Arbeitsleben (und auch im Leistungssport) immer das Verhalten beeinflussen: (a) die sozialen Beziehungen und kommunikativen Abläufe in der Gruppe, sozusagen die Befindlichkeit und den Zustand der Gruppe, (b) die Bewältigung der Gruppenaufgabe durch Koordination der unterschiedlichen Kompetenzen der Gruppenmitglieder. Man könnte daher kürzer von der **Beziehungs-** und von der **Aufgabendomäne** der Gruppen und Mannschaften sprechen (vgl. BERKOWITZ, 1975). In beiden Domänen gibt es ständig Probleme oder Störungen, welche das Gruppenklima beeinflussen und die Effizienz der Gruppenaktivitäten mindern können. Personen, welche die Beziehungs- und/oder Aufgabendomäne der Gruppen aktiv positiv beeinflussen und mitgestalten, können von der Gruppe in eine Führungsrolle genötigt werden. Somit könnte es einen Führer für die Beziehungsdomäne und einen für die Aufgabendomäne jeder Gruppe geben. In der biologischen Gruppe gestaltet die Mutter die Beziehungsdomäne, der Vater die Aufgabendomäne der Familie. Wenn beide Funktionen zusammenfallen, könnte man von der *Konvergenz* der Beziehungs- und Leistungsfunktion der Führung sprechen. Gute Führer, d.h. auch gute Trainer, zeichnen sich dadurch aus, daß sie den jeweils drängendsten Bedürfnissen der Gruppe nachkommen. Dies könnte einmal die Pflege der Gruppenbeziehungen, zum anderen die Strukturierung der Gruppenaufgabe, schließlich aber auch beides zusammen sein. Ein flexibles, auf die Problemlage der Gruppe abgestimmtes Führungsverhalten dürfte für die Gruppe angemessen - und auch erfolgreich - sein. Ausschließlich aufgaben- oder aber beziehungsorientiertes Führungsverhalten dürfte nicht in allen Situationen angemessen sein (THIEL & ROSSMANN, 1981).

8.5.2 Kontingenzmodell der Führung

Wie schwierig Voraussagen über effektives oder weniger effektives Führungsverhalten für Außenstehende sein kann, hat FIEDLER (1967) mit seinem Kontingenzmodell der Führung belegt. FIEDLER hat feststellen müssen, daß nicht alleine Eigenschaften wie Intelligenz oder Führungsstile wie autoritär, liberal resp. demokratisch von Gruppenführern für den Erfolg von Arbeitsgruppen maßgebend sind. Vielmehr war ganz entscheidend die "*Kontingenz*" der Bedingungen in der Führungssituation. Die Kontingenz bedeutet hier: Vorherrschen von situativen Bedingungen, welche die Interaktion von Gruppe und Führer während der Aufgabenbewältigung maßgeblich beeinflussen. FIEDLER hat drei Bedingungen systematisch untersucht: a) die vorherrschende Beziehung zwischen Gruppenführer und Gruppe, b) Machtbefugnisse resp. die Positionsmacht des Trainers, c) die Struktur der Aufgabe, die zu bewältigen war. Die Beziehungen zwischen Trainer und Team können *gut* (positiv) oder *gestört* (negativ) sein. Die Machtbefugnisse des Trainers können *umfassend* (stark) oder *eingeschränkt* (schwach) sein. Eine Aufgabe

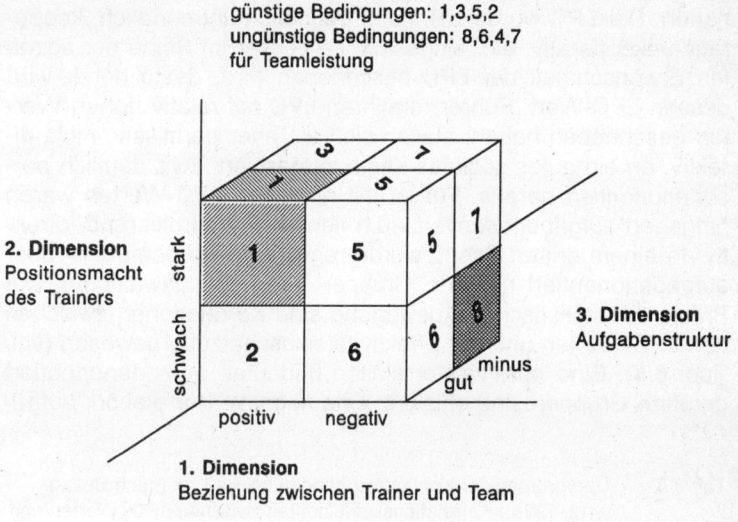

Abb. 8.2: Kontingenzwürfel nach FIEDLER (1967)

kann *gut* oder *gar nicht strukturiert* sein. Gut strukturierte Aufgaben sind geplant, Zwischenziele liegen fest und können überprüft werden; jeder hat seine Rolle und weiß, was zu tun ist (vgl. Abb. 8.2). Der Kontingenzwürfel erlaubt somit, die situativen Rahmenbedingungen für den Trainer und das Team in eine von acht Spezialbedingungen zu klassifizieren. Diese Klassifikation ist der erste Untersuchungsschritt von FIEDLER gewesen. Nach dieser Klassifikation ist die Bedingung "acht" sehr ungünstig für die Interaktion zwischen Trainer und Team, während die Bedingung "eins" sehr günstig ist. Das bedeutet aber nicht, daß unter der Bedingung "eins" automatisch die besten Leistungen und unter der Bedingung "acht" die schlechtesten Leistungen von Gruppen erzielt werden. Denn FIEDLER untersuchte in einem zweiten Schritt den Interaktionsstil der Gruppenleiter. Dieser Interaktionsstil wurde über einen Fragebogen ermittelt, in dem die Gruppenleiter den am wenigsten geschätzten Mitarbeiter - the least preferred coworker (LPC) - auf 20 Ratingskalen zu beschreiben hatten. Der LPC wurde z.B. nach freundlich-unfreundlich, kooperativ-unkooperativ, etc. eingestuft. Je besser im Sinne der sozialen Erwünschtheit der LPC beschrieben wird, desto höher wird dessen LPC-Wert. Führer, die ihren LPC mit relativ hohen Werten beschrieben haben, stellen sich als eher permissiv, nicht-direktiv, an ein gutes soziales Klima interessiert, kurz deutlich *personenorientiert* heraus. Führer mit niedrigen LPC-Werten waren hingegen *aufgabenorientiert* - d.h. lenkend, kontrollierend, direktiv. In einem dritten Schritt wurde registriert, wie personen- oder aufgabenorientiert geführte Gruppen ihren Job bewältigten. Die Praxis der statistischen Auswertung sind Korrelationen zwischen den LPC-Werten und der Effektivitätseinschätzung gewesen (vgl. Tab. 8.5). Eine *positive* Korrelation bedeutet: personenorientiert geführte Gruppen sind effizient; eine *negative* Korrelation: aufga-

Tab 8.5: Überprüfung der Kontingenztheorie von FIEDLER (nach BERKOWITZ, 1975): Korrelationskoeffizienten zwischen LPC- Werten und Effektivitätseinschätzung

Würfel Nr.	Beziehung: Führer zur Gruppe	Aufgabenstruktur	Machtposition	Untersuchungen (Anzahl) bis 1964	nach 1964
1	positiv	gut	stark	-,52 (8)	-,64 (5)
2	positiv	gut	schwach	-,58 (3)	,17 (10)
3	positiv	minus	stark	-,41 (4)	-,22 (6)
4	positiv	minus	schwach	,47 (10)	,38 (9)
5	leicht negativ	gut	stark	,42 (6)	,22 (4)
6	leicht negativ	gut	schwach	(0)	,10 (6)
7	leicht negativ	minus	stark	,05 (10)	,26 (6)
8	leicht negativ	minus	schwach	-,43 (12)	-,35 (5)

benorientiert geführte Gruppen sind effizient. Unter den Bedingungen eins, drei und acht sind aufgabenorientiert geführte Gruppen leistungsstark gewesen; unter den Bedingungen vier, fünf und sieben waren vor allem personenorientiert geführte Gruppen erfolgreich. Das Vorgehen von FIEDLER, kontingente, situative Bedingungen der Führungs- und Aufgabenstrukturen zu berücksichtigen, um die Leistungsfähigkeit resp. Effizienz von Gruppen zu beurteilen, ist angemessen. Es richtet den Blick auf Bedingungen, welche die Interaktion innerhalb der Gruppen und die Anforderung der Aufgabe bestimmen. Denn nicht die Führung alleine, vielmehr die Struktur der Aufgabe, die Bewältigungskompetenzen der Teammitglieder sowie die Kommunikation und interaktiven Prozesse innerhalb des Teams bestimmen die Wirkungsstärke des Teams und damit den Erfolg. Eine systemtheoretische Analyse dieser Wechselwirkungen wird möglicherweise genauere Leistungsvorhersagen bei Sportgruppen ermöglichen.

Die vorliegenden Befunde zur interaktiven Führungsforschung erlauben, Führungsgrundsätze aufzustellen und Trainern oder Leitern von Sportgruppen Empfehlungen für ihre Arbeit mitzugeben.

8.5.3 Führungsgrundsätze

Alle Aktivitäten der Gruppenführung sind erlernbar. Sie umfassen drei Verhaltensbereiche: a) Aufgabenorientierung (initiating structure), b) Personenorientierung (consideration), c) Repräsentation. Die Führungsempfehlungen für Tainer sollen nur stichwortartig aufgezählt werden:

1) **Nachweis und Dokumentation der fachlichen Kompetenz** stärkt die Gruppen- und Positionsmacht; Fortbildung, Lehrgänge, Lizenzen, Vereinswechsel nach mehreren Erfolgen.
2) **Aufgabenorientierung:** *Ziele*: Anreize zum gezielten Training sind notwendig. *Planung*: selbständige Entscheidungen über Personal und Lösungswege sind zu empfehlen. *Kontrolle* im Training und Wettkampf erleichtert die Neuplanung und bietet Motivierungsmöglichkeiten.

3) **Soziale Initiative:** Unterstützendes, förderndes Verhalten, wo immer möglich; positive Gruppenatmosphäre in interaktiven Sportarten; Identifikation mit der Gruppe ist vorteilhaft; demokratischer Umgangsstil bedeutet nicht Verzicht auf Sachautorität.
4) **Selbstkontrolle:** Vorbildfunktion, korrektes öffentliches und privates Verhalten, Zurückhaltung bei Privilegien und bei Mythenbildung über erzielte Erfolge.

8.6 Interaktion als Austausch

Die Neuformierung, die Wandlung aber auch die Kohäsion von Gruppen können durch eine Theorie verständlich gemacht werden, welche rationale, ökonomische und psychische Gesichtspunkte berücksichtigt. Es handelt sich um die Theorie des sozialen Austausches, kürzer auch **Austauschtheorie** genannt (vgl. THIBAUT & KELLEY, 1959; PIONTKOWSKI, 1976).

Die Austauschtheorie ist eine interaktive Entscheidungs- und Handlungstheorie, in der zumindest zwei Seiten (oder Partner) betrachtet werden. Die Konsequenzen jeder Interaktion sind entweder ein *Nutzen* (Belohnung) oder bestimmte *Kosten* (Investitionen). Die Grundthese der Austauschtheorie besagt: Jede Partei versucht, ihren Nutzen und ihre Kosten für sich möglichst optimal zu gestalten. Daher überlegt jede Partei, wie sie ihren Gewinn durch die Gruppe und mit der Gruppe steigern kann. Da sich jede Partei so verhält, gibt es in der Gruppe eine ausgeglichene psychische Gewinnbilanz. Ist jedoch die psychische Gewinnbilanz der Interagierenden nicht in etwa ausgeglichen, dann wird das Prinzip der ausgeglichenen Gerechtigkeit verletzt. Je häufiger dieses Prinzip verletzt wird, desto größer werden Ärger und Unzufriedenheit in der Gruppe. Dann muß man nach Möglichkeiten des Ausgleiches suchen.

$$G_{i,j,\ldots,p} = \frac{N_i - K_i}{K_i} = \frac{N_j - K_j}{K_j} = \frac{N_p - K_p}{K_p}$$

$N_{i,j,p}$:= Nutzen der Personen i,j oder p
$K_{i,j,p}$:= Kosten (Investition) der Personen i, j oder p
$G_{i,j,...,p}$:= Gewinn- oder Wertkoeffizient

Dieses formale Modell kann natürlich nicht alle Gewinnverhältnisse exakt erfassen. Schließlich gibt es viele nicht materielle Gewinnerwartungen wie beispielsweise Anerkennung, Geltung, Zuwendung, Respekt und Macht. Die Eingliederung in eine Sportspielmannschaft kann austauschtheoretisch gesehen folgende "*Belohnung*" bringen: Anerkennung der eigenen Leistung, Verbesserung der eigenen Leistung; Kontrolle der eigenen sportlichen Fertigkeit; Kontakt mit vielen anderen Personen; Kennenlernen neuer Städte, neuer Gegenden und Landschaften; soziale Abenteuer im Ausland, etc. Demgegenüber fallen auch "*Kosten*" an: Bindung an feste Trainingszeiten, an Wettkampftermine und an Fahrzeiten; Verpflichtung zur Übernahme von Aufgaben, die zeitaufwendig sind; Unterwerfung unter ein festes, anstrengendes Trainingsprogramm; zu wenig Freizeit, nur wenig Zeit für Freunde oder Freundinnen; usw. Die Austauschtheorie hat große Ähnlichkeit mit der *Theorie der Verhaltensökonomie* (vgl. S. 128-130). Wie soll man diese Belohnungen und Kosten genau quantifizieren? Erste Quantifizierungsversuche über Schätzungen sind zwar ermutigend, aber nicht zufriedenstellend. Die Attraktivität einer Gruppe sowie der innere Zusammenhalt (Kohäsion) ergibt sich aus der Größe und der Verteilung der Gewinnkoeffizienten $G_{i,j,...p}$. Je größer der Gewinnkoeffizient (mit positiven Vorzeichen) ausfällt, desto stärker ist die Attraktion für den einzelnen. Wenn jedoch die Gewinnkoeffizieten sehr ungleich verteilt sind, mindert sich die Kohäsion. Die Kohäsion ist optimal, wenn die individuellen Gewinnkoeffizienten positiv und gleich groß sind:

$$G_i = G = ... = G_p > 0.$$

Eine Formalisierung der Austauschtheorie steht noch aus. Nichtsdestoweniger bietet sie einen anregenden theoretischen Rahmen zur Erklärung interaktiver Handlungen und Entscheidungen in Sportgruppen. Man muß allerdings hervorheben, daß zur Zeit diese Erklärung nur nach der Beobachtung von Ereignissen, nicht aber vorher zur Prognose dieser Ereignisse geleistet werden kann (vgl. a. WILHELM, 1993).

9. SOZIALISATION, SOZIALES LERNEN UND SPORT

9.1 Begriffsklärungen

Es ist wohl eine Binsenwahrheit, wenn wir sagen, daß wir unser Leben lang lernen. Wir lernen zu essen, zu schlafen, zu sprechen und zu tanzen; wir lernen Wissenswertes über unsere Umgebung und Geschichte und wir lernen die Regeln, wie wir uns in Alltagssituationen beim Einkaufen, in der Schule und im Sportverein zu benehmen haben. Beispielsweise erlernen wir im Sportunterricht und im Sportverein verschiedene Aufgaben und auch verschiedene Rollen. Im Schwimmen erfüllen wir unsere Aufgaben ausgezeichnet, in der Leichtathletik und beim Fußballspiel jedoch ganz mäßig. Das meiste lernen wir durch andere Personen, die uns teilweise unterstützen, teilweise bremsen. Und wir lernen mit anderen, die mehr oder auch weniger können als wir selbst.

Betrachtet man das Lernergebnis und die längere zeitliche Abfolge, in der sich Lernergebnisse einstellen, dann spricht man von der **Sozialisation**. *Allgemeiner gesehen ist Sozialisation der Prozeß und das Ergebnis einer Anpassung des Individuums an die Aufgaben, Erwartungen und Regeln der Gesellschaft.* Unter Sozialisation (auch Sozialisierung genannt) versteht man vor allem die Anpassung des Kindes an die Normen der Gesellschaft durch Erziehung oder durch andere lenkende Maßnahmen der Gesellschaft. Dabei unterscheidet man die primäre Sozialisation von der sekundären. Die **primäre Sozialisation** meint die Erziehung des Kindes, bis es selbständig normengemäß denken und handeln kann. Die **sekundäre Sozialisation** ist der Selbsterziehungsprozeß, nachdem die Basiswerte und Normen der Gesellschaft wie zum Beispiel *nicht töten, nicht stehlen, nicht lügen, nicht Unzucht treiben, die Eltern und die Autoritäten achten* - internalisiert wurden. Statt von Selbsterziehung spricht man heute von Selbstkontrolle oder von Prozessen der Selbststeuerung.

Welche Ziele hat die Primärsozialisation? Vier globale Aufgaben werden häufig genannt: a) Erwerben von Wissen über die Welt, b) Entwicklung der Sprache, c) Umgang mit anderen Menschen (Basiswerte und Normen) und d) Erwerb der Kulturtechniken der Selbsterhaltung und Hygiene. Die Sekundärsozialisation vervollständigt und erweitert das Wissen über die Welt, erweitert die Sprachkompetenz (mehrere Sprachen) und vergrößert das Verhaltensrepertoire im Umgang mit anderen, insbesondere mit dem anderen Geschlecht. Allgemeine Ziele der Sekundärsozialisation können in Analogie zur Struktur der Basispersönlichkeit (vgl. fünf Grundeigenschaften, Tab. 7.1, S. 197) aus unterschiedlichen Perspektiven formuliert werden (vgl. LA FRAMBOISE, COLEMAN & GERTON, 1993). Eine Übersicht der Sozialisationsziele findet sich in der Tab. 9.1 (s.S. 276).

Ein hohes Ziel der Sekundärsozialisation wäre die Verinnerlichung des **kategorischen Imperativs:** "*Handle so, daß die Maxime deines Willens jederzeit zugleich als Prinzip einer allgemeinen Gesetzgebung gelten könne.*" (KANT (1788): Kritik der praktischen Vernunft; Paragraph 7). In jüngerer Zeit wird versucht, den Sozialisierungsprozeß nicht nur als einen Erziehungsprozeß, sondern auch als einen reziproken Prozeß des sozialen Lernens im Sinne der Wechselwirkung (Transaktion) zu sehen. Kinder, Jugendliche und Erwachsene können eine aktive Rolle im Prozeß der Sozialisation spielen, indem sie die Bedingungen, durch die sie beeinflußt werden, teilweise verändern (SNYDER & PURDY, 1982).
Welches sind die Instanzen der Sozialisation, ihre Vermittler? Wodurch wird man für den Sport gewonnen? Natürlich durch die Eltern, Geschwister und Verwandten, also durch das Elternhaus. Aber auch die Nachbarschaft, die Kindergärtnerin, die Lehrer, der Pastor und die Gleichaltrigen (peers) sind prägende Vermittlungsinstanzen. Sind die Eltern selber sportlich engagiert oder sogar in einem Sportverein tätig, dann besteht eine große Wahrscheinlichkeit, daß die Kinder sportlich aktiv werden. Dabei sind die sozioökonomischen Verhältnisse sowie die Werte der

Tab 9.1 Ziele der Sekundärsozialisation in Industriegesellschaften aus der Sicht der Psychologie, Soziologie und Kulturanthropologie

Zielfeld	Psychologie	Soziologie	Kulturanthropologie
I	Intelligenz, Bildung	Sprachfertigkeit, Wissen	Sprachfähigkeit, Wertesystem der Kultur
II	soziale Aktivität, Kontaktbereitschaft	Geselligkeit, Kommunikationsfähigkeit	Kompetenz für Sozialbeziehungen
III	Freundlichkeit, Vertrauensbereitschaft	Solidarität Loyalität	Empfindsamkeit für affektive Prozesse
IV	Gewissenhaftigkeit, Zuverlässigkeit	normative Konformität, social adaptibility	Kompetenz für bedeutsame institutionelle Verhaltensweisen
V	Selbstkontrolle, emotionale Stabilität	Ich-Identität Ich-Stärke	persönliche Identität

sozialen Schicht ein weiteres Vermittlungsmedium. Die Kampfsportarten Judo, Ringen und Boxen, die Mannschaftssportarten Fußball und auch der Radsport werden vor allen Dingen von der Unterschicht; die Mannschaftssportarten Wasserball und Handball, das Schwimmen sowie das Turnen werden von der Mittelschicht; während die Individualsportarten der Leichtathletik, des Surfens und Skifahrens und die Mannschaftssportarten Basketball und Volleyball von der oberen Mittelschicht bevorzugt werden. Die Oberschicht tendiert nach extravaganten, kostspieligen Sportarten wie dem Motorsport, dem Segelsport, dem Flugsport, dem Reitsport (Pferdepolo) und dem Golfspiel. Das Jagen wird in den westeuropäischen und nordamerikanischen Industrienationen als Exklusivsport der "oberen Zehntausend" (Politiker, Industriebosse, Gewerkschaftsbosse, ein paar Ärzte und Juristen) betrieben. Die Wahl dieser Sportarten darf durchaus als symbolische Selbstergänzung verstanden werden. Die stärksten Mittler für den Sport sind in den Jahren bis zur Pubertät die Eltern und nahen Verwandten. Die Freunde und die Schule gewinnen während und nach der Pubertät eine relativ starke Vermittlungsfunktion, während Zwangsgemeinschaften wie das Militär, die Justizvollzugsanstalt nur eine ganz geringe (positive) Vermittlungsfunktion für den Breitensport entfalten (HIGGINSON, 1985).

Wie aber funktioniert die Vermittlung? Nun, über die Prinzipien des *operanten Lernens* und des *Modellernens*. Das wichtigste Prinzip des operanten Lernens ist die Kontingenz zwischen Verhalten und Verhaltensfolgen (Verstärkung). Dieses Prinzip wurde um zwei weitere Verstärkungsprinzipien erweitert: einmal um die *stellvertretende* (vicarious) *Verstärkung* durch Beobachtung, zum anderen um die *Selbstverstärkung* (BANDURA, 1977). Betrachten wir daher das Nachahmungs- oder Imitationslernen etwas genauer.

9.2 Lernen durch Nachahmung von Vorbildern

Die **Nachahmung** wird schon von ARISTOTELES (384-322) als eine wichtige menschliche Fähigkeit des Wissenserwerbs eingeschätzt. Der Sprachphilosoph Fritz MAUTHNER (1849-1923) sieht in einer allgemeinen Fähigkeit zur Nachahmung überhaupt die Voraussetzungen des menschlichen Sprachvermögens und damit die Voraussetzungen der menschlichen Kultur gegeben. Ist das Vermögen der Nachahmung ein Instinkt? Ist uns dieses Vermögen angeboren?

Seit den vierziger Jahren dieses Jahrhunderts versucht die Lernpsychologie eine nicht-biologische Erklärung für das Phänomen, daß wir durch die Beobachtung von Vorbildern Verhaltensweisen erwerben können, über die wir vorher nicht verfügt haben (vgl. MILLER & DOLLARD, 1941). Der amerikanische Psychologe BANDURA (1977) gibt heute eine eher neo-behavioristische Erklärung für die Funktionsweise der Nachahmung. BANDURA meint: Zusätzlich zum **Signallernen** (PAWLOW) und zum **operanten Lernen** (SKINNER) verfügen wir über eine sehr ökonomische Möglichkeit des Lernens. Dieses ist die Möglichkeit des Lernens durch Beobachtung von Modellen und den Konsequenzen ihrer Verhaltensweisen. Wir müssen nicht immer den zeitaufwendigen, umständlichen Weg des Versuchens und Irrens gehen, sondern wir können durch Beobachtung modellhafter Verhaltensweisen selber versuchen, diese in die Tat umzusetzen. Nicht etwa, daß durch Beobachtung von Modellen gelernt wird, erhitzt die Gemüter; es ist vielmehr die Frage, was denn nun eigentlich durch Imitation alles gelernt werden kann. BANDURA meint: Alle Verhaltensweisen des sozialen Umgangs, der Interaktion und auch des wissenschaftlichen Problemlösens werden letztlich über die Beobachtung und Nachahmung gelernt. BANDURA hat selber das Nachahmen von aggressiven Verhaltensweisen, das Nachahmen von Strategien der Selbstverstärkung und der Selbstkontrolle sowie einiger linguistischer Strukturen untersucht. Er unterscheidet neben dem eigentlichen Neuerwerb noch fünf weitere *Shaping-* oder *Modelleffekte*:

1) **Hemmung oder Enthemmung** von bereits gelernten Verhaltensweisen in bestimmten Situationen durch Selbstkontrolle oder durch Selbstverstärkung in Anlehnung an ein Vorbild.
2) **Generalisierung oder Spezifizierung** von Verhaltensweisen durch Interpretation von Verhaltensweisen des Modells: Man überträgt ein Verhalten in ähnliche Situationen oder man bindet es an eine spezielle Situation ebenso, wie man es beobachtet hat.
3) **Abstrakte Modellierung:** Darunter versteht man eine Übertragung moralischer Regeln in andere Situationen oder Verhaltensbereiche durch die Vorbildwirkung. Hier handelt es sich vermutlich um die Wirkung prosozialer und moralischer Einstellungen auf die eigenen Verhaltensweisen.
4) **Innovationen und ihre Verbreitung:** Vollständig neue Verhaltensnormen können z.B. durch Fernsehmodelle vermittelt

und auf viele Zuschauer übertragen werden. Diesen Vorgang beobachtete man bei der *Hula-Hoop-* und *Aerobic-Welle* im Sport.

5) **Kreative Modellierung:** Beobachter können unterschiedliche Aspekte verschiedener Modelle zu neuen, eigenen Formen verschmelzen, so daß etwas ganz Neues dabei herauskommt. Dies wird vor allem in der Kunst und in der Wissenschaft beobachtet. Eventuell ist die Entwicklung der *Floptechnik* von FOSBURY eine kreative Modellierung gewesen.

Das Imitationslernen als Kernbestandteil des sozialen Lernens ist natürlich komplexer, als hier dargestellt werden kann (vgl. BANDURA, 1977, S.23, Fig.1). Für die Schnelligkeit des Lernens wichtig sind u.a. Personenvariablen wie vorhandene Kompetenzen (Intelligenz, Fertigkeiten), Strategien der Informationsverarbeitung, Erwartungen (eigenes Fähigkeitskonzept), subjektive Ziele und Werte sowie Strategien der Selbstregulation (Copingstrategien). Selbstverständlich wird nicht alles auf einmal gelernt. Auch beim Modellernen muß man vielfältig üben und variierend wiederholen. Den Lernprozeß kann man daher oft in mehrere Phasen gliedern. So erkennt man beim motorischen Lernen drei Phasen. Aber auch beim Lernen von Einstellungen, Haltungen, Werten und Verhaltensnormen beobachtet man drei Stadien der Einverleibung:

1) **Äußere Anpassung:** Man verhält sich nach außen hin konform, aber ist innerlich ganz anderer Meinung. Man respektiert z.B. die Regeln, daß der Schiedsrichter Fouls zu ahnden hat. Würde man aus Wut zurückfoulen, erhielte man eine gelbe oder sogar rote Karte. Also bezähmt man seine Wut, um die eigene Mannschaft nicht in Nachteil zu bringen.

2) **Identifikation:** Man identifiziert sich als Breitensportler mit dem Wettkampfgeschehen und auch mit der Rolle als Schiedsrichter. Fouls wertet man nicht als persönliche Aggressionen, sondern als taktische Maßnahmen oder auch als technische Ungeschicklichkeiten des Gegenspielers. Selbstverständlich gibt es Grenzen, die von allen zu respektieren sind.

3) **Internalisierung:** Der Wettkampfsport verkörpert eine Weltanschauung, nach der man im Sport, aber auch im privaten,

persönlichen Bereich lebt. Man ist sozusagen von den Ideen des fairen Sports durchdrungen und lebt beispielsweise ein *Ethos des co-existenzialen Sports* (vgl. MEINBERG, 1991).

9.3 Sozialisationseffekte im Sport

Was auch immer an längerfristigen individuellen Entwicklungen oder Effekten im Sport beobachtet wird - es handelt sich um Sozialisationseffekte, d.h. um Ergebnisse sozialen Lernens. Heißen wir diese Effekte für gut, dann sprechen wir von gelungener Sozialisation; kritisieren wir sie wie im Falle unvermuteter Karriereabbrüche talentierter Sportler, sprechen wir von mißlungener Sozialisation. Welchen sozialen Erwünschtheitsgrad diese Effekte auch immer haben, wir haben sie zur Kenntnis zu nehmen. Wir sollten sie zunächst möglichst exakt beschreiben, bevor wir durch eine (funktionale) Annahme (im Sinne des Behaviorismus) das Zustandekommen des Effektes erklären. Diese distanzierte wissenschaftliche Sichtweise entspricht teilweise nicht dem erzieherischen Impetus der *Sportpädagogik* und vielfach überhaupt nicht der Meinung von Sportverbandsfunktionären.

Sportpädagogische Erwartungen. Der Soziologe HEINEMANN (1983) und der Sportpädagoge MEINBERG (1991) haben die erwünschten Sozialisationseffekte gesammelt und beschrieben. Ich fasse die positiven Effekte "des" Sports zusammen und ordne sie dem Domänenmodell der Persönlichkeit von GUILFORD (1964) zu:
1) **Domäne der Physiologie, Morphologie:** Sport hat eine biologische Funktion durch den Bewegungsausgleich; er hat eine gesundheitserhaltende Wirkung. Nicht nur die motorischen, sondern auch die biologischen Funktionen werden verbessert.
2) **Bedürfnisdomäne (Motivation, Emotion):** Sport bietet ein Gegengewicht zur Langeweile und Spannungslosigkeit, welche das Alltagsleben kennzeichnen. Sport reguliert Spannungen, Aggressionen und Konflikte. Sport gleicht emotionelle Verarmungen des Alltagslebens aus. Sport baut den Triebstau ab und hilft, Ängste zu überwinden.
3) **Domäne der Interessen, der Einstellungen, des Temperamentes:** Sport besitzt sozialintegrative Funktionen, faßt ver-

schiedenartige Individuen zu einem Kollektiv zusammen, schafft Identifikationsmöglichkeiten, festigt die sozialen Werte und Normen der Gesellschaft, ermöglicht soziale Mobilität, überwindet soziale Schranken und bietet Karrierechancen. Sport prägt Solidarität, Kooperation, Fairneß, Kameradschaft und gleicht Mängel der Gesellschaft aus. Sport regt zu Opferbereitschaft, Rücksicht und Solidarität an. *Man ist beinahe zur Feststellung gezwungen: Sport fördert alle Tugenden!*

4) **Domäne der Eignung**: Sport prägt kognitive Fertigkeiten aus. Sport erweitert die Kommunikationsmöglichkeiten durch ein eigenständiges verbales und nonverbales Symbolsystem. Sport verbessert soziale Intelligenz.

Summa summarum: "*Der Sport erfüllt eine Sozialisationsfunktion, indem er kulturelle Moral- und Glaubensvorstellungen im Individuum verankern und persönliche Charaktermerkmale entwickeln hilft. ....Der Wert des Sports für die Erziehung und Charakterbildung wird besonders hoch eingestuft*", so HEINEMANN (1983, S. 211). Beide, HEINEMANN und MEINBERG, kritisieren diese "unspezifischen Kausalattribuierungen" einerseits als empirisch nicht belegt und andererseits als öffentliche Legitimationsversuche, um eine vermutete kulturelle Abseitsstellung oder Schieflage des Sports zurechtzurücken.

Kein Nachweis allgemeiner Effekte. Die Zusammenstellung der sozial erwünschten Effekte des Sporttreibens ist sicherlich nicht vollständig. Allerdings erzeugt die Häufung dieser sozialen Wohltaten des Sports distanzierende Skepsis, wenn nicht gar Reaktanz. Denn schnell erkennt man in jeder Kategorie der Persönlichkeistdomänen Gegenbeispiele: a) Zu häufiges Sporttreiben (Langlaufen) schädigt den Skelett-Bänderapparat. b) Sport kann zu psychischer Belastung für den jugendlichen Sportler und dessen Familie werden, wenn sich die erwarteten Leistungseffekte nicht einstellen, man aber alles auf die Sportkarte gesetzt und die Schule vernachlässigt hat. c) Sport kann sozial trennen oder die soziale Distanz vergrößern (Golfsport, Pferdepolo), wenn die Nachbarschaft des aufstrebenden Arztes nicht mit dessen Sporthobbys (Reiten, Segeln, etc.) mithalten kann. d) Sport kann Kommunikationsmöglichkeiten einschränken, wenn ausschließlich das Symbolsystem des Sports die Kommunikationsbasis sein sollte.

Auch solche sozial unerwünschten Gegenbeispiele einer Sozialisation sind Effekte, die nicht übersehen werden dürfen: Alleine die Befunde der eigenschaftstheoretischen Persönlichkeitsforschung im Sport sind Belege dafür, daß es bisher keine starken, bemerkenswerten globalen Sozialisationseffekte durch das Sportsystem gegeben hat. Frau ALFERMANN hat in ihrem Lehrbuch zur Sportpsychologie die Forschungsbefunde zur Persönlichkeitsprägung durch Sport zusammengefaßt (BIERHOFF-ALFERMANN, 1986, S. 133-142): Alle Vergleiche zwischen *Sportlern* vs. *Nichtsportlern*, *Spitzensportlern* vs. *Nichtsportlern* oder Sportler verschiedener Disziplinen untereinander offenbaren mehr Gemeinsamkeiten als Unterschiede, wenn man eigenschaftsmethodisch vorgeht. Frau ALFERMANN plädiert deshalb dafür, die globale, unspezifische Sozialisationshypothese, nach welcher der Sport die Sportpersönlichkeit im Sinne eines *homo sportivus* oder Typus sui generis forme, abzulehnen. Im übrigen sollte uns alleine die ungeheuer große Zahl von 23 Mio. Mitgliedern des DSB skeptisch bzgl. der Realisierungswahrscheinlichkeit des sportpädagogischen Tugendkatalogs stimmen. Wir leben in einer pluralistischen Gesellschaft, in der es verschiedene Sportsysteme wie z.B. den *Spitzensport*, den *Breitensport*, den *Gesundheitssport*, den *Schulsport* und den *Seniorensport* gibt. Diese Sportsysteme beruhen auf unterschiedlichen Werten, welche selbstverständlich unterschiedlich realisiert oder angezielt werden. Wir haben es somit im Sport mit einem Wertepluralismus, teilweise sogar mit *heteronomen Wertesystemen* zu tun. Der Wertepluralismus kann recht einfach demonstriert werden (vgl. JANSSEN, WEGNER & BOLTE, 1992).

In einer Befragung von 230 Wettkampf-, Hobby-, Aerobic-, und Studiosportlern gibt es deutliche Einstellungs- und Interessenunterschiede bzgl. des Sporttreibens. Beispielsweise gewichteten die Mannschaftssportler die Fitneß, Askese und den Lernerfolg ganz hoch, während die Aerobicvereinssportler der Katharsis, Entspannung und Fitneß und die Aerobicstudiosportler der sozialen Erfahrung, Ästhetik, dem Körper und der Mode den ersten Wertrang einräumten. Auch Frauen und Männer unterscheiden sich. Frauen betreiben Sport wegen der Gesundheits- und Attraktivitätserwartungen. Männer hingegen schätzten das Gemeinschaftserlebnis, trainieren und lernen gerne und möchten Risiko und Spannung im Sport erleben. Die klassischen Leistungswerte oder die sozial orientierten Einstellungen sind im gegenwärtigen Sport genauso handlungsleitend wie der Wunsch nach individueller Körpererfahrung und individueller Profilierung durch sportliche Aktivitäten. In dieser Heterogenität der Interessen und Einstellungen drückt sich aber nicht ein **Wertewandel**, sondern eine Differenzierung von Werten in unserer Gesellschaft aus.

Belege spezieller Effekte. Statt nach globalen Sozialisationseffekten zu suchen, sollte man vielmehr gemeinsame Merkmale beschreiben, die man an besonderen Gruppierungen betrachten kann. Man denke dabei an die Typ-A- oder auch Unfallforschung. In beiden Problembereichen ist es gelungen, einen harten Kern gemeinsamer Variablen zu identifizieren, welche entweder die Entwicklung der KHK oder der Unfallwahrscheinlichkeit erklären können. Warum brechen beispielsweise talentierte Sportler/innen ihre Leistungskarriere ab? Gibt es für diese *Dropouts* ein gemeinsames Muster von Antezedentien, von negativen Verstärkungen, von Bewertungen oder von Selbstkontrollstilen, etc.? Oder eine ganz andere Frage: Welche Frauen betreiben einen sog. männlichen Leistungssport wie z.B. den Handballsport? Welches sind die kontrollierenden Reize oder Attraktoren? Welche Verstärkungsbedingungen gibt es für diese Tätigkeiten?

Dropouts. Talentierte Sportler/innen im Landeskader und im Bundes-C-Kader, die noch nicht den vermuteten Leistungsgipfel erklommen haben, aber plötzlich ihre Leistungskarriere abbrechen, fallen daher aus dem organisierten System als Leistungssportler heraus (drop out). Sie werden vereinfacht als "Dropouts" bezeichnet. Kein Dropout ist der Athlet, der seinen Leistungshöhepunkt bereits überschritten hat, aber überraschend seinen vollständigen Rückzug aus dem aktiven Leistungssport antritt. Welche Ursachen erklären das Dropoutphänomen? BUßMANN & ALFERMANN (1990) haben von 1985 bis 1989 51 DLV-Juniorinnen beobachtet und nach den Gründen des Karriereabbruchs gefahndet. Von den 51 Spitzenathletinnen des Jahres 1985 waren neun 1989 im A- oder B-Kader des DLV, jedoch sechzehn (31%) hatten den Leistungssport an den Nagel gehängt. Als vorrangige Gründe werden Verletzungsfolgen genannt. Vergleicht man jedoch Häufigkeit und Verletzungsgrad der Aktiven und der Dropouts, so finden sich keinerlei Verteilungsunterschiede. Bemerkenswert ist allerdings, daß nur ein Dropout und fünf Aktive überhaupt keine Verletzungen kannten; während sich 70% bis 80% immerhin mittlere oder schwache Sportverletzungen zugezogen hatten. Offensichtlich haben die Dropouts ihre Verletzungen als gravierender oder unüberwindbarer gewertet als die Aktiven. Die eigentlichen Ursachen für den Karriereabbruch sehen BUßMANN & ALFERMANN allerdings nicht in diesem physischen Handicap, sondern in *subjektiven* und *objektiven Verstärkungsbedingungen des Verhaltens.* Die Dropouts erleben ihre soziale Umgebung nach mißlungenen Wettkämpfen als weniger verständnisvoll. Sie scheinen auch emotional weniger stabil oder selbstsicher gewesen zu sein als die Aktiven, und zwar schon zu Beginn der Untersuchung. BUßMANN & ALFERMANN (1990) fordern als Fazit ihrer Untersuchung drei Maßnahmen: a) eine bessere Verletzungsprophylaxe und Rehabilitation, b) eine gezielte soziale Unterstützung und c) eine bessere psychologische Betreuung und Vorbereitung für **alle** Leistungssportlerinnen.

ROBINSON & CARRON (1982) haben sich ebenfalls mit dem Dropoutproblem befaßt. Sie verglichen 98 Footballspieler - darunter 33% Dropouts - mit Fragebögen in verschiedenen Merkmalen. Für den Karriereabbruch fanden sie ähnliche Ursachen wie BUßMANN & ALFERMANN, nämlich a) bei Mißerfolg mangelnde Unterstützung durch ihre soziale Umgebung, b) ungünstige persönliche Attribuierungsmuster (z.B. Mißerfolg wird auf eigene Fähigkeiten, Erfolg auf Anstrengung zurückgeführt) sowie c) autoritäre und fordernde, nicht fördernde Trainer.

In einer Längsschnittanalyse mit ca. 150 jugendlichen Leistungssportlern der Sportarten Eiskunstlauf, Kunstturnen und Schwimmen registrierte KAMINSKI (1988) zwölf Jahre lang alle Lebensumstände, u.a. auch die Gründe für einen Karriereabbruch. In den ersten vier Beobachtungsjahren - nämlich bis zum 17. Lebensjahr - gaben 25% den Leistungssport auf; mit 24 Jahren betrieben nur noch 20% aktiv den Leistungssport (30% das Kunstturnen und je 10% das Schwimmen und Eislaufen). Als häufigsten Grund, sich vom Leistungssport zurückzuziehen, nennen die Sportler schwere oder zahlreiche Verletzungen in Folge. Auch KAMINSKI fordert: a) die hohe Verletzungsquote im Jugendleistungssport zu senken, b) eine psychologische Betreuung der

Sportler und Beratung der Eltern aufzubauen und c) ein sorgfältiges psychologisches Training für die Trainer zu organisieren.

Dropouts sind somit talentierte Leistungssportler, die mit den körperlichen Belastungen (Streß) des Leistungssports nicht ohne fremde Hilfe fertig werden. Sie haben keine angemessenen Bewältigungsstrategien eingeübt, die sie bei Bedarf praktizieren könnten. Bei der Bewältigung normaler und notwendiger Mißerfolge fühlen sie sich außerdem alleine gelassen, so daß für sie die Folgen des Leistungssports zunehmend aversiver werden. Ihr konsequenter Schritt ist daher die strikte Meidung der aversiven Lebensbedingungen. Hinsichtlich des Zieles von Spitzenleistungen sind somit die Sozialisationseffekte des Sports für die Dropouts aus erklärbaren Gründen negativ geworden.

In Bezug auf Berufsziele oder andere Ziele der Lebensführung kann die Dropoutentscheidung aber sehr positive Folgen haben. Sie können sich nunmehr voll ihrer Berufskarriere, ihren Hobbys und ihren Mitmenschen widmen. Selbst bei einer erfolgreichen Leistungssportkarriere können sich sehr wohl auch negative Effekte einstellen, wie dies NELSON (1983) für amerikanische Leistungssportler beschrieben hat. So erhalten sportlich talentierte amerikanische Studenten zahlreiche Unterstützungen und Förderungen durch ihre Universität oder durch ihr College. Diese Förderungen gehen soweit, daß für schwache Studienleistungen im Hauptfach (z.B. Literatur, Geschichte, Politik, etc.) gute Noten vergeben werden. Denn der *amerikanische Sportmythos* erwartet nun einmal gute intellektuelle und soziale Leistungen von seinen Athleten. Damit die talentierten Sportler möglichst lange die Farben und die Ehre der Universität verteidigen, werden sie in sog. "crib courses" mit guten Noten versorgt. Die Folge dieser Collegepraxis ist jedoch längerfristig negativ. Denn die Leistungssportler lernen für einen Job zu wenig. Sie kommen daher nach der Collegezeit nicht in soliden Jobs unter, da sie methodisch nicht gut ausgebildet wurden. NELSON meint, das amerikanische Universitätssportsystem sei für körperlich talentierte Studenten eine *soziale Falle*: Sie würden geködert und durch das System geistig amputiert.

9.4 Aggression und Wettkampf

Konkurrenz, Wettbewerb und Wettkampf sind im Sport ritualisierte Formen der Auseinandersetzung zwischen Individuen, zwischen Mannschaften oder auch zwischen Nationen. Nicht die geschichtliche oder anthropologische Verwurzelung interessiert hier, sondern die zeitgemäße Beschreibung des Konkurrenzsystems. Das Sportwissenschaftliche Lexikon behauptet, daß der Wettkampf eine geregelte Auseinandersetzung um einen ideellen, symbolischen oder materiellen Wert sei, den nur eine Partei gewinnen könne; Chancengleichheit würde dabei zur Maxime erhoben (vgl. RÖTHIG, 1992). Verletzungen der Chancengleichheit sowie Regelverstöße fallen in die Zuständigkeit der Sportverbände. Eine Wettkampfsituation setzt also a) zumindest einen Athleten, jedoch normalerweise mehrere Athleten, b) ein Publikum, c) ein Kampf- oder Schiedsgericht, das die Leistung der Athleten bezüglich der Wettkampfregeln und der Leistungsnormen überprüft, und d) eine Veranstaltungsorganisation voraus, welche die Wettkampfanlagen vorbereitet und zur Verfügung stellt. Normalerweise streiten mehrere Athleten in einem Wettkampf vor einem Publikum um den Sieg. Die Athleten können die Wettkampfsituation unterschiedlich interpretieren: Kampf bis zum Umfallen oder freundschaftliches Kräftemessen. Sie können auch die Konsequenzen des Wettkampfes wie Sieg oder Niederlage, Gewinn einer Siegesprämie oder Verlust eines hohen Rangplatzes auf einer Weltbestenliste verschieden erleben. Dennoch gibt es in einem Wettkampf nur einen Sieger.
Sind die Unterlegenen darüber enttäuscht? Können sie ihre Enttäuschung verarbeiten? Werden sie nicht geradezu im Erleben der Niederlage aggressiv? Oder breitet sich durch den Wettkampf eine psychische Entspannung aus, die man mit dem schönen Begriff der *Katharsis* belegt hat? Sind Boxer nach einem Wettkampf besonders zahm und ausgeglichen? Gibt es nicht unterschiedliche Persönlichkeitsdispositionen zur Aggressivität? Wie auch immer die Antworten ausfallen mögen - das Wettkampfthema des Sports ist ganz eng mit der Aggressionsproblematik verbunden. Aggression, Feindlichkeit und Aggressivität sind überhaupt zentrale Probleme der menschlichen Kultur. Zunächst sollen deshalb einige Begriffe erläutert werden.

9.4.1 Begriffsklärungen

Psychologische Definition: *Aggression ist die absichtliche Schädigung (materiell, körperlich, seelisch) einer anderen Person oder auch die Androhung von Schädigungen, Verletzungen, Beeinträchtigungen (intentionale Definition).*
Ethologie: *Interspezifische (Beuteverhalten) und intraspezifische Aggression werden unterschieden. Individualisierte intraspezifische Aggressionen sind: Territorial-, Brut-, Selbstverteidigungs- und Dominanzaggression (Rivalität). Diese Formen dienen der Erhaltung der Art; sie haben Selektionsvorteile.*
Intraspezifische Intergruppenaggression wird beobachtet bei staatenbildenden Insekten, aber auch bei Säugetieren (Schimpansen, Pavianen). Ihr Selektionsvorteil ist umstritten; sie gilt als destruktiv. In unserer Art heißt sie Krieg. Ziel ist die Verdrängung, Versklavung oder Auslöschung (Massenmord) anderer Gruppen. Das *fünfte Gebot* richtete sich vor 3000 Jahren an den Schutz der eigenen Gruppe, nicht der "Feinde" (KÜNG, 1990).

Menschliche Aggression hat eine instinktive und eine kulturelle Basis.

Angeborene aggressive Disposition (instinktive Basis):

(1) männliches Geschlechtshormon (Testosteron),
(2) mehrere neuronale Strukturen (pathologische Fälle),
(3) Fremdenangst (Xenophobie) in Gruppen sowie Angstreaktionen bei Babys im Alter von 6 bis 9 Monaten gegenüber Fremden,
(4) Aggressionsabreaktionen und Entspannung beim Schimpfen,
(5) Aggressionshemmung bei Kindern und Babys, aber auch gegenüber Mädchen und Frauen (aber nicht bei Wut).

Kulturelle Bedingungen:

(1) **Förderung der Aggressivität:** Feindseligkeit, Hetze, Propaganda, Verhinderung persönlicher Kontakte, autoritäre Strukturen der Erziehung, Elite- und Auserwähltheitsmythen, Förderung der Aggressivität innerhalb der Gruppe

durch Belohnung und Vorbilder; Kriegshetze und Feindbilder (Angst vor Kommunisten: "Lieber tot als rot");

(2) **Kontrolle der Aggressivität:** Entfernung aggressionsauslösender Reize (Feind nicht mehr da); Aktivierung bindender Mechanismen wie Gruß- und Freundschaftsrituale, Identifikation, Gefühlsbindung durch Kontakte, sportlicher Wettstreit, Turniere, Olympiaden und Pflege freundschaftlichen Verhaltens.

9.4.2 Klassifikation aggressiver Verhaltensweisen im Sport

Nach einer weitverbreiteten Überzeugung wird unter Aggression die absichtliche Androhung von oder die tatsächliche (seelische oder körperliche) Verletzung oder auch die materielle Schädigung einer anderen Person verstanden (BERKOWITZ, 1975; BERGIUS, 1976). Der entscheidende Punkt in dieser Definition ist die Absicht. Wenn man eine andere Person nicht absichtlich schädigt oder verletzt, spricht man von Versehen, nicht aber von Aggression. *Eine aggressive Verhaltensweise liegt vor, wenn einer Person oder Sache aktiv und zielgerichtet Schaden zugefügt wird, sie geschwächt oder sie geängstigt wird.*

Aus dieser Beschreibung geht leider nicht eindeutig hervor, was aggressiv und was nicht-aggressiv ist. Eine Ohrfeige, die man bekommt, ist wohl immer das Ergebnis einer Aggression; eine Ohrfeige, die man austeilt, wird man hingegen beschönigend als rein pädagogische Maßnahme bezeichnen. Um subjektive und willkürliche Kategorisierungen zu vermeiden, muß man daher bei der genaueren Beurteilung danach fragen, ob eine Population oder eine Referenzgruppe eine Aktion als Schädigung, Schwächung oder Ängstigung erlebt. Wenn Ohrfeigen allgemein als "Liebesbeteuerung" erlebt und gewertet würden, könnte man sie wohl nicht als aggressive Verhaltensweisen bezeichnen. Nun beobachtet man auch bei Tieren Verhaltensweisen, die rein äußerlich gesehen als aggressiv eingestuft werden, weil sie Schädigungen, Ängstigung oder Tötung eines anderen Lebewesens zur Folge haben. Sie unterscheiden sich jedoch von der Klasse der definierten Verhaltensweisen durch ihre Funktionsweise. Diese tierischen Verhaltensweisen sind *instinktmäßig* gesteuert. Als instinktiv zählen Verhaltensweisen, die a) nicht lange gelernt werden, b) durch sehr spezifische Schlüsselreize ausgelöst werden, c) stereotyp und artspezifisch ablaufen und d) durch ein neurologisch oder anatomisch identifizierbares Zentrum des zentralen Nervensystems kontrolliert und gesteuert werden. So unterscheidet man bei Tieren beispielsweise *interspezifische* Beuteaggression von *intraspezifischer* Dominanz- oder Rivalitätsaggression, Territorialaggression, mütterlicher Verteidigungsaggression, selbstverteidigender Angst- und Zornaggression (vgl. VALZELLI, 1981). Man könnte hier entweder von instinktiver oder auch primärer Aggression sprechen. Von der primären Aggression, die nicht gelernt wird, muß die sekundäre oder auch die instrumentelle Aggression unterschieden werden.

Instrumentelle aggressive Verhaltensweisen werden erlernt; sie ergeben sich nicht automatisch durch einen organischen Reifeprozeß. Sie sind zielgerichtet und daher beim Menschen absichtlich (und volitiv) gesteuert. Macht, Reichtum, Sozialprestige sind nur ein paar allgemeine Ziele, welche durch geplante aggressive Verhaltensweisen erreicht werden können. Beispiele instrumenteller aggressiver Verhaltensweisen sind: Raubüberfall, Vergewaltigung, zorniger Wortwechsel zwischen Eheleuten, Sprengung eines verhaßten Denkmals, Zuschlagen bei unvermuteter Belästigung, Anbrüllen eines Verkehrsteilnehmers, der sich angeblich nicht gemäß der Straßenverkehrsordnung verhalten hat, einen Schmähbrief schreiben oder auch bei einer Auseinandersetzung den Vogel zeigen (KORNADT, 1992).

Bei dieser Fülle verschiedener Verhaltensweisen wird manchmal versucht, besondere Typen der instrumentellen Aggression zu beschreiben, um ein allgemeineres Erklärungsprinzip dahinter zu erkennen. Man trennt dann beispielsweise die feindliche von der "sozialen" Aggression. Das einzige Ziel der feindlichen (sprich bösen) Aggression soll die Verletzung oder Schädigung einer Person sein, nur um sie zu schädigen oder um sie leiden zu sehen. Die "soziale" Aggression wird hingegen manchmal von politischen Gruppierungen für sich reklamiert: Ihre Aggression sei letztlich gut, weil sie einem allgemeinen sozialen Zweck diene, der soziale Mißstände aufheben oder verändern soll. Da es sehr schwierig ist, den Unterschied zwischen böser, krankhafter und egozentrischer Motivation einerseits und guter, gesunder, sozialer Motivation andererseits in der Beobachtung und Bewertung gelernter aggressiver Verhaltensweisen zu erkennen, empfiehlt es sich, mit dieser Typologie nur unter Vorbehalt zu arbeiten. Es gibt schließlich auch noch weitere Einteilungsversuche. Ich nenne nur ein paar bipolare Klassifikationen, ohne sie zu erläutern: *spontane* gegenüber *reaktiver*, *implizite* (fahrlässige) gegenüber *expliziter* (vorsätzlicher), *ärgermotivierte* gegenüber *anreizmotivierter* Aggression. In jedem Falle handelt es sich jedoch um eine Unterart der instrumentellen Aggressivität, solange bei einer Handlung nicht alle vier Merkmale für eine Instinkthandlung nachgewiesen sind.

Nun zum Problem der **instrumentellen Aggression** im Sport. Der Grundgedanke des sportlichen Wettkampfes ist eine Auseinandersetzung zwischen Parteien oder zwischen einzelnen Wettkämpfern nach einem vorgegebenen Reglement, um den Besten, den Sieger, den Leistungsstärksten, den Champion zu ermitteln. Da Sport im wesentlichen mit motorischen Mitteln betrieben wird, sind die meisten Gegnerbehinderungen körperlicher, d.h. also motorischer Art. Deshalb allerdings den sportlichen Wettkampf als Kette aggressiver Auseinandersetzungen zu bezeichnen, wird wohl heute nur noch von Laien vorgeschlagen, welche die Wettkampfbestimmungen resp. das Regelsystem der Sportarten nicht kennen. Andererseits ist nicht jede beliebige motorische Gegnerbehinderung zulässig. Welche behindernden Körperkontakte verboten sind, wird im Regelwerk jeder Sportart beschrieben.

Hier ein Beispiel aus dem Hallenhandballspiel. Die seit dem 1.8.1981 gültige Regel Nr. 8 der Internationalen Handballföderation beschreibt das Verhalten zum Gegner in Form von Verboten: *"Es ist verboten - die Faust zu benutzen, um dem Gegner den Ball wegzuspielen, dem Gegner den gefaßten Ball mit einer Hand oder mit beiden Händen zu entreißen, den Gegner mit Armen, Händen und Beinen zu sperren, den Gegner festzuhalten, zu umklammern, zu behindern, zu schlagen, zu stoßen, anzurennen, anzuspringen, das Bein zu stellen, sich vor ihm hinzuwerfen oder ihn auf andere Weise zu gefährden".* Unterschiedlich schwere Verstöße gegen diese Vorschriften sind Regelwidrigkeiten, die mit Freiwurf, Verwarnung, Hinausstellung oder gar Disqualifikation sanktioniert werden müssen. Nicht hinter jeder dieser regelwidrigen Gegnerbehinderungen wird man eine Absicht vermuten, den Gegner zu schädigen. Allerdings nimmt ein Abwehrspieler eine leichtere (oder auch schwere) Körperverletzung oftmals in Kauf, um bei einem Angriff den gegnerischen Torerfolg zu verhindern. Nach sportmedizinischen Beobachtungen ergeben sich 63% aller Verletzungen im Hallenhandball durch Mißachtung der Regel 8 (vgl. HESS, 1976). Derartige Behinderungen werden daher als *taktische Fouls* bezeichnet. Sie gehören in das Repertoire jeder Deckungstechnik im Hallenhandball.

Falls jedoch eine Schädigungsabsicht erkennbar ist, ist der Täter mit Disqualifikation zu bestrafen. Das IHF-Regelwerk definiert deshalb in der Regel Nr. 17: *"Tätlichkeit ist eine bewußte Schadenszufügung gegenüber Mitspielern, Gegnern, Schiedsrichter, Zeitnehmer, Sekretär, Offiziellen und Zuschauern. Sie besteht durchwegs in Anwendung physischer Gewalt"*. Der Begriff der Tätlichkeit deckt sich demnach mit dem Begriff der aggressiven Handlung. Nun unterscheiden die Regeln auch noch zwischen unsportlichem und grob unsportlichem Verhalten. Unsportliches Verhalten ist beispielsweise das Stören eines Torwartes bei Vorbereitung einer Abwehr eines 7m-Wurfes (Strafstoß) durch Beleidigungen oder durch laute Zurufe. Grob unsportlich sind sog. Reflexhandlungen nach einem erlittenen Foul oder z.B. die Reaktion auf eine Schiedsrichterentscheidung wie die Hose herunterzuziehen oder andere Beleidigungen der Schiedsrichter oder Gegner. Auch diese Verhaltensweisen tragen die Merkmale aggressiver Reaktionen. Sie sind nämlich: a) Handlungsketten, b) nicht Selbstzweck, sondern (problemlösend) zielgerichtet, c) gelernt, geformt, situationsgemäß, d) in der Erscheinungsform sehr variabel und schließlich e) motiviert durch Bedürfnisse wie Gewinnenwollen oder Nichtverlierenwollen. Last not least sind sie von einer milderen oder größeren Schädigungsabsicht gesteuert oder begleitet. Denn als Schädigung zählt im Leistungssport auch das provozierende Nervösmachen, das bewußte Ärgern oder Irritieren bei ganz entscheidenden Situationen für eine Mannschaft. Bekanntlich vermindern erhöhte Nervosität, Unsicherheit oder Verärgerung die Leistungsfähigkeit in Situationen höchster psychophysischer Anspannung. Darf man also im Normalfall bei den Tätlichkeiten, den groben Unsportlichkeiten und den Unsportlichkeiten eine Schädigungsabsicht unterstellen und diese Handlungen in die Kategorie der instrumentellen Aggression einreihen, so gilt dies sicher nicht für jenes regelwidrige Verhalten, welches als *technischer Fehler* qualifiziert wird. Ein technischer Fehler im Handballspiel liegt beispielsweise dann vor, wenn man vom Trainer ausgewechselt wird, ohne vom Schiedsrichter die Erlaubnis für das Betreten der Spielfläche erhalten zu haben. Ein anderer technischer Fehler wird begangen, wenn der Torwart den Ball nach seinem Abwurf außerhalb des Torraumes berührt, bevor ein anderer Spieler diesen Ball berührt hat. Es gibt mithin regelkonforme und regelwidrige Behinderungen des Gegners oder des Spielflusses. Die regelwidrigen Spielbehinderungen können in technische Fehler, in taktische Fouls und in Unsportlichkeiten unterteilt werden. Bei den erkannten Tätlichkeiten und Unsportlichkeiten liegt zweifelsfrei eine aggressive Verhaltensweise vor.

Nun gibt es aber noch eine weitere Kategorie von Verhaltensweisen, die man als *verdeckte Fouls* bezeichnet. Die Schiedsrichter erkennen nicht das Foul oder die Unsportlichkeit. Verdeckte Fouls werden meistens außerhalb der Aufmerksamkeitszone der Schiedsrichter begangen, sozusagen im Rücken der Schiedsrichter, die vor allem auf den Ballverlauf achten. Diese Fouls sind eindeutig beabsichtigt und auf die Schädigung sowie Irritierung des Gegners gerichtet. Hier ein Beispiel. In der Frankfurter Allgemeinen Zeitung Nr. 20 war am 25. Januar 1982 unter der Überschrift "Fälscher am Werk" folgendes zu lesen:

> *"Sich selbst geschadet hat am Samstag der Fußball-Profi Werner* LORANT. *Mit einem Handkantenschlag streckte er den Dortmunder* VOTAVA *nieder, en passant, sozusagen, denn der Ball war weit weg, die Aufmerksamkeit also abgelenkt. Weder der Linienrichter, vor dessen Augen der Akt von Niederträchtigkeit geschah, hatte etwas gesehen, noch das Auge der Fernsehkamera. Schade eigentlich, reif für einen Platzverweis war dieser Schlag allemal.* LORANT *hat Glück gehabt. Statt eines Falles für* KINDERMANN *ist* LORANT *ein Fall für die Eintracht geworden. Die hat es jetzt nicht*

nur mit einem Fälscher, sondern auch mit einem 'Falschspieler' zu tun."

Und nun zum springenden Punkt: Wie sollen aggressive Verhaltensweisen im Sport registriert werden? Wie ist der Aggressionsgehalt einer Regelwidrigkeit einzustufen? Ich schlage ein Kategoriensystem vor, das aus sechs Klassen besteht (vgl. Tab. 9.2):

Tab. 9.2: Klassifikation von Gegnerbehinderungen und Fouls

körperliche Schädigung, Irritierung	Schiedsrichterentscheidung:		aggressives Verhalten
	Keine Sanktion	Sanktion	
nicht beabsichtigt	spielimmanente, zulässige Behinderung	**Technischer Fehler:** Wechselfehler, Ausball, Zeitspiel, ...	nein
nicht (unbedingt) beabsichtigt, jedoch in Kauf genommen	**Taktisches Foul:** Vorteilsregel wird angewendet	**Taktisches Foul:** Festhalten, Klammern, Schlagen, Stoßen	fraglich, möglich
ausdrücklich beabsichtigt, gewollt	**Verdecktes, leichtes oder grobes Foul:** Tätlichkeit, Unsportlichkeit, grobe Unsportlichkeit	**Grobes Foul:** Tätlichkeit, grobe Unsportlichkeit, Unsportlichkeit	ja

Folgende Definition einer aggressiven Verhaltensweise im Sport erscheint daher sinnvoll: *"Eine gegnerbehindernde Handlung ist (instrumentell) aggressiv, wenn für einen Schiedsrichter (Sachverständigen) erkennbar ist, daß ein Athlet mit dieser Handlung gleichzeitig beabsichtigt, einen Gegenspieler (oder Wettkampfgegner) zu verletzen, zu verunsichern oder zu ängstigen"*. Diese Definition entspricht im Prinzip den heute vorherrschenden Definitionsversuchen innerhalb der Psychologie (HECKHAUSEN, 1989). Sie entspricht im großen und ganzen auch einem Definitionsvorschlag von GABLER (1976), der allerdings absichtliches Nervösmachen und Verunsichern nicht zu den aggressiven, behindernden Verhaltensweisen im Sport zählt. Zwei Punkte dieser Definition sollen noch besonders erwähnt werden. Der wichtigste ist der Schiedsrichter (oder Sachverständige). Er muß aufgrund des Regelwerkes in der Lage sein, ein böses Foul von einem taktischen Foul zu unterscheiden. Ein Problem der Wettkampfspiele ist die unterschiedliche Regelauslegung verschiedener Schiedsrichter. Dieser Tatbestand kann nicht verschwiegen werden. Wir müssen damit leben, daß es keine absolute Normierung der Schiedsrichterentscheidungen gibt. Folglich gibt es auch keine absolute Grenzziehung zwischen taktischen und aggressiven Fouls.

Auch die Mannschaften müssen damit leben. Und damit berühre ich den zweiten wichtigen Punkt der Aggressionsdefinition. Die Mannschaften wissen: es gibt strengere und großzügigere Schiedsrichter. Sie richten ihre Spielweise darauf ein. Vielfach wird zu Beginn eines jeden Spiels abgetestet, wie weit oder eng die Grenzen des harten, aber fairen Spiels, des taktischen Fouls und teilweise auch des bösen Fouls gezogen sind. Die "Gangart" eines Spiels entscheidet sich vielfach in den ersten sieben bis zehn Minuten eines Spiels. Dann ist beiden Mannschaften klar, wo die Grenzen sind.

9.5 Erklärungsmodelle der Aggression

Wenn man sich über beschriebene Sachverhalte geeinigt hat, möchte man gern wissen: Warum ist das so? Warum gibt es verdeckte Fouls? Warum gibt es grobe Unsportlichkeiten?

Zur Deutung der Aggression stehen sich heute zwei Ansätze gegenüber. Der erste besagt: Aggression gehört zur natürlichen Mitgift aller Lebewesen, auch des Menschen. Jeder hat ein unterschiedliches Quantum an Aggressivität mitbekommen, das verbraucht werden muß. Der andere Ansatz behauptet hingegen: Aggression ist ein kulturelles Produkt. Sie ist das Ergebnis von Frustration und von Vorbildern, die mit der Frustration nicht fertig werden. Die erste Deutung wird von der *Psychoanalyse* und von der *Ethologie* vertreten. Die zweite Deutung wird von *Lern-* und *Sozialpsychologen* befürwortet. Als Repräsentant der ersten Deutung betrachte ich genauer die Instinkttheorie der Verhaltensforschung. Sie ist gegenwärtig die populärste Theorie.

Instinkttheorie. Es gibt vier große Triebe: Hunger, Liebe, Flucht und Aggression, sagt K. LORENZ (1963). Die Aggression regelt den Bestand, die Verteilung und die Rangordnung in Tiergruppen, schließlich in der gesamten Spezies. Daher bezeichnet LORENZ sie auch als intraspezifische Aggression.

Diese beruht auf einer endogenen, automatischen und rhythmischen Erzeugung von Energie, die sich in aggressiven Aktionen entlädt. Eine Entladung erfolgt normalerweise bei Darbietung eines Schlüsselreizes. Die Entladung ist notwendig. Zeigt sich kein Schlüsselreiz, kein Auslöser, so tritt Unruhe ein. Der Schwellenwert für den aggressionsauslösenden Reiz erniedrigt sich. Die Aggression meldet sich nach LORENZ selbst zu Wort. Man platzt beim kleinsten Anlaß. Denn Aggression sei keine Reaktion, sondern ein Trieb (anders jedoch TINBERGEN, 1968).

Bedenkt man die Funktion der Aggression für die Lebensführung, zeigt sich ein Unterschied zwischen tierischer und menschlicher Aggression. Für das Tier ist die Aggression zweckhaft geregelt: a) sie dient der Arterhaltung; b) vom schwächsten zum stärksten Tier wird die Rangordnung - manchmal als Hackordnung bezeichnet - in einer Gruppe ausgekämpft; c) meistens wird kein Artgenosse beim Rivalenkampf getötet; d) gegen fremde Tiere gibt es jedoch kein Pardon. Dieses Verhalten ist sehr sinnvoll; denn die Aggressionsenergie kann ständig abgeführt werden, solange Gegner da sind.

Nicht so beim Menschen. Bei uns fällt die instinkthafte Regelung der Aggressionsabfuhr aus. Zwar laden wir uns auf und werden unruhig, wenn wir auf engem Raum zusammengepfercht werden. Wir möchten dann dem anderen gleich an den Hals. Wenn wir kein Gewissen hätten, würden wir uns häufig prügeln und gegenseitig umbringen. Denn wir haben keine angeborene Tötungshemmung gegenüber anderen Menschen, wenn diese sich unterwerfen. Unser Gewissen bezieht auch nur unsere engere Lebensgruppe in das *fünfte Gebot* ein. Zuviel Gewissen ist andererseits gefährlich. Aggression wird gestaut und nicht abgebaut. Wir werden zu Mördern oder Amokläufern.

Wie können Mord und Totschlag vermieden werden? Es gibt drei Möglichkeiten. Zum einen ist die aufgestaute Aggressionsenergie auf wertlose Ersatzobjekte zu lenken. Zum anderen werden im reglementierten Wettkampfsport Aggressionen entladen; beim Athleten direkt, beim Zuschauer symbolisch. Schließlich ist an die Kunst und Wissenschaft zu denken; diese sind international; sie schaffen Verbindungen über die Völker hinweg und dämmen so die Kriegsgefahr ein.

Zum Schluß sei K. LORENZ (1963, S.398) selbst das Wort gegeben: "*Eine im menschlichen Kulturleben entwickelte ritualisierte Sonderform des Kampfes ist der Sport. Wie phylogenetisch entstandene Kommentkämpfe verhindert er soziatäts-schädigende Wirkungen der Aggression...Die Fairneß oder Ritterlichkeit des Sports, die auch unter stark aggressionsauslösenden Reizwirkungen aufrechterhalten wird, ist eine wichtige kulturelle Errungenschaft der Menschheit.*"

Soziales Lernen. Die Gegenthese zur Instinkttheorie behauptet: Einen angeborenen Aggressionsinstinkt, der automatisch aufgeladen wird und sich bei Schlüsselreizen oder Ersatzobjekten entlädt, gibt es nicht. Das ist nur scheinbar so. In Wirklichkeit werden aggressive Verhaltensweisen genauso wie helfende oder Leistung schaffende Aktionen gelernt. Gibt es etwa einen Leistungsinstinkt oder einen Hilfeinstinkt, die sich automatisch aufladen und die durch Schlüsselreize entladen werden? Zwei Lernprinzipien können aggressive Verhaltensweisen festigen. Diese heißen operantes Lernen und Nachahmungslernen. Das operante Lernen beruht auf dem Verstärkungsprinzip, welches besagt: Verhaltensweisen, die mit angenehmen Folgen verbunden sind, werden beibehalten; sind die Folgen unangenehm, werden Verhaltensweisen unterlassen. Eine umfangreiche Klasse von Verhaltensweisen wird durch "Weinen, Schreien, Schluchzen, Fliehen, Schimpfen" oder durch andere Anzeichen des Verletztseins unmittelbar verstärkt. Wenn man als Erzeuger solcher

Schädigungssignale ein paarmal oder in bestimmten Zeitabständen mit dem Gefühl der Mächtigkeit, mit Lob oder anderen Gütern belohnt wird, dann behält man diese Aktionen bei. Man wird schließlich unausstehlich aggressiv. Selbst wenn diese unausstehlichen Verhaltensweisen nicht immer mit einer erkennbaren Belohnung verbunden sind, teilweise sogar Strafe zur Folge haben, werden sie doch wieder geäußert. Gibt es in diesem Zusammenhang erneut eine Belohnung, dann steigt die Wahrscheinlichkeit zu aggressiven Verhaltensweisen.

Wir lernen aber nicht nur durch Versuch und Belohnung, sondern auch durch Beobachtung und Nachahmung. Das Nachahmungslernen ist eine Mitgift, mit der wir wuchern. So lernen wir als Kinder von unseren Eltern, Lehrern oder von anderen Vorbildern sehr schnell, in welchen Situationen aggressive Verhaltensweisen erfolgreich sind. Dieses lernen wir durch unmittelbaren Kontakt mit unseren Vorbildern oder auch durch das Fernsehen. Leider lernen wir von unseren Fernsehhelden, daß Schlagen, Raufen, Schießen und Schimpfen besondere Verhaltensweisen sind, die angeblich das Gute fördern. Das Gegenteil tritt leider längerfristig gesehen ein. In einer Langzeitstudie über 22 Jahre zum Einfluß von TV-Modellen hat ERON (1987) zweierlei demonstrieren können: (a) Aggressive Kinder und Jugendliche neigen zur Wahl von TV-Gewaltprogrammen; Gewaltszenen veranlassen sie aktuell zu aggressiven Verhaltensweisen. (b) Die Aggressivität von Achtjährigen und die Häufigkeit von TV-Programmen korreliert mit der Kriminalitätsrate der Dreißigjährigen 22 Jahre später. Je häufiger TV gesehen wurde, desto schwerer waren später die kriminellen Vergehen. Die Studie wurde an 600 New Yorker Kindern 22 Jahre lang unter Berücksichtigung des Bildungs- und Einkommensniveaus durchgeführt und kann nicht wegen methodischer Schwächen ignoriert werden. Wie können unerwünschte aggressive Verhaltensweisen lerntheoretisch gesehen vermindert werden? Etwa durch Dampfablassen oder durch gezieltes Verhaltenstraining? Was sich als Aggressionstrieb zu äußern scheint, sind gelernte aggressive Verhaltensstile, die nicht durch Dampfablassen zu kontrollieren sind. Es ist besser, wenn Aggressionen überhaupt ohne Erfolg bleiben oder regelmäßig zum Mißerfolg führen. Positive Verstärkung erwünschten Verhaltens gemeinsam mit der Nichtbeachtung unerwünschten Verhaltens bilden daher eine erfolgversprechende Trainingsmethode. Dieses Verhaltenstraining ist unter der Fachbezeichnung "differentielle Verstärkung" bekannt. Vorbildverhalten in kritischen Situationen verbessert die Wirkung des Verhaltenstrainings. Leider ist die Verhaltenstherapie nur eine Feuerwehrmethode, die zwar Einzelbrände, keine Flächenbrände löschen kann (vgl. BERGIUS, 1976).

9.6 Bewertung der Modelle

Die beiden gegensätzlichen Deutungen der Aggression beschreiben die Grenzen, in denen die Forschung sich heute abmüht. Ethologen untersuchen tierisches Verhalten. Neurologen untersuchen in Kliniken meistens behandlungsdürftige kranke Männer und Frauen. Lernpsychologen beobachten in Experimenten aggressives Verhalten z.B. bei Studenten; in therapeutischen Sitzungen trainieren sie meistens verhaltensauffällige Kinder. Welche Ergebnistrends weist diese Forschung auf?

Geltungsbereich der Triebtheorie. Zuverlässige Auskunft geben die jüngsten Sammelberichte zur Aggressionsforschung (vgl. HECKHAUSEN, 1989; KORNADT, 1992; LORE & SCHULTZ, 1993; PEPER, 1981; VALZELLI, 1981). Die psychologischen Forschungen, welche in Kliniken an Menschen betrieben wurden, besagen nun: Die Hinweise auf einen Kampftrieb, der sich spontan abreagieren muß, sind äußerst schwach. Zwar gibt es Anzeichen für eine erhöhte Reizbarkeit und Kampfstimmung, welche durch Hormongaben und Reizungen bestimmter Zentren im Hypothalamus, im Hippokampus und im Mandelkern (Corpus amygdaloideum) erzeugt werden können. Das Steuerzentrum eines vermuteten Aggressionstriebes und Kampftriebes ist aber beim Menschen noch nicht entdeckt worden. Eine Person, die in einer friedlichen Umgebung lebt, bekommt keinen Nervenzusammenbruch, wenn sie nicht kämpft. Bisher fehlt mithin der Nachweis eines Aggressionsinstinktes, der unserer Art zur allgemeinen Lebensbewältigung mitgegeben wäre. Krieg und Gewalt sind beim Menschen genetisch nicht vorprogrammiert (TINBERGEN, 1968; LORE & SCHULTZ, 1993).

Demzufolge überrascht es nicht, wenn die Belege für die *Katharsishypothese* innerhalb und außerhalb des Sports recht dürftig ausfallen. Eine Beobachtung paßt ganz und gar nicht in das Bild der Katharsishypothese. Man erinnere sich an die Eishockey-Weltmeisterschaft 1969 in Prag: Der *Prager Frühling* ist durch die russische Intervention beendet worden. Das tschechische Eishockeyteam, angefeuert durch die Zuschauer, wächst über sich selbst hinaus und besiegt die bis dato ungeschlagene russische Mannschaft. Dieser Wettkampf ist allgemein als symbolische Rache für den russischen Panzerüberfall gedeutet worden. Von beteiligten Zuschauern wird dies heute noch bestätigt. Einen Tag später wird ein Büro der russischen Aeroflot von randalierenden Jugendlichen und Eishockeyfans geplündert, die Zeugen des Eishockeysieges waren. Die aufgebrachte Menge hat ein Symbol des Aggressors angegriffen. Nach der Instinkttheorie hätten sich eigentlich alle aggressiven Impulse während des Wettkampfes entladen müssen, nicht aber einen Tag später ein Ziel finden dürfen. Randalierende Zuschauer, Fans einer siegreichen Fußballmannschaft, werden nach Bundesligaspielen und nach Spielen um den Fußballeuropapokal von Zeit zu Zeit beobachtet.

Die Triebtheorie kann diese Erscheinungen der Instrumentalisierung und Organisation von Gewalt nicht erklären. Ebenfalls nicht ganz theoriekonform sind Untersuchungsbefunde von Amateurboxern, Fußballspielern, Basketballspielern und auch von sporttreibenden Schülern. Die Instinktheorie erwartet nach den Wettkämpfen eine Verminderung der Aggressionsneigung. Diese ist aber nicht festzustellen, wenn man die Aggressionsneigung der beobachteten Spieler vor, während und nach den sportlichen Ereignissen miteinander vergleicht. Alles in allem scheint die Instinkttheorie bei der menschlichen Spezies nur beim Vorliegen biologischer Abnormitäten wie beispielsweise bei Männern mit einem doppelten männlichen Chromosom zu gelten. Im biologischen Normalfall bestimmen andere Kräfte die Äußerung der Aggression und Gewalt.

Geltungsbereich der sozialen Lerntheorie. Experimentelle Befunde, Ergebnisse aus therapeutischen Sitzungen und Einzelfallanalysen zwingen bisher zur Annahme multifaktorieller Bedingungen der Aggression. Diese Bedingungen können danach unterschieden werden, ob sie einerseits *personintern* oder *personextern*, andererseits *zeitstabil* oder *zeitvariabel* sind (vgl. Tab.

9.3, S. 301). Zu den überdauernden personinternen Aggressionsfaktoren rechnen wir die Lerngeschichte (Aggressionsneigung) und die biologische Mitgift der Hormonausstattung. Die aktuellen personinternen Bedingungen wie hohes Erregungsniveau, Enthemmung durch Alkohol und Ärger- oder Schmerzmotivation begünstigen ebenfalls aggressive Handlungen. Hinzu kommen muß aber eine allgemeine soziale Billigung aggressiver Akte. Sind diese Vorbedingungen erfüllt, dann reagieren Pbn aggressiv, sobald sie mit aggressionsspezifischen Reizen wie Schlagring, Polizei, Waffe, Drohhaltung, usw. konfrontiert werden.

Die Mehrzahl der Befunde besagt somit, daß Aggressivität das Ergebnis einer komplizierten persönlichen Lerngeschichte ist. Im Normalfall werden aggressive Verhaltensweisen genauso wie motorische Fertigkeiten erlernt, nämlich durch Nachahmung und Verstärkung. Sie werden daher auch als soziale Fertigkeiten bezeichnet, sich unter bestimmten Bedingungen zu behaupten oder durchzusetzen - allerdings mit den unschönen Mitteln der personalen Schädigung (vgl. Low, 1989).

Die Alternative zur Instinkttheorie ist somit ein *Verhaltensmodell*, das, wie BERGIUS (1976) verdeutlicht, an vier Entscheidungspunkten die Wahl aggressiver Handlungen oder nicht-aggressiver Handlungen vorsieht: a) Interpretation der Situation, b) persönlichkeitsspezifische Verhaltenstendenzen, c) allgemeines Aktivierungsniveau und d) positive oder negative soziale Sanktionen (vgl. Tab. 9.3, S. 301).

Bei einer zusammenfassenden Bewertung über den Ursprung der Gewalt wird man daher biologische Einflüsse nicht außer Acht lassen dürfen. Ein naiver Umweltstandpunkt ist heute nicht mehr möglich. In den friedlichsten aller Gesellschaften, unter den perfektesten sozialen und ökonomischen Bedingungen werden einige Menschen gewalttätig sein müssen, alleine wegen der Art und Weise, wie sie konstruiert sind. Wir müssen wohl die Unvermeidlichkeit der Gewalt als einen Teil der menschlichen Natur akzeptieren. Doch bei den meisten Personen sind die biologischen Determinanten der Gewalt ziemlich schwach. Sie sind einerseits von erlernten kulturellen Kräften zu bezähmen, wie sie andererseits durch demagogische Beeinflussung zu einem zerstörerischen Potential organisiert werden können (LORE & SCHULTZ, 1993).

Tab. 9.3: Bedingungen aggressiver Verhaltensweisen nach BERGIUS (1976)

Prognosedaten	*personintern (Zuschauer)*	*personextern (Sportsituation)*
überdauernd (stabil)	**(1) Persönlichkeit** **Lerngeschichte:** Verhaltensstil, Konflikte aggressiv zu lösen **Biologische Voraussetzung:** z.B. Testosteronniveau männlicher Zuschauer	**(2) Soziale Normen** **Gruppennormen** (Vorurteile): Spiel beim Lokalrivalen kann nur mit Fanunterstützung gewonnen werden **Soziale Sanktionen:** Belohnung (oder Bestrafung) bei aggressiven Akten
aktuell (variabel)	**(3) Allgemeines Aktivierungsniveau** **Grad der Enthemmung:** groß **Ärger** oder **Schmerz**	**(4) Interpretation der Situation** **Handicap** der eigenen Mannschaft (Verletzung eines wichtigen Spielers) **Schiedsrichterbeeinflussung** durch Gegnerfans
Aggressionsprognose: Ja	Sind die **vier** personinternen und personexternen Bedingungen erfüllt und gibt es zusätzlich eine akute **Bedrohung** durch Gegnerfans mit **Drohgebärden** (Schlagringe, andere Aggressionsreize), dann handelt Pb aggressiv.	
Aggressionsprognose: Nein	Wenn trotz Vorliegens der vier Bedingungen ein akuter Aggressionsreiz fehlt oder wenn Bedingungen der Kategorie (3) nicht erfüllt sind oder auch die Bedingungen der Kategorien (1) und (4) nicht vorhanden, dann **keine** aggressiven Handlungen bei akuten Aggressionsreizen	

9.7 Moral und Handlungsmaximen im Sport

Der Sport hat erzieherische Funktionen - im positiven und im negativen Sinne. Deshalb kann man sportliche Aggression letztlich auch nicht wertneutral als instrumentelle regelabweichende Verhaltensweise sehen. Wenn sie schmerzzufügend, verletzend und schädigend ist, dann ist sie eindeutig schlecht. Sie ist daher zu negieren. Von dieser Wertung ausgehend, erkennt man im Leistungssport unschwer eine *doppelbödige Moral*, sofern die Maxime des "Siegens um jeden Preis" gilt. Diese Maxime gilt nicht immer; sie bestimmt aber teilweise und von Zeit zu Zeit das Handeln von Athleten und von Trainern. Doppelmoral heißt hier: Auf der einen Seite gibt es die offiziellen Regeln und auch einen Ehrenkodex. Auf der anderen Seite handelt man nach der Richtschnur: Im Kampf um den Sieg ist alles erlaubt, was nicht zur Disqualifikation führt (vgl. a. MEINBERG, 1991).

9.7.1 Korrumpierung des Fairneßprinzips

Eine derartige Doppelmoral wird durch vier Strukturmomente des Leistungssports stark begünstigt. Diese vier Strukturmomente sind das Konkurrenzprinzip, die Professionalisierung, die Kommerzialisierung und schließlich die Politisierung.

Das auffälligste und daher erste Strukturmerkmal ist das *Konkurrenz-* oder *Wettkampfprinzip*. In allen Sportarten werden bei Wettkämpfen Sieger unterschiedlicher Grade ermittelt. Für sich betrachtet, ist gegen dieses Prinzip nichts einzuwenden. Man findet in der Wissenschaft und in der Kunst ja auch Rangabstufungen und Bewertungen nach verschiedenen Kriterien. Das Wettkampfprinzip ist aber beileibe nicht das einzige denkbare leistungsfördernde Prinzip im Sport. Ich sehe beispielsweise noch die Prinzipien der Kompetenz und der Artistik. Zum Prinzip der Kompetenz zählt die Leistung, die um der Leistung willen erbracht wird. Es geht nicht darum, der Sieger zu sein. Die Leistung oder die Leistungsgrenze, die angepeilt wurde, zählt alleine. Das **Artistikprinzip** umfaßt das Kompetenzprinzip und erweitert es um die Dimensionen der *Ästhetik* und des *Risikos*. Im Kunstturnen, im Eiskunstlaufen, im Trickskifahren und auch im Extremklettern, etc. findet man artistische Strukturen. Durch eine Förderung und Ausweitung des Kompetenz- und des Artistikprinzips gibt es für den Sport Entwicklungsmöglichkeiten, die aus einer Übertreibung des Konkurrenzprinzips herausführen können.

Das zweite Strukturmerkmal des Leistungssports ist die *Professionalisierung*. Die Leistungssportler "investieren" viel Zeit, Fleiß, Arbeit, usw., um spezielle Fertigkeiten und die nötige Kondition zu entwickeln. Sie betreiben den Sport als Beruf. Die Professionalisierung wird sozial ermöglicht, wenn der Lebensunterhalt oder der Lebensstandard sowie die künftige berufliche Entwicklung gesichert sind. Auch dieses Strukturmerkmal ist - für sich alleine betrachtet - kein Negativum. Die Kunst, beispielsweise Theater, Musik, Malerei oder Architektur und auch die Wissenschaft wären ohne Professionalisierung wohl nicht so differenziert entfaltet worden, wie wir sie heute vorfinden. Die Professionalisierung begünstigt eine Steigerung der Kompetenz bis zur Artistik.

Das dritte Strukturmerkmal heißt *Kommerzialisierung*. Die sportliche Leistung wird vermarktet. Sie wird sozusagen Bestandteil von Markenartikeln, die verkauft werden. Werbeverträge, Beraterverträge oder auch andere Honorarverträge zwischen Firmen einerseits und bekannten Leistungssportlern sowie Nationalmannschaften andererseits dokumentieren diese Abhängigkeit. Marktwert und ökonomische Existenzbasis verändern entscheidend Regelsysteme und Verhaltensweisen der Sportakteure: im wesentlichen beobachtet man Korrumpierungseffekte wie beim Machthandeln. Die *Politisierung* als viertes Strukturmerkmal soll hier nicht weiter behandelt werden.

Für die Entfaltung eines **Sportethos der Fairneß** ist die gemeinsame Wirkung des Konkurrenzprinzips, der Professionalisierungstendenzen und der Kommerzialisierung im Leistungssport eher negativ. Denn es wird eine "Ideologie des Siegens um jeden Preis" gefördert. Untersucht man nunmehr die Auswirkungen dieser Ideologie auf die Anreize und auf das Verhalten von Athleten und Trainern, dann kann man sich eines Unbehagens am Leistungssport nicht erwehren. Denn durch diese Ideologie gespeist, fließen vier negative Einflüsse in den Leistungssport ein, welche auch die athletische Leistung trüben.

Zum ersten: Die Wettkampfideologie des "Siegens um jeden Preis" wird durch steigende kommerzielle Anreize verstärkt. Zu beobachten ist, wie Siegesprämien von Zeit zu Zeit erhöht werden, wie Veranstalter die Teilnahme an Wettbewerben besser und besser bezahlen. Diese Art der Professionalisierung und Kommerzialisierung steuert auch das Verhalten der Wettkämpfer zum Gegner. Je höher nämlich die Prämie oder die Belohnung ausfällt, desto härter und aggressiver wird der Einsatz und der Kampf um den Sieg und um die Trophäen geführt. Diese Erfahrungen werden im Fußball und im Hallenhandball, im American Football und im Eishockey, aber auch bei Tennisturnieren gemacht.

Zum zweiten: Unter dem Einfluß dieser Ideologie nimmt die Persönlichkeitsentwicklung der Athleten und Trainer sozial unerwünschte Züge an. Sie gleiten ab ins Egozentrische, Rechthaberische, Aggressive oder auch Autoritäre. Beispielsweise beobachtet man teilweise bei abstiegsbedrohten Mannschaften in der Fußballbundesliga, wie ein jeder seines nächsten Feind zu sein scheint, um unter Umständen den eigenen Marktwert durch brilliante oder fehlerfreie Konkurrenz aufzupolieren.

Zum dritten: Diese Ideologie legt Betrügereien, Bestechungen von Offiziellen, Wettkampfgerichten oder Schiedsrichtern, Manipulationen an der Wettkampfausrüstung, Täuschungen des Schiedsrichters über angebliche Fouls des Gegners, Provokation und Irritation von Wettkampfgegnern, Verstöße gegen die Dopingbestimmung, usw. nahe. Unentdeckte Manipulationen verstärken natürlich solche Tendenzen.

Zum vierten: Schließlich wird eine Atmosphäre des Mißtrauens und der feindseligen Konkurrenz erzeugt. Fußballvereine, finanzstarke Leichtathletikvereine, usw. beargwöhnen sich, bezichtigen sich der Betriebsspionage oder der geheimen Abwerbung guter Athleten und handeln auch teilweise selbst nach diesen Unterstellungen.

Diese vier Einflüsse sind *moralisch destruktiv*. Sie sind feindselig und in ihrer Tendenz aggressiv. Sie beeinträchtigen auch die Leistung. Alles in allem läßt sich feststellen, daß das allgemeine sportmotorische Leistungsniveau in einem feindseligen sozialen Klima der Konkurrenz nicht gehoben, sondern gesenkt wird. Wenn es nur darum geht, den Gegner zu schlagen, dann wird schließlich nur noch das und gar nichts anderes mehr gemacht.

Das gerade gezeichnete Bild beschreibt zwar erkennbare Tendenzen des Leistungssports, nicht aber den gesamten Leistungssport. Es finden sich nämlich auch Athleten und Trainer, die dieser destruktiven Ideologie trotzen. Sie sind grundsätzlich kooperativ eingestellt und lassen sich ihre Gewissen nicht vernebeln. Sie sehen im Sport Werte, die über ihre eigenen egoistischen Wünsche hinausweisen. Sie sind vermutlich an kompetenten Leistungen, an der Expertenschaft und an der Ästhetik ihres Sports interessiert. Sie achten den Wettkampfgegner und dessen Kompetenz und beflügeln durch diese Grundhaltung herausragende Leistungen.

9.7.2 Maßnahmen zur Aggressivitätskontrolle im Spitzensport

Die Aggressionsproblematik im Spitzensport ist diffizil und vielschichtig. Einfache Bewältigungsstrategien wird man wohl nicht finden. Auch wird man nicht alle Bedingungen unter Kontrolle bekommen. Ich gehe daher nur auf die wichtigsten Einflußfaktoren ein. Diese sind einmal positive und negative soziale Konsequenzen und zum anderen Vorbildwirkungen, die von Verhaltensweisen im Prestigefeld Spitzensport ausgehen. Ich beschränke mich auf die medienwirksamen Mannschaftssportarten und empfehle folgende sieben Maßnahmen:

1) **Analyse und Erkenntnis.** Die Sportverbände sollten die Bedingungen der Brutalisierung erkennen. Es handelt sich nicht um biologisch notwendige Ereignisse. Vielmehr bilden die sozialen Anreiz- und Folgebedingungen für Siege oder Niederlagen die notwendigen Kontrollbedingungen aggressiver Verhaltensweisen. Hierzu zählen sehr hohe Leistungserwartungen, die dem Leistungsstand nicht entsprechen, und besonders hohe Siegesprämien. Bei Mißerfolgen sind die Betroffenen gleich mehrfach bestraft: Keine Beute und Verlust des Sozialprestiges. Außerdem folgen weitere negative Konsequenzen den identifizierten Versagern oder Schuldigen gegenüber. Die Aggressivität wird also aus einem *Aversionsappetenzkonflikt* gespeist.
2) **Konsequente foulspezifische Sanktionen.** Man sollte die Anreiz- und Folgebedingungen unmittelbar beeinflussen, um diesen Konflikt zu entschärfen. Daher muß man das uner-

wünschte Verhalten direkt kontrollieren. Die wirksamste direkte Kontrolle wird durch regelkonforme, konsequente Sanktionen ausgeübt. Verhaltenskontrolle durch Bestrafung ist zwar keine besonders originelle Methode. Sie wirkt aber sofort, weil unerwünschtes Verhalten unterdrückt wird. Zu beachten ist jedoch, daß Sanktionen in gleicher Weise und mannschaftsneutral erfolgen sollten. Nur unter diesen Bedingungen wirken Strafen sofort.

3) **Moralische Dopingkontrolle.** Vielleicht einigt man sich bei besonders foulträchtigen Sportarten (Hallenhandball, Wasserball, Eishockey) auf eine moralische Dopingkontrolle. Darunter verstehe ich die nachträgliche Annullierung eines Sieges, der mit relativ vielen taktischen Fouls errungen wurde. Ein Schiedsgericht könnte anhand von Filmanalysen die relative Foulrate jeder Mannschaft ermitteln, um bei übernormal hoher Abweichung auf Annullierung eines Sieges zu entscheiden. Die Institutionalisierung eines solchen Schiedsgerichtes bei wichtigen Turnieren bewirkt vermutlich schon per se eine Verminderung der Foulrate.

4) **Festigung der Position der Schiedsrichter.** Konsistente Sanktionen werden durch erfahrene und besonders geschulte Schiedsrichter verhängt. Schiedsrichter und Schiedsrichterteams müssen auf ihre Turnieraufgaben besonders vorbereitet werden. Ein noch so gutes Reglement ist wirkungslos, wenn es nicht durch Schiedsrichter angewendet wird. Schiedsrichter sind daher besonders zu fördern und vor negativen Publikumsreaktionen zu schützen.

5) **Mißbilligende Berichterstattung über Regelwidrigkeiten.** Das Medium Fernsehen spielt eine nicht zu unterschätzende Rolle bei der Verbreitung bzw. Kontrolle unerwünschter Verhaltensweisen. So setzt beispielsweise eine einseitige, nur den Gegner anprangernde oder sogar beschönigende Berichterstattung über regelabweichende, unerwünschte Verhaltensweisen Signale einer sozialen Billigung. Solche billigenden Kommentare heißen etwa: "Na, die gehen aber ganz schön zur Sache". Durch häufige derartige Wertungen werden Bezugssysteme und Normen bei Zuschauern verschoben. Die Fouls der eigenen Mannschaft sind in den Kommentaren ebenso eindeutig wie die Fouls der anderen Mannschaft als Regelabweichung zu kennzeichnen.

6) **Demonstration regelkonformer Verteidigung.** Dem Fernsehpublikum sind nicht nur spektakuläre Fouls deutlich zu präsentieren. Richtungsweisend und erzieherisch wirken Informationen über richtiges, regelkonformes Angriffs- und Abwehrverhalten der Mannschaften. Vielleicht sollte man gekonntes Abwehrverhalten besonders demonstrieren.
7) **Fairneßpreise.** Regelkonformes Verhalten sollte nicht nur schweigend und als Selbstverständlichkeit hingenommen werden. Vielmehr sollte man bei Turnieren besonders faire Mannschaften auszeichnen und belohnen. Diese Auszeichnung könnte Anreize ausüben, sich fair an die Regeln zu halten.

Gewiß wird man durch solche Maßnahmen keinen "ewigen Frieden" in den Sportarten garantieren können. Der Sport kann sich schließlich nicht vollständig von den Einflüssen anderer gesellschaftlicher Bereiche abschotten. Der sportliche Geist sollte jedoch durch die "Doppelmoral des Siegens um jeden Preis" nicht zum Flaschengeist degradiert werden. Deshalb darf der DSB den Anspruch, den man an den Sport in unserer Gesellschaft immer wieder stellt, nicht aufgeben. Die Realisierung dieses Anspruches, der sich auf die Formel bringen läßt *"Sport als moralische Anstalt des Fairplay*", muß von Zeit zu Zeit überprüft werden.

LITERATUR

ACH, N. (1905). Über die Willenstätigkeit und das Denken. Göttingen: Vandenhoeck & Ruprecht.
ACKERMANN, Ph.L. (1988). Determinants of individual differences during skill acquisition: Cognitive abilities and information processing. Pschological Bulletin, 11, 288-318.
ACKERMANN, Ph.L. (1990). A correlational analysis of skill specifity: Learning, abilities, and individual differences. Journal of Experimental Psychology: Learning, Memory, and Cognition, 16, 883-901.
ADAMS, J.A. (1987). Historical review and appraisal on the learning, retention, and transfer of human motor skills. Psychological Bulletin, 101, 41-74.
ALEXANDER, F. (1951). Psychosomatische Medizin. Berlin: de Gruyter.
ALLPORT, G. W. (1959). Persönlichkeit. Meisenheim: Hain-Verlag (2. Aufl.).
ANASTASI, A. (1968). Differential Psychology. New York: Macmillan.
ANASTASI, A. (1992). A Century of psychological science. American Psychologist, 47, 842-843.
ANDERSEN, M. B. & WILLIAMS, J.M. (1988). A model of stress and athletic injury: prediction and prevention. Journal of Sport & Exercise Psychology, 10, 294-306.
ATKINSON, R. C & SHIFFRIN, R.M. (1971). The control of short-term memory. Scientific American, 224, 82-90.
ATKINSON, R.L., ATKINSON, R.C., SMITH, E.E. & BEM, D.J. (1990). Introduction to psychology (10th ed.). San Diego: HBJ.
ATKINSON, R.L., ATKINSON, R.C., SMITH, E.E. & BEM, D.J. (1993). Introduction to psychology (11th ed.). San Diego: HBJ.
BANDURA, A. & WALTERS, R.H. (1963). Social Learning and Personality Development. New York: Holt, Rinehart & Winston.
BANDURA, A. (1974). Behavior theory and the models of man. American Psychologist, 29, 859-869.
BANDURA, A. (1977). Social Learning Theory. Englewood Cliffs: Prentice Hall.
BANDURA, A. (1982). Self-efficacy mechanism in human agency. American Psychologist, 37, 122-147.
BÄUMLER, G. (1991). Auf dem Wege zur operationalen Definition von Aufmerksamkeit. In: J.P. Janssen et al. (Hrsg.): Konzentration und Leistung (S. 11-26). Göttingen: Hogrefe.
BEIER, A. (1980). Entwicklung der Leistungsmotivation und der Sportmotorik: Eine Längsschnittuntersuchung bei 6- bis 12jährigen. Schorndorf: Hofmann.
BERGANDI, Th. A. (1985). Psychological variables relating to the incidence of athletic injury. International Journal of Sport Psychology, 16, 141-149.
BERGIUS, R. (1969). Vom Zeitsinn zum Verhaltensparameter Zeit. In: M. Irle (Hrsg.). Bericht zum 26. Kongr. d. DGfPs in Tübingen 1968 (S. 1-21). Göttingen: Hogrefe.
BERGIUS, R. (1971): Psychologie des Lernens. Stuttgart: Kohlhammer.
BERGIUS, R. (1976): Sozialpsychologie. Hamburg: Hofmann & Campe.
BERGIUS, R. (1982) Stichworte: Gruppe, etc. In: Dorsch, F. (Hrsg.): Psychologisches Wörterbuch (S. 263-266). Bern: Huber.

BERGIUS, R. (1982). Psychische Zeit. In: Dorsch, F. (Hrsg.): Psychologisches Wörterbuch (S. 759-760). Bern: Huber.

BERKOWITZ, L (1975). A survey of social psychology. Hinsdale (Ill.): Dryden Press.

BERKOWITZ, L. (1989). Frustration - aggression hypothesis: Examination and reformulation. Psychological Bulletin, 106, 59-73.

BIERHOFF-ALFERMANN, D. (1986): Sportpsychologie. Stuttgart: Kohlhammer.

BIRREN, J.E., CUNNINGHAM, W.R. & YAMAMOTO, K.(1983). Psychology of adult development and aging. Annual Review of Psychology, 34, 543-575.

BLAIR, S.N., KOHL, H.W., PAFFENBARGER, R.S., CLARK, D.G., COOPER, K.H. & GIBBONS, L.W. (1989). Physical fitness and all-cause mortality: A prospective study of healthy men and women. Journal of the American Medical Association, 259.

BLASCOVICH, J. & KATKIN, E. S. (1993). Cardiovascular reactivity to psychological stress and disease. Washington, D. C. : APA.

BOOTH-KEWLEY, St. & FRIEDMAN, H.S. (1987). Psychological predictors of heart disease: A quantitative review. Psycholgical Bulletin, 101, 343-362.

BOUCHARD, C., SHEPHARD, R.J., STEPHENS, Th., SUTTON, J.R. & McPHERSON, B.D. (1990). Exercise, fitness, and health: A consensus of current knowledge. Champaign (Ill.): Human Kinetics.

BOWLBY, J. (1973). Attachment and loss. Vol. 2. Separation: Anxiety and Anger. New York: Basic Books.

BROWN, R. B. (1971). Personality characteristics related to injuries in football. Research Quarterly, 42, 133-138.

BUSS, D.M. (1991). Evolutionary personality psychology. Annual Review of Psychology, 42, 459-492.

BUßMANN, G. & ALFERMANN, D. (1990). Aufhören oder weitermanchen? - Wenn Athletinnen ihre Laufbahn vorzeitig beenden. Sportpsychologie, 4, 20-26.

BUßMANN, G. (1993). Dropout-Problematik im Frauenleistungssport. In: Nitsch, J. R., Seiler, R. und Alfermann, D (Hrsg.): Motivation, Emotion, Stress: Bd. 1 (S. 91-94). St. Augustin: Academia.

BUTT, D.S. (1976). Psychology of Sport. New York: van Nostrand Reinhold.

CANNON, W. B. (1915). Bodily changes in pain, hunger, fear and rage. New York: Appleton Crofts.

CARPENTER, P.A., JUST, M.A. & SHELL, P. (1990). What one intelligence test measures: A theoretical account of the processing in the Raven Progressive Matrices Test. Psychological Review, 97, 404-431.

CARROL, E. N., ZUCKERMAN, M. & VOGEL, W.H (1982). A test of the optimal level of arousal theory of sensation seeking. Journal of Personality and Social Psychology, 42, 572-575.

CARRON, A.V. (1980). Social psychology of sport. Ithaca (N.Y.): Movement Pub.

CATTELL, R.B. (1971). Abilities: Their structure, growth, and action. Boston: Houghton-Mifflin.

CATTELL, R.B., EBER, H.W. & TATSUOKA, M.M. (1970). Handbook for the sixteen personality factor questionnaire (16 PF). Champaign (Ill.): IPAT.

CHANDRASHEKHAR, Y. & ANAND, I. (1991). Exercise as a coronary protective factor. American Heart Journal, 122, 1723-1739.

CICERO, P.C. (1987). Cato der Ältere: Über das Greisenalter. Stuttgart: Reclam.

CLARK, H.H. (1977). Exercise and aging. Physical Fitness Research Digest (Series 7, No. 3). Washington, D.C.: President's Council on Physical Fitness and Sports.

COHEN, J. (1977). Statistical power analysis for the behavioral sciences. New York: Academic Press.

CORBALLIS, M.C. (1989). Laterality and human evolution. Psychological Review, 96, 492-505.

CRASSELT, W., FORCHEL, J. & STEMMLER, R. (1985). Zur körperlichen Entwicklung der Schuljugend in der DDR. Leipzig: Barth.

CROSSMAN, E.R.F: (1959). A theory of the acquisition of speed-skill. Ergonomics, 2, 153-166.

CSIKSZENTMIHALYI, M. (1975). Beyond boredom and anxiety. San Francisco: Jossey-Bass.

DARLINGTON, C.D. (1962). Die Gesetze des Lebens. München: DTV.

DAUGS, R. & BLISCHKE, K. (Hrsg.) (1993). Aufmerksamkeit und Automatisierung in der Sportmotorik. St. Augustin: Academia.

DAUGS, R. (1994). Zum Problem der Bewegungsautomatisierung: Der Einfluß extensiven Übens auf die menschliche Motorik. Psychologie und Sport, 8 (3), 94-105.

DE MARÉES, H. (1979). Sportphysiologie. (2. Aufl.). Klön-Mülheim: Troponwerke.

DEUTSCHER BILDUNGSRAT (1973). Empfehlungen der Bildungskommission. Zur pädagogischen Förderung von Behinderung bedrohter Kinder und Jugendlicher. Stuttgart.

DIEM, L. (1978). Lebensumwelt und Bewegung. Spielanregung und notwendige Herausforderung für ältere Menschen. Zeitschrift für Gerontologie, 11, 300-311.

DIGMAN, J.M. (1990). Personality structure: Emergence of the five-factor model. Annual Review of Psychology, 41, 417-440.

DOLLARD, J., MILLER, N.E., DOOB, L.W., MOWRER, O.H. & SEARS, R.H. (1939). Frustration and Aggression. New Haven: Yale Uni. Press.

DORSCH, F. (1982). Psychologisches Wörterbuch (10.Aufl.).Bern: Huber.

DÜKER, H. (1963). Über reaktive Anspannungssteigerung. Zeitschrift für experimentelle und angewandte Psychologie, 10, 46-72.

EATON, W.O. & ENNS, L.R. (1986). Sex differences in human motor activity level. Psychological Bulletin, 100, 19-28.

EIBL-EIBESFELDT, I. (1986). Die Biologie des menschlichen Verhaltens. München: Piper.

EIBL-EIBESFELDT, I. (1987). Grundriß der vergleichenden Verhaltensforschung. München: Piper.

EMERY, Ch.F. & BLUMENTHAL, J.A. (1991). Effects of physical exercise on psychological and cognitive functioning of older adults. Annals of Behavioral Medicine, 13, 99-107.

ENGELKAMP, J. (1990). Das menschliche Gedächtnis: Das Erinnern von Sprache, Bildern und Handlungen. Göttingen: Hogrefe.

ERON, L.D. (1987). The development of aggressive behavior from the perspective of a developing behaviorism. American Psychologist, 42, 435-442.

ERON, L.D. (1982). Parent-child interaction, television violence, and aggression of children. American Psychologist, 37, 197-211.

ESPENSCHADE, A.S. & ECKERT, H.M. (1980). Motor development. Columbus: Merill, Bell & Howell.

EVANS, M.G. (1970). The effects of supervisory behavior on the path-goal relationship. Organizational Behavior and Human Performance, 5, 277-298.

EYSENCK, H.J., NIAS, D.K. & COX, D.N. (1982). Sport and personality. Advances in Behavior Research and Therapy, 4, 1-56.

FADL, I. (1981). Systematischer Aufbau sportmotorischer Fertigkeiten als Sozialisationsfaktor bei geistig Behinderten. Motorik, 4, 62-70.

FEIGE, K. (1973). Vergleichende Studien zur Leistungsentwicklung von Spitzensportlern. Schorndorf: Hofmann.

FEIGE, K. (1976). Wesen und Problematik der Sportmotivation. Sportunterricht, 25, 4-7.
FEIGE, K. (1978). Leistungsentwicklung und Höchstleistungsalter von Spitzenläufern. Schorndorf: Hofmann.
FELDMAN, R.S. (1985). Social Psychology: Theories, research, and applications. New York: McGraw-Hill.
FELTZ, D.L. & LANDERS, D.M. (1983). The effects of mental practice on motor skill learning and perfomance: A meta-analysis. Journal of Sport Psychology, 5, 25-57.
FELTZ, D. L., LANDERS, D. M. & BECKER, B. J. (1988). A revised meta-analysis of the mental practice literature on motor skill learning. In: Duckmann, D. & Swets, J. (Eds.). Enhancing human performance (S. 61-101). Washington: National Academic Press.
FIEDLER, F. (1967). A theory of leadership effectiveness. New York: McGraw-Hill.
FIEDLER, F.E. (1978). Recent developments in research on the contingency model. In: L. Berkowitz (Ed.): Group processes (S. 209-225). New York: Academic Press.
FIEDLER, F.E., CHEMERS, M.M. & MOHAR, L. (1976). Improving leadership effectiveness: The leader match concept. New York: Wiley.
FISKE, A.P. (1992). The four elementary forms of sociability: Framework for a unified theory of social relations. Psychological Review, 99, 689-723.
FISKE, S. T. (1993). Controlling other people: The impact of power on stereotyping. American Psychologist, 48, 621-628.
FOUSHEE, H.C. (1984). Dyads and triads at 35 000 feet: Factors affecting group process and aircrew performance. American Psychologist, 39, 885-893.
FRAISSE, P. (1984). Perception and estimation of time. Annual Review of Psychology, 35, 1-36.
FRAMENAU, M. (1991). Zum Einfluß von Mißerfolg auf prozedurale und deklarative Gedächtnisaufgaben bei Handlungs- und Lageorientierten. Institut für Sport & Sportwissenschaften d. Universität Kiel: Examensarbeit.
FREEDMAN, J.L., SEARS, D.O. & CARLSMITH, J.M. (1981). Social Psychology. (5th ed.). Englewood Cliffs (N.J.): Prentice Hall.
FRESTER, R. (1972). Der Belastungssymptomtest - Ein Verfahren zur Analyse der Verarbeitung psychisch belasteter Bedingungen bei Sportlern. In: Kunath, P. (Hrsg.): Beiträge zur Sportpsychologie 1 (S. 148-161). Berlin: Sportverlag.
FRESTER, R. (1992). „Jetzt noch einmal mit Gefühl" - Optimierung psychischer Prozesse der Bewegungsregulation durch Ideomotorisches Training (IT). Sportpsychologie, 6 (4), 15-19.
FRESTER, R. (1993). Psychomuskuläres Training im Sport. Sportpsychologie, 7 (4), 5-10.
FRESTER, R. & FRICKE, B. (1994). Techniktraining mit Wasserspringern am komplexen Meßplatz. Psychologie & Sport, 8, 26-37.
FREY, D. & ROGNER, O. (1987). Die Bedeutung psychologischer Faktoren für die Genesung von Unfallpatienten. In: Semin, G. R. & Krahe, B. (Eds.): Issues in contemporary German social psychology. (Pp. 241-257). London: Sage.
FRIEDMAN, H.S. & BOOTH-KEWLEY. St. (1987). The "disease-prone" personality: A meta-analytic view of the construct. American Psychologist, 42, 539-555.
FRIEDMAN, M. & ROSENMAN, R.H. (1974). Type A behavior and your heart. New York: Knopf.
FÜRNTRATT, E. (1974). Angst und instrumentelle Aggression: Eine Analyse auf der Grundlage experimentalpsychologischer Forschungsbefunde. Weinheim: Beltz.
GABLER, H. (1972). Leistungsmotivation im Hochleistungssport. Schorndorf: Hofmann.

GABLER, H. (1975). TAT-Sportbilderserien-Fragestellungen, Gütekriterien, Untersuchungsergebnisse. In: Rieder, H., Eberspächer, H., Feige, K. & Hahn, E. (Hrsg.): Empirische Methoden in der Sportpsychologie (S. 118-124). Schorndorf: Hofmann.

GABLER, H. (1976). Zur Entwicklung von Persönlichkeitsmerkmalen bei Hochleistungssportlern. Sportwissenschaft, 6, 247-276.

GABLER, H. (1976). Aggressive Handlungen im Sport. Schorndorf: Hofmann.

GABLER, H., JANSSEN, J.P. & NITSCH, J.R. (1990). Gutachten: Psychologisches Training in der Praxis des Leistungssports. Köln: BISp.

GABLER, H., NITSCH, J.R. & SINGER, R. (1986): Einführung in die Sportpsychologie. Teil 1. Schorndorf: Hofmann.

GABLER, H., NITSCH, J.R. & SINGER, R. (1993). Einführung in die Sportpsychologie. Teil 2. Anwendungsfelder. Schorndorf: Hofmann.

GEHLEN, A. (1986). Der Mensch: Seine Natur und seine Stellung in der Welt. Wiesbaden: Aula (1. Aufl. 1940).

GLESER, J.M. & BROWN, P. (1986). Modified Judo for visually handicapped people. Journal of Visual Impairment & Blindness, 80, 749-750.

GOFFMAN, E. (1967). Stigma. Über Techniken der Bewältigung beschädigter Identität. Frankfurt a.M.: Suhrkamp.

GÖHNER, U. (1979). Bewegungsanalyse im Sport. Schorndorf: Hofmann.

GRAU, U., MÖLLER, J. & GUNNARSSON, J.I. (1987). Zusammenarbeit von Trainern und Psychologen im Spitzensport. In: J.P. Janssen et al. (Hrsg.): Handlungskontrolle und soziale Prozesse im Sport (S. 121-143). Köln: bps.

GREGOR, B. (1986). Integrative Bewegungserziehung - Möglichkeiten der Förderung sozialer Interaktion geistig behinderter Menschen. Wien: Grund- und Intergrativwissenschaftliche Fakultät der Universität (356 Seiten).

GRUPE, O. (1967). Die Leiblichkeit des Menschen und die Aufgaben der Leibeserziehung. Universität Tübingen: Habilitationsschrift.

GRUPE, O. (1979). Vom Sinn des Hochleistungssports. In: H. Gabler et al. (Hrsg.): Praxis der Psychologie im Leistungssport (S. 566-580). Berlin: Bartels & Wernitz.

GRUPE, O. (1982). Bewegung, Spiel und Leistung im Sport. Schorndorf: Hofmann.

GSTETTNER, R. (1977). Sport als Möglichkeit der Selbstverwirklichung bei Körperbehinderten am Beispiel der Amputierten. Salzburg: Naturwissenschaftliche Fakultät der Universität.

GUILFORD, J.P. (1964). Persönlichkeit: Logik, Methodik und Ergebnisse. Weinheim: Beltz.

HAASE, H. (1989). Rekonstruktion der persönlichen Unfallneigung im Leistungssport. In: Rümmele E. & Kayser, D. (Hrsg.): Sicherheit im Schulsport (S. 120-147). Köln: BISp.

HAASE, H. (1989). Rekonstruktion der persönlichen Unfallneigung im Leistungssport. In: Rümmele, E. & Kayser, D. (Hrsg.). Sicherheit im Sport - eine Herausforderung für die Sportwissenschaft (S. 120-171). Köln: BISp.

HAASE, H. (1990). Die Beziehung zwischen kritischen Lebensereignissen und Unfallneigung im Sport - Fakt oder Artefakt? In: Körndle, H., Lutter, H., & Thomas, A. (Hrsg.): Der Beitrag der Sportpsychologie zur Zielbestimmung einer modernen Erziehung (S. 87-93). Köln: bps.

HÄCKER, H. (1983). Aufmerksamkeit und Leistung. In: J.P. JANSSEN & E. Hahn (Hrsg.): Aktivierung, Motivation und Coaching im Sport (S. 37-58). Schorndorf: Hofmann.

HAKEN, H. (1986). Erfolgsgeheimnisse der Natur: Synergetik - die Lehre vom Zusammenwirken. Stuttgart: DVA (4. Aufl.).

HALL, C.S. & LINDZEY, G. (1978). Theories of Personality. (3$^{rd.}$ ed.). New York: Wiley.

HARLOW, H.F. & SUOMI, S.J. (1970). Nature of love - simplified. American Psychologist, 25, 161-168.
HARRISON, V.F. (1962). A review of the neuromuscular bases for motor learning. Research Quarterly, 33, 59-69.
HASSENSTEIN, B. (1987). Verhaltensbiologie des Kindes. München: Piper.
HAVIGHURST, R.J. (1963). Successful aging. In: C. Tibbits & W. Donahue (Eds.): Processes of aging (p. 299-320). New York: Williams.
HAVIGHURST, R.J. (1972). Development tasks and education. New York: Longmans.
HEBB, D.O. (1972). Textbook of Psychology. Philadelphia: Saunders.
HECKHAUSEN, H. (1989): Motivation und Handeln. Berlin: Springer.
HEINEMANN, K. (1983): Einführung in die Soziologie des Sports. Schorndorf: Hofmann.
HELLIGE, J.B. (1990). Hemispheric asymmetry. Annual Review of Psychology, 41, 55-80.
HELSON, H. (1964). Adaptation - level theory. New York: Harper & Row.
HEMPHILL, J.K. & COONS, A.E. (1950). Leader behavior description. In: L.S. Wrightsman & K. Deaux (1981): Social psychology in the 80^S (S. 490-491). Monterey (Col.): Brooks & Cole.
HENSLE, U. (1988). Einführung in die Arbeit mit Behinderten. Heidelberg: Quelle & Meyer.
HERMANN, H.D. & EBERSPÄCHER, H. (1994). Psychologisches Aufbautraining nach Sportverletzungen. München: BLV
HESS, R. (1976). Verletzungsmöglichkeiten durch Mißachtung der Regel 6. In: Leiterhandbuch ETS, Magglingen.
HEUER, H (1985). Wie wirkt mentale Übung? Psychologische Rundschau, 36, 191-200.
HIGGINSON, D.C. (1985). The influence of socializing agents in the female sport-participation process. Adolescence, 20, 73-82.
HILLGRUBER, A. (1912). Fortlaufende Arbeit und Willensbetätigung. Untersuchungen zur Psychologie und Philosophie, 1, 6.
HOFSTÄTTER, P.R. (1957). Gruppendynamik. Hamburg: Rowohlt.
HOFSTÄTTER, P.R. (1963). Einführung in die Sozialpsychologie. Stuttgart: Kröner.
HOGAN, R., CURPHY, G.J. & HOGAN, J. (1994). What we know about leadership effectiveness and personality. American Psychologist, 49, 493-504.
HOLST, E.V. & MITTELSTAEDT, H. (1950). Das Reafferenzprinzip. Die Naturwissenschaften, 37, 464-476.
HOMANS, G.C. (1950). The human group. New York: Harcourt & Brace.
HOYOS, C. Graf (1980). Psychologische Unfall- und Sicherheitsforschung. Stuttgart: Kohlhammer.
HUGHES, J. R. (1984). Psychological effects of habitual aerobic exercise: A critical review. Preventive Medicine, 13, 66-78.
ISRAEL, S. (1981). Sport und Risikofaktoren. Theorie und Praxis der Körperkultur, 30, 834-840.
JAMES, W. (1890). Principles of Psychology. Vol. 2. New York: Holt.
JANSSEN, J.P. (1978). Das Tetraeder-Modell: Ein Variablenmodell zur Vorhersage von Wettkampfleistungen im Spitzensport. Leistungssport, 9, 270-277.
JANSSEN, J.P. (1979). Prognosen zum Erfolg von Olypiawettkämpfern unter Berücksichtigung ihrer vorolympischen Leistungsentwicklung. In: Gabler, H. et al. (Hrsg): Praxis der Psychologie im Leistungssport (S. 173-190). Berlin: Bartels & Wernitz.
JANSSEN, J.P. (1980). Kognitive Bedingungen koordinativer sportmotorischer Leistungen. Bochum: Ruhr-Universität Sportinstitut.

JANSSEN, J. P. (1981). Motorisches Lernen - eine sportpsychologische Perspektive. Kiel: Institut für Sport und Sportwissenschaften (ISSN 0934-8360).

JANSSEN, J.P. (1983). Gedächtnispsychologische Aspekte der Ansteuerung sportmotorischer Techniken. Leistungssport, 13, 13-19.

JANSSEN, J.P. (1985). Diagnostische Probleme im Leistungssport: Ziele, Möglichkeiten, Grenzen. In: Hehl, F.J. et al. (Hrsg.): Psychologische Diagnostik: Kinder, Familie, Schule, Sport. (S. 447-479). Bonn: Deutscher Psychologen Verl.

JANSSEN, J.P. (1987). Generalisierte Kontrollerwartungen, Einstellungen zum Sport und Freizeitaktivitäten. In: E. Raab & G. Schulter (Hrsg.): Perspektiven psychologischer Forschung (S. 149-163). Wien: Deuticke.

JANSSEN, J.P. (1991). Psychische Bedingungen für Sportunfälle und Sportverletzungen: Das Anforderungsbewältigungs-Konfliktmodell. In: R. Singer (Hrsg.): Sportpsychologische Forschungsmethodik - Grundlagen, Probleme, Ansätze (S. 278-282). Köln: bps.

JANSSEN, J.P. (1993). Das duale motorische Gedächtnis. Sportpsychologie, 7, 11-16.

JANSSEN, J.P. (1994). Datenerhebung in der Sportpsychologie. In: Strauß, B. & Haag, H. (Hrsg.): Forschungsmethoden, Untersuchungspläne, Techniken der Datenerhebung in der Sportwissenschaft (S.269-284). Schorndorf: Hofmann.

JANSSEN, J.P. & HOFFMEYER, M. (1994). Zum Einsatz psychologischer Trainingsformen im Nachwuchstraining in der Leichtathletik. In: Alfermann, D. & Scheid, V. (Hrsg.): Psychologische Aspekte von Sport und Bewegung in Prävention und Rehabilitation (S. 301-306). Köln: bps.

JANSSEN, J.P., KATZENBERGER, C. & WEGNER, M. (1994). Problemvereinfachung über eine Spielkonzeption. In: Alfermann, D. & Scheid, V. (Hrsg.): Psychologische Aspekte von Sport und Bewegung in Prävention und Rehabilitation (S.307-313). Köln: bps.

JANSSEN, J.P., SCHLICHT, W. & WILHELM, A. (1989). Trainingsbelastung und Beanspruchungserleben im 400m-Hürdenlauf-Einzelfallanalysen. Berichte a.d. Institut f. Sport und Sportwissenschaften d. Uni. Kiel: 1989/2, S.1-92.

JANSSEN, J.P., STOLL, H. & VOLKENS, K. (1987). Zur Kurzzeitspeicherung von Kraft-Zeit-Parametern: Untersuchungen mit dem Ruder- und Fahrradergometer zur motorischen Kodierung. Psychologische Beiträge, 29, 494-523.

JANSSEN, J.P. & STRANG, H. (1992). Nachwirkungen vorausgehender Mißerfolgserfahrungen auf die sportliche Leistung. Berichte a.d. AB Sportpsychologie des ISS: Kiel.

JANSSEN, J.P. & WEGNER, M. (1993). Kognitive und emotionale Belastungsverarbeitung im Hallenhandball. In: Nitsch, J. R., Seiler, R. & Alfermann, D. (Hrsg.): Motivation, Emotion, Stress: Bd. 1 (S. 218-223). St. Augustin: Academia.

JANSSEN, J.P., WEGNER M. & BOLTE, C. (1992). Fit sein ist "in": Sportangebote im Verein und Fitneßstudio im Spiegel von Einstellungen und Interessen. Sportpsychologie, 6, 24-30.

JANSSEN, J.P., WEGNER, M. & MARTEN, J. (1988). Interessen, Einstellungen und Wünsche zum Freizeitsport: Untersuchungen zu einem veränderten Sportverständnis an der Hochschule. In: P. Schwenkmezger (Hrsg.): Sportpsychologische Diagnostik, Intervention und Verantwortung (S. 245-252). Köln: bps.

JONES, M.B. (1974). Regressing group on individual effectiveness. Organizational Behavior and Human Performance, 11, 426-457.

KAMINSKI, G. (1972). Bewegung von außen und von innen gesehen. Sportwissenschaft, 1, 51-63.

Kaminski, G. (1973). Bewegungshandeln als Bewältigen von Mahrfachaufgaben. Sportwissenschaft, 3, 233-250.
Kaminski, G. (1983). Potentielle Beiträge handlungstheoretischer Konzeptionen zur Neuorientierung motivationspsychologischer Perspektiven im Sport. In: Janssen, J.P. & Hahn, E. (Hrsg.): Aktivierung, Motivation, Handlung und Coaching im Sport (S. 146-158). Schorndorf: Hofmann.
Kaminski, G. (1988). Psychological perspectives of childrens' and youths' toplevel sports. Paper presented at the "Koreanisch-Deutsches Seminar" Yousei University: Seoul (Korea).
Kaminski, G. (1990). Überlegungen zum Verhältnis von Konzentration und Bewegung im Sport. In: H. Gabler & U. Göhner (Hrsg.): Für einen besseren Sport (S. 415-443). Schorndorf: Hofmann.
Kaminski, G. (1994). Konzentration im Sport aus transaktionalistischer Sicht. Psychologie und Sport, 8, 43-55.
Kaminski, G., Mayer, R. & Ruoff, B.A. (1984). Kinder und Jugendliche im Hochleistungssport. Schorndorf: Hofmann.
Kant, I. (1974). Kritik der praktischen Vernunft (1. Aufl. 1788 Riga). Hamburg: Meiner (K. Vorländer, Hrsg. 1906).
Keller, H. (1925). Die Geschichte meines Lebens. Stuttgart: Kröner (60. Aufl.).
Kenyon, G.S. (1968). Six scales for assessing attitude toward physical activity. Research Quarterly, 39, 566-574.
Kerr, G. & Minden, H. (1988). Psychological factors related to the occurrence of athletic injuries. Journal of Sport and Exercise Psychology, 10, 167-173.
Kinchla, R. A. (1992). Attention. Annual Review of Psychology, 43, 711-742.
Kirchman, M.M. (1983). The preventive role of activity: Myth or reality? A review of the literature. Physical and Occupational Therapy in Geriatrics, 2, 39-47.
Kleine, D. & Schwarzer, R. (1991). Angst und sportliche Leistung - eine Meta-Analyse. Sportwissenschaft, 21, 9-28.
Kleine, W. (1980). Leistungsmotivschulung im Grundschulsport. Schorndorf: Hofmann.
Knobloch, J. (1993). Psychologische Aspekte der Anwendung von Bewegung und Sport in der Rehabilitation. In: Gabler, H. et al (Hrsg.): Einführung in die Sportpsychologie. Teil 2 (S. 222-263). Schorndorf: Hofmann.
Kolenda, K.D. (Hrsg.) (1994). Lebensstil und koronare Herzkrankheit. Balingen: Perimed-Spitta.
Konzag, G. (1991). Aufmerksamkeit und Leistung im Sport. In J.P. Janssen, E. Hahn & H. Strang (Hrsg.): Konzentration und Leistung (S. 143-152). Göttingen: Hogrefe.
Konzag, I. & Konzag, G. (1980). Anforderungen an die kognitiven Funktionen in der psychischen Regulation sportlicher Spielhandlungen. Theorie und Praxis der Körperkultur, 29, 20-31.
Kornadt, H.J. (1992). Trends und Lage der gegenwärtigen Aggressionsforschung (Originalbeitrag 1988). In: H.J. Kornadt (Hrsg.): Aggression und Frustration als Psychologisches Problem. Bd II (S. 513-560). Darmstadt: Wiss. Buchgesellschaft.
Kovar, R. (1981). Human variation in motor abilities and its genetic analysis. Prag: Uni. Press.
Kretschmer, E. (1956). Medizinische Psychologie. Stuttgart: Thieme (11. Aufl.).
Kretschmer, E. (1961): Körperbau und Charakter. (1. Aufl. 1921). Berlin: Springer (24. Aufl.).
Kuhl, J. (1983). Motivation, Konflikt und Handlungskontrolle. Berlin: Springer.

KÜHL, R. (1993). Die Therapie der Anorexia Nervosa als emanzipatorischer Entwicklungsprozeß. Universität Kiel: Dissertation d. Philosophischen Fakultät.

KUHN, W. (1984). Motorisches Gedächtnis: Behalten und Vergessen im motorischen Kurzzeitgedächtnis. Schorndorf: Hofmann.

KÜNG, H. (1990). Projekt Weltethos. München: Piper.

KUNZE, G. (1971). Mentales Training - System und Anwendung. ADL (Hrsg.): Motivation im Sport (S. 338-344). Schorndorf: Hofmann.

LA FRAMBOISE, T., COLEMAN, H. L. K. & GERTON, J. (1993). Psychological impact of biculturalism: Evidene and theory. Psychological Bulletin, 114, 395-412.

LAZARUS, R.S. & DELONGIS, A. (1983). Psychological stress and coping in aging.. American Psychologist, 38, 245-254.

LAZARUS, R.S. & FOLKMAN, S. (1984). Stress, appraisal, and coping. New York: Springer.

LEE, Chr. (1993). Operant strategies in sport and exercise: Possibilities for theoretical development. International Journal of Sport Psychology, 24, 306-325.

LEHR, U. (1978). Körperliche und geistige Aktivität: Erfordernisse erfolgreichen Alterns. Zeitschrift für Gerontologie, 11, 290-299.

LEHR, U. (1991). Psychologie des Alterns (7.Aufl.). Heidelberg: Quelle & Meyer.

LEVINE, J.M. & MORELAND, R.L. (1990). Progress in small group research. Annual Review of Psychology, 41, 585-634.

LINCOLN, R. (1956). Learning and retaining a rate of movement with the aid of kinesthetic and verbal cues. Journal of Experimental Psychology, 51, 199-204.

LOCKE, E.A., SHAW, K.N., SAORI, L.M. & LATHAM, G.P. (1981). Goal setting and task performance: 1969-1980. Psychological Bulletin, 90, 125-152.

LOEWENSTEIN, G. (1994). The psychology of curiosity: A review and reinterpretation. Psychological Bulletin, 116, 75-98.

LORD, R.G., DEVADER, C.L. & ALLIGER, G.M. (1986). A meta-analysis of the relation between personality traits and leadership perceptions: An application of validity generalization procedures. Journal of Applied Psychology, 71, 402-410.

LORE, R.K. & SCHULTZ, L.A. (1993). Control of human aggression: A comparative perspective. American Psychologist, 48, 16-25.

LORENZ, K. (1963). Das sogenannte Böse: Zur Naturgeschichte der Aggression. Wien: Borotha-Schoeler.

LORENZ, K. (1973). Die Rückseite des Spiegels. München: Piper.

LÖSSL, E. (1983). Ergebnisse der Zielsetzungsverfahren - Literaturzusammenfassung. Psychologie und Praxis, 27, 126-135.

LOW, R.S. (1989). Cross-cultural patterns in the training of children. Journal of Comparative Psychology, 103, 311-319.

MAIER, S.F. & SELIGMAN, M.E.P. (1976). Learned helplessness: Theory and evidence. Journal of Experimental Psychology: General, 105, 3-46.

MANN, L., NEWTON, J.W. & INNES, J.M. (1982). A test between deindividuation and emergent norm theories of crowd aggression. Journal of Personality and Social Psychology, 42, 260-272.

MARTENIUK, R.G. (1976). Information processing in motor skills. New York: Holt.

MASLOW, A. H. (1954). Motivation and Personality. New York: Harper & Row.

MATHESIUS, R. (1969). Ein Verfahren zur Erfassung des erlebten Zustandes bei psychophysischer Belastung im Leistungssport. Dissertation. Leipzig: DHfK.

MATHESIUS, R. (1972). Methoden zur Erfassung aktuell erlebter Zustände. In: Kunath, P. (Hrsg.): Beiträge zur Sportpsychologie 1 (S. 99-131). Berlin: Sportverlag.

Matthews, K.A. (1988). Coronary heart disease and type A behaviors. Psychological Bulletin, 104, 373-380.

Mauthner, F. (1980). Wörterbuch der Philosophie: Bd. 1, Bd. 2. Zürich: Diogenes (1. Aufl. 1910/11).

Mayer, K.E. (1968). Kinds of aggression and their physiological basis. Communications in Behavioral Biology, 2, 65-87.

Mc Clelland, D. C. (1984). Motives, personality, and society. New York: Praeger.

McGrath, J.E. & Kravitz, D.A. (1982). Group research. Annual Review of Psychology, 33, 195-230.

McGraw, M.B. (1935). Growth: A study of Johnny and Jimmy. New York: Arno Press.

McGraw, M.B. (1939).Later development of children specially trained during infancy: Johnny and Jimmy at school age. Child Development, 10, 1-19.

Meinberg, E. (1991). Die Moral im Sport: Bausteine einer neuen Sportethik. Aachen: Meyer & Meyer.

Meinel, K. & Schnabel, G. (Hrsg.) (1987). Bewegungslehre - Sportmotorik. Berlin: Volk & Wissen.

Metzger, W. (1953). Gesetze des Sehens. Frankfurt: Kramer.

Miller, N.E. & Dollard, S. (1941). Social learning and imitation. New Haven: Yale Uni. Press.

Milner, B. (1972). Disorders of learning and memory after temporal lobe lesions in man. Clinical Neurosurgery, 19, 421-466.

Mirenva, A.N. (1935). Psychomotor education and the general development of preschool children: Experiments with twin controls. Journal of Genetic Psychology, 46, 433-454.

Mischel, W. & Peake, P.K. (1982). Beyond déjà vue in the search for cross-situational consistency. Psychological Review, 89, 730-755.

Mittenecker, E. (1962). Methoden und Ergebnisse der psychologischen Unfallforschung. Wien: Deuticke.

Mittenecker, E. (1974). Der Einfluß der Erfahrung auf die psychophysische Skalierung. Psychologische Beiträge, 16, 288-299.

Moede, W. (1920). Experimentelle Massenpsychologie: Beiträge zur Experimentalpsychologie der Gruppe. Leipzig: Hirzel.

Morris, J.N., Everitt, M.G., Pollard, R., Chave, S.P.W. & Semmence, A.M. (1980). Vigorous exercise in leisure-time: Protection against coronary heart-disease. The Lancet, 8206, 1207-1210.

Myers, A.M. & Gonda, G. (1986). Research on physical activity in the elderly: Practical implications for programm planning. Canadian Journal on Aging, 5, 171-187.

Neiss, R. (1988). Reconceptualizing arousal: Psychobiological states in motor performance. Psychological Bulletin, 103, 345-366.

Nelson, E.S. (1983). How the myth of the dumb jock becomes fact: A developmental view for counselors. Counseling and Values, 27, 176-185.

Neumann, E. (1957). Sport und Persönlichkeit. München: Barth.

Newell, K.M. (1991). Motor skill acquisition. Annual Review of Psychology, 42, 213-237.

Nitsch, J. R. (Hrsg.) (1981). Streß: Theorien, Untersuchungen, Maßnahmen. Bern: Huber.

Nitsch, J.R. (1986). Zur handlungstheoretischen Grundlegung der Sportpsychologie. In: H. Gabler, J.R. Nitsch & R. Singer (Hrsg.): Einführung in die Sportpsychologie (S. 188-270). Schorndorf: Hofmann.

Nitsch, J. R. & Udris, J. (1976). Beanspruchung im Sport. Bad Homburg: Limpert.

Oatley, K. & Jenkins, J. M. (1992). Human emotions: Function and dysfunction. Annual Review of Psychology, 43, 55-85.

Ornish, D., Brown, S.E., Schwerwitz, L.R., Billings, J.H., Armstrong, W.T., Ports, T.A., McLanahan, S.M., Kirheeide, R.L., Brand, R.J. & Gould, K.L. (1990). Können Veränderungen des Lebensstils die koronare Herzkrankheit rückgängig machen? The Lancet-Deutsche Ausgabe, 4 (11), 591-596.

Paffenbarger, R.S., Hyde, R., Wing, A.L. & Hsieh, C.C. (1986). Physical activity, all-cause mortality und longevity of college alumni. New England Journal of Medicine, 314, 605-613; 315, 399-401.

Paffenbarger, R.S., Hyde, R.T. & Wing, A.L. (1990). Physical activity and physical fitness as determinants of health and longevity. In: Bouchard, C. et al. (Eds.): Exercise, fitness and health. (pp. 33-48). Champaign (Ill.): Human Kinetics.

Peper, D. (1981). Aggressive Motivation im Sport. Ahrensburg: Czwalina.

Pepper, R.L. & Herman, L.M. (1970). Decay and interference effects in the short-term retention of a discrete motor act. Journal of Experimental Psychology, Monograph Supplement, 83, 1-18.

Pfeiffer, J.E. (1985). The emergence of human-kind. New York: Harper & Row.

Pickenhain, L. (1990). Das ideomotorische Training und seine neurophysiologischen Grundlagen. In: Körndle, H., Lutter, H. & Thomas, A. (Hrsg.): Der Beitrag der Sportpsychologie zur Zielbestimmung einer modernen Erziehung (S. 123-129). Köln: bps.

Piontkowski, U. (1976). Psychologie der Interaktion. München: Reinhardt.

Ploeger, A. (1965). Gruppendynamik in einer Extremsituation. Ber. 24 Kongr. d. DGfPs 1964 in Wien (S. 304-309). Göttingen: Hogrefe.

Plutchik, R. (1980). Emotion: A psychorevolutionary synthesis. New York: Harper & Row.

Posner, M.I. (1973). Cognition: An introduction. Glenview (Ill.): Scott & Foresman.

Prinz, W. (1984). Ideomotorik und Isomorphie. In: Neumann, O. (Hrsg.): Perspektiven der Kognitionspsychologie. Berlin: Springer.

Puni, A. Z. (1958). Über die Trainingswirkungen der Bewegungsvorstellung. Theorie und Praxis der Körperkultur, 12, 1067-1075.

Rahe, H. (1994). Mentales Training: Eine experimentelle Studie zur Wirkungsweise des MT unter Berücksichtigung eines dualen Gedächtnisverarbeitungsansatzes. Diplomarbeit. Universität Kiel: Institut f. Psychologie.

Reisenzein, R. (1983). The Schachter theory of emotion: Two decades later. Psychological Bulletin, 94, 239-264.

Richardson, A. (1967). Mental practice: A review and discussion: I. and II. Research Quarterley, 38, 95-107 und 267-273.

Richardson-Klavehn, A. & Bjork, R.A. (1988). Measures of memory. Annual Review of Psychology, 39, 475-542.

Rieckert, H. (1986). Leistungsphysiologie. Schorndorf: Hofmann.

Riesman, D., Denney, R. & Glazer, N. (1950). The lonely crowd. New Haven: Yale Uni. Press.

Robinson, T.T. & Carron, A.V. (1982). Personal and situational factors associated with dropping out vs. maintaining participation in competitive sport. Journal of Sportpsychology, 4, 364-378.

Rodin, J. & Salovey, P. (1989). Health psychology. Annual Review of Psychology, 40, 533-579.

Rodionow, A.W. (Hrsg.) (1982). Psychologie in Training und Wettkampf. Berlin (Ost): Sportverlag.

ROGERS, R.L., MEYER, J.S. & MORTEL, K.F. (1990). After reaching retirement age physical activity sustains cerebral perfusion and cognition. Journal of American Geriatrics Society, 38, 123-128.

ROHRACHER, H. (1950). Einführung in die Psychologie. Wien: Urban & Schwarzenberg (10. Aufl. 1971).

ROHRACHER, H. (1961). Kleine Charakterkunde. Wien: Urban & Schwarzenberg.

RÖSSLER, D. (1979). Psychotherapie und Leistungssport. In: Gabler, H. et al. (Hrsg.): Praxis der Psychologie im Leistungssport (S. 357-364). Berlin: Bartels & Wernitz.

RÖTHIG, P., BECKER, H., CARL, K., KAYSER, D. & PROHL, R. (Hrsg.) (1992). Sportwissenschaftliches Lexikon (6. Aufl.). Schorndorf: Hofmann.

ROTTER, J.B. (1982). The development and application of social learning theory. New York.

RUSSELL, G. W. (1993). The social psychology of sport. New York: Springer.

RUSSELL, J. A. (1980). A circumflex model of affect. Journal of Personality and Social Psychology, 39, 1168-1178.

RYLE, G. (1949). The concept of mind. San Francisco: Hutchinson.

SACK, H.G. (1980). Zur Psychologie des jugendlichen Leistungssportlers. Schorndorf: Hofmann.

SCHACHTER, S. & SINGER, J.E. (1962). Cognitive, social, and physiological determinants of emotional state. Psychological Review, 69, 379-399.

SCHAIE, K.W. (1965). A general model for the study of developmental problems. Psychological Bulletin, 64, 92-107.

SCHELSKY, H. (1975). Die Friedensmacht im Sport. In: DSB (Hrsg.): Eine zeitkritische Dokumentation des Deutschen Sportbundes (S. 73-76). München.

SCHENCK-DANZINGER, L. (1959). Begabung und Entwicklung. In: H. Thomae (Hrsg.): Entwicklungspsychologie - Handbuch der Psychologie Bd.3 (S. 353-403). Göttingen: Hogrefe.

SCHERWITZ, L. (1992). Können Lebensstiländerungen die Progression der Atherosklerose aufhalten? Prävention und Rehabilitation, 4 (2), 50-56.

SCHLICHT, W. (1988). Einzelfallanalysen im Hochleistungssport: Zum Verlauf und zur Wirkung selbstbezogener Aufmerksamkeit im 400m - Hürdenlauf. Schorndorf: Hofmann.

SCHLICHT, W. (1991). Sport und seelische Gesundheit: Meta-Analysen zum Zusammenhang zweier summarischer Konstrukte. Habilitationsschrift d. Phil.Fak. d. CAU-Kiel (202 S.).

SCHLICHT, W. (1992). Mentales Training: Lern- und Leistungsgewinne durch Imagination? Sportpsychologie, 6 (2), 24-29.

SCHLICHT, W. (1994). Does physical exercise reduce anxious emotions? A meta-analysis. Anxiety, Stress, and Coping, 6, 275-288.

SCHLICHT, W. & JANSSEN, J.P. (1990). Der Einzelfall in der empirischen Forschung der Sportwissenschaft. Sportwissenschaft, 20, 263-280.

SCHLICHT, W., JANSSEN, J. P. & SIEWERS, M. (1990). Kontrollüberzeugung und Verhaltensstile als personale Determinanten der Verletzungsschwere: Eine prospektive Studie. In: Rümmele, E. (Hrsg.): Kognitive Repräsentationen über Unfälle und Sicherheitsunterweisungen im Sport (S. 13-26). Köln: bps.

SCHMIDT, R.A. (1988). Motor control and learning: A behavioral emphasis. Champaign: Human Kinetics.

SCHMIDT, R.F. & THEWS, G. (Hrsg.) (1990). Physiologie des Menschen. (24. Aufl.). Berlin: Springer.

SCHMITZ, H. (1981). System der Philosophie: 3. Bd. Der Raum - 2. Teil. Der Gefühlsraum. Bonn: Bouvier.

SCHNURR, P.P., VAILLANT, C.O. & VAILLANT, G.E. (1990). Predicting exercise in late midlife from young adult personality charateristics. International Journal of Aging and Human Development, 30, 153-160.

SCHOLZ, W., SALEWSKY, M.L. & LEIMER, I. (1984). Yoga bei Menschen mit geistiger Behinderung. Geistige Behinderung, 23, 260-264.

SCHREITER, R. (1963). Die Entwicklung der Bewegungsfertigkeiten Fangen und Werfen bei Kindern im 4. bis 8. Schuljahr. Theorie und Praxis der Körperkultur, 12, 73-77.

SCHULTE, R.W. (1926). Leistungssteigerung im Turnen, Spiel und Sport. Oldenburg: Stalling.

SCHULZ, R. & CURNOW, C. (1988). Peak performance and age among superathletes: Track and field, swimming, baseball, tennis, and golf. Journal of Gerontology: Psychological Sciences, 43, P 113-P120.

SCHULZ, R., MUSA, D., STASZEWSKI, J. & SIEGLER, R.S. (1994). The relationship between age and major league baseball performance: Implications for development. Psychology and Aging, 9, 274-286.

SCHWARZER, R. (1992). Psychologie des Gesundheitsverhaltens. Göttingen: Hogrefe.

SCHWENKMEZGER, P. (1985). Welche Bedeutung kommt dem Ausdauertraining in der Depressionstherapie zu? Sportwissenschaft, 15, 117-135.

SCHWENKMEZGER, P.C. (1985). Modelle der Eigenschafts- und Zustandsangst. Göttingen: Hogrefe.

SCHWENKMEZGER, P. (1991). Aufmerksamkeit und emotionale Zustände: Angst und Ärger. In: Janssen, J.P. et al. (Hrsg.): Konzentration und Leistung (S. 37-50). Göttingen: Hogrefe.

SCHWENKMEZGER, P. (1994). Gesundheitspsychologie: Die persönlickeitspsychologische Perspektive. In: Schwenkmezger, P. & Schmidt, L.R. (Hrsg.): Lehrbuch der Gesundheitspsychologie (S. 46-64). Stuttgart: Enke.

SCHWENKMEZGER, P. & WACHTMEISTER, J. (1982). Individuelle Auswirkungen des Olympiaboykotts - Eine Einzelfallstudie. Leistungssport, 11, 505-512.

SELG, H. (1977). Aggression. In: Th. Herrmann et al. (Hrsg.): Handbuch psychologischer Grundbegriffe (S. 15-26). München: Kösel.

SELIGMAN, M.E.P. (1979). Erlernte Hilflosigkeit. München: Urban & Schwarzenberg.

SHAY, K.A. & ROTH, D.L. (1992). Association between aerobic fitness and visuospatial performance in healthy older adults. Psychology and Aging, 7, 15-24.

SHELDON, W.H. (1940). The varieties of human physique: An introduction to constitutional psychology. New York: Harper.

SHEPHARD, R. J. (1990). Fitness in special populations. Champaign (Ill.): Human Kinetics.

SHEPPERD, J.A. (1993). Productivity loss in performance groups: A motivation analysis. Psychological Bulletin, 113, 67-81.

SHERRINGTON, C.S. (1906). The integrative actions of the nervous system. New Haven: Yale Uni. Press.

SHERRY, D.F. & SCHACTER, D.L. (1987). The evolution of multiple memory systems. Psychological Review, 94, 439-454.

SHORT, L. & LEONARDELLI, C.A. (1987). The effects of exercise on the elderly and implications for the therapy. Physical and Occupational Therapy in Geriatrics, 5, 65-73.

SIEGLER, I.C. (1989). Developmental health psychology. In: Storandt, M. & Vandenbos, G.R. (Eds.): The adult years: Continuity and change (pp. 115-142). Washington, D.C.: APA.

SIMONTON, D.K. (1988). Age and outstanding achievement. Psychological Bulletin, 104, 251-267.
SINGER, R., EBERSPÄCHER, K. BÖS, K. & REHS, H.J. (1980). Die ATPA-D-Skalen: Eine deutsche Version der Skalen von Kenyon. Bad Homburg: Limpert.
SKINNER, B.F. (1948). Superstition in the pigeon. Journal of Experimental Psychology, 38, 168-172.
SKINNER, B.F. (1953). Science and human behavior. New York: The Free Press.
SKINNER, B.F. (1973). Wissenschaft und menschliches Verhalten. München: Kindler.
SKINNER, B.F. (1983). Intellectual self-management in old age. American Psychologist, 38, 239-244.
SNYDER, E.E. & PURDY, D.A. (1982). Socialization into sport: Parent and child reverse and reciprocal effects. Research Quarterly for Exercise and Sport, 53, 263-266.
SORRENTINO, R. M. & SHEPPARD, B. H. (1978). Effects of affiliation - related motives on swimmers in individual versus group competition: A field experiment. Journal of Personality and Social Psychology, 36, 704-714.
SPÄTE, D. & WILKE, G. (1980). Zur Rolle und Bedeutung des Foulspiels im Olympischen Handball-Endspiel 1980. Lehre und Praxis des Handballspiels, 2, 3-9.
SPRANGER, E. (1914). Lebensformen. München: Siebenstern TBV (1965).
SQUIRE, L.R. (1987): Memory and brain. New York: Oxford Uni.Press.
SQUIRE, L.R. (1992). Memory and the hippocampus: A synthesis from findings with rats, monkeys, and humans. Psychological Review, 99, 195-231.
SQUIRE, L.R., KNOWLTON, B. & MUSEN, G. (1993). The structure and organization of memory. Annual Review of Psychology, 44, 453-495.
STARKES, J.L. (1987). Skill in field hockey: The nature of the cognitive advantage. Journal of Sportpsychology, 9, 146-160.
STEINER, I.D. (1972). Group process and productivity. New York: Academic Press.
STERNBERG, R.J. & SLATER, W. (1982). Conceptions of intelligence. In: R.J. Sternberg (Ed.): Handbook of human intelligence (S. 3-122). Cambridge (USA).
STEWART, N. (1981). The value of sport in the rehabilitation of the physically disabled. Canadian Journal of Apl. Sport Sciences, 5, 166-167.
STIEHLER, G., KONZAG, J. & DÖBLER, H. (1988). Sportspiele: Theorie und Methodik. Berlin: Sportverlag.
STOGDILL, R.M. (1963). Manual for the leader behavior description questionnaire - Form XII. Ohio State Uni.: Bureau of Business Research.
STOGDILL, R.M. (1974). Handbook of leadership: A survey of theory and research. New York: Free Press.
STRANG, H. (1986). Handlungskontrolle und sportliche Leistung. Dissertation. Kiel: Phil. Fak.
STROEBE, W., HEWSTONE, M., CODOL, J.P. & STEPHENSON, G.M. (Hrsg.) (1990). Sozialpsychologie. Berlin: Springer.
SUEDFELD, P. (1975). The benefits of boredom: Sensory deprivation reconsidered. American Scientist, 63, 60-69.
SURWIT, R.S., FEINGLOS, M.N. & SCOVERN, A.W. (1983). Diabetes and behavior: A paradigm for Health Psychology. American Psychologist, 38, 255-262.
TANNER, J.M. (1964). The physique of the olympic athlete. London: Allen & Unwin.
TANNER, J.M. (1975). Growth and endocrinology in the adolescent. In: L.I. Gardner (Ed.) Endocrine and genetic disease of childhood. New York.
TAYLOR, J.L., MILLER, T.P. & TINKLENBERG, J.R. (1992). Correlates of memory decline: A 4-year longitudinal study of older adults with memory complaints. Psychology and Aging, 7, 185-193.

Taylor, S.E. (1990). Health psychology: The science and the field. American Psychologist, 45, 40-50.

Thibaut, J.W. & Kelley, H.H. (1959). The social psychology of groups. New York: Wiley.

Thiel, G. & Rossmann, E. (1981). Über die Bedeutung personenorientierter Haltungen von Übungsleitern in Sportvereinen. Psychologie in Erziehung und Unterricht, 28, 154-160.

Thomae, H. (1968). Das Individuum und seine Welt: Eine Persönlichkeitstheorie. Göttingen: Hogrefe.

Thomas, J.R. & French, K. E. (1985). Gender differences across age in motor performance: A meta-analysis. Psychological Bulletin, 98, 260-282.

Thurstone, L.L. & Thurstone, T.G. (1941). The Chicago test of primary mental abilities. Chicago (Ill.): Science Research Ass.

Thurstone, L.L. (1938). Primary Mental Abilites. Psychometric Monographs, No. 1.

Tinbergen, N. (1968). On war and peace in animals and man. Science, 160, 1411-1418.

Tinbergen, N. (1979): Instinktlehre: Vergleichende Erforschung angeborenen Verhaltens. Berlin: Parey.

Tittel, K. & Wutscherk, H. (1972). Sportanthropometrie: Aufgaben, Bedeutung, Methodik und Ergebnisse biotypologischer Erhebungen. Leipzig: Barth.

Tolman, E.C. (1932). Purposive behavior in animals and men. New York: Century Crofts.

Tubles, M.E. (1986). Goal setting: A meta-analytic examination of the empirical evidence. Journal of Applied Psychology, 71, 474-483.

Valliant, P.M., Bezzubyk, I., Daley, L. & Asu, M.E. (1985). Psychological impact of sport on disabled athletes. Psychological Reports, 56, 923-929.

Valzelli, L. (1981). Psychobiology of Aggression and Violence. New York: Raven Press.

Verhaegen, P., Marcoen, A. & Goossens, L. (1992). Improving memory performance in the aged through mnemonic training: A meta-analytic study. Psychology and Aging, 7, 242-251.

Vermeer, A. (1988). Der Einfluß von Sport auf die persönliche Kompetenz und soziale Stellung von geistig Behinderten. Motorik, 11, 17-23.

Vernon, P.E. (1964). Personality assessment: A critical survey. London: Methuen.

Voigt, H. (1979). Sozialpsychologische Probleme bei der längerfristigen Betreuung von Wettkampfmannschaften. In: Gabler, H. et al. (Hrsg.): Praxis der Psychologie im Leistungssport (S. 413-428). Berlin: Bartels & Wernitz.

Volkamer, M. (1971). Zur Aggressivität in konkurrenzorientierten sozialen Systemen. Sportwissenschaft, 1, 33-64.

Volpert, W. (1969). Untersuchungen über den Einsatz des mentalen Trainings beim Erwerb einer sensomotorischen Fertigkeit. Deutsche Sporthochschule Köln: Dissertation.

Wawschinek, I. (1985). Selbstaktualisierung durch ein körperbezogenes Trainingsprogramm. Graz: Naturwissenschaftliche Fakultät der Universität (129 Seiten).

Weber, E.H. (1851). De pulsu, resorptione, auditu et tactu. Annotationes Anatomicae et Physiologicae, 1, 11-175.

Wegner, M. & Janssen, J.P. (1992). Evaluation anforderungsspezifischer Leistungsfaktoren im Hallenhandball. In: G. Hagedorn & N. Heymen (Hrsg.): Methodologie der Sportspielforschung (S. 175-183). Ahrensburg: Czwalina.

WEGNER, M. (1994). Konzentration und Konzentrationstraining im Hallenhandball: Theorie und Empirie. Bonn: Holos.
WENDT, D. (1989). Allgemeine Psychologie - eine Einführung. Stuttgart: Kohlhammer.
WEßLING-LÜNNEMANN, G. (1985). Motivationsförderung im Unterricht. Göttingen: Hogrefe.
WICKELGREN, W.A. (1979). Chunking and consolidation: A theoretical synthesis... Psychological Review, 86, 44-60.
WIEMANN, K. (1975). Internes Training, ideomotorische Phänomene und neuromuskuläre Koordination. J. W. v. Goethe-Universität, Frankfurt a.M.: Dissertation.
WIEMANN, K. (1977). Strukturanalyse und Aktionsanalyse sportmotorischer Fertigkeiten. Sportwissenschaft, 7, 230-246.
WILHELM, A. (1993). Belastung und Beanspruchung im Wettkampfsport. Dissertation. Kiel: Phil. Fak.
WILHELM, A. & JANSSEN, J.P. (1989). Beanspruchung und Belastung im Triathlon. Sportpsychologie, 2,18-22.
WILHELM, A., SCHLICHT, W. & JANSSEN, J.P. (1992). Beanspruchungserleben in Training und Wettkampf am Beispiel dreier 400m-Hürdenläufer. Sportwissenschaft, 22, 86-97.
WINOGRAD, T. (1975). Frame representations and the declarative - procedural controversy. In: D. Bobrow & A. Collins (Eds.): Representation and Understanding (S. 185-210). San Diego: Academic Press.
WINTER, D. G. (1973). The power motive. New York: The Free Press.
WRIGHT, L. (1988). The type A behavior pattern and coronary artery disease. American Psychologist, 43, 2-14.
WUNDT, W. (1899). Bemerkungen zur Theorie der Gefühle. Philosophische Studien, 15, 149-182.
ZAJONC, R.B. (1980). Compresence. In: P.B. Paulus (Ed.): Psychlogy of group influence (S. 35-60). Hillsdale (N.J.): Lawrence Erlbaum.
ZANDER, A. (1979). The psychology of group process. Annual review of Psychology, 30, 417-451.
ZIMMER, K., WEHMEYER, K. & DE MARÉES, H. (1986). Verletzungen im Sportunterricht - Unfallverhütung. Frankfurt a.M.: Diesterweg & Sauerländer.

ABKÜRZUNGSVERZEICHNIS

AAM	angeborener Auslösemechanismus
A-Modell	Aufmerksamkeitsmodell
BAL	Bundesausschuß Leistungssport (Frankfurt a.M.)
B-Kader	man unterscheidet A-, B-, C-, D-Kaderathleten
C	verstärkende Konsequenz
d	Effektstärkemaß für Mittelwertsdifferenzen zweier Gruppen
DHfL	Deutsche Hochschule für Leibesübungen (bis 1933 in Berlin)
DLV	Deutscher Leichtathletikverband
D-Modell	duales Gedächtnismodell
DNS	Desoxyribonucleinsäure, Träger der genetischen Information
DSB	Deutscher Sportbund (Hauptsitz in Frankfurt a.M.)
DSH	Deutsche Sporthochschule Köln
EMG	Elektromyographie
EMNID	Bielefelder Institut f. Markt- und Meinungsforschung
F	statistischer Prüfwert der F-Verteilung
FKS	Forschungsinstitut f. Körperkultur und Sport in Leipzig (aufgelöst)
HE	Hoffnung auf Erfolg
IHF	Internationale Handballförderation
IOC	International Olympic Committee
IT	ideomotorisches Training
IQ	Intelligenzquotient
KG	Kontrollgruppe
KHK	koronare Herzkrankheit
LCU	Life-change-unit
LM	Leistungsmotivation
LPC	Least preferred coworker
LPS	Leistungsprüfsystem (Intelligenztest von HORN)
ms	Millisekunde
MT	mentales Training
N	*meist*: Anzahl von Versuchspersonen; *auch*: physikalische Maßeinheit NEWTON
NOK	Nationales Olympisches Komitee
OT	observatives Training
p	probability; Signifikanzniveau
Pbn	Probanden
PMR	psychomuskuläres Entspannungstraining
PT	praktisches Training
PZ-Modell	Peripherie-Zentrumsmodell
R	Response; Reaktion, Verhalten
r	Korrelationskoeffizient; *fett*: Effektstärkemaß
S^D	diskriminativer Reiz
16 PF	Persönlichkeitstest mit 16 Faktoren (von CATTELL)
TAT	thematischer Auffassungstest (von MCCLELLAND)
VG	Versuchsgruppe
ZEM	zentral erregende Mechanismen

SACHREGISTER

Adoleszenz 174; 176; 179; 183
Aggression 14; 16; 20; 102; 108; 125; 239; 242; 286; 287; 288; 289; 290; 294; 295; 296; 298; 299; 302
Aggressivität 102; 108; 154; 159; 267; 286; 287; 288; 290; 294; 297; 300; 305
Aktivierung 41; 46; 50; 51; 54; 55; 96; 104; 136; 140; 152; 154; 227; 288
Aktivitätstheorie 209; 227
Akzeleration 175
Alter 46; 71; 111; 142; 143; 154; 172; 175; 179; 180; 183; 207; 209; 210; 213; 214; 215; 216; 219; 220; 221; 222; 223; 230; 239; 259; 287
Anforderungsstruktur 251
Angst 19; 23; 70; 104; 133; 135; 137; 140; 142; 147; 148; 149; 150; 152; 161; 165; 226; 236; 248; 289
Ängstlichkeit 125; 159; 228; 235
Anschlußmotiv 123
Anspruch 116; 307
Anstrengung 16; 29; 116; 130; 131; 143; 150; 156; 203; 243; 260; 284
Antizipation 26; 33; 45; 46; 47; 98; 163; 206
Athletiker 190; 191; 192
aufgabenirrelevante Kognitionen 45; 148; 165
Aufmerksamkeit 23; 26; 30; 33; 40; 41; 42; 44; 45; 86; 95; 121; 127; 160; 163; 201; 204; 260
Austauschtheorie 272; 273
Autogenes Training 156
Automatisierung 93
Basisregulation 123
Beanspruchung 129; 148

Bedürfnis 105; 107; 113; 117; 236; 268
Befindlichkeit 23; 141; 144; 147; 162
Behaviorismus 13; 107; 280
Behinderung 73; 171; 224; 225
Belastung 16; 21; 39; 55; 69; 71; 129; 142; 209; 281
Bestrafung 53; 259; 306
Bewegung 30; 48; 71; 82; 83; 86; 210; 215; 220; 227
Bewußtsein 29; 32; 62; 73; 92; 104
Breitensport 264; 277; 282
Denken 25; 90; 178; 206; 231; 251; 255
Depression 237
Depressivität 228
Deprivation 105; 171
Disposition 153; 159; 238; 287
Doppelmoral 302; 307
Dropout 183; 283
Dualitätstheorie 30; 31; 35; 88; 165
Eignung 197
Einstellung 166; 173
Emotion 41; 44; 99; 124; 135; 136; 139; 141; 151; 280
Entscheidung 96; 124; 127; 128; 249
Entspannung 88; 105; 115; 131; 157; 286; 287
Entwicklung 50; 69; 115; 119; 167; 168; 169; 172; 174; 177; 178; 189; 232; 233; 236; 275; 279; 283
Erfolg 51; 66; 116; 122; 131; 162; 173; 190; 194; 268; 271; 284; 297
Ermüdung 39; 160; 163; 222
Extinktion 53

325

Fähigkeiten 26; 40; 41; 55; 56; 90; 91; 92; 96; 131; 152; 174; 175; 178; 188; 197; 215; 224; 252; 253; 258
Feedback 51; 72; 88
Feindlichkeit 286
Fertigkeiten 19; 29; 31; 56; 62; 66; 70; 71; 75; 84; 88; 91; 93; 94; 149; 164; 172; 174; 236; 256; 262; 279; 281; 300; 303
flow 30
Freizeit 157; 159; 184; 185; 227; 251; 273
Frühförderung 172; 173
Führung 264; 265; 268; 271
Gedächtnis 16; 21; 50; 56; 60; 61; 63; 69; 221; 223
Gefühl 45; 136; 140; 141; 239; 297
Geselligkeit 233; 235; 236; 239; 240
Gestaltpsychologie 42
Gesundheit 115; 142; 155; 162; 185; 195; 208; 209; 214; 215; 218
Grundeigenschaften 197; 275
Gruppe 79; 80; 85; 190; 198; 207; 219; 228; 231; 232; 236; 237; 238; 239; 240; 242; 244; 245; 246; 247; 248; 249; 251; 253; 254; 256; 259; 260; 261; 263; 264; 266; 267; 268; 272; 273; 287; 295
Gütemaßstab 116
Handeln 15; 108; 115; 116; 121; 127; 133; 240
Handlung 27; 68; 91; 99; 116; 123; 124; 125; 128; 151; 201; 203; 272; 290; 291; 293
Handlungskontrolle 123; 128; 200; 203
Handlungstheorie 124; 272
Hemmung 42; 65; 278
Identität 226
Information 29; 32; 38; 39; 44; 54; 57; 61; 68; 73; 89; 168; 204; 205
Informationsverarbeitung 25; 26; 27; 29; 30; 31; 32; 33; 34; 39; 40; 45; 48; 53; 59; 66; 69; 86; 92; 127; 128; 160; 161; 163; 165; 201; 247
Instinkt 100; 102; 126; 235; 277
Intelligenz 20; 84; 90; 91; 92; 94; 98; 196; 197; 259; 260; 266; 279; 281
Intention 126; 127; 131
Interaktion 26; 41; 106; 167; 225; 231; 240; 242; 249; 251; 253; 255; 257; 271; 272; 278
Interessen 107; 110; 112; 113; 114; 115; 123; 133; 197; 235; 280; 283
Interferenz 32; 65
Intervention 15; 150; 168; 266; 299
Istwert 103; 116
Jugendalter 174
Katharsis 115; 286
Kausalattribuierung 131
KHK 152; 154; 157; 158; 283
Kodierung 32; 206; 222
Kognition 25; 36; 182
Kohäsion 259; 260; 261; 262; 263; 264; 272; 273
Kommunikation 43; 224; 240; 253; 271
Kompensation 131; 253
Kompetenz 19; 108; 151; 164; 229; 261; 271; 302
Konditionieren 52
Konflikt 102; 108; 225; 231; 305
Konstitution 126; 188; 195; 215
Kontingenz 51; 268; 277
Kontingenzmodell 266; 268
Kontrolle 51; 54; 55; 66; 122; 128; 129; 143; 155; 164; 229; 238; 273; 288; 305; 306
Konzentration 40; 41; 42; 43; 44; 83; 86; 93; 150; 201; 203
Kooperation 108; 232; 235; 242; 249; 281
Koordination 95; 182; 229; 243; 254; 256; 267
Körper 77; 103; 132; 139; 191; 194; 229; 282
Krankheit 152; 155; 160; 239
kritische Lebensereignisse 160

Kultur 113; 115; 167; 174; 180; 232; 233; 241; 250; 277; 286
Lageorientierung 200; 201
Langlebigkeit 156; 210; 211
Längsschnitt 19
Lebensereignisse 145; 147; 160; 162
Lebensstiländerung 104; 158
Leistung 19; 20; 21; 25; 41; 51; 68; 71; 98; 102; 106; 115; 116; 117; 118; 123; 124; 125; 133; 147; 148; 149; 151; 177; 183; 189; 194; 200; 201; 204; 215; 221; 231; 242; 245; 249; 254; 255; 260; 262; 263; 264; 273; 286; 296; 302; 303; 304
Leistungsmotivation 20; 115; 117; 118
Lernen 31; 32; 44; 50; 51; 53; 56; 59; 61; 62; 63; 65; 66; 67; 70; 73; 75; 86; 91; 107; 168; 206; 224; 232; 274; 277; 278; 279; 296
Lerntheorie 206; 299
Machtmotiv 119; 120; 122
Metaanalyse 79; 142; 149; 176; 178; 223
Mißerfolg 19; 116; 118; 131; 284; 297
Moral 281; 302
Mortalität 155; 210; 212; 213
Motiv 99; 108; 119; 120; 122; 123; 125; 303
Motivation 41; 99; 124; 127; 130; 196; 280; 290
Motivationspsychologie 123; 230
Motivierung 54; 124
Motorik 29; 31; 165; 215
MT 51; 75; 76; 78; 79; 80; 81; 82; 83; 84; 85; 86; 87; 88; 89
Neugier 102; 106; 107; 110; 112; 133
Normen 105; 121; 126; 132; 231; 239; 240; 242; 260; 274; 275; 281; 306
Operantes Konditionieren 52
Operationalisierung 40
Orientierung 36; 45; 86; 91; 93; 94; 95; 107; 139; 172; 221; 247

Paradigma 266
Perseveration 200
Persönlichkeit 111; 152; 154; 187; 188; 195; 207; 210; 236; 248; 264; 280
Phasen 51; 120; 140; 168; 169; 174; 225; 279
Planung 55; 123; 130; 192
Positionierungsaufgaben 66
Präsenzzeit 47; 49
Problemlösung 246
Psycho 12; 13; 14; 154; 188; 200; 295
Psychoanalyse 14; 154; 295
Psychologie 11; 12; 13; 15; 17; 18; 42; 45; 47; 67; 82; 90; 120; 136; 174; 179; 203; 224; 227; 231; 276; 293
Pubertät 169; 174; 176; 177; 179; 183; 198; 277
Pubeszenz 174; 183
Pykniker 190; 191; 192; 194
Raumorientierung 97
Reaktion 12; 26; 48; 50; 52; 137; 140; 295
Regelung 239; 253; 295
Rehabilitation 210; 227; 284
Reifung 50; 167; 169; 173; 179
Reiz 15; 25; 50; 51; 53; 100; 140; 295; 298
Reizentzug 168; 170; 171; 172
Rhythmus 46; 84; 262
Risiko 115; 154; 157; 219
Rückkopplung 52; 83
Schicht 276
Sekundärsozialisation 275; 276
Selbst 11; 13; 14; 15; 16; 18; 19; 22; 24; 39; 40; 55; 106; 132; 137; 142; 185; 188; 206; 227; 228; 244; 278; 285; 297
Selbstaufmerksamkeit 19; 203; 204
Selbstkontrolle 55; 184; 197; 222; 272; 275; 278
Selbstverstärkung 277; 278
Selektion 28; 36; 39; 85; 87; 200; 232; 246
Senioren 207; 208; 219; 220; 221
sensible Phasen 169

Shaping 44; 53; 54; 278
Sinn 60
Situation 22; 26; 28; 37; 41; 57; 117; 137; 138; 141; 144; 167; 175; 196; 203; 204; 218; 222; 228; 265; 278; 300
Sollwert 35; 71; 72; 73; 103; 116; 204
Sozialisation 235; 274; 275; 280
Spannung 77; 113; 115; 135; 136
Sportpsychologie 11; 12; 13; 14; 15; 17; 18; 27; 41; 45; 99; 124; 152; 187; 258; 282
Sportverletzung 166
Sportwissenschaft 11; 14; 15; 76; 180; 227
Stabilität 23; 159; 235; 238
Status 108; 204; 210; 243; 259
Stereotype 207
Steuerung 31; 110; 116; 130; 176
Stimmung 19; 35; 140; 141; 142; 144; 145; 147; 218; 237
Streß 15; 148; 152; 153; 154; 155; 157; 165; 171; 185; 200; 203; 226; 285
System 18; 26; 28; 31; 32; 33; 54; 56; 57; 62; 63; 86; 93; 113; 161; 165; 200; 242; 246; 249; 256; 257; 283; 285
System II 32; 33; 57; 165
Taktik 180; 257
Tätigkeit 63; 65; 113; 116; 137; 160
Temperament 192; 197
Territorialität 239; 240
Therapie 85
Training 19; 24; 32; 37; 38; 44; 47; 51; 54; 62; 75; 76; 77; 78; 80; 81; 85; 86; 89; 90; 97; 98; 118; 128; 144; 148; 156; 173; 182; 183; 184; 185; 195; 198; 221; 251; 271; 285
Trieb 99; 105; 126; 295
Typ-A 154; 195; 283
Typus 187; 190; 243
Umwelt 26; 50; 52; 113; 131; 154; 155; 188; 192; 232
Unfall 39; 159; 161; 163
Unfallneigung 159; 195

Valenz 136; 145; 146
Variable 65; 80
Verbalisierung 92
Verhalten 12; 13; 14; 15; 17; 33; 41; 42; 43; 44; 51; 52; 53; 85; 86; 88; 99; 100; 102; 104; 106; 108; 120; 121; 122; 124; 129; 132; 133; 135; 141; 151; 154; 155; 167; 170; 173; 190; 192; 195; 205; 206; 208; 209; 217; 224; 225; 229; 231; 236; 239; 260; 266; 267; 272; 278; 290; 291; 295; 298; 303; 304; 306; 307
Verhaltenstheorie 15; 85; 88; 99; 205
Verletzungen 142; 158; 159; 161; 165; 166; 183; 185; 284; 286; 287; 291
Verstärkung 33; 43; 52; 53; 54; 55; 86; 206; 267; 277; 298; 300
Vierkomponententheorie 139
Vigilanz 40; 41
Volition 24; 70; 126; 128
Vorstellung 76; 83; 95
Vorstellungen 40; 45; 56; 66; 136; 187; 204; 206; 221
Wachstum 179
Wahrnehmung 25; 26; 27; 28; 31; 42; 43; 86; 95; 135; 163
Wert 53; 84; 112; 123; 131; 162; 174; 198; 204; 226; 270; 281; 286
Wille 70; 99; 100; 124; 126
Wissen 32; 50; 59; 90; 91; 92; 93; 156; 180; 224; 237; 246; 275; 303
Wohlbefinden 108; 142; 155; 209; 227; 228
Zeitdruck 154; 160; 161; 163
Zeitgefühl 45; 47
Zeitperspektive 46; 129
Ziel 17; 25; 54; 99; 103; 110; 118; 124; 126; 131; 150; 188; 201; 205; 240; 275; 287; 289; 299
Zufriedenheit 116; 131; 141; 227
Zuschauer 12; 245; 279; 296; 299
Zweck 112; 289

AUTORENREGISTER

ACH 243
ACKERMAN 94
ADAMS 63; 65; 264
ALEXANDER 154
ALFERMANN 132; 282, 283; 284
ALLPORT 113
ANAND 157
ANASTASI 215
ANDERSEN 158
ATKINSON 42; 57; 61; 103; 139; 170
BANDURA 15; 206; 277; 278; 279
BÄUMLER 15; 41; 42
BECKER 78
BEIER 118
BERGANDI 162
BERGIUS 46; 47; 49; 51; 242; 261; 288; 298; 300; 301
BERKOWITZ 259; 267; 288
BEVAN 42
BIRREN 215; 222
BJORK 57
BLAIR 212; 213
BLASCOVICH 153; 154
BLISCHKE 30
BLUMENTHAL 217
BOLTE 115; 282
BOWLBY 168; 169; 171
BROWN 161; 229
BUSS 198
BUßMANN 283; 284
BUTT 106; 108; 109
CAESAR 127
CANNON 137
CARPENTER 82; 91
CARROL 107
CARRON 251; 262; 284
CATTELL 91; 199
CHANDRASHEKHAR 157
CICERO 214; 223
CLARK 156
COHEN 78; 80; 88
COLEMAN 275
COONS 266

CORBALLIS 194
CRASSELT 175; 176; 177
CROSSMAN 71
CSIKSZENTMIHALYI 164
CURNOW 181
CURPHY 264
DARLINGTON 215
DAUGS 29; 30
DE MARÈES 158
DIEM 217
DIGMAN 197
DÖBLER 256
DOLLARD 278
DORSCH 188
DÜKER 203
EATON 178
EBER 199
EBERSPÄCHER 166
ECKERT 181; 211
EGETH 42
EIBL-EIBESFELDT 99; 105; 119 169; 225; 232; 238
EMERY 217
ENGELKAMP 63; 64
ENNS 178
ERON 297
ESPENSCHADE 181; 211
FADL 229
FEIGE 14; 180; 181; 182; 183
FELTZ 78; 80; 84; 85; 86
FIEDLER 266; 268; 269; 270; 271
FISKE 226
FOLKMAN 226
FORCHEL 175
FOUSHEE 246
FRAISSE 46; 48
FRAMENAU 35
FRENCH 176
FRESTER 54; 56; 88; 89; 148
FREUD 108
FREY 166
FRICKE 54; 56; 89
GABLER 15; 117; 294
GALENUS 154

329

GEHLEN 78
GLESER 229
GOFFMAN 226
GÖHNER 18; 70; 252
GOETHE 201
GONDA 217
GRAU 249
GREGOR 228
GRUPE 113; 114; 115
GSTETTNER 228
GUILFORD 196; 280
HAASE 162; 165
HÄCKER 41; 152
HAKEN 124
HARLOW 168
HARRISON 85
HASSENSTEIN 171; 234; 235
HAVIGHURST 174; 227
HEBB 151
HECKHAUSEN 15; 100; 115; 116; 119; 121; 122; 123; 124; 125; 126; 127; 130; 230; 293; 298
HEINEMANN 280; 281
HELSON 31; 32; 36; 37; 62
HEMPHILL 266
HIPPOKRATES 197
HENSLE 224
HERMAN 67
HESS 291
HEUER 83; 88
HIGGINSON 277
HILLGRUBER 128; 129
HOFFMEYER 78
HOFSTÄTTER 240; 241; 242; 243; 246; 249
HOGAN 264
HOLST 73
HOYOS 159; 160; 161
HUGHES 143
HYDE 214
ISRAEL 157
JAMES 82; 137
JANSSEN 13; 16; 19; 20; 21; 23; 31; 35; 68; 78; 79; 82; 115; 130; 150; 163; 165; 257; 282
JENKINS 135
JONES 257
JUST 91

KAMINSKI 15; 16; 41; 124; 184; 186; 284
KANT 102; 275
KATKIN 153; 154
KATZENBERGER 257
KELLER 170
KELLEY 272
KENYON 113; 114; 115
KERR 162
KINCHLA 29
KIRCHMAN 217
KLEINE 118; 149
KNOBLOCH 143
KNOWLTON 31
KOLENDA 158
KONZAG 40; 256
KORNADT 289; 298
KOVAR 195
KRAVITZ 250
KRETSCHMER 154; 190; 191; 192; 193; 239
KÜHL 104
KUHL 127; 128; 129, 201
KUHN 67; 68
KÜNG 134; 287
KUNZE 75
LA FRAMBOISE 275
LANDERS 78; 80; 84; 85; 86
LAZARUS 216; 226
LEHR 11; 57; 61; 167; 207; 208; 209; 210; 211; 217; 227; 271; 282
LEONARDELLI 217
LINCOLN 66
LOEWENSTEIN 106
LORE 102; 298; 300
LORENZ 14; 51; 99; 102; 108; 295; 296
LOW 300
MAIER 43; 52
MARTENIUK 27
MASLOW 110; 112; 113
MATHESIUS 144; 145
MAUTHNER 277
MC CLELLAND 119
MC GRATH 250
MC GRAW 172; 183
MEINBERG 280; 281; 302
MEINEL 18; 70; 73; 84

METZGER 38
MEYER 184; 186
MILLER 223; 278
MILNER 59
MINDEN 162
MITTELSTAEDT 73
MITTENECKER 160
MOEDE 245
MÖLLER 249
MORRIS 212; 213
MUSA 181
MUSEN 31
MYERS 217
NEISS 152
NELSON 285
NEUMANN 187
NITSCH 14; 123; 145; 148
OATLEY 135
ORNISH 157; 158
PAFFENBARGER 218
PAWLOW 278
PEPER 298
PEPPER 67
PFEIFFER 236
PICKENHAIN 83
PIONTKOWSKI 272
PLOEGER 248
PLUTCHIK 138
POMPEIUS 127
POSNER 66
PRINZ 82
PUNI 82; 83; 86
PURDY 275
RAHE 87; 88
REISENZEIN 140
RICHARDSON 75; 82; 85
RIECKERT 157; 194
ROBINSON 284
RODIONOW 47; 48; 261
ROGERS 219
ROGNER 166
ROHRACHER 42; 82; 83; 110; 112
RÖSSLER 14
ROSSMANN 268
RÖTHIG 286
RUOFF 184; 186
RUSSELL 136; 144; 243
RYLE 59
SCHACHTER 138; 139

SCHACTER 57
SCHAIE 218
SCHENK-DANZIGER 180
SCHERWITZ 158
SCHLICHT 15; 19; 23; 70; 80; 82; 85; 142; 143; 146; 150; 165; 204; 227; 230
SCHMIDT 27; 28; 57; 58; 61
SCHMITZ 135
SCHNABEL 18; 70; 73; 84
SCHOLZ 229
SCHULTE 11; 187
SCHULTZ 102; 181; 298; 300
SCHULZ 181
SCHWARZER 149; 152; 153
SCHWENKMEZGER 15; 18; 141; 143; 145; 148; 155
SELIGMAN 43; 52; 225
SHELDON 192; 193
SHELL 91
SHEPPERD 244
SHERRINGTON 137
SHERRY 57
SHIFFRIN 29
SHORT 217
SIEGLER 181
SIEWERS 165
SIMONTON 179; 180
SINGER 138; 139
SINN 60
SKINNER 15; 43; 51; 52; 99; 206; 216; 223; 278
SNYDER 275
SPRANGER 113; 115
SQUIRE 31; 57; 59; 60; 61; 62; 64; 69
STARKES 98
STASZEWSKI 181
STEMMLER 175
STEWART 228
STIEHLER 256
STOGDILL 266
STOLL 16; 68
STRANG 129; 130; 202
SUEDFELD 107
TANNER 192
TATSUOKA 199
TAYLOR 155; 223
THEWS 27; 28; 57; 58; 61

THIBAUT 272
THIEL 268
THOMAE 13
THOMAS 176
THURSTONE 91
TINBERGEN 99; 100; 101; 102; 167; 295; 298
TINKLENBERG 223
TITTEL 192; 193; 194
TOLMAN 17
UDRIS 145; 148
VOLLIANT 228
VALZELLI 289; 298
VERHAEGEN 223
VERMEER 228
VERNON 24
VOGEL 107; 289
VOIGT 260; 262
VOLKENS 16
VOLPERT 75
VORSTELLUNG 76; 83; 95
WACHTMEISTER 145
WAWSCHINEK 229

WEBER 31; 36; 37; 38
WEGNER 20; 22; 44; 115; 150; 257; 282
WEHMEYER 158
WENDT 12; 119
WEßLING-LÜNNEMANN 108
WICKELGREN 59
WIEMANN 18; 83
WILHELM 19; 128; 129; 130; 144; 150; 273
WILLIAMS 158
WING 214
WINOGRAD 59
WINTER 120
WRIGHT 195
WUNDT 90; 136
WUTSCHERK 192; 193
YAMAMOTO 215
ZAJONC 246
ZANDER 267
ZIMMER 158
ZUCKERMAN 107

UTB
FÜR WISSENSCHAFT

Auswahl Fachbereich
Psychologie

Angermeier/Bednorz/Hursh (Hrsg.):
Operantes Lernen
UTB-GROSSE REIHE
(Reinhardt). 1994.
DM 148.–, öS 1155.–, sFr. 148.–

Heigl-Evers/Heigl/Ott:
Lehrbuch der Psychotherapie
UTB-GROSSE REIHE
(Gustav Fischer). 1993.
DM 98.–, öS 765.–, sFr. 98.–

Lüer: Allgemeine
Experimentelle Psychologie
UTB-GROSSE REIHE
(Gustav Fischer). 1987.
DM 78.–, öS 609.–, sFr. 78.–

Pervin: Persönlichkeitstheorien
UTB-GROSSE REIHE
(E. Reinhardt). 3. Aufl. 1993.
DM 78.–, öS 609.–, sFr. 78.–

Pongratz: Problemgeschichte der
Psychologie
UTB-GROSSE REIHE
(Francke). 2. Aufl. 1984.
DM 58.–, öS 453.–, sFr. 58.–

Sarris: Methodologische Grundlagen
der Experimentalpsychologie 1
UTB-GROSSE REIHE
(E. Reinhardt). 1990.
DM 44.80, öS 350.–, sFr. 45.80

Sarris: Methodologische Grundlagen
der Experimentalpsychologie Bd. 2
UTB-GROSSE REIHE
(E. Reinhardt). 1992.
DM 59.80, öS 467.–, sFr. 59.80

Wessells: Kognitive Psychologie
UTB-GROSSE REIHE
(E. Reinhardt). 3. Aufl. 1994.
DM 49.80, öS 389.–, sFr. 50.80

55 Lehr: Psychologie des Alterns
(Quelle & Meyer). 7. Aufl. 1991.
DM 36.80, öS 287.–, sFr. 37.80

118 Schlegel: Grundriß der Tiefen-
psychologie 1
(Francke). 2. Aufl. 1985.
DM 22.80, öS 178.–, sFr. 23.40

499 Popp: Einführung in die
Grundbegriffe der Allg. Psychologie
(E. Reinhardt). 4. Aufl. 1991.
DM 24.80, öS 194.–, sFr. 25.30

766 Wittkowski: Tod und Sterben
(Quelle & Meyer). 1978.
DM 16.80, öS 131.–, sFr. 17.40

935 Hetzer/Todt/Seiffge-Krenke/
Arbinger (Hrsg.):
Angewandte Entwicklungspsycho-
logie des Kindes- und Jugendalters
(Quelle & Meyer). 2. Aufl. 1990.
DM 39.80, öS 311.–, sFr. 40.80

936 Hensle: Einführung in die
Arbeit mit Behinderten
(Quelle & Meyer). 4. Aufl. 1988.
DM 36.80, öS 287.–, sFr. 37.80

1063 Rauchfleisch: Testpsychologie
(Vandenhoeck). 3. Aufl. 1994.
DM 29.80, öS 233.–, sFr. 30.80

1159 Bühler: Sprachtheorie
(Gustav Fischer). 1982.
DM 34.80, öS 272.–, sFr. 35.80

1305 Angermeier/Bednorz/Schuster:
Lernpsychologie
(E. Reinhardt). 2. Aufl. 1991.
DM 29.80, öS 233.–, sFr. 30.80

1523 Bühler: Das Seelenleben des
Jugendlichen
(Gustav Fischer). 7. Aufl. 1991.
DM 32.80, öS 256.–, sFr. 33.80

1592 Holm: Einführung in die
Religionspsychologie
(E. Reinhardt). 1990.
DM 22.80, öS 178.–, sFr. 23.40

Preisänderungen vorbehalten.

UTB
FÜR WISSENSCHAFT

Auswahl Fachbereich
Soziologie

Korte/Schäfers (Hrsg.):
Einführung in Hauptbegriffe der
Soziologie
UTB-GROSSE REIHE
(Leske + Budrich). 2. Aufl. 1993.
DM 29.80, öS 233.–, sFr. 30.80

Korte:
Einführung in die
Geschichte der Soziologie
UTB-GROSSE REIHE
(Leske + Budrich). 2. Aufl. 1993.
DM 29.80, öS 233.–, sFr. 30.80

Treibel:
Einführung in soziologische
Theorien der Gegenwart
UTB-GROSSE REIHE
(Leske + Budrich). 2. Aufl. 1994.
DM 29.80, öS 233.–, sFr. 30.80

Korte/Schäfers:
Einführung in Spezielle Soziologie
UTB-GROSSE REIHE
(Leske + Budrich). 1993.
DM 29.80, öS 233.–, sFr. 30.80

221 Prim/Tilmann:
Grundlagen einer kritisch-
rationalen Sozialwissenschaft
(Quelle & Meyer). 6. Aufl. 1989.
DM 24.80, öS 194.–, sFr. 25.30

541 Weber:
Soziologische Grundbegriffe
(J.C.B. Mohr). 6. Aufl. 1984.
DM 8.80, öS 69.–, sFr. 9.20

656 Schwendtke (Hrsg):
Wörterbuch der Sozialarbeit und
Sozialpädagogik
(Quelle & Meyer). 3. Aufl. 1991.
DM 29.80, öS 233.–, sFr. 30.80

740 Lamnek:
Theorien abweichenden
Verhaltens
(W. Fink). 5. Aufl. 1993.
DM 26.80, öS 209.–, sFr. 27.80

765 Mayntz:
Soziologie der öffentlichen
Verwaltung
(C. F. Müller). 3. Aufl. 1985.
DM 24.80, öS 194.–, sFr. 25.30

884 Buß/Fink/Schöps:
Kompendium für das wissenschaft-
liche Arbeiten in der Soziologie
(Quelle & Meyer). 4. Aufl. 1994.
DM 29.80, öS 233.–, sFr. 30.80

1040 Kromrey:
Empirische Sozialforschung
(Leske). 6. Aufl. 1994.
Ca. DM 24.80, öS 194.–,
sFr. 25.30

1131 Schäfers:
Soziologie des Jugendalters
(Leske). 5. Aufl. 1994.
Ca. DM 19.80, öS 155.–,
sFr. 20.40

1161 Willke:
Systemtheorie
(Gustav Fischer). 4. Aufl. 1993.
DM 24.80, öS 194.–, sFr. 25.30

Preisänderungen vorbehalten.

UTB
FÜR WISSENSCHAFT

Auswahl Fachbereich
Pädagogik

Gernert: Jugendhilfe
UTB-GROSSE REIHE
(E. Reinhardt). 4. Aufl. 1993.
DM 46.–, öS 359.–, sFr. 47.–

Kron: Grundwissen Pädagogik
UTB-GROSSE REIHE
(E. Reinhardt). 4. Aufl. 1994.
DM 49.80, öS 389.–, sFr. 50.80

Kron: Grundwissen Didaktik
UTB-GROSSE REIHE
(E. Reinhardt). 2. Aufl. 1994.
Ca. DM 59.80, öS 467.–,
sFr. 59.80

115 Rousseau:
Emil oder Über die Erziehung
(Schöningh). 11. Aufl. 1993.
DM 24.80, öS 194.–, sFr. 25.30

178 Lassahn:
Einführung in die Pädagogik
(Quelle & Meyer). 7. Aufl. 1993.
DM 22.80, öS 178.–, sFr. 23.40

656 Schwendtke (Hrsg.):
Wörterbuch der Sozialarbeit und
Sozialpädagogik
(Quelle & Meyer). 3. Aufl. 1991.
DM 29.80, öS 233.–, sFr. 30.80

657 Kupffer (Hrsg.):
Einführung in Theorie und Praxis
der Heimerziehung
(Quelle & Meyer). 5. Aufl. 1994.
Ca. DM 22.80, öS 178.–,
sFr. 23.40

710 Lassahn:
Grundriß der allgemeinen Pädagogik
(Quelle & Meyer). 3. Aufl. 1993.
DM 24.80, öS 194.–, sFr. 25.30

724 Rückriem/Stary/Franck:
Die Technik wissenschaftlichen
Arbeitens
(Schöningh). 8. Aufl. 1994.
DM 29.80, öS 233.–, sFr. 30.80

818 Kupffer/Ziethen (Hrsg.):
Erziehung verhaltensgestörter
Kinder und Jugendlicher
(Quelle & Meyer). 2. Aufl. 1992.
DM 24.80, öS 194.–, sFr. 25.30

947 Danner: Methoden geistes-
wissenschaftlicher Pädagogik
(E. Reinhardt). 3. Aufl. 1994.
DM 32.80, öS 256:–, sFr. 33.80

999 Bundschuh: Einführung in die
sonderpädagogische Diagnostik
(E. Reinhardt). 3. Aufl. 1991.
DM 29.80, öS 233.–, sFr. 30.80

1051 Eid/Langer/Ruprecht:
Grundlagen des Kunstunterrichts
(Schöningh). 3. Aufl. 1994.
DM 29.80, öS 233.–, sFr. 30.80

Preisänderungen vorbehalten.

Liebe Leserin, lieber Leser,

wir hoffen, daß Sie dieses Buch für Ihre Zwecke mit Gewinn benutzen konnten. Wir würden Sie gerne über unser weiteres Programm informieren und über Neuerscheinungen auf dem laufenden halten. Bitte kreuzen Sie die für Sie interessanten Fachgebiete an und reichen diese Karte an uns zurück.

Ihre Verlagsgemeinschaft

Aula · Limpert · Quelle & Meyer

Bitte informieren Sie mich über Ihr Buchangebot aus folgenden Fachgebieten:

- ☐ Zoologie 210
  - ☐ Ornithologie 211
  - ☐ Herpetologie 212
- ☐ Botanik 220
- ☐ Limnologie 250
- ☐ Ökologie/Naturschutz 219
- ☐ Biologie, allgemein 200
- ☐ Chemie 140
- ☐ Physik 120
- ☐ Mathematik 110
- ☐ Technik/Elektrotechnik 130
- ☐ Sport 500
- ☐ Gerontologie 350

- ☐ Pädagogik 810
- ☐ Psychologie 820
- ☐ Soziologie 830
- ☐ Germanistik 630
- ☐ Anglistik 640
- ☐ Romanistik 620
- ☐ Linguistik 650
- ☐ Theologie 700

☐ Besondere Interessen:

_____
_____

- Bitte den Absender auf der Vorderseite nicht vergessen! -

Antwort

Name..................................

Anschrift..................................

Beruf..................................

Dienststellung..................................

Bitte senden Sie mir kostenlos und unverbindlich das monatlich erscheinende "Bücher-Spektrum" mit Sonderangeboten aus verschiedenen Wissensgebieten aus dem **Humanitas Buchversand.**

Bitte als Postkarte frankieren. Danke

Verlagsgemeinschaft
c/o **AULA-Verlag GmbH**
Postfach 1366

D-65003 Wiesbaden